美国财经战略研究丛书

# 美国利益集团
# 与大国财政问题

# 2017

## 税制改革

李超民 编著

中国出版集团 东方出版中心

**图书在版编目（CIP）数据**

美国利益集团与大国财政问题：2017税制改革 / 李
超民编著. －上海：东方出版中心，2020.5
（美国财经战略研究丛书）
ISBN 978-7-5473-1622-1

Ⅰ. ①美… Ⅱ. ①李… Ⅲ. ①财政政策－研究－美国
Ⅳ. ①F817.120

中国版本图书馆CIP数据核字（2020）第062609号

**美国利益集团与大国财政问题：2017税制改革**

编　　著　　李超民
责任编辑　　曹雪敏
封面设计　　陈绿竞

出版发行　　东方出版中心
地　　址　　上海市仙霞路345号
邮政编码　　200336
电　　话　　021- 62417400
印 刷 者　　上海万卷印刷股份有限公司

开　　本　　710mm×1000mm　1/16
印　　张　　23.25
字　　数　　297千字
版　　次　　2020年5月第1版
印　　次　　2020年5月第1次印刷
定　　价　　95.00元

# 编辑委员会

丛 书 主 编：许　涛

丛书副主编：李超民　宋国友

本 书 编 著：李超民

编　　　委：（以姓氏拼音为序）

　　　　　程早霞（浙江大学）

　　　　　甘行琼（中南财经政法大学）

　　　　　龚秀国（四川大学）

　　　　　黄立新（国家税务总局税收科研所）

　　　　　李超民（上海财经大学）

　　　　　罗振兴（中国社会科学院美国研究所）

　　　　　孟翠莲（中国财政科学研究院）

　　　　　钱　峰（清华大学）

　　　　　宋国友（复旦大学）

　　　　　谭清美（南京航空航天大学）

　　　　　王咏梅（北京大学）

　　　　　文时萍（上海师范大学）

　　　　　吴传清（武汉大学）

　　　　　许　涛（上海财经大学）

　　　　　郑　华（上海交通大学）

　　　　　郑吉伟（中国人民大学）

　　　　　周建波（北京大学）

　　　　　周　密（商务部国际贸易经济合作研究院）

编委办秘书长：

　　　　　付　春（上海财经大学）

# 丛书序言

许 涛

　　上海财经大学成立一个多世纪以来,秉持"厚德博学、经济匡时"的校训,薪火相传,励精图治。在中华人民共和国成立后,上海财经大学为国家建设输送了大量财经管理和相关专业人才。学校正在为建成国际知名、财经特色鲜明的高水平研究型大学而努力。

　　上海财经大学较早开始进行美国财政与经济研究,并形成了一定研究优势。在当今中华民族伟大复兴战略全局和世界百年未有之大变局时代大背景下,上海财经大学更加注重美国财经理论、政策、体制以及大国财经治理经验和教训的研究。

　　近代以来,尤其是第二次世界大战以后,美国在全球财经治理方面取得了不少经验,也有一些教训。中美建交四十多年来,两国经贸和投资关系愈加深入,形成了你中有我、我中有你的交融局面。2018 年,中国是美国的第一大贸易伙伴,贸易总额高达 6 600 亿美元;中国是美国第三大商品出口地、第一大进口来源地,年出口总值 1 200 亿美元,进口总值 5 400 亿美元;中国还是美国国债的第二大持有国,共持有 1.1 万亿美元(美方数据),两国的相互利益远远大于分歧。目前两国还建立了外交安全对话、全面经济对话、执法及网络安全对话、社会和人文对话等四大高级别对话机制,进一步促进了两国关系发展。

有鉴于此，在 2015 年，我们根据教育部《国别和区域研究中心建设指引（试行）》，在财政部、上海市政府有关计划和学校科研资助下，策划成立了上海财经大学公共政策与治理研究院、美国财政与经济研究所，并组建了"美国财税动态"研究课题组，集中校内外学术资源，瞄准了 2016 年美国大选和财税改革大辩论的契机，围绕美国财政、金融、税收、经济等政策发展进行跟踪研究，取得了一系列研究成果，有关研究报告获得党和国家高层的批示，获得财政部和国家税务总局等主要领导的多次批示，并在政策咨询和理论界产生了良好的学术影响，成为学校科研工作的新增长点，也为今后学校在培养"国别通""领域通""区域通"人才方面打下坚实根基。

《美国财经战略研究丛书》，是以专题形式，较为全面、客观、动态呈现美国财经治理的政策以及重要智库、主要媒体的相关观点的系列丛书。丛书在 2016 年以来"美国财税动态"课题组连续研究成果基础上，按照美国联邦政府年度施政和财经治理的政策内容进行整合，并按照宏观经济、财政支出、税收和相关内容，组织结构、进行编辑，每年出版一种。丛书的出版将为我国大国财经治理提供政策咨询材料和有力参照，并促进我校的国别和区域研究中心建设，为学科建设提供支撑。

2019 年国庆节

# 丛书序言

胡怡建

　　成立于 2013 年 9 月的上海财经大学公共政策与治理研究院,是上海市教委重点建设的十大高校智库之一。通过建立多学科融合、协同研究、机制创新的科研平台,围绕财政、税收、医疗、教育、土地、社会保障、行政管理等领域,组织专家开展政策咨询和决策研究,致力于以问题为导向,破解中国经济社会发展中的难题,服务政府决策和社会需求,为政府提供公共政策与治理咨询报告,向社会传播公共政策与治理知识,在中国经济改革与社会发展中发挥"咨政启民"的"思想库"作用。

　　作为公共政策与治理研究智库,研究院在开展政策咨询和决策研究中,沉淀和积累了大量研究成果。这些成果以决策咨询研究报告为主,也包括论文、专著、评论等多种成果形式。为使研究成果得到及时传播,让社会分享研究成果,我们把研究成果分为财政、税收、社会保障、行政管理等系列,以丛书方式出版。

　　现在,呈现在我们面前的《美国财经战略研究丛书》是整个公共政策与治理研究丛书的一个子系列。《美国财经战略研究丛书》是由研究院研究人员对美国财政经济发展、政策调整、制度变革所涉及的重大财经理论和实践问题,进行长期跟踪研究积累完成的政策研究报告或专著。

推进公共政策与治理研究成果出版是研究院的一项重点工作,我们将以努力打造政策研究精品和研究院品牌为己任,提升理论和政策研究水平,引领社会,服务人民。

2019 年 12 月 26 日

# 本书序

李超民

习近平总书记十分重视新型智库建设。"知己知彼,百战不殆"是学习国内外先进经验的应有态度,上海财经大学公共政策与治理研究院、美国财政与经济研究所就是在这一背景下成立的国内高端专业化智库,长期专注于研究美国财税制度与经验,旨在为国家财经治理、宏观经济政策制定和财经战略布局,提供科学资料和决策依据,为财经理论与政策科学研究、教学提供参考资料,并为推动美国财经研究积累基础数据和学术支撑。目前,我们专注于两方面工作,一是开展美国财税制度研究,二是对美国财税治理进行动态追踪,编辑《美国财税动态》月刊即为工作之一。自 2016 年《美国财税动态》月刊出版以来,已走过了四年历程,我们对美国特朗普政治周期所涉及的政治经济和财政、社会政策的施政特点,有了更加全面、客观的了解和把握。

民族复兴需要理财。中国自古就有"民不益赋而天下用饶"的理财思想与传统,然而时至近代,民族精神沉沦,列强肆虐神州,国际治理秩序颠覆,国家治理体制残破,利权易手。而在二战后全面崛起的美利坚合众国,妙用大国博弈,先后致列强数败俱伤,凭借天时、地利与人和,凌驾东西方各国之上至今已数十年。在美国崛起的背后,所倚仗的核心手段之一就是强大的财力基础,而这与美国立国之始即开始建立、后经不断充实的细密财税制度分不开,更与这个重商主义国家的政治家善于财经、经略陆洋的理财实践息息相关。然而自 20 世纪末以来，美国在历经互联网泡沫破裂、"9·11"恐怖袭击事件、阿富汗与伊拉克两场长时间的反恐战争，并遭遇经济"大衰退"（The Great Recession）打击之后，国内财政形势陡变，每月财政赤字上升到五六百亿美元以上，连续出现巨额年度财政赤字。截至 2019 年底债务总额将突破 23 万亿美元，美国全国人均大约负债 6 万美元以上，债务总额的 GDP 占比高达 108%，公众持有的国债比重高达 75% 左右，而且在 2019 年第三季度将再次出现"债务上限"难题。虽想尽各种办法，但仍是积重难返，导致联邦政府屡屡面临财政悬崖，严重影响财政金融信用。短短十多年内，竟出现如此猛烈的国力逆转，美国还有补救措施吗？作为古老东方大国的中国如何学习它的理财经验、避免惨痛教训呢？这些都是必须研究的问题。

美国财税制度值得借鉴之处颇多。仅举其要者，首先，预算制度是财政制度的核心和基础，也是财政改革的关键。美国最早建立了现代预算制度，并形成了由美国总统直接控制预算大权的架构，由白宫管理与预算办公室（OMB）、国会预算办公室（CBO）以及财政部等共同制定年度预算，以预算改革推动国家治理结构转型，并根据需要不断调整，以法律形式予以保障；在财税管理层面，通过零基预算、绩效预算到综合财务报告制度等手段，提升预算管理水平。其次，科学利用财政政策服务经济增长与就业，在支出制度上，按照强制支出和相机支出分类管理，保障基本民生后，再按照"量入为出"或者"量出为入"原则安排相机支出；在税收制度上，设置了以所得税为主体的税收制度，个人所得税税率较高，企业所得税税率较低，同时还采用各种减免、抵扣、转移支付手段，推动区域经济发展和私人经济创业发展，解决就业和社会保障、医疗保障建设需求。再次，通过利益集团博弈，在法制框架内，寻求财政的可持续性。复次，财政政策与货币政策协调结合。最后，把握国际财税治理制高点，引领并参与国际财税合作，占尽国际财税治理先机，并服务于大国财经战略需要，服务于国内政治、经济、社会需要。但是，美国财税制度并非尽善尽美，这是由于其制度内在缺陷难以克服造成的。所以延至当代，美国面临越来越大的财政挑战，主要表现为支出失控、债台高筑、寅吃卯粮等。但核心问题是利益集团过于强大，而且利益集团绑架了财税政策，例如农产品补贴集团、军工利益集团、移民利益集团等，这些都意味着美国必须改革财税制度。然而，"财政乃庶政之母"，改革牵一发而动全身，有识之士都已看到，联邦财政的不可持续才是根本难题，只有把削减支出、增加税收、削减社会福利和医疗支出、降低军费这些政策结合起来，才有助于改变当前窘境。然而，实施综合改革又可能导致伤筋动骨、经济增长下滑，危及财政收入增长，还会导致社会不稳。美国财政治理的这些教训是值得警惕的。

我们对美国财经战略的研究才刚刚起步。从战后国际战略格局变化规律看，美国通过一战、二战积累起来的巨大财力，对于美国霸权长期稳固始终起主导作用，先是经过朝鲜战争、越南战争以及中东石油危机，后又有冷战结束、互联网泡沫破裂。21世纪以来，美国还发动了阿富汗战争、伊拉克战争，耗费数万亿美元巨资几无所获，随后爆发"大衰退"危机。一系列的危机事件都使美国财力、国力消耗巨大，尤其是近30年来互联网经济发展、全球化趋势不可遏止、新兴国家崛起，改变了国际资本与财富的流向与地缘政治形势，如何顺应这一趋势将非常值得关注。

特朗普入主白宫为我们全面完整观察美国财政改革提供了机会。从特朗普参选期间的言论和改革主张看，他似乎并不代表真正的"老大党"（GOP）利益，更不代表民主党高层利益和社会精英利益，反而代表中下层，尤其是制造业蓝领工人的利益，甚至很多中产阶级都支持他，这些群体在冷战后国际格局变化和全球化进程中，尤其是在21世纪以来，所受经济损失较多，普遍对于华盛顿的"精英治国"模式感到怨愤。实际上正是特朗普"重新使美国伟大"的许愿得到了这些人的选票，使他们暂时改变了美国精英政治格局。而特朗普提出通过减税措施实现经济增长、促进中低收入阶层获得更多福利，通过采取保守主义路线，退出《跨太平洋伙伴关系协议》（TPP），重新谈判《北美自由贸易协定》（NAFTA）并签订新的《美墨加协定》（USMCA），驱逐非法移民增加就业需求，保护美国就业，对中国大幅提高关税、大打贸易战等做法，掀起轩然大波，搅动了世界形势。对此西方国家率先采取了对策,如英国、爱尔兰等国都展开了低税率竞争。但是,特朗普改革是否能够如愿以偿,如何牵动美国国内的利益格局变化,都值得长时间观察。但有一点可以肯定,那就是如果他不能破除利益集团对于财税政策的绑架,改革成功的概率仍旧会很低。曼库·奥尔森(Mancur Olson)在《国家的兴衰:经济增长、滞胀和社会僵化》一书中,早已验证大国国势兴衰主要是利益集团造成的,利益集团的存在不容废除特殊利益、反对反垄断政策,导致傻瓜政府、伤害经济繁荣、降低经济绩效、减少社会平等、阻碍社会流动性,值得重视。

本书所有文献均为第一手原始资料。《美国利益集团与大国财政问题:2017 税制改革》作为《美国财经战略研究丛书》之一出版,力图从一个侧面反映当前美国财经治理的重要发展,为我国战略机遇期决策提供学术材料,同时也为美国财经研究提供资料积累。全书主要资料来自笔者主编的《美国财税动态》月刊(2016 至今),选材范围既有白宫管理与预算办公室(OMB)、财政部、国税局(IRS)、商务部、美国劳工部劳工统计局(BEA)、国防部等美国联邦行政当局文献,也有国会两院,两院专门委员会,如预算、拨款、筹款、军事、科技委员会文件,还有国会研究和监督部门国会预算办公室、国会研究处和总审计局等的文件,还包括相关重要智库文献,其中主要是布鲁金斯学会、彼得森国际经济研究所(PIIE)、税收政策中心、税收基金会、经济政策研究所、美国国际战略研究中心(CSIS)、传统基金会、政客新闻网(POLITICO)、辛迪加项目(Project-Syndicate),以及来自美国国防和军工利益集团的网站"防务快讯"(Breaking Defense)、美国海军研究所新闻等文献,最后收入了如《美国大西洋月刊》(The Atlantic)、《华盛顿时报》(Washington Times)、《纽约时报》(New York Times)、《今日美国》报(USA Today)等一些重要媒体的观点。

"经济匡时"是上海财经大学的优秀学风。国务院新闻办公室原主任赵启正先生对于开展本课题研究给予了指导,在此向赵启正先生表达崇高的致意和感谢。上海财经大学公共政策与治理研究院院长胡怡建教授对本课题研究和出版工作倾注了大量心血,提供了必要的科研条件与出版资助。上海财经大学李超民教授倾力编著了这部丛书,其他直接参与本书前期材料整理的年轻研究人员主要包括:孔晏、熊璞、李威锋、李维佳、龚德昱、常乐、马樱梦等。编辑委员会总干事付春副教授做了许多具体组织工作。由于美国财税学科的专业性很强,我们在编写的过程中还引进了地方实务部门的年轻专业人员,在此向他们表示感谢。东方出版中心对本书出版做了大量前期准备,上海市美国问题研究所赵舒婷为本书的出版搭桥牵线,提供热情帮助,在此一并表示感谢。当然我们的研究由于素材积累还不够多,定会存在诸多不足,然文责自负,期盼获得读者的谅解与支持。

本书出版得到 2018 年国家社会科学基金课题《美国财税改革对美在华高科技企业影响及我国的对策研究》(18BGJ003)资助。

2019 年 9 月

# 目　录

# 第 1 章　美国经济增长与宏观经济政策

## 1.1　当前的政策背景

　　低利率、慢增长与低通胀是当前西方经济的共同特征。美国、欧盟、日本和其他发达经济体的经济增长是总需求驱动型的,与货币政策和财政政策持续扩张及商业和消费者信心提高相关。由于需求强劲,发达经济体对增长加速的预期,推动了通货膨胀率上升、产品和劳动市场活跃。然而,美国 2016 年的核心通货膨胀率在下降,欧盟和日本通货膨胀率也很低,通货膨胀率达不到每年 2% 的目标,给央行带来了两难选择,从美联储(以下简称"联储")、欧洲央行开始,都在试图摆脱非常规货币政策。

　　特朗普入主白宫助推了美国经济增长趋势。2017 年是特朗普执政的第一年,特朗普财政经济施政重点主要包括力推税改、放松监管、创造就业和削减贸易赤字。美国经济在 2017 年第 2 和第 3 季度均实现 3% 以上增长,复苏动力强劲;纽约股指连创新高,失业率降至 17 年来最低点,新增就业岗位约 170 万个;1 579 项联邦监管措施被取消或暂缓执行。有人认为,特朗普执政第一年的经济成绩超过预期,美国已步入"特朗普经济"时代;也有人认为,美国经济强劲表现应该归功于上届政府,特朗普沾了前人的光;还有人认为,2017 年美国经济形势与特朗普、奥巴马都无关,联储政策得当是美国经济复苏的最大动力。

　　特朗普总统以"美国优先"为口号,努力兑现其经济和财政承诺。首先,在大选时期，特朗普多次强调，他希望通过减税创造至少 2 500 万个工作机会，推动美国经济实现年均增长 4%。但是他在执政后，减税法案的通过十分缓慢，直到 2017 年年底才获得国会通过，并最终经签署成为法律。据 2017 年《减税与就业法案》(TCJA)，美国在 10 年内将减税约 1.5 万亿美元，企业所得税将由 35% 降到 21%，同时实行国际税制转型，由全球税制向准参与豁免税制转型。其次，特朗普提高了军费预算支出，以增强美国的国防。2018 年《国防授权法》预算支出高达 7 000 亿美元，其中包括 6 260 亿美元基础预算支出、660 亿美元的海外应急行动(OCO)资金及 80 亿美元的其他国防开支，国会通过的预算则比特朗普的预算请求还多了约 260 亿美元。再次，放松联邦监管。特朗普上任后签署行政命令，对部分保险业法规松绑，取消保险公司若干限制；废除前总统奥巴马签署的"清洁能源计划"(Clean Power Plan，简称 CPP)，该计划旨在减少燃煤发电厂的温室气体排放。"清洁能源计划"被认为是奥巴马的重大政治遗产之一。最后，退出多项国际协定。特朗普上任第一周美国就退出了《跨太平洋伙伴关系协定》(TPP)，特朗普认为退出《跨太平洋伙伴关系协定》，将保护美国人的工作机会，也是调整美国外贸政策的基础。2017 年 6 月 1 日，特朗普正式宣布美国退出《巴黎协定》，据说此举将避免美国减少 650 万个工作岗位。据美国商务部统计，截至 2017 年 11 月初，特朗普当局废除了 860 项联邦法规。

特朗普还在国际事务和国内政治方面兑现其大选承诺。首先，他参与打击并几乎摧毁了"伊斯兰国"。根据美国国防部材料，截至 2017 年 12 月，97% 被"伊斯兰国"占领的叙利亚和伊拉克土地被联军收复。其次，打击非法移民。在特朗普上任伊始，就签署了《改善边境安全及移民管理》《加强公共安全》《阻止外国恐怖分子进入美国》三项行政命令，特朗普要求增加 5 000 名边境巡逻员。据国土安全部 2017 年 12 月数据，2016 年 10 月 1 日到 2017 年 9 月 30 日，在美国边境逮捕非法移民 31.53 万人，同比减少 25%，为 46 年来最低。

然而，联邦财政赤字快速增加问题并没有得到解决。2016 财年美国联邦赤字开始上升，达到 5 870 亿美元，达到 GDP 的 3.2%，即使扣除财政核算因素，该指标也达到了 3.0%,然而财政收入只增加了 170 亿美元,支出增加 1 250 亿美元,提高了 3.4%,这一财年公众持有债务增加了 1.1 万亿美元,占比超过 GDP 的 77%,提高了 4 个百分点,这是自 1950 年以来最高水平。[1]

## 1.2　国内施政

### 1.2.1　保守势力认为国会 200 日目标落空

特朗普总统敦促参议院(以下简称"参院")履行共和党对美国人民的承诺。[2] 据美国保守势力传统基金会喉舌《每日信号》(*The Daily Signal*)报道,特朗普总统被麦康奈尔(Mitch McConnell)"期望过高"的抱怨激怒,在 24 小时内三次发出推文,向这位国会参院多数党领导人施压,鞭策他继续开展各项工作。在 2017 年 9 月份扶轮社肯塔基州会议上,麦康奈尔议长为共和党领导层没有推进原定于国会 8 月休会前解决的议程进行辩护。他说:"当前议程进展有限,部分原因是,总统与其他人在某种程度上过早设定了时刻表,要求某些事必须在某个时间点之前完成。当然,美国新总统之前没有这方面的经验,我认为,他对事态进展的民主进程速度期待过高了。"

然而,共和党雄心勃勃的 200 天议程正是麦康奈尔在 1 月份费城大会上制定的。这些目标包括:废除并取代"奥巴马医保法"、改革税法、资助边界墙计划、确认最高法院大法官、提高债务上限,以及清理奥巴马总统遗留的监管法规问题。但在总统上任 200 天之日,在 8 月休会前达成许多国会计划的目标仍未兑现。

特朗普留给国会的时间已经不多了。2017 年以来,众议院(以下简称"众院")采取了措施资助特朗普的边界墙计划,参院已确认尼尔·戈萨奇(Neil

---

[1]　CBO, "The Budget and Economic Outlook: 2017 to 2027", https://www.cbo.gov/publication/52370, 2017-01-24.

[2]　Rachel del Guidice, "Congress Falls Short of Accomplishing Goals at 200-Day Mark", *The Daily Signal*, 2017-09-20.

Gorsuch）出任最高法院大法官。特朗普与国会合作通过审查法案，废除的法规比历届总统都多。但由于完成废除"奥巴马医保法"、税制改革、债务上限，以及政府支出法案都面临巨大挑战，特朗普在两个不同的新闻发布会上一再批评麦康奈尔。对参院多数党领袖是否应下台的提问，他说："好吧，我告诉你吧，如果任何人没做到废除并取代（"奥巴马医保法"）、没完成税制改革与减税，连推动基建投资这种简单的事都做不到，那时你再问我刚才那个问题。"

而麦康奈尔则哀叹所谓"人为期限"问题。在扶轮社会议上，他说："我认为，大家觉得我们表现不佳，部分原因是太多人为的截止期限、立法太复杂，而这一点可能还没有得到充分理解"。右倾的政策与教育组织"保守伙伴研究所"指出，国会将在 9 月 5 日结束休会，而国会仍待达成很多计划在 8 月休会前应当实现的目标，其中包括：第一，再次尝试废除并替换"奥巴马医保法"。第二，必须在 10 月中旬前提高债务上限。债务上限牵涉到政府借款能力。第三，在 2017 年年底前通过税制改革方案。财政部长姆努钦（Steven Mnuchin）表示，希望年内通过税制改革。[1] 第四，9 月底前通过 2018 财年预算。第五，必须在 9 月 30 日更新儿童健康保险计划、联邦航空管理局授权以及国家洪灾保险计划。2017 年第 200 天是 7 月 19 日，如果从特朗普就职典礼当天算起，第 200 天是 8 月 8 日。自 2006 年以来，共和党第一次同时控制国会和白宫，但不管以哪个日期为标准，共和党在立法上几乎没有进展。

共和党议员希望参院更积极地处理众院通过的议案。众院议员戴维·布拉特（Dave Brat）说："众院至少尽力在截止期限前通过立法，而参院总是大大滞后。"参院应立即解决众院于 6 月 8 日通过的《金融选择法案》，该法案旨在消除 2007—2008 年金融危机的 2010 年《多德-弗兰克法案》。该法案对银行实施了严格监管，并扩大了联邦政府对经济的影响力。参院在选择法案和放松金融管制方面进展越多，对市场和实体经济来说越好。他说美国不能再承受经济上的

---

[1] 本书所述相关人士的观点均基于 2017 年及以前年份的资料。

波折了。他希望,众参两院开始着手一致解决税改问题,都期待看到税制改革,如果参院提前告知他们希望通过的方案,我们就知道目标在哪里,这样的引领作用大有裨益。布拉特发现,很多共和党人在推动本党政纲,废除"奥巴马医保法",推动减税,但归根结底,当他们投票时,并没有履行承诺,忠实于他们的选民及其代表的美国人民。

特朗普当局表示接受两党共同修改"奥巴马医保法"。据《洛杉矶时报》报道,这是由于共和党未能完成"奥巴马医保法"修订工作,对此众院议长保罗·瑞安(Paul Ryan)则对国会未能完成任务的说法提出质疑。他说,从电视上看到我们的人们可能会认为,我们所有人只是在浪费时间,发生口角。实际上,我们的工作非常重要。众院共和党人在"DidYouKnow. gop"网站展示了国会 8 月休会前取得的立法成果。该网站写道:"众院共和党人不会被有线新闻的倒计时或华盛顿党派的中伤分心。""你不必在乎那些事情。你关心的是找到一份好工作,照顾家庭,并实现美国梦,我们也是如此。"

共和党议员罗杰斯(Cathy McMorris Rodgers)概述了共和党领袖在 8 月休会前的影响。她提到放松监管、加大对退伍军人支持的法案。例如,众院新近通过法案以彻底改革《多德-弗兰克法案》,并终止救助大银行。罗杰斯指出,2017 年迄今为止,众院已通过 269 项法案,但当你打开电视机时,却听不到这样的事。

## 1.2.2　白宫前经济顾问揭通胀消失之谜

自 2016 年夏天以来,全球经济增速在逐渐加快,保持了适度扩张。[1] 美国自由主义媒体世界报业辛迪加(Project Syndicate)发表了纽约大学商学院教授鲁比尼(Nouriel Roubini)的观点。但至少在发达经济体中,通货膨胀并未到来。这是为什么? 在美国、欧盟、日本和其他发达经济体,最近的经济增长是由总需求增长驱动的,是持续扩张的货币政策和财政政策,以及更高商业和消费者信心所

---

[ 1 ]　Nouriel Roubini, "The Mystery of the Missing Inflation", www. project-syndicate. org, 2017 – 09 – 13.

带动的。人们的信心受到金融与经济风险下降、地缘政治风险遭到遏制的影响，因此，迄今为止对经济和市场影响不大。由于需求强劲意味着产品和劳动市场的活跃，因此，最近发达经济体对增长加速的预期将使通货膨胀率上升。然而，美国 2017 年的核心通货膨胀率下降了，欧盟和日本也很低。这给主要中央银行带来了两难选择，从联储、欧洲央行开始，都在试图逐步摆脱非常规的货币政策，这种政策造成了更高的增长率，但通货膨胀率却没有达到年 2% 的目标。

发达经济体除了强大的总需求，还经历了积极供给冲击。这是更加强劲的增长和低通胀神秘结合的一个可能解释，而这种冲击却可能有多种形式。全球化使廉价商品和服务从中国及其他新兴市场流出。工会变弱、工人议价能力不断降低，也使菲利普斯曲线变得平坦，较低的结构性失业使工资上涨很少，原油价格、商品价格偏低或下降。以互联网革命驱动的技术创新正在降低商品和服务成本。

完美的货币政策对积极的供给冲击作何反应取决于持久性。这是标准的经济理论观点，如果冲击是暂时的，中央银行就不该对它作出反应，央行应使货币政策正常化，因为最终冲击会自然消失，产品和劳动市场收紧，通货膨胀上升。如果冲击是永久性的，央行就应放松银根，否则无法达到通胀目标。尽管核心通胀率低于目标，联储认为，通胀在减弱供应方面的冲击是暂时的，于是它调整了规范利率的决定。同样，欧洲央行准备在 2018 年放缓债券购买速度，前提是通胀适当上升。如果决策者错误地认为，对通胀有抑制作用的积极供给冲击是暂时的，政策正常化就可能是错误的，非常规政策的时间应该延长。但这也可能意味着相反的趋势，即如果冲击是永久性的或比预期更持久，则必须更迅速地实行正常化，因为此时已达到了通胀的"新常态"标准。

这是被国际清算银行(BIS)采纳的观点。即认为现在是时候将通胀目标从 2% 降低到 0% 了，由于考虑到永久性的供给冲击，现在这是可预期的通胀率。国际清算银行警告说，在这样的冲击背景下，要实现 2% 的通胀率，需要更宽松的货币政策，但这将推动风险资产价格上升，并最终放大泡沫。按照这一逻辑，央行应尽快规范政策,加快步伐,防止再次发生金融危机。

但多数发达国家央行不同意国际清算银行的观点。他们认为,如果资产价格通胀,它将是由于宏观审慎的信贷政策造成的,而不是货币政策的后果。当然,发达国家的央行希望这种资产通胀不会出现,通胀受到了暂时性供给冲击的抑制,因此一旦产品和劳动市场紧缩,通胀率就将升高。但是,面对今天可能是由长期供应冲击造成的低通胀,他们现在也不愿放松过多。

因此,中央银行并不愿放弃 2% 的正式通胀目标。他们愿意延后实现目标的时间表,因为他们显然已经多次这样做过,承认通胀可能长时间保持低位。否则,他们就需要在更长时间内维持非常规货币政策,包括量化宽松和负利率,多数央行(日本银行可能例外)对这种做法都不会感到满意。

央行的耐心会使得脱锚的通胀预期面临下降风险。但是,随着非常规货币政策持续更长时间,不良资产价格也会膨胀,信贷也会过度增长,并产生泡沫。只要低通胀的原因仍不确定,央行就必须平衡这些相互竞争的风险。

## 1.2.3　财政部青年群体就业报告引关注

2016 年 10 月美国财政部发布了第二份经济安全简报。这份简报测试了美国家庭安全度,重点关注如下问题:年轻群体如何进入劳动市场? 年轻人离开学校干什么? 他们的薪酬水平怎样? 多长时间处于失业或待业状态? 这些趋势是否随时间推移有所改变? 研究选取了全美青少年纵向调查( NLYS )数据,即分别出生于 1970 年代后期和出生于 1990 年代后期的年轻人。该研究对个人早期职业生涯进行跟踪调查,以更好理解与教育相关的决策及进入劳动市场的方式在两代年轻人之间如何变化,同时深入理解收入变化、家庭关系和伙伴关系变化等内容。报告还包括了对非传统大学生的考察,他们在高中毕业后并没有立刻进入大学,过去往往被学者忽视。我们首先关注的是全职劳动者收入的变化。[1]

---

[ 1 ]　Tara Watson, "Labor Market Transitions of Young Adults", www. treasury. gov, 2016 - 10 - 20.

首先看男性劳动者收入的变化。在 1997 年组，各类教育水平劳动者薪酬经过通货膨胀因素调整后，仍低于 1979 年对照组。1979 年组的 4 类受教育者中的 3 类，在进入劳动市场之初每年有 40 000 美元收入，但 1997 年组下滑至 30 000 美元。在 1997 年组中传统毕业生起薪 40 000 美元，但很难判断其是否低于 1979 年组。截止到第 10 年，两个群体传统毕业生组和高中组收入水平都相当接近，这意味着即便 1997 年群体样本起始收入虽较低，但其上涨速度更快，并与另一组在 10 年后达到相同水平。

其次是女性劳动者与男性劳动者相似。起初，1997 年组女性收入稍低，但到第 10 年后，两个群体传统毕业生与高中组收入几乎持平。这意味着在两个群体之间，每个受教育组内收入的性别差异相似。在 1979 年样本里，传统毕业生中女性的收入达到男性的 77%，在 1997 年样本中，达到 80%。在 1979 年样本高中组，女性收入达到相似教育程度男性的 69%，而在 1997 年样本中达到 73%。不过，虽然不同性别的薪酬变化相似，但教育水平对薪酬变化影响显而易见。

收入仅仅是劳动市场的产出结果之一。如前所述，传统毕业生收入远远高于其他类型。差异之处在于其他类型受教育组，在 1997 年群体中，非传统毕业生收入与肄业生相比差距很大，但这一差距在 1997 年群体中却很小。在 1979 年群体中，非传统毕业生和肄业生的收入高于高中毕业生。而在 1997 年群体中，非传统毕业生收入与传统毕业生更接近，肄业生与高中生收入接近。非传统毕业生和肄业生收入在 10 年后不再相近，因为两者的收入及劳动市场经验差距逐渐拉大。

年轻人进入劳动市场广泛影响经济安全。年轻人毕业后，经历多长时间待业或者失业？其趋势是否随着时间改变？先看年轻人毕业后第一个 6 年平均有多长时间就业、失业和待业。总体来看，1979 年和 1997 年两个样本组，劳动市场附着效应几乎无差异。每个群体的年轻人都有 1.5 年待业时间、1 年失业时间和 4.5 年就业时间。然而还是存在性别差异。相较于从前，年轻男性失业时间更长，而女性更容易就业。因此，在 1997 年群体中，年轻男性和年轻女性的劳动参与度虽不完全一致,但也相差甚微。

年轻人受教育程度决定经济安全。总体来看,现在的年轻人和上代相比,从劳动市场获取的收入及他们的劳动市场附着效应并没有改变。但是,年轻群体受教育程度及教育贷款和其他与工作无关的方面确实发生了变化,可能会整体上影响美国经济安全。男性劳动力的附着效应已显著减弱,在那些学历不高的人身上尤为明显,而未毕业劳动者的劳动市场产出与那些暂时中断学业但最终毕业的群体差距越来越大。这就是政府一直致力于实现大众皆可负担、可享受教育的原因所在。以前的财政预算期待让更多人接受教育,包含实施早教项目、增强联邦大学生贷款可承受力,帮助从业者接受培训、获取技能,从而获得更高报酬。以上建议和措施都有助于中产阶级获得成功、实现包容性增长。

# 1.3　联储与治理

## 1.3.1　联储主席耶伦在国会的证词

联储主席耶伦(Janet Yellen)于 2016 年 11 月在国会联合经济委员会发表证言,她的证词分两部分,即当前经济前景和货币政策。分别摘录如下。[1]

### 一、美国经济形势

美国就业增长情况尚可,经济上升空间仍很大。2016 年美国经济朝着联储设定的充分就业、价格稳定两大目标继续迈进。其中在 1 至 10 月份,月平均增加 18 万个就业岗位,虽略低于 2015 年的增速,但仍高于吸收新进入劳动力所需增速。10 月份的失业率维持在 4.9%,自 2016 年以来失业率持续保持相对稳定。失业率平稳与就业增长高于潜在水平表明,美国经济比之前预期有更大空间。这一利好已反映在 2016 年以来劳动参与率净值没有变化上面,虽然美国人

---

[1]　耶伦 2016 年 11 月 17 日在国会联合经济委员会的证词。

口老龄化,劳动参与率可能呈下降趋势。尽管高于潜在水平的劳动力和就业增长不可能无限持续,但劳动力市场还有改善空间。现在失业率仍略高于联邦公开市场委员会(FOMC)委员所预估的长期水平中位数。

工资增长虽然加快,但不同种族就业不平等现象堪忧。就业进一步增长对于支撑劳动参与率及工资增长有很大帮助;实际上有迹象表明,近来工资增长已经加速。虽然 2015 年以来劳动市场改善十分广泛,而且在种族之间并无大的差异,但令人不安的是,非裔和拉美裔美国人的失业率仍高于全美总水平,他们的年收入中位数仍比其他家庭低很多。

美国正在走出缓慢增长的泥潭。与此同时,经济增长似乎已经从 2016 年年初的缓慢增长中走出。2016 年上半年的年化增速仅有 1%,对第三季度通胀进行调整后,国内生产总值(GDP)预计已升至 3% 左右,增速上升的部分原因是存货增加及大豆出口激增。此外,由于实际可支配收入稳步增长、消费信心强劲、借款利率低及之前家庭财富增长的持续效应,消费支出继续缓慢增长,商业投资却持续相对疲软,部分原因是在此之前,油价下跌导致钻井平台和采矿投资减少,拖累了增长。制造业产出继续受制于海外低迷的经济增长及两年来美元的持续升值。虽然房地产价格上升,但最近几个季度新房建设持续低迷,其基本原因是可供出售房屋存量少,而劳动市场改善、按揭率较低,都将有助于房地产市场转暖。

能源价格及非能源进口价格下跌致使通胀率低于 2%。以个人消费支出价格指数衡量的整体消费物价,在 9 月份同比上升 1.25%,比 2016 年早期增速稍高,但仍低于联邦公开市场委员会 2% 的目标。缺口部分继续反映早期能源价格以及非能源进口价格下跌。别除能源、食品这类波动较大的价格因素后,未来整体通胀率中的核心通胀率才会更好呈现,核心通胀率将维持在 1.75% 左右水平。

未来经济稳步增长,就业走强,预计通胀率升至 2%。展望未来几年,美国经济将稳步增长,足以支撑劳动市场走强,通胀率会回归 2% 的目标水平。这一判断是基于货币政策维持适度宽松,就业持续增长、低油价继续支撑家庭购买力及消费支出的总趋势。此外,海外宽松的货币政策将支撑全球经济稳定增长。随着劳动市场进一步走强,压低通胀的短期因素将消失,预计通胀率未来会升至 2%。

## 二、货 币 政 策

2016 年 9 月份的加息理由充分,但联储暂缓了行动。现在谈谈当前经济发展,展望对货币政策的影响。自 2016 年以来,联储货币政策的立场一直在支撑劳动市场改善,助力通胀率升到 2% 的目标水平。在 9 月份,联邦公开市场委员会决定将联邦基金目标利率维持在 0.25%—0.5% 的水平,并称,尽管提高目标利率的理由更加充分,但还需暂时等待有更多证据能够表明美国经济持续向目标水平改善,才能做出行动。在 11 月初,联邦公开市场委员会开会,认为提高目标利率的理由继续增强,如果之后的数据能进一步证明经济在向委员会设定的目标靠拢的话,近期就应提高利率。该判断认为,美国劳动市场在持续进步,经济活动已从上半年的低速中得到复苏。虽然通胀率仍低于 2% 的目标水平,但自 2016 年年初以来,通胀率已经有所提高。而且,联邦公开市场委员会认为,展望短期风险,大致是平衡的。

等待更多证据并非对经济缺乏信心。虽然就业增长高于潜在水平,但失业率则维持稳定,通胀率继续低于目标水平。联邦公开市场委员会认为,相比 2016 年年初预期,劳动市场持续改善的空间更大。但是,联邦公开市场委员会在制定货币政策时,必须保持一定的前瞻性。如果公开市场委员会拖延提高联邦基金利率太久,要想避免经济大幅超出两大长期政策目标范围,最终可能必须突然收紧政策。而且,将联邦基金利率保持在当前水平太久,可能会鼓励过度冒险,最终损害金融稳定性。

只有联邦基金利率逐渐增长,才能实现充分就业、保持价格稳定。联邦公开市场委员会仍然预计,美国经济走势将证明,只有逐渐提高联邦基金利率,才能实现充分就业、保持价格稳定。这一评估基于历史标准,当前联邦基金利率中性似乎相当低。联邦基金利率中性指既不扩张也不收缩,保持经济平稳运行的利率。近几年,总支出增长持续放缓与这一观点一致,虽然有较低联邦基金利率、联储大量持有长期证券的支撑。联邦基金利率当前仅略低于中性利率的估值,货币政策立场可能是适度宽松的,这有助于朝着公开市场委员会的目标靠拢。但由于货币政策仅为适度宽松,在短期内经济过热的风险有限,在未来几年,逐步提高联邦基金利率,可能足以实现中性政策目标。当然经济展望总有不确定性,而且随着经济展望及伴生风险变化,联邦基金利率合适的区间也会相应调整。

### 1.3.2 联储前主席伯南克谈联储与财政政策关联

市场对特朗普赢得大选反应强烈。前联储主席伯南克 2017 年 1 月 13 日在布鲁金斯学会网站撰文指出,股票、长期利率和美元走高,虽然资产价格的影响因素很多,但新政府实施增支、减税以及扩大赤字的扩张性财政政策的期望,似乎是近期市场走势的重要驱动因素。然而,联储对未来财政政策变化的反应比市场谨慎得多。联储现任主席耶伦称,现在中央银行由于存在不确定性,联储决策者的预测显示,在未来几年,经济前景和利率变化不大。联储如何在其计划中考虑财政政策实施? 如何解释联储和市场对大选后的财政前景变化的反应产生的巨大差异? 结论是: 鉴于我们迄今所知,联储谨慎应对可能出现的财政变化是有道理的。[1]

#### 1.3.2.1 将可能的财政政策变化纳入经济预测

联储决策者通常通过经济预测看待经济或政策发展。补偿性政策反应会使经济发展路径偏离联储的就业和通胀目标。因此,要对财政新计划进行适当的货币政策调整,联储决策者必须首先评估该计划在未来几年里对经济的潜在影响。由于财政政策通过多种渠道影响经济,联储的计量经济学模型往往通过总结总需求或总供给的财政影响进行预测。例如,公共基础设施支出的增加或减

---

[ 1 ]　Ben S. Bernanke, "The Fed and fiscal policy", www. brookings. edu, 2017 - 01 - 13.

税使消费者增加消费并增加需求。财政政策通过税收优惠也影响总供给。要预测财政刺激计划对经济的影响,联储建模者和决策者必须基于理论和历史经验,评估需求和供给影响的规模与时机。

财政计划的影响还取决于实施计划时的经济状况。伯克南担任联储主席时,曾多次反对财政紧缩(加税、减支)。当时美国经济失业率过高,货币政策运行接近极限,他推行了提高总需求、增加就业的财政政策(最终失败了)。今天,随着经济接近全面就业,虽然刺激需求的必要性可能没有完全消失,但肯定是远远低于三四年前。如果不过度增加通胀,增加产出的重点应该是提高生产率和总供给,例如,通过改善公共基础设施提高经济效率,或通过税收改革促进私人资本投资。

### 1.3.2.2 联储对未来财政计划的反应

市场的乐观反应与对新政府的政策改革预期有多少关联难以知晓。但选举过后的股市、利率和美元的上涨,显然与标准的宏观经济学对特朗普财政扩张预测的结果一样。类似模式也发生在里根执政的早期,当时以削减税收、增加军费开支、增加赤字,以及联储提高利率为主。根据 2016 年 12 月 13 至 14 日的联储会议纪要,货币决策者都很清楚市场对财政政策的反应预期,参与其中的人士站在更为扩张性的财政立场上做了临时假设。然而与会者在《经济预测摘要》中对经济前景的预测变化不大。值得注意的是,从中值来看,预计 2017 年实际增长率相对于 9 月预测,仅增加 0.1%,而 2018 年的增长预期没有变化。2017 年、2018 年的中值通胀预测也没变。联储未来两年的中值政策利率仅包括一个附带的增长率。

为什么联储对预期的财政变化的反应如此有限,而市场如此热情?会议纪要以及联储官员随后的评论道出了几点原因。

第一,联储决策者往往在面对大量不确定性时选择谨慎做法。一般来说,联储决策者尽可能不洗盘(whipsaw)市场。因此,为了保证合理性,联邦公开市场委员会(FOMC)成员在改变政策前会提出强有力的依据,而财政政策展望要促成这种转变太过于朦胧了。事实上,《经济预测摘要》鼓励谨慎的做法。联邦公开市场委员会预测是为了模态或"最可能"出现的场景,他们也许会将一个大的财政计划作为可能的结果之一,而不是最有可能的情形。由于资产价格普遍反映了平均可能的结果,而不仅仅是最大的可能,联储对模态的预测结果有助于部分解释货币决策者明显的谨慎和资产价格的飙升之间的差异。

第二,财政变化的近期宏观经济影响尚不清楚。根据目前已知的情况,即使通过主要立法,要想评估财政计划对近期增长的影响,细节仍很重要,但现在只有很少这些细节可以获得。根据会议纪要,联邦公开市场委员会与会者在12月会议上,对于前瞻性一揽子财政计划的时间、规模和组成,表达了相当大的不确定性。

造成计划的规模和组成不确定性的关键来源之一是政治。新财政措施更有可能因为以下事实获得通过: 共和党人控制了参众两院,并且在某些情况下,只需简单多数,预算法案就能在参院通过。不过,还有一些问题。例如,长期以来国会许多共和党人属于赤字鹰派,他们能接受一个导致联邦预算赤字大幅增加的巨大一揽子财政计划吗? 特别是共和党人是否愿意支持包括基础设施支出在内的大幅度支出增加? 另外,正如特朗普所提出的那样,如果国会选择通过税收抵免和公私伙伴关系降低基础设施项目赤字影响,该计划可能会相对较小。

2017 年似乎有重大的减税政策但细节问题依旧重要。企业税法的结构改革正在被审议当中,但结果的范围可能很广。对个人减税,特别是对高收入家庭的减税可能是这个计划的重点之一,也可能是最容易达成一致的部分。然而,无论税收改革的长期利好是什么,高收入消费者会储蓄他们所获得的大部分的减税,这意味着这种削减需求的影响,可能比直接政府支出的影响小。

关于时机,没人知道国会在这一点上将花多长时间通过立法,财政变化既复杂又充满争议。而且,一旦通过立法,财政计划可能需要一段时间才会发挥效果(例如,基础设施项目要花费数年时间建造)。因此,新的财政措施可能会在2018 年或 2019 年产生影响,而不是 2017 年。当然,这留给联储更多时间来去评估计划,并进行适当的响应。

第三,其他政策变化也会对经济产生影响。但是它们可能会加强或抵消财政影响。特朗普在财政政策以外,还在许多领域提出了政策改革,如计划放松管制,这似乎对商业与市场情绪有积极影响,但也有相反作用。例如,发生新的贸易壁垒或贸易战的可能性使商人们担忧,卫生医疗政策的变化也有利有弊。总体而言,根据 12 月的会议纪要,联储决策者咨询了一些企业后认为,他们未来可能受益于联邦支出、税收和监管政策方面的变化,而其他企业对政府重大政策变化的前景的不确定或担心,可能会受到审议中计划的不利影响。

特朗普的政策建议对国际以及美国将产生影响。虽然会议纪要并不明确,但联邦公开市场委员会与会者可能也考虑到了,例如,对美国未来的贸易和移民政策问题的担忧,已经对墨西哥比索和股票价格产生了不利影响。高度的国际压力也将对美国的经济增长前景产生影响。

第四,资产价格的变化可能会限制财政计划对增长速度的影响。金融市场是前瞻性的,当前的资产价格建立在对未来几年强劲扩张的财政立场期望上。然而,资产价格本身的变化还可能会部分抵消最终的财政计划对经济增长的影响。例如,在大选后,长期利率上升会减少包括住房建设在内的投资支出,美元走强可能阻碍出口。联储 12 月会议预测的假定是,财政变化对经济增长和通货膨胀的正面影响基本被长期利率升高和美元走强的抑制作用所平衡。

总体看来,联储仍有充分的理由对将新的主要财政扩张纳入经济前景保持谨慎,并且预期短期利率会出现比之前预测的更为快速的增长。由于财政一揽子计划的时间、规模和组成的不确定性,以及由此产生的对经济的影响的不确定性,现在,联储决策者们坚持他们的基线预测,把扩大财政计划视为"上行风险"。随着特朗普政府的财政政策大纲变得清晰,联储的预测及实际政策也将相应调整。

### 1.3.3　市场期待联储负债规模缩小

联储资产负债表自金融危机至今一直没有恢复正常。美国资本市场网站"Alt-M"发文指出,在2007—2009年,联储通过大量购买抵押贷款支持证券和国债,将资产扩张了4倍以上,总资产从不足1万亿美元达到当前的4.45万亿美元。联储资产负债表的规模是否正常化、何时实现正常化、如何实现正常化,这个问题已经讨论了多年。[1]

现在流行一种新观点。经济学家戴维·安多尔法托(David Andolfatto)提出,要对"维持联储大额资产负债表"进行"公共财政论证",联储可看作金融中介,将高利率政府债务转变为低利率的联储负债,这是一种有利可图的业务。

不过这种观点忽略了两个重要细节。联储的扩张只是因为:第一,它在历史上是首次借短贷长,这也称为实践"期间转换"或"利用收益曲线"。第二,它大量投资于抵押贷款支持证券。目前联储对临近到期的银行储备支付短期借款利率0.75%,并非安多尔法托所说的0.50%。通过持有10年期以上的国债和长期抵押贷款支持证券,可以进行长期贷款,截至2017年2月17日,此类信贷利率为2.42%以上。

联储"收益率普遍遵循市场利率向下的路径"。安多尔法托认为,在2007—2008年,历史确实如此,然而2008年之后,联储收益率很大程度上已不再跟随市场利率的下降通道。当时由于5年期国债的市场利率跌近准备金管理利率,联储5年期投资组合转为最长12年期,似乎表明了保持其大额利息收入的决心。

这种观点认为应接受现状。"联储在这个时间点减少资产负债表,似乎造成美国纳税人不必要的损失。如果联储持有债务,运行成本通常要低得多,这种成本节约构成政府的净收益。那为什么不利用它呢?"联储面临着"套利机会",以联储持有国债代之以公众持有国债,将产生一个纯粹的套利利润,因为联储可以低于国债利率借钱而持有国债。

---

[ 1 ]　Larry White, "Why there is no Fiscal Case for the Fed's Large Balance Sheet", https：//www. alt-m. org, 2017‒02‒28.

但这个观点忽视了借款的短期与长期之间的简单差异。当联储从银行短期借款,长期贷给财政部时,并非没有成本。其间转换有资本损失风险,这也称为持续时间风险。假设收益率曲线上升,短期和长期利率将共同上升。联储资产现值将下滑,这将使其负债现值下降幅度变小。此类事件曾经发生过:在1979—1981 年,它使约三分之二的储蓄机构破产,这些机构为 1 年和 2 年存款提供 30 年期固定利率抵押贷款。在现金流方面,此类事件意味着,联储借款将很快开始支付更高利率,而其资产组合继续保持低收益,并且滚动得很慢。联储每年向财政部转移支付的净额甚至可能为负。联储向财政部转移支付缩小或变为负值意味着对公众一般负债现值突然上升。从收益曲线取得净利息收入不是免费午餐。

联储还存在重大违约风险。其持有的 1.7 万亿美元的投资组合不包含在美国国债中,而是包含在抵押贷款支持证券中。住房抵押贷款证券(MBS)存在违约风险,交易低于面值的事也并不是很多年前发生的,事实上,联储购买债券数量如此之大,推动了其价格回到面值。

这种观点回应了联储风险持续时间问题。"如果联储局限于短期资产,持续时间风险可能大大减轻"。安多尔法托提出,如果财政部一年期国库券利率明显高于联储负债,那么联储就能为政府赚取利润。但是,实际数据表明,一年期国库券收益率并不特别高,联储实际上无法保证政府获利。一年期国债收益率目前只有 82 个基点(0.82%),比联储的 75 个基点多 7 个基点。由联储 44.5 亿美元的资产组合乘以 7 个基点,仅得到 31 亿美元的净利息收入,低于 2016 年联储匡算的 45 亿美元,也低于 2015 年业务费 42 亿美元。因此,通过一年期国债投资组合减少持续时间风险,可以消除联储从银行借款和转贷到财政部的利润。

联储资产负债表需要正常化。主要理由是,第一,联储不该因持有万亿美元住房抵押贷款证券而扭曲信贷配置;第二,规范资产负债表规模将再次稀释银行储备,使联储货币政策规范化。

推迟正常化并非绝无代价。

## 1.4 美国对外经济政策

### 1.4.1 布鲁金斯学会建议对华采取"强硬"政策解决投资贸易失衡

美国对华贸易逆差影响究竟几何存争议。布鲁金斯学会经济学家杜大伟（David Dollar）声称，美中贸易已对美国制造业就业产生负面影响，虽然影响有多大仍存在分歧。[1] 美国制造业就业人数从 2000 年的 1 700 万急剧下降到 2010 年的 1 100 万。有人声称，中国的改革开放使 1991—2007 年美国制造业就业机会减少了 25%，使 2000 年之后美国制造业就业机会减少了 40%。但其他人强调，2000 年美国贸易赤字已经很大，而在 2000 年以后，贸易对工作机会减少的影响则很小。他们也同意，要使美国的贸易逆差完全消失很难，未来美国制造业就业会增加 25%，即比当前增加 300 万岗位。

杜大伟声称，对华贸易也将对美国熟练劳动力的实际工资产生压力。在 1970 年代末，中国开始经济改革，拥有数量巨大并迅速增长的劳动力队伍，适龄工作人口 1980 年为 4.75 亿，在 35 年内几乎翻了一番。当时中国在经过多年自我封闭发展后，技术过时、生产力低下。因此，中国当时是作为工资低、劳动力数量巨大、富有潜力的经济体加入世界经济竞争的。经济理论界预言，中国将出口劳动密集型制造业产品，进口相对稀缺的高技术产品等。这基本解释了如下原因，即为何一开始，中国是服装和纺织品的主要生产商，随后出口来料加工的简单电子产品，最后出口精密电子产品和机器。而美国在劳动密集型行业会减少职位，在高端制造业将增加就业机会。但问题是，中国的进口比出口少。

中国相对贫穷、人口基数大、储蓄与投资很高。首先，中国仍然是一个发展中国家。其次，中国有规模大得多的人口，世界吸收中国的剩余面临更大挑战。再次，中国经济是多种所有制经济共同发展。中国储蓄率和投资率都较高，其中

---

[ 1 ]　David Dollar, "The future of U. S.-China trade ties", www. brookings. edu, 2016 - 10 - 04.

储蓄率尤其高,接近国内生产总值的 50%。

中国外汇储备高达 4 万亿美元。1994 年,中国将人民币对美元汇率规定为 8.3∶1。这在当时是合理的。问题是随着中国的快速增长,人民币需要升值;此外,有关汇率是贸易加权指数,因为中国与许多国家开展贸易。中国是幸运的,美元在 1990 年代末的升值推动了人民币升值。正是在这时,中国产生了占国内生产总值的 10% 的较大贸易顺差。钉住美元政策有助于推动央行累积外汇储备,而中国的外汇储备在这段时间内升至 4 万亿美元。

大型国企在中国赚取利润,如果企业由家庭所有,利润最终会刺激消费;但在中国,这些利润最终都成为储蓄。多年来,中国国企利润都成为国家储蓄。但现在,随着许多行业出现产能过剩问题,国有企业转而开始收购外国企业。杜大伟认为,这造成了一系列新问题。

第一是贸易顺差问题。2005 年中国停止钉住美元政策 10 年来,人民币兑美元升值 20% 之多,贸易加权的升值幅度甚至高达 40%。在新的货币政策下,中国没有进行外汇市场干预。过去一年中,中国一直通过出售外汇储备保持本币价值,4 万亿美元的储备已下降至 3.1 万亿美元。在新的货币政策下,中国的贸易顺差开始下降。但现在又开始回升。

第二是中国对外直接投资政策高度不对称。现在中国鼓励企业对几乎所有领域进行海外投资。中国的制造业部分开放,但重要的行业如汽车是 50∶50 的合资企业。大多数现代服务业,如金融、电信、媒体和物流,外国投资较低。

第三,美国与其他贸易伙伴的关系也是热门话题。特别是指责《北美自由贸易协定》(NAFTA)减少了美国制造业的就业机会,然而证据很少。无党派的国会研究局(CRS)说,《北美自由贸易协定》没有造成大量失业,也没有产生很多经济利益,对美国经济整体的影响相对温和。

第四,很难找到《北美自由贸易协定》的负面影响。

最后,美国经济增速在 1990 年代和 2000 年间显著放缓。虽然中国巨大的贸易顺差令美烦恼,但在美国经济的占比很小,2014 年美国从中国进口 4 670 亿美元，占 GDP 比重不足 3%。美国经济增长放缓可以归因于许多因素，包括人口老龄化、教育和基础设施的投资不足，以及华尔街金融危机。虽然 1950 年代以来，美国制造业就业份额持续缓慢下降，但在国内生产总值中的份额却一直稳定。这反映了制造业相对服务业生产力增长得更快，在 21 世纪，整体就业增长比 1990 年代慢。在思考如何应对中国的同时，别忘了思考让美国的产出和就业增长加快更重要。

中美贸易与投资政策的选择很多。杜大伟声称，下届总统应对中国施行"强硬"政策。

选择之一是限制国有企业投资。这可能会激励中美达成投资协议。

选择之二是打中美贸易战。特朗普提出对中国进口产品征 45% 的关税，这是"不负责任的强硬"，肯定会适得其反，违反对世界贸易组织的承诺，中国领导人肯定不会屈从于这种压力。如果使用严厉的贸易保护主义措施，美国将面临的目标只有中国，还是普遍的发展中国家的难题。如果只针对中国，然后劳动密集型产品的生产很可能转移到其他发展中国家，这些工作不会回到美国。发展中国家从专业化分工中获得了巨大的利益，并将出口作为经济增长的引擎。作为一个开放经济体吸收来自发展中国家的进口，美国因此具有可观的软实力。

选择之三是进行贸易救济。贸易救济仍是美国贸易政策的重要组成部分。

选择之四是维护所谓跨太平洋伙伴关系。

美国重点要与中国就高储蓄率进行对话。在美中一系列政府对话平台中最大的是战略与经济对话，但其规模太大、太正式，反而作用不大。可以肯定，美国将继续在不同层次进行各种对话。

## 1.4.2  欧洲媒体称特朗普当选将与欧盟、中国、墨西哥关系恶化

特朗普当选会使美国经济状况恶化。欧睿国际（Euromonitor International）发布有关美国经济、金融和贸易的简报，塔帕（Roshni Wani Thapa）认为，特朗普当选会使美国财政状况、贸易纽带和经商信心恶化，根据其宏观模型，美国 2017—

2021 年实际国内生产总值相对基准水平将下降 4.7%。[1]

美国收紧货币政策引发对全球经济复苏的担忧。特朗普需要立刻关注全球经济增长放缓、人口老龄化和债务水平高企问题。2015 年,随着消费支出和投资上涨,房价和劳动市场走强,美国实际国内生产总值年增长率达到 2.4%。虽然经济活动强劲,但由于货币政策收紧、全球经济增长乏力,美国的增长将会放缓。联储还将计划逐步加息、收紧货币政策。这意味着美国货币供给增长会减少,新兴经济体的资金流入将终止,这是全球经济复苏的一大担忧。

美国降低了赤字,但国债高企,社保支出占比很高。奥巴马总统实施经济增长、维持可持续财政政策,辅以增税措施后,使 2015 年财政赤字降到国内生产总值的 4.3%,这是 2007 年以来最低水平,但由于联邦政府通过增加负债,为医保计划和医疗补贴计划出资,联邦公债 2007—2015 年持续攀升,达到了国内生产总值的 105%,已难以持续。2015 年美国 65 岁以上人口占比达 14.9%,2030 年预计会升至 20.7%。婴儿潮一代人口即将退休,需要医疗保障与社保福利,2015 年美国社保支出已增加到占总支出的 40.3%。

特朗普当选对美欧财政与贸易联系产生不利影响。他的反移民政策会增加劳动成本,降低美国竞争力,而移民则有助于缓解人口老化压力。反移民政策、减税、扩大国防支出会使财政出现缺口,而且特朗普希望改善美俄金融、贸易关系,这可能引发欧盟不满。特朗普主张终结或重新谈判《北美自由贸易协定》,还要对墨西哥和中国商品征收高关税。这些政策会对美国国内依赖出口的地区产生负面影响,造成出口减少、失业增加。

## 1.5 小结

特朗普代表的反全球化势力既不符合世界当代潮流,也与美国利益背道而

---

[1] Roshni Wani Thapa, "Economy, Finance and Trade USA: A Potential Trump Victory Poses a Threat to the US Economy", *Euromonitor*, 2016-10-31.

驰。特朗普并非天然反全球化的代表,然而自冷战以来,尤其是随着新兴经济体的崛起,曾经依靠资本与创新不断从全球攫取超额利润的美国经济,遭遇到了前所未有的红利分流,美国国内依靠高福利、高消费、严监管、重视科技创新带动的增长模式难以为继,加上 21 世纪之初"9·11"恐怖袭击对美国国民信心的重创、15 年投入近 10 万亿美元的持续反恐战争迁延不决,以及 2007—2009 年爆发的经济大衰退的影响,特朗普所代表的执政者认为,美国已经不伟大了。特朗普能够上台执政,与他在美国国内举起的"重新使美国伟大"旗帜不无关系。同样应当看到的是,特朗普上台也是美国基层民意的某种客观反映,美国历史上有着对大公司的天然反感和抵触,而大公司正是全球化的最大受益者,但是大公司靠着美国税法的保护,长期在海外投资攫取超额利润,在美国本土雇佣的就业工人越来越少,同时美国的社保福利支出越来越多,都引起了美国社会的反思。可见特朗普上台代表了美国社会求变革的要求,他上台执政也必须回答选民的诉求,兑现承诺,纵观 2017 年特朗普的施政内容,反映了这一点。

# 第 2 章　联邦财政与财税治理

## 2.1  联邦财政体制与政策背景

美国财政部的职能由宪法和《美国法典》确定。美国是联邦制国家,财政部主要负责联邦层面的财政活动,并通过转移支付、税收行为与州及地方财政发生业务关系,还承担着重要国际财政功能。美国财政部长是内阁成员,财政部在联邦政府序列中仅次于美国国务院。美国财政部法定重要职能主要包括六项内容:一是维护全美财政金融安全,打击洗钱犯罪和所谓恐怖主义融资活动;二是依法征税和进行税法执法;三是管理联邦债务并进行会计核算;四是管理联邦政府财政;五是依法管理特定金融机构;六是铸币、印钞并发行货币。

财政部共设立 6 个"政策办公室"(Policy Offices)。(1)国内财政金融司,由一位副部长领导,主要职能是:为稳定美国国库券市场、强化金融机构与金融市场、促进信用发展、保持长期经济强健和稳定注入信心。(2)国际事务司(IA),由一位副部长领导,通过推动就业持续和经济增长,创造有利的外部环境,进而保障经济繁荣与国家安全。设 12 个处,包括非洲处、东亚处、欧洲与欧亚处、中东与北非处、南亚与东南亚处、西半球处、开发政策与债务处、环境与能源处、国际基金与财政金融政策处、投资安全处、技术援助处、贸易政策与投资处。(3)反恐与财政金融情报司(TFI),由一位副部长领导,运用政策、情报、执法与管制手段,并依法使用各种授权,阻击并消灭所谓恐怖主义活动与有组织犯罪,应对其他国家安全威胁,并保护财政金融体系不受违法活动的滥用。该司设四大处(室):海外资产控制处(OFAC)、情报分析处(OIA)、恐怖融资与金融犯罪处、财政部资产罚没行政办公室。(4)经济政策司,归一位部长助理领导,主要报告经济发展并辅助制订经济政策,审核与分析国内经济事务和金融市场发展。(5)税收政策司,归一位部长助理领导,研究制订并实施税收政策与税收计划。审核管理《美国税法典》的立法和法规。为总统预算报告提供税收收入估算结果。(6)美国司库长,为美国财政部长的主要顾问。分管消费政策办公室(处),该处主要研究有关经济增长和金融稳定政策,分管美国造币厂,并向美国财政部长提供建议、协调与联储的关系。

　　财政部还设立了五大"支持办公室"(Support Offices)。(1)财政管理司及首席财政官,归一位部长助理领导。财政管理司共设 11 个处,管理财政部所属财政资源,监控财政部的各项财政计划,主要包括人力资源、组织运行、信息技术、收购及其他各项事务。(2)风险管理办公室(ORM),综合监控财政部风险管理体制的研发与实施,并就管理信用、市场、清算及信誉风险等事务向财政部领导提出建议。(3)法律总顾问办公室,管理司法事务。(4)立法事务司,归一位部长助理领导,管理立法事务。(5)公共事务司,归一位部长助理领导,管理公共事务。另外,财政部长办公室主任主要协调办公室人员和助理,支持部长工作。根据财政部第101—105号命令,办公室主任直接向部长报告,并负责监督副主任、行政秘书、排班主任以及办公室其他人员的工作。财政管理司战略规划与绩效改进处(OSPPI)具有一定独立职能。财政管理司战略规划与绩效改进处负责制订财政部组织绩效政策并负责财政管理司内部管理咨询业务,包括运行战略、政策实施以及过程连续改进。该处处长直接向财政部长办公室管理与预算副部长助理报告,并归属财政部绩效改进副主任领导。该处还通过实施"组织绩效管理计划""财政部内部咨询计划""过程连续改进计划"等三项计划为财政部各司、办和外勤部门提供战略规划与绩效改进支持。

目前财政部根据职能要求设立相应职位。财政部设部长 1 名、副部长 3 名（其中 1 名为政治任命，其余 2 名为职业财政金融官员），另有若干部长助理，各司设司长 1 人，另设财政部总监察长 1 名、税务管理总监察长 1 名、不良资产救济计划特别总监察长 1 名。[1]

美国联邦政府国家治理功能高度集中于财政部之手。首先目前美国财政部拥有 11 个内设司局、9 大外勤执法机构、14 万余名职工，是一个每年管理 4 万多亿美元财政收入与等量支出、1 万亿美元以上国债销售收入、22 多万亿美元流通公债、数千万亿美元金融交易量，管理联邦财政收入、支出、金融、外汇和银行治理、铸币印钞等财政金融事务及执法体系的巨型财政金融治理机关。其次，美国财政部几乎全面控制着全球金融体系，间接控制着全球财富及其流通。长期以来，美国财政部对全球财政金融事务参与和控制不断强化，还主导着全球财政金融政策的协调及执法活动，并不断通过美国国内立法获得"长臂管辖"授权，成为对全球实施有限管辖的超国家财政金融机构。

美国财政部建立了追求其国家利益的体制与机制。如从第二次世界大战后美国财政部参与国际财政金融治理的历史进程来看，1934 年《黄金储备法案》及其修正案建立的外汇稳定基金（ESF），把美元、外币和特别提款权作为储备基金，为全球汇率稳定提供平台和战略工具，同时为美元成为第二次世界大战后主要的国际通货奠定了基础。1974 年通过成立"美国—沙特经济合作联合委员会"，实现了美元之锚从黄金向大宗商品的转换，稳定了美元价格形成的战略机制，并打通了海外"石油美元"与美国国债销售之间的渠道。后来又通过修订1977 年《国际紧急经济权力法》，不失时机地把 1917 年《与敌国贸易法》管理战时对外经济关系的授权，扩大为对财政部管理紧急时期财政金融事务的授权，推动联合国安理会通过决议，联合各国实施国际制裁。还利用《布雷顿森林协定法》要求多边开发银行首先满足美国的政策优先要求，并采取措施，如坚决保证

---

[ 1 ] "The United States Government Manual"，https：//usgovernmentmanual. gov，2019 - 08 - 31.

美国在多边开发银行的绝对否决权,要求最不发达国家进行债务重组等,都反映了美国着力于战后国际财政金融治理体制建设。又比如,财政部实施对外财政金融技术援助体制,通过提前布局,在转轨国家和不发达国家建立有利于美国的财政金融体制安排,为实现其国家利益提供抓手。

特朗普当局的财政部长是史蒂文·姆努钦。姆努钦于 2017 年 2 月 13 日宣誓就任美国第 77 任财政部长。白宫赋予他的职责是:"维持强劲经济、促进经济增长,并通过改善国内外繁荣与稳定的条件,增加工作机会;他还将通过打击经济威胁、维护美国财政金融体系的统一、管理美国财政金融,强化国家安全。"[1]

## 2.2 联邦财政战略管理

### 2.2.1 财政部发布新战略框架

美国财政部金融稳定处在 2016 年 11 月 10 日发布《2016 年财政部金融报告》指出,《政府绩效与结果法》(GPRA)与《2010 年 GPRA 现代化法》(GPRA Modernization Act of 2010)规定,要确定政府机构的绩效目标、报告目标进展,并进行数据驱动,审查考核。如果绩效完成得好,这些做法就能实现组织内外的利益相关者所期待的两个关键目的:第一,评估组织的健康和影响;第二,用于决策和制定战略,其中包括有效资源分配。财政部本着这种精神,开发了具有一流组织绩效的战略框架,以有助于实现战略目标。[2]

#### 一、财政部组织绩效审查周期表

我们提供了经常论坛,组织绩效评估,为部、局、办引领开放的对话和协调,

---

[1] Steven T. Mnuchin, Secretary of the Treasury, https://www.whitehouse.gov/people/steven-mnuchin.

[2] Office of Financial Stability, "Fiscal Year 2016 Agency Financial Report", U. S. Department of Treasury, 2016 - 11 - 10.

整合不同观点,设置和调整优先事项,发现和解决问题,评估机构的活动目标,并得出结果。在一个政策周期内,对机构目标进行季度绩效回顾和年度战略目标回顾(SOAR),交叉业绩分析,并制定了一系列"显著进步"或"重点关注区"等战略目标。

| 时　段 | 10—11 月 | 2—3 月 | 4—5 月 | 6—7 月 |
|---|---|---|---|---|
| 重　点 | 目标执行 | 年度战略目标回顾 | 目标执行 | 预算 |
| 主　席 | 副部长/管理助理部长 | 管理助理部长/新闻发言人或副新闻发言人 | 首席运营官/管理助理部长 | 管理助理部长 |
| 目标/结果 | ① 取得局或办级别对上年表现的共识;<br>② 设定本年度的优先事项;<br>③ 表彰成功者 | ① 跨机构评估战略目标进展;<br>② 确认战略转移/批准财政部优先事项;<br>③ 与白宫管理和预算办公室确定联储年度统计会议主题 | ① 评估优先事项进展;<br>② 确定解决问题的方法或实施必要援助;<br>③ 表彰成功者 | ① 实施优先事项与资金连通;<br>② 探讨行为影响;<br>③ 加强采购预算责任制 |

## 二、财政部 2014—2017 财年战略框架 *

| | 战略目标 | 策略规划/APGs | 相关司、局、办 |
|---|---|---|---|
| 经济 | 目标 1:在继续改革金融体系同时,促进国内经济增长与稳定 | 1.1:促进储蓄,增加获得信贷的机会和负担得起的住房<br><br>1.2:应对金融危机紧急方案<br><br>1.3:全面实施金融监管改革举措,继续监测资本市场并应对威胁<br><br>1.4:通过提供可信、安全的货币、产品和服务,为公众提供商业便利 | 国内财政金融司、国际事务司、经济政策司、税基侵蚀与利润转移部门、财政服务部门、美国货币监理署、财政部酒精与烟草贸易局(TTB)、美国铸币局 |

续　表

| | 战　略　目　标 | 策略规划/APGs | 相关司、局、办 |
|---|---|---|---|
| 经济 | 目标 2：提升美国竞争力、创造就业机会、促进国际金融稳定和全球平衡增长 | 2.1：促进自由贸易、开放市场和外国投资机会 | 国际事务司、反恐与财政金融情报司、经济政策司、税收政策司 |
| | | 2.2：保护全球经济和金融稳定，并督促外汇汇率市场化 | |
| | | 2.3：利用多边机制，推进美国经济、金融和国家安全目标 | |
| | | 2.4：向发展中国家提供技术援助，以改善公共财政管理，加强其金融体系 | |
| 财政 | 目标 3：公平、有效地实现联邦财务管理、会计和税务系统改革与现代化 | 3.1：提高联邦财务管理和政府核算的效率、透明度 | 国内金融司、税收政策司、财政服务部门、美国国税局、财政部酒精与烟草贸易局 |
| | | 3.2：改善联邦支出和收入，减少不当财政支出 | |
| | | 3.3：推行税制改革，实施《平价医疗法》（ACA）和《外国账户税收遵从法》，改善税法执法 | |
| 安全 | 目标 4：维护金融体系，运用金融措施，应对国家安全的威胁 | 4.1：使用情报分析，确定金融系统的首要威胁，并向金融部门推广 | 反恐与财政金融情报司、国内金融司、金融犯罪执法网络部门、美国货币监理署 |
| | | 4.2：制定、实施和执行制裁措施和其他有针对性的财务措施 | |
| | | 4.3：增强国家金融部门的网络安全 | |
| | | 4.4：通过实施、促进和执行反洗钱和反恐融资标准，保护金融体系的完整性 | |
| 管理 | 目标 5：通过提高效率、有效地和客户互动，创新 21 世纪的政府治理方式 | 5.1：向财政部组织文化和商业实践中灌输卓越、创新、包容的思想，提高员工敬业度、绩效和多样性 | 白宫预算与管理办公室领导的所有司、局 |
| | | 5.2：支持高效、数据驱动决策，并通过信息的智能收集、分析、共享、使用和传播，提升透明度 | |
| | | 5.3：通过共享服务，战略采购，简化业务流程和责任制，促进资源有效利用 | |
| | | 5.4：不懈追求客户价值，创造服务文化 | |

　　* 包括财政部在 2014 财年的战略目标、2015 财年的机构优先目标（APGs）。各司、局、办都要在框架内调整方案和绩效目标。

## 2.2.2　财政部实施《DATA 法案》成果多

财政部两年多来致力于实施《2014 数字核算与透明法案》（即《DATA 法案》）。最近,财政部与联邦政府领导人举行了会议,财政部助理部长莱布里克（David Lebryk）回顾了联邦领导机构已完成的有益工作、取得的进展和最佳实践。[1]

第一,《DATA 法案》旨在使联邦基金会计核算更透明。

在实施该法时,财政部需要合作,以连接联邦政府数百个财务和管理系统的400 多个相互关联的数据元素。从 2015 年春季开始,财政部在网上发布了实施草案相关信息,以获取公众的评论和看法。联邦机构与外部利益相关者对数据定义标准草案、《DATA 法案》信息模型架构（DAIMS）进行了广泛评论,并对将来"USAspending"官网的设计提供支持。财政部避免了自上而下式数据收集与显示方式,正在与联邦机构和公众共同测试一些想法。

财政部还探索了信息采集与输入新方式。财政部通过举行市政大会、研讨会、讲习班、月度电话会议和测试会议,甚至创建在线论坛,建立新途径,与大众密切联系。所有反馈都使《DATA 法案》的长期实施更成功。通过开放、迭代、协作方式,财政部已为改善政府联邦支出报告方式奠定了坚实基础。

第二,《DATA 法案》为联邦数据管理奠定基础。

财政部与白宫管理和预算办公室开发了三处关键资源,为组织全美企业数据奠定基础。一是由财政部设置政府范围标准,确保与预算、财政、采购等所使用的定义相一致。财政部面临的问题是,管理职能与联邦机构个性化的标准过多,制定通用定义将是财政部实施《DATA 法案》的第一个关键步骤。二是财政部提出了 400 多个互联数据元素的技术报告要求。以前,这些数据元素在政府数据库和系统中是分散的,在发展信息模型架构时,财政部将这些数据与通用框架联系起来,以便内部使用和被公众理解。财政部的架构还可以连接到其他管

---

[1] David Lebryk, Christina Ho, "Making Progress on the DATA Act Implementation the First Government-wide Agile Project", www. treasury. gov, 2016 − 11 − 16.

理数据，如信息技术和人力资源，以改善财政部工作方式。学术界和州政府已经表达了使用财政部模式连接其他数据的兴趣。三是财政部开发了《DATA 法案》代理服务器。这是一个在线工具，通过该代理服务器，各机构可以向财政部提交和验证数据，其中包括约 100 个复杂的验证和 170 多个数据元素级别的验证。财政部在《DATA 法案》代理服务器中，采用了开放源代码技术，网上公开代码供公众输入使用。通过使用开源码技术，政府投资代码开发之后，机构可重新使用相同代码，或在独立环境中扩展，以提高报告财政部的数据质量。财务管理系统厂商还可利用同一代码增强系统，尝试《DATA 法案》代理服务器的敏捷开发方法和以用户为中心的设计原则，使财政部得以在 5 个月内，完成更复杂的系统，这与以往相比时间大大缩短。

第三，数据驱动型政府的未来意义。

对数据驱动型政府的需求日益增加。最近，两个国际论坛集中突出了前沿数据开放方法，使财政部坚信《DATA 法案》推广工作是真正创新。用于开发标准、敏捷、以用户为中心的方法，有可能成为标准，不仅仅用于美国，也可以用于外国合作伙伴。像敏捷开发方法那样敢于冒险、开放和尝试新方法，将给政府带来回报，财政部也将从《DATA 法案》实施过程中获得经验。

## 2.2.3　国会众院武装部队委员会（HASC）反对 2017 财年接续决议案

"我认为众院不会通过全年财政接续决议"。[1] 这是国会众院武装部队委员会主席索恩伯里( Mac Thornberry) 的观点。全年财政接续决议案并不常见，但近几年来国会总是不能及时通过拨款法案，而拨款法案才是国会最基本、最重要的工作内容之一，所以在过去的 8 年，国会每年都要通过一个或者两三个接续决议案，以保证行政部门施政有充足资金。

国防界别的议员对这种财政拨款模式尤其不满。因为任何财政接续决议案

---

[1]　Colin Clark, " Thornberry Says HASC Would Oppose Year-Long CR ", http://breakingdefense. com, 2017 - 03 - 18.

通常都会意味着不能增加新资金，并且财政支出还需保持在上个财年水平。索恩伯里说："我相信，本次听证会在座的国会众院武装部队委员会议员，都不会支持全年接续决议案。"

这无法解决废除财政扣押问题。当然，特朗普总统和其他资深共和党人都支持废除财政扣押政策（Sequestration）。国会众院武装部队委员会主席索恩伯里担心特朗普当局需要调整五角大楼的人事安排，参院是否通过任命还没确定，一个副部长仍由奥巴马时期的国防部副部长代理，另外五个副部长的人选也没有着落，更不用说承担落实政策的其他五角大楼助理副部长们了。

索恩伯里与特朗普当局对俄罗斯存在观点分歧。

### 2.2.4　布鲁金斯学会展望美国财政

美国财政的长期展望究竟怎样？这是各国经济决策者主要参考的指标。布鲁金斯学会两位经济学家根据国会预算办公室以及相关联邦政府部门的数据测算指出，未来 10 年以及直到 2047 年，联邦政府赤字稳定增加、医保支出增加，财政收入总量结构在不变的同时增长有限，而企业所得税收入将继续下降。加州大学伯克利分校教授、布鲁金斯学会税收专家奥尔巴赫（Alan J. Auerbach）进行了全面分析。[1]

医疗和税收政策是决策的焦点。展望美国财政令人头痛，但它却是判断新政策必须考量的重要内容。短期内联邦预算赤字似乎可控，但是联邦债务的国内生产总值占比已高于历史记录，即使基于乐观假设，预算赤字与债务两项的国内生产总值占比也将双双攀升。长期赤字与不断攀升的联邦债务会挤压未来投资、影响经济增长，给后代带来负担。社保和医疗理事会以及国会预算办公室最新预测报告是《财政展望报告》预测与预估的依据。重新预估结果显示：预计财政总体情况将与之前根据 2017 年 1 月国会预算办公室的报告所作预测总体保

---

[1]　Alan J. Auerbach, William G. Gale, "The Fiscal Outlook in a Period of Policy Uncertainty", www.taxpolicycenter. org, 2017 - 08 - 07.

持一致，2017 年联邦预算赤字将达 6 930 亿美元，占国内生产总值的 3.6%，截至 2017 年年底，债务的国内生产总值占比预计将达 77%。[1] 到 2018 年，赤字有望下降，但此后将逐步回升，预计 2027 年达到国内生产总值的 5.2%，届时，联邦债务的国内生产总值占比预计将高达 91%。如果根据"现有政策框架"预测，联邦预算赤字的国内生产总值占比，在 2027 年将增长至 6.3%，而债务的国内生产总值占比将达到 98%。相对于上述"现有政策框架"假设，本届政府和国会共和党的相关建议或将导致财政收入更低、国防支出更高、非国防国内相机支出更低、强制支出更低。

在"现有政策框架"下对 2027 年后进行预测，首先假设财政支出、税收收入占当年国内生产总值比例不变，社保和医疗基金收入与支出均以理事会的预测为准，而其他医疗支出则以国会预算办公室的预测为准。预测结果显示，截至 2047 年，债务的国内生产总值占比将增长至 173%，并将在以后年度增长至更高水平。若要确保 2047 年债务/国内生产总值比例不超当前水平，就必须立刻并长期执行占国内生产总值的 3.2% 的财政削减、增税组合改革。这意味着根据当前水平，削减约 16% 的非利息支出或税收收入增长 19%。若要使 2047 年债务的国内生产总值占比恢复到 2007—2009 年大衰退前 50 年平均水平，即 36%，就需要按照占国内生产总值的 4.6%，立即并在长期内削减财政支出或提高税收，而越晚开始实施相关政策，就越不利。

### 2.2.4.1　未来 10 年预算展望

第一，当前债务的国内生产总值占比已超美国历史记录。2016 年债务与国内生产总值的比值为 2017 年的 77%，这是美国历史上，除第二次世界大战之外的最高纪录。而 1957—2007 年，这一比例平均仅为 36%，从未超过 50%，在金融危机和大衰退来临前的最后一年即 2007 年，只有 35%。

第二，未来 10 年债务的国内生产总值占比仍将上升，而以往当债务的国内

---

[1]　本书材料和数据均基于 2017 年及以前年份。

生产总值占比达到顶点后会迅速下降。根据"现有政策框架"预测,2017—2027 年,债务的国内生产总值占比预计将增长 21% 以上。但以往的高增长期(即美国内战、第一次世界大战、第二次世界大战战后 10—15 年里),债务与国内生产总值比都下降一半左右。

　　第三,未来 10 年财政支出总额呈上升趋势,同时其组合将发生重大变化。据预测,2017 年,财政支出总额占国内生产总值的比例将达到 21%,2027 年预计达到 24.4%。而 1962—2016 年平均的债务与国内生产总值比只有 20%。第一,净利息支出占国内生产总值的比例,预计将从 2017 年的 1.4% 增至 2027 的 3.1%。非利息支出占国内生产总值的比例将增长约 2 个百分点,其中强制支出增长被相机支出的减少部分抵消。非利息支出占国内生产总值之比,将从 2017 年的 19.6% 增至 2027 年的 21.2%。而 1962—2016 年非利息支出平均只有 18.1%。第二,相机支出预计从 2017 年的 6.3% 下降至 2027 年的 5.9%。其中国防支出从 3.1% 下降至 2.9%,而非国防相机支出从 3.2% 下降至 3.0%。均低于历史记录。1962 年以来,相机支出占国内生产总值比例最低是 1999 年的 6%。国防支出的最低比例则是 1999—2001 年的 2.9%。非国防相机支出最低为 1998—1999 年的 3.1%。第三,强制支出占国内生产总值之比,将从 2017 年的 13.3% 增至 2027 年的 15.4%。这是因为社保支出增长约 1.1% 和医疗净支出增长 1% 造成的。医疗补助、儿童医疗保险、汇率补贴等支出占国内生产总值之比增长 0.4%,但被其他项目支出下降抵消。

　　第四,财政收入占国内生产总值比例基本保持不变。1962—2016 年,财政收入占国内生产总值平均为 17.3%,预计将从 2017 年的 17.3% 增至 2027 年的 18.3%。按照"现有政策框架"预测,特别是个人所得税预计将从当前占国内生产总值的 8.2% 增至 2027 年的 9.7%。在美国历史上,个人所得税收入超过国内生产总值的 9% 的年份,只有 1944 年、1981—1982 年和 1998—2001 年。这几个时期分别是第二次世界大战后期、里根大规模减税时期以及互联网泡沫爆发期。不过,个人所得税增长被企业所得税收入下跌抵消,后者占国内生产总值之比预计从 2017 的 1.6%降至 2027 年的 1.5%。同期,工薪税和其他税收收入占经济总量的比重也将下滑。

敏感性分析:低利率的影响。由于国会预算办公室假设利率将上涨,所以 2017—2023 年 10 年期国债利率也将从 2.3%涨至 3.7%,并基本维持不变。但由于当前利率低于大衰退开始时预计水平,所以许多观察家都认为,美国经济已进入新时代,利率水平将长期处于低水平。采用乐观假设,即政府债务加权平均名义利率按 2017 年 1.9%不变直到 2027 年,根据"现有政策框架"预测,到 2027 年与国会预算办公室预测相比差异有四点,一是净利息支出占国内生产总值之比为 1.6%(不是 3.1%);二是赤字的国内生产总值占比升至 4.7%(不是6.3%);三是充分就业赤字率增至 4.5%(不是 6.1%);四是债务与国内生产总值比率为 87.3%(不是 98.3%)。

有关未来 10 年预测结论。低利率有利于改善未来 10 年预算展望,但即使利率不变,债务与国内生产总值之比仍会上升。如果利率增速超预期,那么未来的债务与国内生产总值之比,增速自然也会超预期。

### 2.2.4.2　长期预算展望

信托基金。联邦政府信托基金主要包括社保(老年及遗属保险)基金、伤残保险基金、医疗基金、居民与军人退休基金,以及交通基金等。假设 2028—2047 年美国平均名义经济增长率为 4.14%,2047 年后经济增长率保持在2047 年 4.13%的水平。2028—2047 年名义利率从 3.4%增至 4.0%,2047—2092 年利率增长至 5.0%。美国医保和医助服务中心(CMS)预测(说明性情景预测)显示增速更快。国会预算办公室对医疗项目支出轨迹更为悲观,但各种预测对 2047 年前 30 年总体趋势的预测结果相似,对更长期预测结果则大相径庭,截至 2092 年,医疗净支出占国内生产总值之比预计为 5.1%—10.8%不等。

债务预测。到 2027 年,联邦债务与国内生产总值之比预计将增至 98.3%,并将在 2028 年突破 100%,2030 年达到 106%,超过历史纪录,在 2047 年达到173%。如果利率保持在现有水平直至 2047 年,根据"现有政策框架"预测,届时债务与国内生产总值之比将增至127%。可见无论如何,2047年后的联邦债务与国内生产总值之比均继续增加。

## 2.2.5　布鲁金斯学会分析财政部四大挑战

美国第77任财政部长姆努钦很幸运。布鲁斯金学会财政学家韦塞尔(David Wessel)指出,因为现在美国经济状况在改善,与8年前盖特纳(Timothy Geithner)上任时的糟糕情况对比鲜明。[1] 然而,姆努钦还要面临四大挑战。

首先是服侍特朗普总统。金融市场、企业高管和对外经济政策决策者都在试图从特朗普的推特和评论中,区分哪些属于咆哮,哪些属于政策。特朗普的推特推动了市场,除了华盛顿在适应特朗普偶尔的言行不一,各国财长也感到迷惑。在推特上直接向总统提问尽管很有吸引力,但更可能获得澄清的办法是给姆努钦打电话。因此解释特朗普总统的意思实际是什么,可能将成为姆努钦最棘手的工作之一。他还要有勇气在必要时对总统说“不”,阻止美国国税局插手政务,或劝阻总统,不要采取不明智的经济政策。

其次是定义工作范围。美国财长传统上是国内和国际经济政策的首席发言人,是政府内部对经济政策最有影响力的两三个声音之一。但特朗普政府没有延续太多传统,展示了对权力和经济的竞争,在商务部安插了威尔伯·罗斯(Wilbur Ross),由彼得·纳瓦罗(Peter Navarro)主掌国际经济,由加里·科恩(Gary Cohn)坐镇美国国家经济委员会,斯卡拉穆奇(Anthony Scaramucci)和斯蒂芬·米勒(Stephen Miller)则是新总统的高级政策顾问。而在奥巴马时期,财长盖特纳和美全国经济委员会的拉里·萨默斯(Larry Summers)关系紧张。新政府潜在的混乱和不和谐,远远超过最近的任何历史时期,不仅成员多,而且有的成员比财长与总统更亲近,并且在赢得公众注意力上更有经验。财政部掌握着强大的资本,它对税收有独特的专长和数字运算能力,有能干的员工,在国际货币

---

[1] David Wessel, “Confirming Team Trump: Steve Mnuchin and the four D's”, www. brookings. edu, 2017-01-18.

基金组织、世界银行占有一席之地，汇聚了世界经济的决策者。但在任何政府中，财政部大部分的影响力都取决于部长在政府内部和与国会打交道，以及在建立自身对公众可信度时，协调上述资本的能力。

再次是美元问题。按照传统，财长代表美国政府，是关于美元外汇价值的主要发言人。现在的美国不像 1980 年代末和 1990 年代初那样经常干预外汇市场，但市场仍旧能从财长的话中获得线索。未来姆努钦将面临如下难题。第一，缩小贸易逆差。第二，特朗普的财政政策使美元走强。《华尔街日报》美元指数自大选结束以来上涨了约 5%。第三，美元走强会增加贸易赤字。美元当然只是贸易政策与市场经济相交的一个方式。

姆努钦无法主导贸易政策。因为商务部、美国贸易代表、白宫国家贸易委员会都有反自由贸易的强人，如果特朗普推出新的关税政策，且被众院共和党人所盘算的包括边境调节现金流转税的税法替代，姆努钦可以发挥作用。他可能不得不应对金融市场情绪，现在市场情绪因为下届政府在考虑减税等促进经济增长的政策而高涨。一旦市场担心贸易战或什么意外，市场热情就将消失，全球会要求美国财长及联储主席对此负责。

最后是美国的债务问题。由于财政部每天以极低的利率借入数十亿美元，到今天还没有发生财政危机。但联邦债务约占国内生产总值的 75%，这比大萧条时的 35% 还高。在特朗普签署减税法律之前，美国债务占比甚至将上升到历史上前所未有的水平，到 2036 年达到国内生产总值的 110%。存在的问题显而易见，即美国政府承诺支付的薪酬福利超过当前的税收收入，因为越来越多的美国人正在退休并领取退休和医疗福利。而且，特朗普说，他不会削减医疗福利。财政部长作为美国历史上联邦国库的守护者，姆努钦是否愿意，而且能够抑制国会和总统对国债的予求予取呢？我们还将知晓，他是否有兴趣和能力削减开支或增加税收，推动经济增长速度，避免联邦预算赤字更大，或将债务难题留给下任财政部长，如同他的前任那样。

## 2.3　金融监管

### 2.3.1　特朗普下令改革美国金融监管政策

特朗普下令财政部寻求减轻税负、审查阻碍银行与保险公司开展业务的金融监管政策。[1] 其中税改以行政令方式发出,对 2010 年《多德-弗兰克法案》的审查以备忘录发布。为此财政部长姆努钦还将审查 2016 年颁布的重大税收法规,以确定其是否对美国纳税人增加了不当经济负担,加大了复杂性或税法超出了法定权力范围。而且姆努钦还表示,财政部正在夜以继日准备税制改革,并将尽快进行彻底修订。但是,由于国会的医保改革进度缓慢,众院议长保罗·瑞安表示,本次税收改革在 2017 年之前可能完不成。

特朗普下令要求行政当局独立于国会,处理《多德-弗兰克法案》审查事宜。依据该法成立规定的清算机构和金融稳定监管理事会(FSOC),旨在防止 2007—2009 年金融危机再次降临,当时美国政府为摇摇欲坠的银行注入了数十亿美元资金,以防止银行破产摧毁美国经济。财政部表示,正在研究金融稳定监管理事会,而共和党议员也在致力于放松银行监管,银行业表示,监管法规破坏了流动性,流程烦琐。正因为如此,特朗普才下令审查金融稳定监管理事会如何认定金融机构属于"系统重要"机构,这类机构要求持有更多资金应对危机。但共和党议员说,金融稳定监管理事会指定非银行机构程序缺乏透明度,目前只有美国国际集团和保诚金融公司这两家保险公司被指定为"系统重要"的金融机构,2016 年一家法院则在金融稳定监管理事会指定的名单中剔除了美国大都会人寿保险公司。

财政部在 180 天内将向特朗普报告进展。在发生紧急金融事件时,如果需要联邦银行监管机构进入并帮助银行调整,就将使用清算工具,此外还将报告以

---

[1]　Lisa Lambert,"Trump to order U. S. Treasury to delve into taxes",https：//sg. news. yahoo. com,2017－04－20.

破产作为替代方案,公司失败对金融稳定的影响以及是否鼓励过度冒险由纳税人买单。

### 2.3.2　众院新法案替代 2010 年《多德-弗兰克法案》

众院金融委员会于 2017 年 5 月 4 日通过了 HR 10 议案。[1] 该法案以 34 票对 26 票通过,彻底改写了《2010 年多德-弗兰克法案》。金融委员会亨萨林(Jeb Hensarling)主席长达 600 页、代表着"为投资者、消费者和企业家创造希望和机会"的《金融选择法案》(CHOICE)将废除或广泛重组 2010 年《多德-弗兰克法案》的内容,其中包括法案中在后危机时代制定的对银行资本的审慎规则;授予金融稳定监管理事会权力条款;缩小联邦储蓄保险公司(FDIC)权力的规定,削弱银行和非银行金融机构的规定;消费者金融保护局(CFPB)的结构与任务;以及许多其他影响联储、证券交易委员会等其他监管机构的规定。在为期三天的法案逐项通过过程中,金融委员会拒绝了民主党人针对《金融选择法案》各部分的 19 条修正案,只批准了亨萨林主席提出文本的替代修正案。该修正案包括金融委员会于 2016 年 9 月国会最终通过的版本中进行的修改和增加的内容。

HR10 法案在众院的命运不确定。HR10 法案在 2017 年 5 月晚些时候送达众院全体会,法案的许多规定可能会受到参院民主党的议事阻挠程序,参院银行委员会主席克拉波(Mike Crapo)迄今仍对修改 2010 年《多德-弗兰克法案》奉行不同做法,他与资深议员布朗(Sherrod Brown)合作,在两党支持下推动改革。在 HR10 议案中有一些要素,如对 2010 年《多德-弗兰克法案》规定有序清算机构的废除,可能被包含在只需 51 票就能在参院获得通过的预算和解法案中,尽管一些狭隘的和解规定可能会破坏该法案的其他规定。财政部长姆努钦也在编制关于变更财政监管规定的建议,并在 6 月份提交白宫,以完成特朗普总统 2 月 3 日行政令要求。上述都可能列入参院法案或参众两院的金融改革会议。

---

[1]　"House Financial Services Committee advances CHOICE Act repealing major elements of 2010 Dodd-Frank Act", *EY Tax Alerts*, 2017－05－08.

众院金融委员会主席亨萨林在会议开幕式上发言。他指出："在 2010 年《多德-弗兰克法案》通过后,美国人民得到了提振经济的承诺。然而,与之相反,法案通过之后,我们却经历了一生中最慢、最微弱的经济复苏。我们得到承诺,2010 年《多德-弗兰克法案》最终会结束对大公司的紧急援助。可是恰恰相反,2010 年《多德-弗兰克法案》给华尔街银行家承诺了更多来自纳税人资金的援助,非民选的官僚法令太宽泛,从而导致了失败……我们委员会从许多社区银行和信贷联盟领导那里得知,2010 年《多德-弗兰克法案》对普通老百姓是真正伤害。"

民主党议员的对立情绪则更大。来自加州的资深民主党议员玛克辛·沃特斯( Maxine Waters)说:"错误的《金融选择法案》是特朗普摆脱金融监管、助力华尔街的工具……该法案破坏了华尔街的改革,毁坏了消费者金融保护局,还造成冒险和掠夺成性的华尔街金融体系,通过他们的行为和产品破坏美国经济。这是对另一次大衰退的邀请函,或者比这个更加糟糕……这个法案糟透了,而且,它只是为特朗普和他的华尔街伙伴们服务的。该法案在抵达参院前就会终结,它没有机会成为法律。"

### 2.3.3　美国财政部强调美欧金融监管合作

强化金融机构资产负债表的举措意义重大。美国财政部副部长希茨( Nathan Sheets)负责国际事务,他在国际及欧盟事务研究所发表讲话,回顾了自全球金融危机以来增强市场弹性的举措,讨论了 20 国集团( G20)共同合作进行金融监管的成果与工作重点,以及美国—欧盟在这些领域合作的重要性。[1]

20 国集团成员为建立更具弹性的金融系统采取了重要举措。这些改革使现有金融系统变得更加安全,而且大大降低了系统性风险,减轻了危机后果,使银行得以继续对实体经济发挥信用中介的重要作用。20 国集团成员与巴塞尔委

---

[1]　Kay Turner, "A Closer Look at Under Secretary Sheets's Remarks at the Institute of International and European Affairs", www. treasury. gov, 2016－12－07.

员会成员根据《巴塞尔协议Ⅲ》,为提高国际活跃银行资本的数量和质量,以及引进国际统一的杠杆率和流动性比率取得重要进展。当前的首要任务是敲定《巴塞尔协议Ⅲ》的框架,确保银行间的公平竞争,并消除可能会危及市场对银行资本充足性信心不足的影响。

应当尽快达成银行决议。目前的任务是确保各项内容就位,并妥善实行,使具有系统重要性的金融机构能有序地解决问题,部分达到金融稳定局(FSB)于2015年11月确定的总亏损吸收能力(TLAC)标准。总亏损吸收能力是通过全球系统性重要银行决议框架的里程碑。英国央行已经制定了规则,联储也已计划敲定本国方案,欧盟委员会的提案预计不久也将出台。

20国集团与金融稳定理事会致力于推动可持续性市场融资的一致性和稳固性框架。20国集团领袖制定了一个总体方案,以加快场外交易(OTC)衍生品合约的结算、交易与报告,解决在全球金融危机期间暴露出来的风险,各个司法管辖区应迅速采取行动,实施方案。

金融监管合作改革对美国和欧盟具有特别重要性。跨大西洋市场的规模之大和相互关联表明,双方紧密合作如此必要,并为金融监管改革提供了全球领导力,二者共同利益是保持开放、一体化以及运作良好的全球市场。

美国财政部的最终目标是建立更加稳固、更具弹性的金融体系。"我们需要继续努力建立一个高效的、全球一体化的、更具包容性的金融体系,促进经济增长和金融稳定。"

### 2.3.4 美国财政部强调对国际反洗钱工作主导权

美国一直是发展、实施与推进反洗钱和反所谓恐怖主义融资制度的强有力全球领导者。美国财政部副助理部长福勒(Jennifer Fowler)撰文指出,反洗钱(AML)和反所谓恐怖主义融资(CFT)制度对保护国际金融体系免受不法危害至关重要。为了支持这一全球性的努力,作为制定反洗钱/反所谓恐怖主义融资国际标准的机构,金融行动特别工作组(FATF)制定了全球反洗钱/反所谓恐怖主义融资标准,并定期评审(即同行相互评估),以确保达标。金融行动特别工作组已发布了《美国相互评估报告》。[1]

美国建立了强有力的反洗钱/反所谓恐怖主义融资制度。《美国相互评估报告》指出,自 2001 年 9 月 11 日开始,美国成功建立了政府架构,切断流向恐怖主义者及其支持者的资金和资源。通过对所谓恐怖主义的金主和支持者进行刑事诉讼、金融制裁,打击所谓恐怖主义融资的努力获得了最高评级。情报界与执法部门之间紧密合作、信息共享,形成了专业部门,致力于调查和起诉所谓恐怖主义融资活动,通过施加严厉制裁措施,阻止了恐怖分子触及美国和全球金融体系。我们在打击大规模杀伤性武器扩散融资,通过民事和刑事资产没收手段,剥夺罪犯的非法所得方面,也获得了最高评级。

美国在有些领域做得还不够。在防止犯罪分子使用法律实体或公司隐藏、转移资金,实施非法计划方面,美国的评级最低。金融行动特别工作组评级主要是根据美国对公司成立时的拥有者或控制者(即受益所有人)身份要求是否缺失而定。2016 年早些时候,财政部公布了客户尽职调查最终规则,要求金融机构在开立公司账户时,收集受益所有人信息,而立法要求在公司建立时收集受益所有人信息。财政部 10 年来一直主张通过立法,但需要国会支持配合。2016 年5 月,奥巴马政府向国会提交法案,要求在美国境内成立的公司向财政部提交受益所有人信息,否则将予以处罚。这项立法目前尚未出台,如果这项立法缺失,美国在防止非法资金流经本国银行系统和金融市场方面,将继续落后于其全球合作伙伴。

美国无与伦比的反洗钱/反所谓恐怖主义融资制度仍有改进余地。美国财政部将继续与国会就受益所有权立法进行合作,同时继续在保护国际金融体系以防滥用方面发挥全球带头作用。

---

[1] Jennifer Fowler, "Financial Action Task Force Report Recognizes U. S. AML CFT Leadership, Action Needed on Beneficial Ownership", www. treasury. gov, 2016 - 12 - 01.

### 2.3.5　布鲁金斯学会揭"大而不倒"银行的新招数

围绕大型国际银行的争论持续不断。布鲁金斯学会经济学家克莱因（Aaron Klein）撰文指出，这就是"大而不倒"及"大而不罚"问题，例如，瑞士银监部门最近游说美国政府，提出在对瑞士银行罚款时，应考虑其系统重要性，这种做法开了一个坏头。[1]

美国对欧洲银行的处罚引发游说潮。有报道称，瑞士的银行监管部门正在游说美国政府，当后者决定对瑞士银行的过往违法行为进行罚款计算时，应考虑到瑞士银行对整个金融系统的影响，即其系统重要性。不光是瑞士的银行，之前美国对法国巴黎银行处以 100 亿美元的罚款，也曾引发法国总统奥朗德向奥巴马总统发出抱怨。现在由于可能对德意志银行处以 140 亿美元罚款，金融市场动荡不已。这笔罚款可能足够引发警报，这一警报是之前针对金融危机对系统性重要金融机构设置的。

罚款金额应与该银行的系统属性和当前健康程度无关。决策者和监管部门在决定合适的罚款金额时，是否应该考虑该银行的系统属性和当前稳健程度？不应该，否则就是开了一个危险而愚蠢的先例，人人都应该强烈反对这种观点。因为金融机构具有系统重要性，所以违法之后应该少罚款，监管松一些，或者尽量不做出刑事诉讼，这太离谱。应该牢记，你犯了罪，就该付出时间或金钱代价。不这样做就是支持太大而不能罚的霸道行为。主张分拆银行，认为应该让市场决定银行规模的人，应该都会同意这一观点。

"大而不倒"包括两个独立的问题。第一，银行太大。金融机构能否大到其一家的规模就足够影响市场、动摇法治、引发道德风险、威胁金融稳定性呢？第二，银行不能倒。是否有系统重要性非常高的金融机构，若它倒闭就会使金融市场更不稳定，或者会引发甚至加剧金融恐慌？

是否"太大"存争议，但必须"可倒"成共识。关于太大的问题尚存争议，而

---

[1]　Aaron Klein, "A dangerous new chapter in 'too big to fail'", www. brookings. edu, 2016 – 11 – 01.

对于必须解决不能倒的问题已存在广泛共识。智库两党政策中心在关于"大而不倒"报告中写道:"无论个人因为何种原因,认为银行太大,都必须有某种方案,促使大公司在不冒金融系统崩溃风险、无须政府救助的情况下倒闭。"

金融危机后,世界开始解决大银行"不能倒"问题。2010年《多德-弗兰克法案》引入一系列机制解决这一问题,包括:要求银行在陷入麻烦前立下"生前遗嘱";若银行倒闭,则由监管部门进行有序清算;银行设置应急储备金,避免政府救助;为防止道德风险发生,禁止向任何濒临倒闭的公司提供金融援助。财政部长杰克卢(Jack Lew)称:"这些条款以法律的形式清楚地表明,没有一家金融机构可以大而不倒。"

世界各地也有类似法律。虽然细节有异,但各地法律的主旨都相同,即创造不因系统性重要金融机构倒闭引发金融危机的环境。瑞士已采取措施提高大型金融机构的准备金,金融监管当局自夸:"瑞士在这方面已走在前列。"同时,他们还证实,已取得很大进展,现在可以保证,最迟在2019年,在金融危机中,针对系统性的重要职能将得到保障。考虑到这一"成功"案例,瑞士监管部门援引系统性原理,讨论了过去对大银行不端行为的合理罚款金额,这充满了讽刺意味。

第一,惩罚多少只与银行的罪行有关,不应考虑其系统重要性。美国决策者应该明白无误地宣布,当大银行发生不端行为时,对之惩罚的力度和范围应与其罪行及适用法律、法规相匹配。在对任何国内外金融机构作出惩罚决定时,不应考虑其资本规模、关联度或其他系统性。

第二,美国希望其他国家对本国跨国企业同等适用当地法律。对于美国银行的非法行为,已经有很多巨额罚款,应根据其行为作出一贯处罚,而不应根据总部所在地区别对待。这一结论并不是说,当前处罚结构合理。尚不确定,对于金融机构犯罪的雇员和管理层的判刑年限是否合理。尽管按照之前的标准来看,罚款力度过大,但总体而言,公众不认为罚款让银行付出了应有代价。也不清楚这些机构同意支付的罚款金额是否合适。此外,决策者应该重新考虑,当金融机构被兼并时,其负债何时进行转移,尤其是当这笔并购是在政府协助或推动的情况下。

绝不能根据金融机构的系统重要性或其总部所在地而改变惩罚力度。"胆大妄为"这个词的一个例子是: 一个小孩杀死自己的父母,然后以自己是孤儿为由,请求法庭宽恕。而瑞士和美国的银行提出,鉴于自身的系统重要性应轻罚,就是这样的本质,这实际上就是银行已"胆大妄为"。如果决策者明文规定或在实践中根据金融机构的系统重要性或其总部所在地改变惩罚力度,美国会输掉这场"大而不能罚"的斗争,美国就需要从根本上更改关于"大而不能罚"的现有法律框架。这将是一个重大失误。现在是时候确保我们不走这条邪路了。

## 2.3.6　彼得森研究所认为放宽资本规则代价太大

美国金融危机以来,新的银行资本及压力测试条例强化了主要金融机构抵御冲击的能力。而特朗普当局削弱资本规则的计划可能会破坏已有效益。如果这些计划施行,那么金融体系可能再次处于危险境地。彼得森研究所高级研究员克莱因(Wiliam R. Cline)对此进行了分析。[1]

适量资本属于保险问题。为了减少预期损失,需要牺牲多少产量? 股本是银行承受亏损的缓冲,从而不至于被迫破产、造成更大经济损失的资产。但是,正如研究显示,超额资本是要付出代价的,而且会影响产出。如今的挑战是如何在收益与亏损之间达成平衡。40 年来,每年工业化国家发生银行危机的概率为2.6%,一旦发生银行危机,长期损失相当于国内生产总值的三分之二,因此,每年银行危机的预期损失占国内生产总值的 1.7%。克莱因以普通股形式,计算出的最优资本量是风险加权资产(例如,将政府债券设置为零风险权重)的 12%—14% 和总资产的 7%—8%。根据 2010 年巴塞尔委员会对领先的政府和学术研究进行的调查,这一资本水平会使每年银行危机的概率从 2.6% 降至 0.2%—0.6%。他认为,最佳的资本范围比针对"全球系统性重要银行(G‐SIB)"的国

---

[ 1 ]　Wiliam R. Cline, "Treasury Plan to Weaken Capital Rules Has Real Economic Costs", PIIE, 2017 ‐ 10 ‐ 30.

际《巴塞尔协议Ⅲ》要求高出约三分之一。有 8 家美国全球系统性重要银行,其
资本与风险加权资产合并比率从 2007 年的 8.1%,上升到 2016 年的 12.9%。与
总资产相比,这类银行的资本(或杠杆)率从 4.1% 上升到 7.9%。因此,从经济
角度来看,美国大型银行目前持有的资本量正好合适。这一数额大大超过了《巴
塞尔协议Ⅲ》的要求,其中部分原因是美国银行自愿保留缓冲,但更主要的,是近
几年来,《2010 年多德-弗兰克法案》所规定的压力测试对资本具有约束力。

美国大型银行目前持有的资本量正合适。这是从经济角度得到的看法。不
久前似乎还出现了倾向于要求更多资本的风向。例如,美国明尼阿波利斯联邦
储备银行行长内尔·卡什卡里(Neel Kashkari)与斯坦福大学著名学者阿德马蒂
(Anat Admati)就认为,对资本的要求仍然过低。倡导更高资本的学者往往引经
据典,要求更多高成本股权、低成本债务以降低风险,因此,股权单位成本足以使
平均资本成本保持不变。克莱因表示,他对银行的研究表明,这是错误的观点。
股权的单位成本确实随股权增加而下降,但这只是理论预测的一半结果而已。
事实上,对股本的更高要求确实提高了银行的平均资本成本,随着贷款利率增
加,企业借贷投资减少,经济的长期生产能力就会下降。经他计算,在所需银行
资本中,总资产每增加 1 个百分点,长期产出就减少 0.15%。

就目前而言,基本处于平衡状态。不幸的是,现在政治钟摆似乎在转向另一
种方式,即大幅降低资本要求。摩根大通和高盛首席执行官都表示,对资本的要
求太高了,而特朗普当局显然也同意。美国财政部在 2017 年 6 月份的报告中提
出了对监管改革的建议,声称应降低压力测试门槛,还提出大幅减少大型银行资
本金的技术变更要求。根据现行规定,到 2018 年,大型银行必须使持有的资本
符合《巴塞尔协议Ⅲ》定义的 5%—6% 的补充杠杆比率(SLR)。这一规定要求纳
入衍生产品等表外风险敞口,从而导致资产负债表资产风险增加 40%。因此,补
充杠杆比率需约占资产负债表资产的 7% 的股本,这是经克莱因计算得出的最佳
区间底线。

美国财政部提出了降低补充杠杆比率资本要求的方法。即根据风险基数取

消联储存款、持有国债及票据交换所的衍生品初始保证金。克莱因估计,就目前的持股水平,有 8 家全球系统性重要银行能够满足政策修改后补充杠杆比率要求,同时使股本占总资产比率从 7.1% 降至 5.7%。通过新的激励手段,将投资级企业与其他资产替换为免税资产,纯资本与总资产杠杆比可能就会进一步下降。如果股本占总资产之比下降到 5%,那么每年银行危机概率将从 0.3% 上升到 1.1%,在更加不利情况下上升到 2%。考虑到资本成本较低年度的储蓄,对经济造成的净损失在 10 年内为 4 000 亿—2.7 万亿美元不等。

重回对大银行较低资本要求危险。这些监管人员的忠告是正确的。放宽要求可能代价高昂,只要看看计算结果就明白了!

## 2.4 税收监管

### 2.4.1 财政部评估小企业信贷计划

美国财政部于 2016 年 10 月 13 日发布了"国家小企业信贷倡议"(SSBCI)及"小企业贷款基金"(SBLF)计划评估报告,报告详细说明了两个计划如何为全美小企业和社区提供关键资源,并强化地方经济政策。[1]

执行两项计划成效惊人。自 2010 年 9 月开始,《小企业就业法》授权财政部实施国家小企业信贷倡议计划与小企业贷款基金计划。在金融危机期间,小企业获取资本和信贷的途径受到严重制约。而在复苏时期,国家小企业信贷倡议计划及小企业贷款基金计划共为小企业提供了 270 多亿美元额外资金,包括小企业贷款基金计划参与者报告的小企业贷款增额 187 亿美元及国家小企业信贷倡议计划支持的小企业贷款和投资 84 亿美元。通过拓宽小企业信贷和资金途径,两个计划促进了经济复苏,支持的社区小企业有 9 万多家。

---

[1] Jessica Milano, "Treasury Issues New Small Business Program Evaluations", Treasury Notes Blog, 2016 - 10 - 13.

两项计划拥有关键特点。计划旨在帮助小企业、金融机构及州和地方经济融资,通过国家小企业信贷倡议计划,财政部向 57 个参与州、市和地区分配资金 13 亿多美元。为解决微型企业贷款、小厂家设备采购、起步阶段科技企业股权资本等小企业全方位融资需求,各州在选择实施国家小企业信贷倡议计划时拥有广泛灵活性。在 2015 年年底,国家小企业信贷倡议计划基金推动了 84 亿多美元私人小企业贷款和投资。各州为每 1 美元的联邦资助资金配发 8 美元新贷款和投资,而且,据业主报告,这些资金帮助他们保留或创造了超过 190 400 份工作岗位。

瞄准有融资困难的社区企业是政策关键。超过 40% 的贷款和投资交易集中于全美中低收入区域,新资本贷款或投资合计 29 亿美元。财政部运用小企业贷款基金计划,在 47 个州和哥伦比亚特区的 3 000 多个地点的 332 家社区银行和社区开发贷款基金投资 40 多亿美元。通过强有力的激励政策,即社区银行给小企业贷款越多,财政部利率就越低,小企业贷款基金计划鼓励社区银行加大了对小企业贷款。自项目运行以来,据小企业贷款基金计划参与者报告,小企业贷款增额共计 187 亿美元,超过 90% 的小企业贷款基金计划参与者增加了小企业贷款。可见小企业贷款基金计划的帮助给予更多小企业家机会,使他们得以扩展业务,在本地社区投资,创造就业。

今后两个计划有望继续开展。美国 2 800 万家小企业雇佣劳工占全美私人部门劳工的一半,40 年来新增就业占就业总数的 2/3。然而,对许多小企业、年轻企业及边缘社区企业而言,即使是经济已复苏,但要获取资金启动成长,仍是常见的挑战。财政部希望,评估报告展示国家小企业信贷倡议计划及小企业贷款基金计划在支持全美各地小企业和地方社区的中枢作用,为独特且创新有力的小企业融资项目争取联邦资助提供证据。

## 2.4.2　美国国税局同意改善税收债权管理

美国国税局未能妥善维护包含纳税人税收债权信息的数据库。这是财政部总税务检察长（TIGTA）近期所说的，在自行纳税普通申报系统（ANMF）中留存有约 45 亿美元的纳税人未缴税款、罚款和利息信息。经总税务检察长审查发现，美国国税局在该系统账户发生计算错误，导致罚款评估出错。例如，美国国税局对 85 个开立账户的未申报罚款并未进行审查，金额超过 170 万美元，对 153 个账户未缴纳罚款进行过度评估，金额共计 88 576 美元，同时还低估了 227 个账户的未缴罚款，共计 354 153 美元。[1]

美国国税局为确保免税额、准确缴款情况、反映欠款账户需要制定流程。总税务检察长表示，例如，已发现 4 个有关账户中有 122 041 美元免税额错误，导致纳税人在其他关联账户发生未纳税义务，420 个账户和 399 个封闭账户有 140 万美元缴款未正确申请，而美国国税局反而向纳税人其他欠款"主申报"账户退款。所以建议美国国税局应通过流程建设，确保该系统账户准确性，因为在此之前，已经发现数据库有错误，美国国税局的主申报表信息与自行纳税普通申报系统账户不一致。其中，已确定了 360 个账户"规定收款截止日期"与主申报表信息不匹配，560 个账户地址不匹配，116 个账户纳税人指定代表信息不匹配。这些差错可能导致纳税人及其代表无法收到通知信息，美国国税局也可能无法收到欠款。

避免上述错误的有效方法是加强主申报管理。财政部某税务检察官认为，只有这样才能进一步减少在单独纳税账户系统上维护纳税人账户的次数，美国国税局应建立流程，定期检查自行纳税普通申报系统账户的准确性。对此总税务检察长提出建议，更正自行纳税普通申报系统中未申报、未交罚款及错误评估程序，建立流程，确保准确反映账户缴款情况；建立流程，定期验证自行纳税普通申报系统中纳税人信息与主申报表的一致性。这个建议获得了美国国税局赞同。

---

[1] "IRS Agrees to Improve Management of Tax Debts", *Global Daily Tax News*, 2017 - 06 - 06.

### 2.4.3 美国国税局遭遇《限制没收民事财产扣押立法案》阻击

联邦政府对公民的权力之大目前远超预期。《每日信号》报道说,联邦政府越权的表现之一就是民事没收制度。民事没收法允许联邦政府仅凭怀疑公民有不法行为,即可没收其财产。美国联邦税务局不满足于每年 4 月 15 日征收国民财产,现在还开始在怀疑的情况下,即对参与完全合法交易的资金进行征收活动。[1]

众参两院也开始通过立法制止美国国税局的做法。这令人欣慰,国会两院应迅速行动起来。根据《银行保密法》有关规定,超过 1 万美元的金融交易,需向银行报告。但如果发生不足 1 万美元的多笔交易(例如企业交易),美国国税局就会怀疑其中存在不法活动,进而美国国税局就可从无辜的美国人手中剥夺财产。正如众院筹款委员会 2016 年报告的那样,现行法律允许联邦政府(包括美国国税局)利用民事程序抢占政府认为参与了非法行为的资产,甚至无须证明资产所有者是否真正从事犯罪活动。现行法律规避了以往诸如法定诉讼程序和无罪判定等概念。这种情况威胁到美国公民自由。

财政部驻税务部门监察官对此进行了披露。在 2017 年 3 月 30 日报告指出,美国国税局"刑事调查员在民事没收事件中主要针对那些守法公民和企业,因为他们容易被当作打击目标"。报告显示有关问题十分严重。监察专员发现,事实上,在 2012—2014 财政年度进行的 278 项机构调查中,只有 91% 项合法,涉及资金 1 710 万美元,涉及案件 231 个。共和党议员罗斯堪(Peter Roskam)最近在众院提出了《限制没收民事财产扣押立法案》(简称《RESPECT 法案》)。该法案要求美国国税局,扣押公民财产之前首先需证明"扣押资金与犯罪有关",而且还要"免除需财政部支付、返还的扣押资金所免除的联邦所得税利息"。

该法案得到了两党共同支持。2016 年 9 月,众院以 415 票对 0 票通过法案。

---

[ 1 ]　Neil Siefring, "The IRS Can Seize Your Money Based on a Hunch. This Bill Would Bring That to an End", *The Daily Signal*, 2017－06－08.

但参院未受理法案,斯科特(Tim Scott)参议员的附议案再也未被提起过。近期罗斯堪再次在众院提出该案,斯科特2017年在参院又提出同一案。同日财政部税务总监即发表了关于美国国税局剥夺无辜美国人财产的重要发现。

该法案为两党合作创造了契机。民主党议员克劳利(Joe Crowley)与罗斯堪联合提案,共和、民主两党都认为美国国税局有越权行为,而且有必要制止这种行为。对于斯科特又一次在参院附呈法案,共和与民主两党一致认为,没收公民财产行为需被制止。为了保护纳税人、小企业和法治的完整,特朗普总统需签署《限制没收民事财产扣押立法案》。

## 2.4.4　利益集团呼吁废除税收法规

美国纳税人联盟(NTU)呼吁废除2016年颁布的3项税收条例。此举是为了呼应特朗普总统2017年4月21日要求复核2016年所有重大税务条例的第13789号行政令,其中有8项将可能被废除。这些烦冗的税收政策对纳税人产生了不良影响,每年浪费69亿小时遵从时间,浪费3 000亿美元行政经费。公开信中指出,财政部必须采取措施,才能遏止造成的经济流失,建议取消以下3项规定。[1]

第一,税法第385节。该条旨在遏止公司倒置,重新定义关联公司间发行、可被认定为联邦所得税权益类项目的债务工具,特别适用于处理税收倒置带来的"获益剥离"事项。废除此条政策才能向私营部门释放有利信号,减轻法规负担。

第二,税法第2704(b)节RS－REG－163113与RIN 1545－BB71规定。这是针对税收评估折价的事项,它否认了密集持股型家族企业进行少数股权估值折让的可行性。应当废除联邦遗产税,但有关政策"行政流程冗长",且忽视了这样的事实,即"由于受条例限制,或困于少数股权地位过低,导致缺少控制、市场

---

[ 1 ]　"US Taxpayers Union Calls For Regulations' Repeal", *Global Daily Tax News*, 2017－08－21.

活力不足,影响少数股权的合法转售"。

第三,第 7602 节 TD9699 和 TD9778 规定。相关政策允许美国国税局保留从私人专家中聘请的外部顾问,包括有争议的非美国国税局的律师,以协助审计工作。这种行为可能违背了联邦法律和国会的明确意愿,且聘用私人合约方会使纳税人失去保护。

美国纳税人联盟就税收监管改革提出了建议。首先要制定规章,设定资本利得膨胀指数,保证税收收入,减轻小型企业税收负担,增进美国国税局与财政部的关系,简化法规,开展研究,准确衡量目前税制对个人和小企业造成的负担。

### 2.4.5　税务专家揭密特朗普避税手法

特朗普避税是事实。美国税收政策研究机构"税收政策中心"发表了税收学家罗森塔尔(Steven M. Rosenthal)的文章,罗森塔尔认为,《纽约时报》剖析了特朗普在 1995 年纳税申报时所申报的 9.16 亿美元净经营亏损(NOLs)。[1] 那次的基本情况是特朗普在一系列风险投资(主要是赌场)中损失巨大,虽然损失主要由他的债权人承担,但特朗普大量的利息、折旧费和营业费用都得到了税收扣除,他有可能逃避了近 20 年的联邦所得税支付。

没有证据表明特朗普违法。他似乎已经逾越法律边界,瞒报贷款重组中多达数亿美元的应纳税所得。如果当时他上报了这一所得,他 9.16 亿美元的净经营亏损可就要减少一半了。通常情况下,纳税人借用资金时不要确认收入,因为如果增加了资产,他们也要以相同数量增加负债。然而,如果纳税人后来被免除全部或部分应偿还债务义务,他们通常要将差额上报作为收入项。在 1990 年代初,特朗普陷入了严重财政困境,并迫使他的贷款人重组债务。

不知道美国国税局是否对他提出了质疑。根据破产法院出示的法律文件,特朗普没有上报他从庞大的公共借款重组中获得的收入。他排除了收入,尽管

---

[1] Steven M. Rosenthal, "Trump's $916 million of NOLs: The Art of the Dodge?", *Tax Policy Center*, 2016-11-01.

他的律师对此持保留意见。在特朗普重组贷款时，法律允许在免偿债务收入中申报一些例外事项。允许公司以其权益替代未偿还债务，其理由是，从公私股票到公私债券，企业只是改变了应承担义务的形式，此即"以股抵债"例外。在旧法律下，某些顾问试图扩大公司例外的适用范围，通过类推，可以合伙关系偿还债务，而此即"伙伴关系抵债"例外。但特朗普进一步利用了这一规定，他声称自己作为合伙人，不必将债务免除上报为收入，即使他的合伙人将合作伙伴的利益交换为独立的公司债务。

特朗普扩展了"伙伴关系抵债"特例。破产的大广场赌场是特朗普在大西洋城场馆中的 3 个赌场之一。大广场赌场由特朗普大广场公司拥有和经营，其中特朗普持股 99.99%。该赌场是特朗普大广场基金通过向公众发行 2.5 亿美元债券融资而来的，特朗普广场基金是 1986 年特朗普拥有的分公司。债券由大广场基金发行，显然是为了帮助公众投资者避免新泽西州《游戏法》对"赌场运营商"的监管。大广场基金于 1992 年宣布破产，并重组了他们的债务，原来的 2.5 亿美元债券持有者以低利率和延长贷款偿还期为条件，获得了 2.25 亿美元新债务。通常情况下，此时特朗普应承认 2 500 万美元的收入，即最初的 2.5 亿美元的债务和新的 2.25 亿美元之间的差额。如果新债券的实际交易价格比票面价格低，借款人可能得承认收入更多。然而，根据重组文件，大广场合伙公司计划使其合伙人之一的特朗普不承认任何从新债券及合伙利益与旧债券交换中获得的收入，这无视了合伙利益的价值。这个"合伙利益抵债"例外的应用，使旧债券变成了大广场合伙企业的债务，尽管这些债券显然是大广场基金的实际债务。

特朗普曾经故伎重施并得手。他对另两个赌场，即"泰姬陵"和"城堡"进行了类似重组，从中获得更大的潜在收入。银行分别为"泰姬陵"和"城堡"再融资 8.6 亿和 3.36 亿美元债务。在这两种情况下，债券持有人收到的新债券价值都低于未偿还债务的三分之一，新债券在美国证券交易所进行上市交易，所以，我们可更容易估量其价值。特朗普从这两种债务组合中获得的收入在 400 万——

450 万美元之间。与大广场赌场重组案例不同的是,特朗普的律师对"泰姬陵"和"城堡"重组发表了观点。他们认为,特朗普可以通过把旧债券作为合伙债务,将重组收入排除在外。如果美国国税局提出质疑,律师估计,特朗普胜算最多只有一半,那么他 9.16 亿美元的净经营亏损就会减少一半。

特朗普也可能早就交过税了。除非特朗普透露他的纳税申报表,否则我们也许永远不会知道事实到底是怎样的,当然,这似乎又不太可能。

## 2.5　联邦财政绩效

### 2.5.1　2017 财年第一季度联邦预算回顾

国会预算办公室预计,联邦政府 2017 财年前三个月(2016 年 10—12 月)的预算赤字为 2 070 亿美元,比 2015 年同期创记录的赤字总额减少 80 亿美元。但是,该结果是受部分财政支出恰好在周末或节假日而提前支付变动的影响。如果剔除这些变动,2017 财年第一季度的财政支出应比 2016 财年同季度增加 330 亿美元,而非减少 340 亿美元,财政赤字应该是增加了约 580 亿美元。[1]

表 2 - 1　2016 年 10—12 月预算总额

| 项目(单位: 10 亿美元) | 2016 财年(实际) | 2017 财年(预计) | 预 计 变 动 |
|---|---|---|---|
| 财政收入 | 766 | 740 | −25 |
| 财政支出 | 981 | 948 | −34 |
| 赤字 | −216 | −207 | 8 |

数据来源:国会预算办公室,美国财政部。根据 2016 年 11 月《财政部月报》及 2016 年 12 月《财政部日报》。

#### 2.5.1.1　财政总收入: 2017 财年第一季度下降 3%

国会预算办公室预计,整个 12 月的财政收入为 7 400 亿美元,比 2016 财年

---

[1] Elizabeth Cove Delisle, Nathaniel Frentz, Dawn Sauter Regan, and Joshua Shakin, "Monthly Budget Review for December 2016", CBO, 2017 - 01 - 09.

同期减少了 250 美元。与 2016 财年同比最大的变化如下：

1. 联储向财政部的汇款（包含在表 2-2 "其他收入"项目中），减少约 240 亿美元。这很大程度上是因为，在 2016 财年，根据《修复美国地面运输法案》（Fixing America's Surface Transportation Act，公法 114-94）要求，联储将其盈余账户的大部分资金汇至财政部账户，中央银行在 2015 年 12 月一次性汇走了所需的 190 亿美元资金。

表 2-2　2016 年 10—12 月财政收入表

| 主要收入<br>（单位：10 亿美元） | 2016 财年<br>（实际） | 2017 财年<br>（预计） | 预计变动幅度 | |
|---|---|---|---|---|
| | | | 金　额 | 百分比（%） |
| 个人所得税 | 352 | 351 | -1 | -0.2 |
| 工薪税 | 241 | 254 | 13 | 5.5 |
| 企业所得税 | 85 | 75 | -10 | -11.7 |
| 其他 | 88 | 61 | -28 | -31.3 |
| 合　计 | 766 | 740 | -25 | -3.3 |
| 备注：个人所得税与工薪税 | | | | |
| 代扣税收 | 557 | 574 | 16 | 2.9 |
| 其他，净退税 | 35 | 31 | -4 | -10.7 |
| 合　计 | 593 | 605 | 12 | 2.1 |

数据来源：国会预算办公室，美国财政部。

2. 个人所得税和工薪税（社会保险税）共增长 120 亿美元，增幅 2%。

（1）工薪税收入增加了 160 亿美元，增幅 3%。这个变化反映出工薪收入在增长。

（2）所得税非代扣部分收入与 2016 年持平。

（3）所得税退税增加 30 亿美元，增幅 14%，净收入减少。

3. 企业所得税减少了约 100 亿美元，降幅 12%。对于大多数公司而言，2017 财年第一季度的企业所得税缴纳，估计要到 12 月 15 日才开始。

**2.5.1.2　财政总支出：2017 财年第一季度下降 4%**

国会预算办公室预计，2017 财年前三个月的财政支出为 9 480 亿美元，比

2016 财年同期减少 340 亿美元。如果不是因为某些支付提前,总支出应该增加 330 亿美元,增幅为 4%。(这些提前支付使 2017 财年第一季度财政支出减少,并使 2016 财年第一季度的支出增加。)下面的讨论反映了剔除提前支付变动影响后的调整数。

财政支出增加最大的项目如下:

1. 三大强制支出项目合计增长 180 亿美元,增幅 4%。

(1)医疗保险支出增加 70 亿美元,增幅 5%,原因在于医疗保险计划受益人人数和向受益人提供服务的数量和成本都有所增加。

(2)社会保障福利支出增加 60 亿美元,增幅 3%,表明在社会保障政策受益人数量和平均支付的保险费近期都有明显上升。

(3)医疗补助计划支出增加 50 亿美元,增幅 6%,主要是因为《平价医疗法》扩大了医保覆盖面,参保人数增加了。

2. 公债净利息支出增长 140 亿美元,增幅 23%,主要是因为通货膨胀率的不同。考虑到通货膨胀,美国财政部每月依据前两个月的城市消费者物价指数变动,调整通胀保值债券的本金。2016 财年前三个月是负值,但 2017 财年则是正值。

3. 美国农业部农产品信贷公司支出(包含在"其他"类目)增加 30 亿美元,增幅为 27%,主要是因为对农业支持计划支出加大了。

4. 国土安全部以及国际援助计划支出(包含在"其他"类目),共增加 20 亿美元,增幅分别为 18% 和 38%。后者增加主要是因为在 2015 财年底发生的一些年度支付,在 2016 财年底则没有发生,而是放在了 2017 财年初进行支付。

以下领域预算支出减少:

1. 联邦政府收到"房利美"和"房地美"等政府支持企业(GSEs)的汇入款项 30 亿美元,导致净支出降低。政府支持企业在每年 12 月按季度向财政部付款。

2. 大学生助学贷款减少 20 亿美元。

其他计划与行动支出变化不大。

表 2 - 3　2016 年 10—12 月财政支出表

| 主要支出<br>（单位：10 亿美元） | 2016 财年<br>（实际） | 2017 财年<br>（预计） | 变动值 | 调整后变动幅度ᵃ | |
| --- | --- | --- | --- | --- | --- |
| | | | | 金额 | 百分比（%） |
| 社会保障福利 | 250 | 230 | -19 | 6 | 2.8 |
| 医疗保险ᵇ | 142 | 128 | -15 | 7 | 4.8 |
| 医疗补助计划 | 91 | 96 | 5 | 5 | 5.6 |
| 小计（金额最大的强制支出项目） | 483 | 454 | -29 | 18 | 4.0 |
| 国防部-军队ᶜ | 153 | 149 | -4 | 1 | 0.5 |
| 公债净利息 | 62 | 76 | 14 | 14 | 22.7 |
| 其他 | 283 | 268 | -15 | 0 | 0.0 |
| 合　计 | 981 | 948 | -34 | 33 | 3.5 |

数据来源：国会预算办公室，美国财政部。

注：

a. 调整数剔除了提前支付 2017 财年部分支出的影响，2017 财年第一季度支出调整后，应为 9 690 亿美元，2016 财年第一季度支出应为 9 360 亿美元。

b. 医疗保险支出是抵减收入后的净额。

c. 剔除了国防部在民用项目上的开支。

### 2.5.1.3　预计 2016 年 12 月的财政赤字为 260 亿美元

国会预算办公室预计，联邦政府 2016 年 12 月的财政赤字为 260 亿美元，比 2015 年 12 月增加 120 亿美元。如果不是因为这两年的支付时间变动，相比 2015 年 12 月有 310 亿美元的盈余，2016 年 12 月的赤字应为 70 亿美元。

国会预算办公室预计，2016 年 12 月财政收入总计 3 190 亿美元，比 2015 年 12 月减少 310 亿美元，降幅 9%。联储向财政部的汇款减少了 230 亿美元，主要是因为中央银行曾在 2015 年 12 月一次性汇款 190 亿美元。当大多数公司支付 2016 纳税年度最后一个季度的预提所得税时，12 月的企业所得税收入也减少了 50 亿美元。

国会预算办公室预计，2016 年 12 月财政总支出为 3 450 亿美元，比 2015 年 12 月减少 190 亿美元。如果剔除提前支付的影响，2016 年 12 月的支出应比 2015 年 12 月增加 60 亿美元，增幅 2%。以下讨论反映的是剔除提前支付影响后的变化。

表 2－4　2016 年 12 月预算收支表

| 项目（单位：10 亿美元） | 2016 财年（实际） | 2017 财年（预计） | 变动值 | 调整后变动幅度ª | |
|---|---|---|---|---|---|
| | | | | 金额 | 百分比（％） |
| 财政收入 | 350 | 319 | －31 | －31 | －8.8 |
| 财政支出 | 364 | 345 | －19 | 6 | 2.0 |
| 赤字 | －14 | －26 | －12 | －37 | －121.7 |

数据来源：国会预算办公室，美国财政部。

注：

a：调整数剔除了提前支付的影响，调整后 2016 年 12 月的赤字应为 70 亿美元，相比 2015 年 12 月有 310 亿美元盈余。

支出变化较大的项目如下：

1. 政府三大福利项目支出共增长 80 亿美元，增幅 5％。

（1）医疗保险支出增长了 30 亿美元，增幅 7％。其中，每年秋天处方药计划支出在前一日历年一般会出乎意料地增加。

（2）医疗补助计划支出增加 30 亿美元，增幅 11％。

（3）社保福利增加了 10 亿美元，增幅 2％。

2. 公债净利息支出增加 40 亿美元，增幅 21％。

3. 政府收到"房利美"和"房地美"两家政府支持企业支付的 30 亿美元，导致净支出下降。

4. 退伍军人福利支出下降 20 亿美元，降幅 22％。

其他计划与行动支出变化不大。

### 2.5.1.4　2016 年 11 月实际赤字为 1 370 亿美元

美国财政部报道，11 月财政赤字为 1 370 亿美元，比国会预算办公室预估数值多 20 亿美元。

## 2.5.2　2017 财年前半年联邦预算回顾

联邦政府 2017 财年前 6 个月的预算赤字为 5 220 亿美元。美国国会预算办公室估计，预算赤字比 2016 财年同期增加 630 亿美元。这个结果稍微受到部分支出在周末而提前支付变动影响, 如果没有上述变动, 2017 财年前 6 个月的预算赤字同比应增加 610 亿美元。[1]

表 2-5  2016 年 10 月—2017 年 3 月预算总额

| 项目(单位: 10 亿美元) | 2016 财年(实际) | 2017 财年(预计) | 估 计 变 动 |
|---|---|---|---|
| 财政收入 | 1 476 | 1 474 | −2 |
| 财政支出 | 1 936 | 1 996 | 61 |
| 赤字 | −459 | −522 | −63 |

数据来源: 国会预算办公室, 美国财政部。根据 2017 年 2 月《财政部月报》以及 2017 年 3 月《财政部日报》。

### 2.5.2.1  财政总收入: 2017 财年前 6 个月略有下降

国会预算办公室估计, 截止到 3 月底, 财政总收入为 14 740 亿美元, 比 2016 财年同期减少 20 亿美元。这一轻微减少是以下大量抵消性变化而带来的净效益。

1. 个人所得税与工薪(社会保险)税共增加 460 亿美元, 增幅 4%。

(1) 工薪税收入增加 560 亿美元, 增幅 5%。这个变化很大程度上反映了工薪收入的增长。

(2) 个人所得税与工薪税非代扣部分收入减少 40 亿美元, 降幅 3%。这部分减少主要发生在 1 月份, 此时是纳税人 2016 年最后一个季度的预估纳税的纳税额。大部分纳税人直到 2 月才完成 2016 年个人所得税最后缴纳, 2 月个人纳税申报单申报时间到期。

(3) 个人所得税退税税收增加 30 亿美元, 增幅 2%。

(4) 失业保险税收入减少 20 亿美元, 降幅 11%。

2. 联储对财政部汇款(包含在表 2-6"其他"类目下), 减少 260 亿美元。这主要是因为 2016 财年的《修复美国地面运输法案》要求联储将其盈余账户的大部分资金汇款至国库。这家央行在 2015 年 12 月一次性向财政部汇款 190 亿美元。

---

[1]  "Monthly Budget Review for March 2017", CBO, 2017-02-07.

表 2 - 6　2016 年 10 月—2017 年 3 月财政收入表

| 主要来源<br>（10 亿美元） | 2016 财年<br>（实际） | 2017 财年<br>（预计） | 估计变动幅度 | |
| --- | --- | --- | --- | --- |
| | | | 金　额 | 百分比（%） |
| 个人所得税 | 675 | 696 | 22 | 3.2 |
| 工薪税 | 523 | 547 | 25 | 4.7 |
| 企业所得税 | 122 | 100 | −22 | −18.1 |
| 其他 | 157 | 130 | −27 | −17.0 |
| 合　计 | 1 476 | 1 474 | −2 | −0.2 |
| 备注：个人所得税与工薪税 | | | | |
| 代扣税收 | 1 170 | 1 225 | 56 | 4.8 |
| 其他,净退税 | 28 | 18 | −10 | −34.1 |
| 合　计 | 1 198 | 1 244 | 46 | 3.9 |

数据来源：国会预算办公室,美国财政部。

3. 企业所得税收入下降 220 亿美元,降幅 18%。大部分降幅发生在 3 月,因为某些企业所得税申报单截止时间发生了变化,这是遵从《修复美国地面运输法案》以及《2015 年退伍军人医疗保健选择改善法》(公法第 114 - 41 号)要求发生的变化。从 2017 年开始,大多数公司被要求在 4 月中旬,而非 3 月中旬,填报纳税申报单。因此企业所得税收入预计在 4 月会高于以往截止日期没有发生改变之前的收入。

### 2.5.2.2　财政总支出：2017 财年前 6 个月增加 3%

国会预算办公室估计,2017 财年前 6 个月财政支出总计 19 960 亿美元,同比增加 610 亿美元。下面的讨论反映了剔除支付时间变动因素影响后的调整数值。

增长最多的支出项目如下：

1. 三大强制支出项目合计增加 340 亿美元,增幅 4%。

（1）社会保障福利支出增加 130 亿美元,增幅 3%。这反映了受益人数量和平均保险支付额在近期出现典型性增长。

（2）医疗保险支出增加 110 亿美元,增幅 4%。原因是保险受益人数量、向受益人提供的医疗服务数量、成本都有所增加。

（3）医疗补助计划支出增加 90 亿美元，增幅 5%。主要原因是《平价医疗法》扩大了医保覆盖面，参保人数增加。

2. 公债净利息支出增加 280 亿美元，增幅 22%，主要原因来自通货膨胀率变化。考虑到通货膨胀，财政部每月依据前两个月的城市消费者物价指数变动情况，调整通胀保值债券本金。2016 财年头两月通货膨胀率为负值，但 2017 财年则是正值。

3. 国土安全部支出（包含在表 2-7 的"其他"类目下）增加 30 亿美元，增幅 13%。主要是因为增加了洪灾保险支出，2016 年夏天，洪水对路易斯安那州、西弗吉尼亚州和得克萨斯州都造成了灾害。

表 2-7  2016 年 10 月—2017 年 3 月财政支出表

| 主要支出<br>（单位：10 亿美元） | 2016 财年<br>（实际） | 2017 财年<br>（预计） | 变动值 | 调整后变动幅度[a] | |
|---|---|---|---|---|---|
| | | | | 金额 | 百分比（%） |
| 社会保障福利 | 449 | 463 | 13 | 13 | 3.0 |
| 医疗保险[b] | 279 | 293 | 13 | 11 | 3.9 |
| 医疗补助计划 | 181 | 191 | 9 | 9 | 5.1 |
| 小计（金额最大的强制支出项目） | 910 | 946 | 36 | 34 | 3.7 |
| 国防部-军队[c] | 284 | 284 | -1 | -1 | -0.4 |
| 公债净利息 | 124 | 152 | 28 | 28 | 22.2 |
| 其他 | 617 | 615 | -2 | -2 | -0.3 |
| 合　计 | 1 936 | 1 996 | 61 | 58 | 3.0 |

数据来源：国会预算办公室，美国财政部。
注：
a. 调整数剔除了提前支付 2017 财年部分支出的影响，2017 财年支出调整后，应为 19 940 亿美元。
b. 医疗保险支出是抵减收入后的净额。
c. 剔除了国防部在民用项目上的开支。

4. 根据《平价医疗法》对通过市场购买的健康保险补助（都包含在表 2-7 的"其他"类目下），增加约 50 亿美元，增幅 32%。支出增加主要是因为补助的保险费高于 2016 年。

5. 退伍军人事务部支出（包含在表 2－7 的"其他"类目下）增加 40 亿美元，增幅 5%。增加的主要原因，是发放的退伍军人残废抚恤金数量、提供给他们的医疗保障服务数量增加。

预算支出下降的项目如下：

1. 联邦政府收到"房利美"和"房地美"两家房企的汇入款项同比增加 90 亿美元。这两家企业在每年 12 月和下一年 3 月向财政部进行季度性付款。这些付款记录为支出所抵消，因此降低了净支出金额。

2. 教育部支出（包含在表 2－7 的"其他"类目下）减少 40 亿美元，降幅 10%。主要是因为大学生贷款和佩尔助学金计划支出减少。

其他计划与行为支出变化不大。

### 2.5.2.3　估计 2017 年 3 月的财政赤字为 1 730 亿美元

国会预算办公室估计，联邦政府在 2017 年 3 月的财政赤字为 1 730 亿美元，比 2016 年 3 月赤字增加 650 亿美元。

国会预算办公室估计，2017 年 3 月财政收入为 2 170 亿美元，比 2016 年 3 月减少 110 亿美元，降幅 5%。由于公司填写纳税申报单最后期限发生改变，企业所得税收入下降了 210 亿美元。个人所得税退税增加 80 亿美元，增幅 13%，主要原因在于法律变化导致美国国税局处理退税单的过程发生延期，退税单主要涉及工资所得税抵免和额外的儿童税收抵免，很多退税原本应在 1 月份得到处理，却延期到 3 月才处理。收入降幅被个人所得税和工薪税的提高部分所抵消，个人所得税与工薪税收入增加 180 亿美元，增幅 8%，其中反映了工薪收入在 2016 年到 2017 自然年度的小幅度增加。

国会预算办公室估计，2017 年 3 月财政总支出为 3 910 亿美元，比 2016 年 3 月增加支出 550 亿美元。如果去除某些从 2017 年 4 月提前到 3 月的支出变动金额，财政支出应增加 110 亿美元，增幅约为 3%。（下面讨论的变化是基于剔除提前支付变动之后的调整值。）

表 2-8　2017 年 3 月预算收支表

| 项目（单位：10 亿美元） | 2016 财年（实际） | 2017 财年（预计） | 变动值 | 调整后变动幅度[a] | |
|---|---|---|---|---|---|
| | | | | 金额 | 百分比（%） |
| 财政收入 | 228 | 217 | -11 | -11 | -4.6 |
| 财政支出 | 336 | 391 | 55 | 11 | 3.3 |
| 赤　字 | -108 | -173 | -65 | -22 | 20.0 |

数据来源：国会预算办公室，美国财政部。

注：a. 调整数剔除了提前支付 2017 财年部分支出的影响，调整后，2017 年 3 月的赤字应为 130 亿美元。

支出发生较大变化的项目如下：

1. 政府三大强制支出项目支出总计增加 70 亿美元：医疗保险支出增加约 40 亿美元，增幅 8%；社会保险福利支出增加 30 亿美元，增幅 3%；医疗补助计划支出增加 10 亿美元，增幅 4%。

2. 公债净利息支出增加 70 亿美元，增幅 30%。

3. 政府从"房利美"和"房地美"收到的款项比 2016 年增加 60 亿美元，导致净支出下降。

4. 所得税抵免和额外的儿童税费抵免两项支出比 2016 年增加 40 亿美元，增幅 25%。这个增加主要是由 1 月份退税处理过程推迟引起的。

其他计划与行为支出变化不大。

### 2.5.2.4　2017 年 2 月的实际赤字为 1 920 亿美元

据财政部报告，2017 年 2 月份财政赤字为 1 920 亿美元，与国会预算办公室上个月预测一致。

## 2.5.3　2017 财年前三季度预算回顾

国会预算办公室估计，联邦政府在 2017 财年前 9 个月发生预算赤字 5 200 亿美元，这比 2016 财年同期增加了 1 200 亿美元赤字。财政收入与财政支出都高于 2016 财年,但财政支出增加更多。[1]

在最近的预算规划中,国会预算办公室估计 2017 财年(截至 2017 年 9 月 30 日)财政赤字达 6 930 亿美元,比 2016 财年赤字增加约 1 090 亿美元。预计数据将公布于 2017 年 6 月的《预算与经济展望:2017 到 2027》报告(更新版)中。

表 2-9 2016 年 10 月—2017 年 6 月预算总额

| 项目(单位:10 亿美元) | 2016 财年(实际) | 2017 财年(预计) | 估 计 变 动 |
| --- | --- | --- | --- |
| 财政收入 | 2 469 | 2 509 | 40 |
| 财政支出 | 2 868 | 3 028 | 160 |
| 赤字 | -399 | -520 | -120 |

数据来源:国会预算办公室,美国财政部。根据 2017 年 5 月《财政部月报》以及 2017 年 6 月《财政部日报》汇总。

### 2.5.3.1 财政总收入:2017 财年前 9 个月增加 2%

国会预算办公室估计,2017 财年前 9 个月财政总收入为 25 090 亿美元,比 2016 财年同一时期增加 400 亿美元。2016 财年和 2017 财年之间的主要变化如下:

1. 个人所得税与工薪(社会保险)税收入共增加 650 亿美元,增幅为 3%。

(1)代扣的工薪税收入共增加 890 亿美元,增幅为 5%。这个变化主要反映了工资和薪水的增长。

(2)非代扣工薪税收入减少 100 亿美元,降幅为 2%。部分降幅出现在 4 月份,截至 6 月纳税人最终完成了 2016 年应缴纳的税金,低于 2015 年。

(3)个人所得税退税收入增加 110 亿美元,增幅为 5%,这进一步减少了财政净收入。

(4)失业保险税(工薪税的一种)收入减少 20 亿美元,降幅为 6%。

2. 从联储转入财政部汇款(包含在表 2-10"其他"类目之下)减少 300 亿美元,这主要是因为 2016 财年《修复美国地面运输法案》要求联储将盈余账户大部

---

[1] "Monthly Budget Review for June 2017", CBO, 2017-07-10.

分资金汇款至国库。这家中央银行在 2015 年 12 月一次性汇出款项 190 亿美元。

表 2-10　2016 年 6 月—2017 年 10 月财政收入表

| 主要收入<br>（单位：10 亿美元） | 2016 财年<br>（实际） | 2017 财年<br>（预计） | 估计变动幅度 | |
|---|---|---|---|---|
| | | | 金　额 | 百分比（%） |
| 个人所得税 | 1 172 | 1 199 | 28 | 2.4 |
| 工薪税 | 850 | 888 | 38 | 4.4 |
| 企业所得税 | 223 | 224 | * | 0.1 |
| 其他 | 224 | 198 | −26 | −11.6 |
| 合　计 | 2 469 | 2 509 | 40 | 1.6 |
| 备注：个人所得税与工薪税 | | | | |
| 代扣税收 | 1 711 | 1 800 | 89 | 5.2 |
| 其他，净退税 | 311 | 288 | −23 | −7.4 |
| 合　计 | 2 022 | 2 087 | 65 | 3.2 |

数据来源：国会预算办公室，美国财政部。

注：* 代表少于 5 亿美元。

3. 收费和罚款增加 50 亿美元，部分原因是 2017 财年的罚款额超过往常。

4. 企业所得税收轻微增长，增加了 2 亿美元，增幅为 0.1%。

### 2.5.3.2　财政总支出：2017 财年前 9 个月上涨 6%

据国会预算办公室估计，2017 财年前 9 个月财政支出总计 30 280 亿美元，比 2016 财年同期增加 1 600 亿美元。如果不考虑部分支付从 2016 年 10 月提前到 9 月和 2017 年 7 月提前到 6 月造成的变动影响，这个增幅会减少 20 亿美元，实际增加 1 580 亿美元。如下讨论反映了剔除支付时间变动影响后的调整数字。

增长最多的财政支出计划如下：

1. 三大强制支出计划合计增长 450 亿美元，增幅为 3%。

（1）社会保障计划福利支出增加 210 亿美元，增幅为 3%，反映了受益人数量和平均保险支付额近期出现了典型增长。

（2）医疗保险计划支出增加 180 亿美元,增幅为 4%,这反映了受益人数量和向受益人提供的服务数量与成本都有所增加。

（3）医疗补助计划支出增加 60 亿美元,增幅为 2%,部分原因在于《平价医疗法》扩大了医保覆盖面,参保人数增加。

2. 公债净利息支出增加 280 亿美元,增幅为 13%,主要原因是通货膨胀率变化。考虑到通货膨胀因素,财政部每月依据前两个月的城市消费者物价指数变动,调整通胀保值债券本金。2016 财年前 9 个月的调整数总计为 45 亿美元,然而 2017 财年的调整数总计为 307 亿美元。

下面包含在表 2－11"其他"类目下的三个计划支出也明显增加了。

表 2－11　2016 年 10 月—2017 年 6 月财政支出表

| 主要支出<br>（单位：10 亿美元） | 2016 财年<br>（实际） | 2017 财年<br>（预计） | 变动值 | 调整后变动幅度[a] | |
|---|---|---|---|---|---|
| | | | | 金额 | 百分比（%） |
| 社会保障福利 | 677 | 698 | 21 | 21 | 3.1 |
| 医疗保险[b] | 419 | 439 | 20 | 18 | 4.3 |
| 医疗补助计划 | 272 | 278 | 6 | 6 | 2.3 |
| 小计（金额最大的强制支出项目） | 1 367 | 1 415 | 48 | 45 | 3.3 |
| 国防部-军队[c] | 417 | 423 | 5 | 5 | 1.2 |
| 公债净利息 | 207 | 235 | 28 | 28 | 13.4 |
| 其他 | 876 | 956 | 79 | 80 | 9.1 |
| 合　计 | 2 868 | 3 028 | 160 | 158 | 5.5 |

数据来源：国会预算办公室,美国财政部。
注：
a. 调整数剔除了因节假日提前支付的影响,2017 财年前 9 个月支出调整后应为 30 260 亿美元。
b. 医疗保险支出是抵减收入后的净额。
c. 剔除了国防部在民用项目上的开支。

1. 教育部支出增加 310 亿美元,增幅为 51%。因为教育部上调了往年发布的贷款和贷款担保估计净补贴成本,上调数值大概是 390 亿美元,远远高于 2016 年 70 亿美元的上调值。如果剔除这些数据调整的影响,教育部在 2017 财年前 9 个月的支出应减少 20 亿美元，降幅为 3%。

2. 住房和城市发展部支出增加 290 亿美元，这在很大程度上是因为住房与城市发展部在 2017 年 6 月上调了贷款与贷款担保的估计净补贴成本，而在 2016 年 4 月则进行了下调。

3. 支付联邦通信委员会拍卖的电磁波谱使用许可证，减少 80 亿美元收入。因为从拍卖中获得的收入在预算中被登记为抵消收入（也就是说，减少了支出），而拍卖收入减少导致支出更高。

以下领域的预算支出出现下降趋势。

联邦政府从"房利美"和"房地美"收到的返款比 2016 年增加 130 亿美元（包含在表 2－11"其他"类目下），这两家企业在 2016 年 12 月、2017 年 3 月和 6 月向财政部进行季度性汇款。这些收入被登记为对支出的抵消，因此使净支出减少。

其他计划与立法支出变化不大。

### 2.5.3.3 2017 年 6 月预估赤字：870 亿美元

据国会预算办公室估计，联邦政府在 2017 年 6 月发生财政赤字 870 亿美元，而 2016 年 6 月财政出现盈余 60 亿美元，同比赤字增加了 930 亿美元。因为，2017 年 7 月 1 日为周末，部分支出提前到了 6 月份，如果去除这项支出变动带来的影响，6 月的实际赤字应比估计数值减少约 440 亿美元。

据国会预算办公室估计，2017 年 6 月财政收入总计 3 390 亿美元，比 2016 年同月份增加 100 亿美元，增幅为 3%。代扣个人所得税和工薪税增加 150 亿美元，增幅为 8%，这个增长趋势反映了工资和薪水在增加。个人所得税和工薪税非代扣部分增加 20 亿美元，增幅为 3%，企业所得税收入减少 40 亿美元，降幅为 6%；这些税收收入代表 2017 纳税年份的第二季度个人所得和公司所得的估计税费缴纳情况。联储汇款减少 40 亿美元，降幅为 36%，部分原因是该月少了一个星期三（即联储每周向财政部汇款的日期），其次是因为，中央银行在储备金余额上支付的利率提高了。

表 2-12　2017 年 6 月预算收支表

| 项目（单位：10 亿美元） | 2016 财年（实际） | 2017 财年（预计） | 变动值 | 调整后变动幅度[a] | |
|---|---|---|---|---|---|
| | | | | 金额 | 百分比（%） |
| 财政收入 | 330 | 339 | 10 | 10 | 3.0 |
| 财政支出 | 323 | 426 | 103 | 59 | 18.3 |
| 赤　　字 | 6 | −87 | −93 | −49 | n. m. |

数据来源：国会预算办公室，美国财政部。

注：

a. 调整数剔除了提前支付部分支出的影响，调整后，据国会预算办公室估计，2017 年 6 月的赤字应为 430 亿美元。

b. n. m. 代表无意义。

据国会预算办公室估计，2017 年 6 月，财政总支出 4 260 亿美元，比 2016 年 6 月财政支出增加 1 030 亿美元。部分财政支出增长源于 2017 年 7 月的某些项目支出提前到了 6 月，如果剔除支出日期变动的影响，财政支出同比应增加 590 亿美元，增幅为 18%。（以下讨论的变化基于剔除提前支付变动后的调整值。）

较大的财政支出项目如下：

1. 教育部和住房与城市发展部支出，分别增加了 330 亿美元和 210 亿美元，因为上调了往年发布的贷款和贷款担保的估计净补贴成本。

2. 政府从"房利美"和"房地美"收到的支付比 2016 年同月份增加 40 亿美元，这些收入被登记为对支出的抵消，因此使净支出减少。

其他计划和立法支出变化不大。

### 2.5.3.4　2017 年 5 月实际赤字：880 亿美元

财政部报道 5 月发生财政赤字 880 亿美元，比国会预算办公室估计值多出 10 亿美元。

## 2.5.4　2017 财年第四季度预算回顾

国会预算办公室估计联邦政府 2017 财年财政赤字将达到 6 680 亿美元，比

2016 财年增加 820 亿美元。如果不考虑部分财政支出在周末而提前支付发生变动的影响，2017 年的财政赤字已经增加了 1 210 亿美元。[1]

据估计，2017 年的财政赤字占国内生产总值的比重将从 2016 年的 3.2% 提升至 3.5%，2017 财年也是连续第二年财政赤字占国内生产总值的比重超过 1% 的年份。

根据国会预算办公室基于财政部发布的《财政部日报》的数据做出的估计，2017 年财政收入同比增长 1%，财政支出同比增长约 3%；财政部将在晚些时候公布 2017 财年的实际赤字数据。

6 680 亿美元的财政赤字将比国会预算办公室在其 6 月份发布的《预算与经济展望：2017—2027》(更新版)报告估计的数字要少 250 亿美元，很大一部分原因是因为财政支出要少于预期。

表 2 - 13　财年预算总额

| 项目(单位：10 亿美元) | 2016 财年(实际) | 2017 财年(预计) | 估计变动值 |
|---|---|---|---|
| 财政收入 | 3 267 | 3 314 | 47 |
| 财政支出 | 3 852 | 3 982 | 130 |
| 财政赤字 | -586 | -668 | -82 |

数据来源：国会预算办公室，美国财政部。根据 2017 年 8 月《财政部月报》及 2017 年 9 月《财政部日报》汇总得出。

#### 2.5.4.1　财政总收入：2017 财年增长 1%

国会预算办公室估计 2017 财年的财政总收入达到 33 140 亿美元，同比增加 470 亿美元。这一小幅增长反映了下列变化：

1. 个人所得税与工薪(社会保险)税收入共增加 870 亿美元，增幅 3%。

(1) 代扣工薪税共增加 1 110 亿美元，增幅 5%。这个变化主要反映了工资和薪酬的增长。

(2) 非代扣工薪税收入减少 90 亿美元，降幅 2%。大部分降幅出现在 4 月份，截至 4 月底，纳税人最终完成了 2016 年应缴纳的税金，税金低于 2015 年。

---

[1] "Monthly Budget Review for September 2017", CBO, 2017 - 10 - 06.

（3）个人所得税退税增加 110 亿美元，增幅 4%，进一步减少了净收入。

（4）失业保险税（工薪税的一种）收入减少了 30 亿美元，降幅 5%。

2. 企业所得税收入减少 30 亿美元，降幅 1%。

3. 其他财政收入减少 370 亿美元，具体如下：

（1）从联储汇至财政部汇款减少 340 亿美元，这主要是因为，根据 2016 财年《修复美国地面运输法案》要求，联储将盈余账户大部分资金汇入国库。这家中央银行在 2015 年 12 月一次性汇出款项 190 亿美元。此外，提高短期利率增加了中央银行对存款机构储备金支付的利息，这样又减少了 2017 年汇款总额。

（2）营业税减少 110 亿美元，降幅 12%，这是因为自 2014 年开始征收的健康保险税在 2017 年暂停一年。

（3）收费和罚没款增加 70 亿美元，部分原因是 2017 年的各种罚款额超过往常。

表 2-14　财政总收入

| 主要来源（10 亿美元） | 2016 财年（实际） | 2017 财年（预计） | 估计变动幅度 | |
|---|---|---|---|---|
| | | | 金　额 | 百分比（%） |
| 个人所得税 | 1 546 | 1 585 | 39 | 2.5 |
| 工薪税 | 1 115 | 1 163 | 48 | 4.3 |
| 企业所得税 | 300 | 297 | −3 | −1.0 |
| 其　他 | 306 | 269 | −37 | −12.2 |
| 合　计 | 3 267 | 3 314 | 47 | 1.4 |
| 备注：个人所得税和工薪税组合 | | | | |
| 代扣税收 | 2 252 | 2 363 | 111 | 4.9 |
| 其他，净退税 | 409 | 386 | −23 | −5.7 |
| 合　计 | 2 661 | 2 748 | 87 | 3.3 |

数据来源：国会预算办公室，美国财政部。

### 2.5.4.2　财政总支出：2017 财年增长 3%

国会预算办公室估计 2017 财年的财政总支出为 39 820 亿美元，同比增加

1 300 亿美元。如果不考虑部分支付从 10 月提前到 9 月变动的影响，财政支出实际同比增加 1 680 亿美元，增幅 4%。下面的讨论反映了剔除支付时间变动影响后的调整数字。

增加最多的支出项目如下：

1. 三大强制支出项目合计增加 580 亿美元，增幅 3%。

（1）社会保障福利支出增加 290 亿美元，增幅 3%，反映了受益人数和平均保险支付额近期都出现了典型增长。

（2）医疗保险支出增加 220 亿美元，增幅 4%，也反映了受益人数和向受益人提供服务的成本都出现了典型增长。

（3）医疗补助计划支出增加 70 亿美元，增幅 2%，部分原因在于《平价医疗法》扩大了医保覆盖面，参保人数增加。

2. 教育部支出（包含在表 2 - 15 "其他" 类目下）增加 350 亿美元，增幅 45%。因为教育部上调了往年发布的贷款和贷款担保估计净补贴成本，上调数值约 390 亿美元，远远高于 2016 年 70 亿美元的上调值。如果剔除这些调整的影响，教育部 2017 财年的支出增加 20 亿美元，增幅 3%。

3. 住房和城市发展部支出（包含在表 2 - 15 "其他" 类目下）增加 310 亿美元，增幅 117%，这在很大程度上是因为，住房与城市发展部在 2017 年上调了比往年更多的贷款估计净补贴成本和贷款担保，而在 2016 年则是进行了下调。

4. 公债净利息支出增加 280 亿美元，增幅 10%，很大原因在于通货膨胀率的变化。考虑到通胀因素，财政部每月依据前 2 个月城市消费者物价指数变动情况，调整通胀保值债券本金。2016 财年的调整数总计为 155 亿美元，然而 2017 财年的调整数已经达到 331 亿美元。

5. 退伍军人事务部支出增加 90 亿美元（包含在表 2 - 15 "其他" 类目下），部分原因在于领取伤残补偿金的退伍军人人数、支付补偿金额都有典型增长，其他部分原因在于通过 "退伍军人医疗选择计划" 而获得医疗福利的退伍军人人数在持续增加。

表 2 - 15　财政总支出

| 主要支出<br>（单位：10 亿美元） | 2016 财年<br>（实际） | 2017 财年<br>（预计） | 估计<br>变动值 | 调整后变动幅度[a] | |
|---|---|---|---|---|---|
| | | | | 金额 | 百分比（%） |
| 社会保障福利 | 905 | 934 | 29 | 29 | 3.2 |
| 医疗保险[b] | 592 | 595 | 3 | 22 | 3.9 |
| 医疗补助计划 | 368 | 375 | 7 | 7 | 1.8 |
| 小计（金额最大的强制支出项目） | 1 865 | 1 904 | 38 | 58 | 3.1 |
| 国防部-军队[c] | 565 | 570 | 5 | 8 | 1.5 |
| 公债净利息 | 284 | 311 | 28 | 28 | 9.7 |
| 其　他 | 1 138 | 1 197 | 59 | 75 | 6.7 |
| 合　计 | 3 852 | 3 982 | 130 | 168 | 4.4 |

数据来源：国会预算办公室，美国财政部。

a. 调整后数据剔除了因节假日提前支付的影响，如果不考虑支付时间变动的影响，2016 财年的数据为 38 110 亿美元，2017 财年的数据为 39 800 亿美元。

b. 医疗保险支出是抵减收入后的净额。

c. 剔除了国防部在民用项目上的开支。

6. 国防部军事活动支出增加 80 亿美元，增幅 1%。

7. 根据《平价医疗法》通过市场购买的医疗保险补助支出（包含在表 2 - 15"其他"类目下），增加了 80 亿美元，增幅 27%。支出增加主要是因为这些补助的保险费比往年多。

显著减少的预算支出项目如下。

1. 政府从"房利美"和"房地美"收到的支付比上一年增加 140 亿美元，这两家企业在 2016 年 12 月、2017 年 3 月、6 月和 9 月按季度向财政部进行汇款。这些收入（包含在表 2 - 15"其他"类目下）被登记为对支出的抵消，因此使净支出减少。

2. 农业部支出（包含在表 2 - 15"其他"类目下）减少 100 亿美元，主要原因是该部门在 2017 年 8 月下调了往年发布的贷款估计净补贴成本和贷款担保，而在 2016 年 8 月，则是进行了上调。

其他项目与活动的支出增减幅度变化很小。总的来说，2017 财年贷款净补贴成本和贷款担保支出比往年增加了 500 亿美元。

### 2.5.4.3  2017 年 9 月估计结余: 60 亿美元

据国会预算办公室估计,联邦政府在 2017 年 9 月实现财政结余 60 亿美元,同比减少了 280 亿美元。

国会预算办公室估计,2017 年 9 月财政总收入为 3 480 亿美元,同比减少 90 亿美元,降幅 2%。财政总收入下降的原因主要是营业税收入减少 110 亿美元,这一部分收入的减少是因为本该在 9 月份征收的健康保险税在 2017 年暂停征收一年。来自企业所得税的收入,包括第三季度的估计征收额减少了 40 亿美元,降幅 5%。来自其他方面的财政净收入增加了 60 亿美元。

表 2-16  2017 年 9 月预算总额

| 项目(单位: 10 亿美元) | 2016 财年(实际) | 2017 财年(预计) | 估计变动值 | 调整后变动幅度[a] | |
|---|---|---|---|---|---|
| | | | | 金额 | 百分比(%) |
| 财政收入 | 357 | 348 | -9 | -9 | -2.5 |
| 财政支出 | 323 | 342 | 19 | 16 | 5.8 |
| 财政结余 | 33 | 6 | -28 | -25 | -34.0 |

数据来源: 国会预算办公室,美国财政部。

a. 调整后数据剔除了因节假日提前支付的影响,如果不考虑支付时间变动的影响,据国会预算办公室估计,2016 年 9 月的预算结余为 750 亿美元,2017 年 9 月的预算结余为 490 亿美元。

根据国会预算办公室估计,2017 年 9 月的财政总支出为 3 420 亿美元,同比增加 190 亿美元。如果不考虑支付时间变动的影响,2017 年 9 月的财政总支出同比增加 160 亿美元,增幅 6%。

根据国会预算办公室的估计,变化最大的支出项目如下:

1. 医疗保险支出增加 60 亿美元,主要是因为 2017 年 8 月联邦医疗保险优势计划的协调费用拖延到了 9 月。

2. 公债净利息支出增加 40 亿美元。

3. 教育部支出增加 40 亿美元,主要是因为学生贷款增加所致。

4. 国防部军事活动支出增加 30 亿美元。

其他项目与活动的支出增减幅度变化很小。

#### 2.5.4.4　2017 年 8 月实际财政赤字：1 080 亿美元

据财政部报告，2017 年 8 月的财政赤字为 1 080 亿美元，比国会预算办公室上月根据《财政部日报》做出的估计值减少 10 亿美元。

### 2.5.5　2017 财年预算回顾

2017 财年（截至 2017 年 9 月 30 日）联邦政府预算赤字总计达 6 660 亿美元，比 2016 财年增加 800 亿美元。2017 年财政赤字持续上升，达国内生产总值的 3.5%，而 2016 财年为 3.2%，2015 财年为 2.4%，但 2017 财年的赤字远低于 2009 年，当时财政赤字达到当年国内生产总值的 9.8%。[1]

表 2-17　预算总额

| 项　目<br>（单位：10 亿美元） | 2012 财年 | 2013 财年 | 2014 财年 | 2015 财年 | 2016 财年 | 2017 财年 |
|---|---|---|---|---|---|---|
| 财政收入 | 2 450 | 2 775 | 3 021 | 3 250 | 3 267 | 3 315 |
| 财政支出 | 3 537 | 3 455 | 3 506 | 3 688 | 3 852 | 3 981 |
| 赤字（-） | | | | | | |
| 总　　额 | -1 087 | -680 | -485 | -438 | -586 | -666 |
| 占 GDP 的比例（%） | -6.8 | -4.1 | -2.8 | -2.4 | -3.2 | -3.5 |

数据来源：国会预算办公室，白宫管理与预算办公室，美国财政部。
注：GDP 为国内生产总值。

2017 年政府收入总计达 3.3 万亿美元，比 2016 年增加 480 亿美元，增幅为 1%。财政收入由 2016 年的国内生产总值的 17.7% 降到 2017 年的 17.3%，跌到了过去 50 年平均值（17.4%）以下。

2017 年政府净支出为 4 万亿美元，比 2016 年增加 1 280 亿美元，增幅为 3%。支出达到 2017 年国内生产总值的 20.8%，比 2016 的 20.9% 低，远低于 2009 年的 24.4%，但还是要高于过去 50 年的平均值 20.3%。见图 2-1。

---

[1] "Monthly Budget Review: Summary for Fiscal Year 2017", CBO, 2017-11-07.

占GDP的百分比

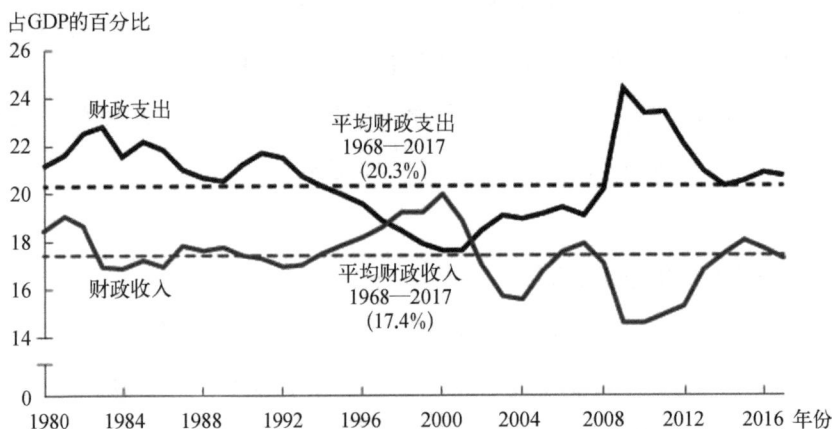

图 2-1　各年财政收入和支出所占当年国内生产总值的百分比

### 2.5.5.1　财政总收入：2017 财年增长 1%

除工薪税外的所有主要收入来源占国内生产总值百分比都有所下降。

1. 收入的最大来源个人所得税收增加 410 亿美元,增幅为 3%。这部分收入由 2016 年占国内生产总值的 8.4% 下降到了 2017 年的 8.3%,但还是高于过去 50 年的平均值 8.0%。

(1) 因为薪资增长,从工资中扣缴的所得税增加 640 亿美元,增幅为 5%。

(2) 所得税非代扣部分,净退税,减少 230 亿美元,降幅为 7%。这部分减少可能是由于在 2016 日历年非工资收入疲软所致,或者可能是纳税者将这部分收入从 2016 年转移至后一年,因为他们期望 2017 年颁布的法律会在今后降低税率。收入的部分疲软可能也反映了 2017 年经济活动的税收低于预期。一旦纳税申报单中的数据在 2017 年晚些时候可以获得,收入疲软的原因将会更加清楚。

2. 工薪(社会保险)税收为财政收入第二大来源,增加了 470 亿美元,增幅为 4%,其所占国内生产总值的百分比一直保持在 6% 左右不变。工薪税收入增加主要是工资和薪水的增长的结果。

3. 企业所得税收为财政收入第三大来源,在 2017 年减少了 30 亿美元,降幅为 1%,其占国内生产总值的百分比由 1.6% 降到 1.5%,这是 2012 年以来记录的最低值,并且低于近 50 年来的平均值 2.0%。这种税收减少很可能反映出在公司利润纳税部分上的疲软。有关这种疲软的一些原因的信息,将会从后面两年公司纳税申报单的数据中获得。

4. 其他来源的收入减少了 370 亿美元,降幅为 12%,其所占国内生产总值的百分比从 1.7%降到了 1.4%。

(1)从联储转到财政部的汇款,减少 340 亿美元,这主要因为在 2016 财年《修复美国地面运输法案》(第 114 - 94 号公法)要求联储将盈余账户大部分资金汇入国库。这家中央银行在 2015 年 12 月一次性汇出款项 190 亿美元。此外,短期利率提高增加了中央银行对存款机构储备金支付的利息,这样又减少了 2017 年汇款。

(2)国内货物税减少了 110 亿美元,降幅为 12%。因为在 2017 年对医疗保险公司暂停一年征收此种税,该种税从 2014 年开始征收。

(3)收费和罚款增加 70 亿美元,部分原因是 2017 年的各种罚款额超过往常。

表 2 - 18　财政收入总额

| 主要收入<br>(单位:10 亿美元) | 2015 财年 | 2016 财年 | 2017 财年 | 2016 至 2017 财年<br>变化百分比(%) |
|---|---|---|---|---|
| 个人所得税 | 1 541 | 1 546 | 1 587 | 2.7 |
| 工薪税 | 1 065 | 1 115 | 1 162 | 4.2 |
| 企业所得税 | 344 | 300 | 297 | -0.8 |
| 其他收入 | 300 | 306 | 269 | -12.2 |
| 总　　额 | 3 250 | 3 267 | 3 315 | 1.5 |
| 占 GDP 的比例(%) | 18.1 | 17.7 | 17.3 | n. a. |

数据来源:国会预算办公室,白宫管理与预算办公室,美国财政部。
注:GDP 为国内生产总值;n. a. 代表不适用。

### 2.5.5.2　财政总支出:2017 财年增长约 3%

总体上,从 2016 财年至 2017 财年财政净支出增加 3.3%。如果将 2016 财年和 2017 财年中因为 10 月 1 日在周末而将支出从 10 月提前至 9 月的变动的影响都剔除后,2017 财年的总支出应比 2016 财年增加 390 亿美元,增幅为 4.4%。

下面的讨论反映的是剔除支付时间变动影响后的调整数字。

大多数主要类别的支出有所增加,但另一些则有所下降。

1. 社会保障福利、医疗保险和医疗补助计划三大权利保障计划支出分别增加 290 亿美元(3%)、220 亿美元(4%)和 60 亿美元(2%)。医疗补助计划支出在过去 4 年中增加了 41%,主要原因是《平价医疗法》扩大了医保覆盖面,参保人数增加。但是医疗补助计划支出的年增长率从 2015 年开始显著下降,仅为16%。三大权利保障计划合并后的支出相当于联邦政府支出的 48%,2017 年国内生产总值的 9.9%,比其在 2016 年所占国内生产总值的 10% 的峰值稍低。

2. 教育部支出(包含在表 2–19"其他"类目下)增加 350 亿美元,增幅为45%。因为教育部上调了往年发布的贷款和贷款担保估计净补贴成本,上调数值约 390 亿美元,远远高于 2016 年的 70 亿美元的上调值。如果剔除这些调整的影响,教育部 2017 财年的支出应是增加了 20 亿美元,增幅为 3%。

表 2–19　财政支出总额

| 主要支出<br>(单位: 10 亿美元) | 2015 财年 | 2016 财年 | 2017 财年 | 2016 至 2017 财年<br>变化百分比(%)[a] | |
|---|---|---|---|---|---|
| | | | | 实　际 | 调　整 |
| 社会保障福利 | 877 | 905 | 934 | 3.2 | 3.2 |
| 医疗保险[b] | 544 | 592 | 595 | 0.5 | 3.9 |
| 医疗补助计划 | 350 | 368 | 375 | 1.7 | 1.7 |
| 小　计 | 1 770 | 1 865 | 1 903 | 2.0 | 3.1 |
| 国防部-军队[c] | 563 | 565 | 569 | 0.6 | 1.2 |
| 公债净利息 | 260 | 284 | 310 | 9.2 | 9.2 |
| 其他 | 1 095 | 1 138 | 1 199 | 5.3 | 6.8 |
| 合　计 | 3 688 | 3 852 | 3 981 | 3.3 | 4.4 |
| 占 GDP 的比例(%) | 20.5 | 20.9 | 20.8 | n. a. | n. a. |

数据来源: 国会预算办公室,白宫管理与预算办公室,美国财政部。

注: GDP 为国内生产总值;n. a. 代表不适用。

a. 调整数剔除了因节假日提前支付的影响,2016 财年总支出调整后应为 38 110 亿美元,2017 财年总支出为 39 780 亿美元。

b. 医疗保险支出是抵减收入后的净额。

c. 剔除了国防部在民用项目上的开支。

3. 住房和城市发展部支出(包含在表 2-19"其他"类目下)增加 290 亿美元,增幅为 110%。这在很大程度上是因为住房与城市发展部在 2017 年上调了贷款和贷款担保估计净补贴成本,而在 2016 年则是进行了下调。

4. 公债净利息支出增加 260 亿美元,增幅为 9%,很大原因在于通货膨胀率变化。考虑到通胀因素,财政部每月依据前两个月城市消费者物价指数变动,调整通胀保值债券本金。2016 财年的调整数总计为 155 亿美元,然而 2017 财年的调整数总计为 331 亿美元。

5. 退伍军人事务部支出(包含在表 2-19"其他"类目下)增加 90 亿美元,增幅为 6%,部分原因在于领取伤残补偿金的退伍军人人数、支付给他们的补偿金数额都有典型增长,其他部分原因在于通过"退伍军人医疗选择计划"而获得医疗福利的退伍军人人数在持续增加。

6. 依据《平价医疗法》对通过市场购买的医疗保险补助支出(包含在表 2-19 的"其他"类目下),增加了 80 亿美元,增幅为 27%。支出大幅增加是因为这些补助的保险费 2017 年增加了。

7. 国防部 2017 财年军事活动的开支增加 70 亿美元,增幅为 1%,是自 2011 年以来的首次增加。支出增长主要用于空军,其他军队服务开支变化不大。用于空军的支出增加了 5%;在运行和维护、政府采购和研究发展等方面的支出各增加了 20 多亿美元。国防部的军事支出相当于 2017 年国内生产总值的 3%,与 2016 年相同,低于自 2002 年以来的其他任意年份。

8. 联邦通信委员会拍卖的电磁波谱使用许可支付,减少了 70 亿美元。这些拍卖所得在 2016 年超过 80 亿美元,而在 2017 年则下降到约 20 亿美元。因为拍卖收入在预算中登记为抵消收入(也就是说,减少支出),而拍卖收入减少导致支出更高。这些支出包含在表 2-19"其他"类目下。

9. 政府从"房利美"和"房地美"收到的支付比上一年增加 140 亿美元,这两家企业在 2016 年 12 月,2017 年 3 月、6 月和 9 月向财政部季度性汇款。这些收入(包含在表 2-19"其他"类目下)被登记为对支出的抵消,因此使净支出减少。

10. 农业部支出减少 110 亿美元，主要原因是该部门在 2017 年 8 月对往年发布的贷款和贷款担保估计净补贴成本进行了下调，而在 2016 年 8 月，该部门则是进行了上调。

对于其他项目和活动，支出增加或减少的数额较小，额外支出净增加了 130 亿美元。

### 2.5.5.3　2017 年 10 月预算估计

国会预算办公室估计，2017 年 10 月联邦政府的财政赤字为 620 亿美元，比 2016 年 10 月的赤字增加 170 亿美元。财政收入和支出两者都高于 2016 年同期，但是支出增加得更多。两年的赤字都存在因 10 月 1 日在周末而发生提前支出的变动的影响，如果剔除这些影响，2017 年 10 月的赤字将比 2016 年 10 月的增加 190 亿美元。

## 2.5.6　财政部发布外国持有美国证券初步报告

2016 年 6 月美国证券的外国投资组合基准调查初步数据已发布。最终调查结果包含细节，并有可能对初步数据做出修正。财政部、纽约联邦储备银行及联邦储备系统理事会共同开展了调查。年度调查将反映 2017 年 6 月的持有情况，初步数据有望于 2018 年 2 月 28 日披露。[1]

对外国持有美国证券的补充调查按年度开展。目前对 2016 年年底证券持有数据还在处理中。初步结果有望在 2017 年 8 月 31 日发布。

整体初步结果如下：2016 年 6 月 30 日，外国持有美国证券估值为 171 410 亿美元，其中美国股权 61 860 亿美元、长期债券 100 610 亿美元[2]（其中抵押证券［ABS］11 840 亿美元[3]、非抵押证券 88 770 亿美元）、短期债券

---

[1] "Preliminary Report on Foreign Holdings of U. S. Securities at End-June 2016", www. treasury. gov, 2017 - 02 - 28.
[2] 长期债券有超过一年的原始到期期限。
[3] 抵押证券有资产池的支持，例如居民住房抵押或信用卡应收账款，使得证券持有人可以对标的资产产生的现金流主张权利。与绝大多数其他债券不同，抵押证券定期同时偿付本金及利息，在每个付款周期后减少未偿本金。

8 940 亿美元。而对截至 2015 年 6 月 30 日的调查,外国持有美国证券总值估值为 171 340 亿美元,其中美国股权 66 550 亿美元、长期债券 95 470 亿美元、短期债券 9 320 亿美元(参见表 2 - 20)。

表 2 - 20　外国持有美国证券情况　　　(单位:10 亿美元)

| 证 券 类 型 | 2015 年 6 月 30 日 | | 2016 年 6 月 30 日 | |
|---|---|---|---|---|
| 长 期 证 券 | 16 202 | | 16 247 | |
| 股　　权 | | 6 655 | | 6 186 |
| 长 期 债 券 | | 9 547 | | 10 061 |
| 抵 押 证 券 | | 1 154 | | 1 184 |
| 其　　他 | | 8 393 | | 8 877 |
| 短 期 债 券 | 932 | | 894 | |
| 合　　计 | 17 134 | | 17 141 | |
| 其中:官方 | 5 794 | | 5 502 | |

表 2 - 21　主要投资国或地区持有美国证券情况表

(单位:10 亿美元)

| | | 合　计 | 股　权 | 长期债券<br>抵押证券 | 其　他 | 短期债券 |
|---|---|---|---|---|---|---|
| 1 | 日　本 | 1 960 | 428 | 196 | 1 274 | 62 |
| 2 | 中国大陆 | 1 630 | 178 | 191 | 1 259 | 2 |
| 3 | 开曼群岛 | 1 525 | 796 | 114 | 515 | 100 |
| 4 | 英　国 | 1 428 | 741 | 25 | 622 | 39 |
| 5 | 卢森堡 | 1 353 | 516 | 70 | 676 | 91 |
| 6 | 加拿大 | 952 | 695 | 31 | 205 | 21 |
| 7 | 爱尔兰 | 931 | 238 | 75 | 505 | 112 |
| 8 | 瑞　士 | 743 | 351 | 20 | 339 | 32 |
| 9 | 比利时 | 595 | 31 | 21 | 481 | 61 |
| 10 | 中国台湾 | 519 | 43 | 208 | 265 | 3 |
| 11 | 德　国 | 374 | 155 | 16 | 180 | 22 |
| 12 | 荷　兰 | 350 | 210 | 16 | 115 | 9 |
| 13 | 新加坡 | 322 | 137 | 10 | 162 | 14 |

| | | 合　计 | 股　权 | 长期债券抵押证券 | 其　他 | 短期债券 |
|---|---|---|---|---|---|---|
| 14 | 百慕大群岛 | 307 | 86 | 46 | 148 | 27 |
| 15 | 挪　威 | 306 | 201 | 1 | 104 | 1 |
| 16 | 中国香港 | 305 | 75 | 9 | 174 | 48 |
| 17 | 巴　西 | 259 | 5 | * | 240 | 13 |
| 18 | 澳大利亚 | 237 | 171 | 5 | 53 | 8 |
| 19 | 韩　国 | 236 | 75 | 36 | 115 | 10 |
| 20 | 法　国 | 217 | 120 | 7 | 77 | 13 |
| 21 | 科威特 | 189 | 131 | 5 | 41 | 11 |
| 22 | 瑞　典 | 165 | 117 | 1 | 46 | 2 |
| 23 | 阿联酋 | 161 | 87 | * | 63 | 11 |
| 24 | 英属维尔京群岛 | 161 | 105 | 3 | 38 | 14 |
| 25 | 沙特阿拉伯 | 152 | 35 | 10 | 103 | 5 |
| | 世界其他国家和地区 | 1 767 | 458 | 69 | 1 076 | 164 |
| | 合　计 | 17 141 | 6 186 | 1 184 | 8 877 | 894 |
| | 其中: 外国官方机构 | 5 502 | 819 | 396 | 3 987 | 301 |

注: *代表无相关数据。

### 2.5.7　财政部公布国际资本流动数据

美国财政部公开了 2017 年 1 月的国际资本流动(TIC)数据。2017 年 2 月的数据于 4 月 17 日公布。[1]

截止到 1 月底,所有海外投资者长期证券、短期证券的净收购额及银行资金流动总额构成了国际资本流动净额 1 104 亿美元。其中,海外私人资本净流入 1 441 亿美元、海外官方资本净流出 336 亿美元。海外居民对美国长期证券的持有增加,净购买额为 147 亿美元。海外私人投资者净购买额 634 亿美元,而海外

---

[ 1 ]　Treasury International Capital System ( TIC ), " Statistics—U. S. International Portfolio Investment", www. treasury. gov, 2017 – 03 – 15.

官方机构净销售额 487 亿美元。美国居民也增加了对海外长期证券持有,净购
买额 84 亿美元。

由于存在海外证券和美国证券交易,美国长期证券的海外购买额为 63 亿美
元。在对包括美国资产支持证券在内的外国人未偿付本金调整后,1 月份长期
证券的海外净购买持有额估计为 11 亿美元。海外居民增持美国国债 27 亿美
元。海外居民对所有以美元计价的短期证券、其他托管债务持有增加了 72 亿美
元。银行针对海外居民、以美元计价的净负债增加了 1 021 亿美元。

## 2.6　小结

美国财政部承担着为特朗普"美国优先"战略筹措足够资金的重任。为此必
须有清晰的战略路线,特朗普执政给财政部提出了许多新的要求。在新财年的
财政部战略规划中,财政部除了经济、安全和管理三大战略目标之外,新的财政
战略目标是"公平、有效地实现联邦财务管理、会计和税务系统改革与现代化"。
其中又包含三种战略展开方向,即提高联邦财务管理和政府核算的效率、透明
度;改善联邦支出和收入,减少不当财政支出;推行税制改革,实施《平价医疗
法》和《外国账户税收遵从法》,改善税法执法。然而,美国联邦财政的真正难题
是如何解决不断创新高的债务负担,尤其是当特朗普将改革美国税制当作他最
重要的施政策略,并不遗余力推进的时候,如何在减税与平衡财政之间合理权
衡,做出对长期经济增长伤害最小的政策组合,才是新任财长应当重点考虑的内
容。从财政部的财政战略目标中并未体现这个优先政策;而从财政部的税收施
政方面来看,如何解决联邦税制的低效率难题也未体现出来,可见这个战略未来
必然随着一名强势总统入主白宫进行修正。

2017 财年联邦政府绩效不断变差。据财政部统计,2017 年(截至 2017 年
9 月 30 日)联邦财政赤字持续上升,预算赤字总计 6 660 亿美元,财政赤字同比
增加 800 亿美元,财年赤字率达国内生产总值的 3.5%,比 2016 财年增加 0.3 个

百分点,比 2015 财年增加 1.1 个百分点。截至 2017 年年底,美国联邦债务总额为 20.21 万亿美元,其中公众持有 14.67 万亿美元,由联邦政府账户持有 5.54 万亿美元。[1] 联邦政府早在 2017 年 5 月就已达到债务上限 19.9 万亿美元,9 月 6 日特朗普与民主党议员达成了一项协议,9 月 8 日美国国会最终通过了将债务上限截止日期推迟 3 个月至 12 月 15 日的议案,并经特朗普签署后成为法律。[2]

---

[1] 美国联邦债务总额: 占国内生产总值百分比, https://www.ceicdata.com/zh-hans/united-states/federal-debt-office-of-management--budget/gross-federal-debt-annual-percentage-of-gdp, 2019 – 08 – 31.

[2] Marcia Smith, "Congress Passes CR & Debt Limit Extension Till December 8, Initial Hurricane Relief", 2017 – 09 – 08, https://spacepolicyonline.com/news/congress-passes-cr-debt-limit-extension-till-december-8-initial-hurricane-relief/, 2019 – 08 – 31.

# 第 3 章　财政预算与拨款

## 3.1　美国联邦预算与拨款制度背景

联邦政府财政预算程序分三个环节。一是总统及行政部门提出预算报告；二是国会讨论通过或不通过；三是实施预算立法。[1] 政府机构使用预算资金时，既需要获得预算授权，还需要根据预算获得拨款；预算授权和拨款政策由国会两院拨款委员会的 12 个拨款小组委员会决定，拨款小组委员会每年要起草 12 个拨款法案，拨款法案则决定一些联邦政府计划的相机支出项目，分别经参众两院通过，再经总统签署之后就可执行了。

主要政府机构负责向总统预算计划提供数据。提供财政预算编制数据的机构包括联邦政府行政当局的管理与预算办公室、国会预算办公室、财政部，以及政府审计办公室。（1）白宫管理与预算办公室（Office of Management and Budget，OMB）是以总统为首的行政当局内最大的办事机构，这个机关最重要的职能是编制总统预算报告，不过它还要对各部门的计划、政策以及程序进行审核，确保政策规定符合总统的施政原则，保证部际计划之间的相互协调。从其预算职能来看，白宫管理与预算办公室要为总统起草下个财年的财政预算报告。（2）国会预算办公室（Congressional Budget Office，CBO）隶属于国会，负责向国会提供预算与经济信

---

［1］ *Budget Concepts and Budget Process*，OMB Circular No. A-11（2016），https：//obamawhitehouse. archives. gov，2017－02－10.

息。国会预算办公室每年出版 3 种有关财政预算与经济展望的书面报告,监测财政预算的执行情况,及时发现问题:① 每年 1 月份出版《预算与经济展望》,以 10 年为期展望美国经济的长期趋势并制定财政收支预算规划,《预算与经济展望》通常在每年 8 月份进行修订;② 每年 7 月份发布《长期预算展望》报告;③ 按月发布《每月预算回顾》报告。(3) 政府审计办公室(Government Accountability Office, GAO)同样隶属于国会,是美国政府的最高审计机关,俗称"国会的看门狗""纳税人最好的朋友",政府审计办公室向国会提供审计、评价与调查信息。政府审计办公室在每年 12 月份公布《美国政府财政决算表》,内容包括上个财年的预算执行结果。此外,政府审计办公室还要发布《公民指南》,这是一份面向普通公民阅读的美国政府预算报告,内容包括总统年度预算、有关预算的词汇表,以及对于经济、税收和预算关系的讨论。(4) 财政部每年发布《收入、支出与平衡表》,俗称绿皮书。绿皮书属于财政预算文件内容之一,主要涉及联邦政府财政收入政策问题。[1]

财政拨款属于预算授权的环节之一。在联邦政府行政程序中,拨款是指经预算授权后,由财政部支付款项的行为。国会运用年度拨款程序,为联邦政府提供相机支出资金;无论是相机支出项目,还是强制支出项目都受永久立法控制。以 2017 财年为例,联邦财政支出的 1/3 左右为相机支出,其余部分为强制支出,一些临时性的强制支出项目也需要经过国会授权。联邦财政预算往往要跨年度使用,以满足长期计划或长期合同执行的要求,例如,有些军事和住房计划就是在连续几个年度内使用的共同拨款,这样在年度预算授权和实际财政支出之间就有差别了。

## 3.2 联邦预算原则与蓝图

### 3.2.1 特朗普谈联邦预算蓝图与美国优先原则

特朗普入主白宫后发表了第一份预算蓝图报告。

---

[1] Mindy R. Levit, *The Federal Budget: Overview and Issues for FY2016 and Beyond*, Congressional Research Service, 2015 - 03 - 06, p. 21.

美国人民选举我为他们的优先权利而战，我将在华盛顿履行诺言，保卫我们的国家。我会竭尽全力去恪守诺言。[1]

联邦政府确立优先权利最重要的方式之一就是制定美国的预算。因此，为了向美国人民提供安全与保障，我向国会提交这份预算计划，重新强调联邦支出的优先顺序。我们的目标就是满足我国人民简单而重要的诉求，将本国人民的诉求放在第一位。当我们以此而行时，我们就放飞了每个人的美国之梦，也就开创了重新使美国伟大的新篇章。

"美国优先"预算必须保证我国人民的安全至上。因为缺乏安全，就难言繁荣。这就是我要求本届政府的预算主管米克·马尔瓦尼（Mick Mulvaney）起草预算，注重国家安全和公共安全的根本原因。这项工作已反映在这份预算蓝图中。为了保障美国人民的安全，我们进行了艰难选择，这些选择被搁置得太久了，同时我们也安排了必要投资，这是早就应当完成的事项。我的 2018 年预算蓝图，第一，将在最大幅度增加国防支出的同时，不再新增债务；第二，将显著增加预算，用于司法部与国土安全部进行移民执法；第三，将为在南部的墨西哥边境修建围墙、移民审判、扩大收容能力、美国检察官、美国移民与海关执法局、边境巡逻队，提供额外预算资金；第四，将为解决暴力犯罪、减少鸦片类药物滥用增加资金；第五，将把美国纳税人辛苦赚来的美元更多留在国内，实现"美国优先"。

我的第一份预算蓝图，核心是重建我国军队而不增加联邦赤字。2018 年增加的 540 亿美元国防支出将通过定向削减其他支出抵消。国防经费对于未来重建并装备美国武装力量至关重要。我们必须确保军队战士拥有所需武器，抵御战争。当他们被召之即来时，只需做一件事，那就是"胜利"。

美国是强大的、安全的、有决心的。这是在当今危机四伏的时代，这份公共安全与国家安全预算蓝图将向世界传达的一条信息。预算蓝图遵循我的承诺，重视美国人民的安全，让恐怖分子远离美国，把暴力罪犯阻拦在高墙之外。联邦

[1] Donald J. Trump, "America First: Beginning a New Chapter of American Greatness", in *America First: A Budget Blueprint to Make America Great Again*, OMB, April 2017.

政府将通过更经济和效率更高的方式,抵消预算蓝图增加的国防与公共安全支出。我们将坚持在预算蓝图中削减 540 亿美元的非国防支出。我们将用更少的钱做更多的事,精简政府机构,对人民负责。为此,包括大幅减少对外援助。……其他政府机关与部门也要削减支出,减少这类支出是明智、合理的。每个机关与部门都有义务实现更高效率,消除挥霍行为,履行他们为美国人民服务的崇高目标。

### 3.2.2　白宫管理与预算办公室要求预算蓝图强化管理删繁就简

特朗普当局上任伊始,白宫管理与预算办公室就发表了有关 2018 年预算的文件,在这份文件中,白宫管理与预算办公室提出,要强化行政管理并将对不符合美国人民愿望的章程进行削繁就简。[1]

白宫管理与预算办公室认为政府应当更美好。联邦政府有能力,也应当效率更高地、更有效果地、安全地运转。数十年来,共和、民主两党领袖共同探讨了推动联邦政府更加美好的可能性。现在(特朗普)总统先生为让政府更好服务美国人民,采取了大胆举措。

总统先生采取了以下两项重要行动。在 2017 年 1 月 23 日,作为他当选后的首项行动,特朗普总统颁布了第一项备忘录,即推进政府"冻结雇员"与长期削减政府职工规模计划。此外在 2017 年 3 月 13 日,总统先生签署了第 13781 号行政法令。该法令确立"全面改组政府部门计划",确实推进了政府部门和机关的改组工作。以上两项行动相辅相成,计划还反映了总统的作为。政府部门在执行重大改组之前,立法程序不可或缺,但白宫最适合审查并向国会提出改革建议。在今后大约一年,国会将收到来自总统及白宫管理与预算办公室主任提出

---

[ 1 ] Office of Management and Budget, "Management—Making Government Work Again", in *America First: A Budget Blueprint to Make America Great Again*, https：//www. whitehouse. gov/omb, 2017 - 03 - 18, p. 7 - 10.

的包括改组方案的综合计划。白宫将与国会委员会密切合作,对政府机关加以监管,以确保必要的改革扎扎实实得到实施。

美国联邦政府还发布了总统管理议程。与此同时,此议程旨在实现对其核心管理有效性的重大改进。总统的管理议程还将实现改善政府有效性、提高效率、加强网络安全和问责机制等关键目标。联邦政府将采取行动,确保我们在2020 年年底达成以下四大目标。

第一,联邦机关将更有效地提供关键性服务。联邦政府正在规范项目,并将采取循证方法,利用真实、有力的数据改进方案、优化服务,查明表现不佳的机关与项目。我们会让项目管理者改进表现,为美国人民和企业提供优质及时的服务。我们将使用已有工具,并且依需求创造新的工具,以计算出合适的劳动力储备规模。

第二,联邦机关将纳税人税款更多地投入到完成国家使命的活动。税款不应用在高成本、非生产性遵从活动中。以往的管理改进举措产生了数以百计的指导文件,旨在通过更多增加对信息技术、人力资本、采购、财务管理和不动产的要求,改进政府行政管理。此外,这些政府范围的政策常常束缚着机构的"手",使管理者无法根据常识做出决定。因此,利益却往往没有随着成本增加而相应提高。联邦政府会把那些低价值项目回收,并纳入联邦管理者管理范畴,对其问责,寻找降低运行成本的途径。此外,白宫管理与预算办公室还在努力审查对联邦机关的要求,以确定那些需降低的、过时的、低价值要求的领域。

第三,在联邦机关支持项目的结果中更有效率和效果。对企业和公民提供更高绩效的项目和服务,取决于支持服务的有效且高效的政府使命。然而,尽管联邦政府在改进关键管理过程中付出多年的努力,联邦管理人员却仍旧面临重重困惑,例如,无法掌握招聘方法,持续引进顶尖人才,收购流程过于烦琐,信息技术过时。联邦政府将利用已有数据,开发目标方案,解决联邦管理人员面临的难题,并通过直接分享、采纳来自私营和公共部门的领导经验,进一步实施有关方案。即将推出解决方案的领域包括:联邦机关采购公共产品与服务、雇佣人才、利用自有不动产、支付账单并优化技术。

第四,对机关进行问责推动改革。所有联邦机关将报告关于改革的重要指标,展示明显的进步。在实施改革方面,白宫管理与预算办公室还将定期审查各个机关取得的进步,确保持续改进。

通过以上议程,我们将大刀阔斧,改进联邦政府的有效性、提高效率、强化网络安全、实施责任制,再次让政府高效能运作起来。

联邦政府机关的行为与美国人民背道而驰。美国人民理应拥有一个为自己服务,而非反对人民的监管体系。这个监管体系既要有好的效果,又要有高的效率。然而,联邦机关每年都发布数以千计的新法规,这些法规使美国消费者和企业背上了沉重负担。这些负担很像那些税款,既不必要,又抑制增长和就业。许多规章虽然充满善意,但却并未达到预期目标、没有利用最具成本效益的方式,且常常产生不利、意料之外的后果。还有更多多年前制定的法规,尽管当时有效,现在却可能不再是有效或必要的了。

总统致力于解决上述问题。为此,总统已采取了三个重要步骤,废除了那些既不必要又无用的规章。这三个步骤是:

第一,冻结监管。在 2017 年 1 月 20 日,总统办公厅主任向所有机关发出备忘录,回收已发送给美国联邦登记办公室,但尚未公布的规章;除非由政府政务官员批准,今后不得发布任何新规章;将任何待办条例的生效日期推迟 60 天,留待政府审查、重新考虑这些规章的时效性。联邦机关通过回收、推迟行为,对所有可能不再发布的规章做出了回应。

第二,控制成本,削减非必要法规。在 2017 年 1 月 30 日,总统签署了《减少管理和控制监管成本》的第 13771 号行政法令。这项行政法令代表了国家监管政策的根本性变化。法令要求联邦机构每发布一条新法规,至少需要取消两条现行法规。此法令还要求各机关,确保在 2017 年所有发布的新条例,总成本增量不超过 0 美元。自 2018 年以后,此法令建立了一个严格的流程并加以制度化,为每个联邦机关实施监管,施加成本上限。这项行政法令所构筑的重大结构性改革,为联邦机关执行总统大胆的监管改革议程,提供了必要框架。

第三,执行监管改革议程。总统作为成功的商人,他深知,成功的必要条件是问责制。这一项基本原则是 2017 年 2 月 24 日总统签署《执行监管改革议程》的第 13777 号行政令的原因。该法令要求,在每个机关内,分别设立一名改革监管官、一个管理改革工作队,执行总统的监管改革优先事项。新团队将努力找出抑制就业或不利于创造就业机会的规章制度,找出过时的、不必要的或无效的规章制度,以及那些弊大于利的规章制度。他们还将为确保这些机构遵循总统的指示(联邦机构每发布一条新法规,至少需要取消两条现行法规)切实负责;确保调控不增加新成本,并努力废除、替换或修改现有法规。

此法令以广泛认可与两党共识为基础。许多现行法规很可能是无效的、不再必要的,明确无误地以第 13563 号行政法令提出的回溯审查为基础的。然而,区别在于问责制。这些团队将是联邦机构以聪明、高效的方式,确定和削减规章的关键手段。总统最近向美国人民宣告:"空谈的时代已经过去。"对总统而言,监管改革意味着经营。总统前所未有地、在真正意义上建立了重大结构化机制,将代表那些勤劳却被遗忘的美国人民,确保重大的监管改革最终得以实现。白宫管理与预算办公室信息与监管事务局已开始大力支持上述重大改革,并确保改革措施在未来几个月、几年内,完全成功地化为现实。

### 3.2.3  白宫管理与预算办公室承诺 2018 年预算不增新债

美国白宫管理与预算办公室主任米克·马尔瓦尼在特朗普当局的"预算蓝图"引言中指出:

我非常荣幸地推荐"美国优先"预算计划。尽管本预算蓝图并非完整的联邦预算,而它确实向国会议员与公众展示了总统及行政当局优先关注的事项。联邦预算的确十分复杂,然而为一位信守诺言的总统工作,意味着我的工作简单到如同把他的话翻译成数字一样,这就是在此发现强调重建并恢复美国国防安全这类所熟知工作的原因。……总统将……重建美国武装力量、加强边界安全、维护国家主权,在预算计划中,将安全放在重中之重的位置。[1]

在达成上述目标的同时,预算计划还将兑现总统的另一项核心承诺,即达成国家的优先目标,不应再给后代们增加更大的债务负担。所以,"2018 年预算蓝图"将不再新增赤字。制定这份预算蓝图,如同任何美国家庭围绕厨房账单做开销预算方式一样,要做出很多艰难的抉择。

总统对财政责任的承诺是历史性的。早自里根总统的第一任期以来,还没有更多税款被省下来,也没有更多将政府效率低下和浪费列为治理的目标。这份联邦预算的每个细节都已经过认真审查,每项计划都经过严格检验,纳税人的每一分钱都经过审计掂量。

20 万亿美元的国债不仅是我国的国家危机,也是全民的危机。每位美国人承担的债务超过 6 万美元,而且还在不断增加。这是巨大的挑战,但也是美国人民可以解决的挑战。美国家庭每天都在为自己的预算做艰难的算术题,现在是华盛顿做同样决定的时候了。

### 3.2.4　众院预算委员会着手三大财税改革

美国第 115 届国会众院预算委员会主席黛安娜·布莱克(Diane Black)在《华盛顿观察家报》撰文,呼吁国会尽快进行医保制度改革、预算改革与税制改革。她说:

当选第 115 届国会众院预算委员会主席并非我的初衷。但是我一直不知不觉地为此准备了很多年。在来到华盛顿之前,我曾在田纳西州的立法机关任职,而我们在那里的年度预算都是平衡的,我还当过几十年的急诊室护士,就职于医

---

[1] Mick Mulvaney, "A Message from the Director, Office of Management and Budget", in *America First: A Budget Blueprint to Make America Great Again*, OMB, April 2017.

疗系统的基层。[1]

医改和迫在眉睫的预算赤字成为预算委员会 2017 年的最大挑战之一。我已准备好将我过去积累的经验应用到解决今天面临的难题上。我是迄今第一位众院预算委员会的女性主席,对此我认为"真正到时候了",但当一切结束后,我不希望这是我被记得的原因。全面执政的共和党当局为我们提供了大展身手的好机会。预算委员会 2017 年将着手处理三项主要任务:

第一,废除和取代"奥巴马医保法"。

我们将履行对美国人民的承诺,废除"奥巴马医保法",对病患的医疗保险决策重新负起责任。众院预算委员会将在这场战斗中履行重要职责,对这一承诺我不会畏缩。最近又有一家保险公司宣布退出奥巴马医保计划,使《平价医疗法》前景更加暗淡。奥巴马医保计划不设单人医疗保险选项,同时保险销售之难被保险专员描述为"非常接近于崩溃"。

田纳西州对"奥巴马医保法"的反抗并不孤立。在全美国范围内,470 万美国人被踢出他们偏好的保险计划,同时近 2 000 万美国人已经选择脱离"奥巴马医保法",要么交罚款,要么寻求豁免。众院共和党人正致力于废除并取代该计划,首先消除"奥巴马医保法"对个人和雇主的繁重授权,授权应当使国家以最好的方式帮助特殊人群,并加强健康储蓄账户,因此家庭能以他们理想的急需方式支付医疗保健费用。我们还计划提供简便的月度税收抵免,使缺少雇主赞助购买或无权使用医疗保险计划和医疗补助计划的美国人,可以自由、灵活地购买医疗保险计划。更重要的是,我们建议医保计划覆盖那些在投保前已身患疾病的人,并允许年轻人留在他们父母的保险计划里,正如现行法律规定的那样。

第二,提供真实预算计划。

---

[1]　Diane Black, "Chairman Black Op-Ed in Washington Examiner: The Budget Committee Game Plan for 2017—Tackling Big Problems with Bold Solutions", www. republicans-budget. house. gov, 2017 - 03 - 02.

预算委员会将认真、及时、负责地提出财政预算决议，解决债务和赤字驱动因素问题。我在华盛顿已表明，将一如既往努力平衡预算。在我看来，今天艰巨的财政挑战不是转移目标的借口，而恰恰体现了负责任预算的重要。国会预算办公室估计，根据我们目前的发展情况，未来 10 年，华盛顿将面临将近 10 万亿美元的新增赤字，因此 2018 财年的预算将着眼控制开支、改革蹩脚的政府计划，并解决债务和赤字问题。

第三，修订蹩脚的税法。

美国税法之蹩脚是"《圣经》的 10 倍，却什么好消息也没带来"。这是筹款委员会前主席戴夫·坎普（Dave Camp）所说的，我作为众院预算委员会委员，每年提出的预算提案都主张税收改革，促进增长，即简化税收法规，消除混乱，降低对家庭和雇员的税率。但在两党分治的政府中，所有提议进展不顺。

2017 年，一切都可能改变。我们在春季公布预算案后，将有机会完成另一个和解法案，即不受参院民主党阻挠的独特法案，它的通过将为税法立法打开另一扇大门，那将是世界上最有竞争力的税法，只用填写一张明信片大小的家庭税表。这意味着更多企业将选择留在美国，而不是移往海外，而那些被迫花太多时间和金钱，只是想弄清楚自己到底该缴多少税款的家庭也没那么麻烦了。

预算委员会深知不能浪费这一历史机遇。我们大胆地准备携手解决大问题。我们已制订了一个雄心勃勃的计划，期待为美国人民赢得胜利。

### 3.2.5　众院共和党称准备实现预算和解

共和党谋求通过"和解"废除"奥巴马医保法"、改革社会保障体系、简化税制。国会众院预算委员会主席普赖斯（Tom Price）众议员在众院官网撰文指出，2015 年以来，众院共和党人一直在倡导"更好的道路"，这是解决当前重大挑战、让美国重回正轨的方案。具体内容包括废除并替代"奥巴马医保法"、改革社会保障网、简化税制，以及重新推动经济增长等。实现和解作为立法工具，是执行"更好的道路"之核心政策的最有效方式。[1]

预算决议打开了"和解"之门。当前只有采用预算决议才能推动"和解",加速立法程序。和解被用来使收入、自动支出水平与预算决议的目标一致。在参院,这样的法案能防止阻挠议事(filibuster-proof),仅需 51 票的简单多数就能通过,辩论时间限制在 20 小时。然而,和解是有局限的工具。和解法案必须满足参院伯德规则(Byrd Rule)的要求,这项规则禁止没有直接预算效果的条款。换句话说,如果某个条款对支出和收入都没有影响,就不能加入到和解法案中来。

和解是行之有效的策略。2016 年 1 月,共和党用和解程序首次将废除"奥巴马医保法"的法案送交总统,恢复《2015 年美国医保自由和解法》说明了决议如何在国会以简单多数就能通过。2017 年共和党开始掌控国会两院,有机会推动"更好的道路"方案中的议程。为此,应该利用这一快速程序,以财政可行的方式推动医疗、税收、社会安全网和福利项目改革。此外,由于国会尚未通过 2017 财年预算决议,有可能在新一届国会开始时,同时通过 2017 和 2018 两个财年的预算决议,2018 年就有两个和解机会。这样,两院通过预算开启和解程序的重要性绝非夸大其词。为启动"更好的道路",和解是国会最紧迫的必须事项。

## 3.2.6　众院发布预算和经济风险工作报告

题为《预算和经济体风险积聚》的工作论文发布。众院预算委员会于 2016 年 9 月 14 日举行听证会,审查联邦预算与经济展望报告,审查糟糕的经济政策如何继续导致美国糟糕的财政现状。[2]

这篇工作论文聚焦 3 大领域和 5 大问题。第一,不可持续的财政道路。第

[ 1 ]　Tom Price, "Budget Digest-Week of November 14th Reconciliation: The Ticket to A Better Way", www. house. gov, 2017－06－26.

[ 2 ]　Budget Committee Releases Working Paper on "Growing Risks to the Budget and the Economy", www. republicans-budget. house. gov, 2016－10－18.

二,陷入低增长的经济。第三,支持通过改革推动增长,不要再推出同样的政策。论文在开头特别引述一系列令人不安的数据,证明美国当前和未来的财政、经济状况之糟糕: 第一,赤字再次增加,并有可能在未来 10 年翻番,达到每年 1.2 万亿美元。第二,公众持有的债权国内生产总值占比,预计会从 2016 年的 76% 增长至 2026 年的 85%,那将是第二次世界大战后 50 年平均水平 39% 的 2 倍多。第三,到 2046 年,公众持有的债权有望达到国内生产总值的 141%,超过第二次世界大战结束时 106% 的历史高点。第四,2016 年之前的 5 年实际经济增长平均仅为 2%,大大低于美国历史上 3% 的平均水平,是当代最乏力的经济复苏。第五,尽管 2015 年贫困率在下降,但仍高于大衰退前的水平,贫困人口超过 600 万。

美国解决支出和借款问题之道是不再增加支出和债务。论文呼吁:"议员们应该采取政策,支持增长,努力获得对支出和赤字的控制权。这是恢复增长、提高生活水平、走上可持续预算轨道最有希望的政策组合。"

### 3.2.7 众院共和党动议独立通过预算案

佐治亚州众议员格雷夫斯(Tom Graves)提出了改革政府支出时间的建议。传统基金会媒体《每日信号》报道说,格雷夫斯说他将像曾提出保守原则一样,提出快速通过预算过程的建议。"只要已知时间限制,这个想法就是以透明的方式开启政府预算流程的新想法,同时还能制订一个符合我们共和党大会所赞同的保守法案。"某国会人员说,格雷夫斯希望制订最终支出计划时有多名保守议员参与,而不是简单地像对由国会两党领袖达成的交易那样进行投票。[1]

众院上次在 9 月 30 日的最后期限之前通过全年拨款还是在 1996 年。众院财政业务和政府总小组委员会主席格雷夫斯建议,国会议员不应分别通过 12 项单独的支出法案,而应考虑通过一个总法案。根据国会的一般做法,众院拨款委

---

[ 1 ]  "How This Lawmaker Wants to Advance Conservative Ideas by Changing the Spending Process", *The Daily Signal*, 2017 - 06 - 07.

员会在众院全体投票前，要首先通过涵盖从运输、社会服务到外交政策、国防等的 12 项独立的支出法案，参院重复进行这些程序，最后由总统签署了 12 项拨款法案。格雷夫斯说，"历史表明这行不通了"。过去 40 年来，目前的流程只有效运转了 4 次，不可避免的结果是由两党领袖通过最终谈判，拿出最后决议。

这是一个程序错误的政治过程。格雷夫斯在 2010 年首次当选为众议员，还是拨款委员会委员。格雷夫斯表示，应将 12 个独立拨款法案编为一个大的总支出法案，即综合计划，包含全部政府拨款，而现在的做法却是把 12 个独立的拨款法案送众院全体表决。格雷夫斯建议在 8 月份国会休会前，由众、参两院通过综合支出法案。这样就需要国会两院合作，提前两个月进行支出立法，不能等到财年开始的 10 月 1 日。而每年 9 月只有 12 个立法工作日两院议员待在一起。

格雷夫斯的想法获得有限支持。他想要做的是通过一个总支出法案，既是财政上可行的，又能照顾到重叠的计划，砍掉多余的部门，还能为墨西哥边界墙提供资助，保护生命、重建国防。众院共和党应能独立通过这个法案，不依赖民主党。众院共和党大会主席道格·柯林斯（Doug Collins）支持变动预算案的时机安排，因为根据美国宪法，预算应当从众院开始。他表示，他们有能力在截止日期前向参院正常送去预算，希望利用这个机会。其他保守派人尽管怀疑格雷夫斯众议员制定综合预算案的成败，但乐见共和党独立通过年度预算工作。传统基金会高级分析师贾斯廷·博吉（Justin Bogie）表示，维持正常程序固然很好，但改革预算通过时间看起来是很好的选择。他说，如果按照格雷福斯众议员的动议，根据 2011 年《预算控制法》（BCA）规定的支出上限政策，去掉国防与非国防两大类支出的上限限制，通过改革国内计划增加国防支出，按照总统的建议大纲，这样倒是可行。不过这样是否真的能把预算的时间提前尚未可知，因为国会已经有很久没有正常通过预算了。

参院的想法是什么不得而知。格雷夫斯说，他不关心参院如何看待改革。"我只能告诉众院我希望做什么。我知道有困难，但是我们不应该躲避大胆的想法和尝试变革。"

## 3.3　保守势力关于预算的观点

### 3.3.1　共和党前议长为特朗普平衡预算出招

特朗普总统最终将实现预算平衡。《每日信号》指出，最近众院前议长金里奇（Newt Gingrich）在传统基金会解释了"特朗普预算平衡"，虽然平衡预算不是特朗普大选的焦点议题，但是，他对改善美国人的生活、创造就业机会、削减开支的重视，显示了平衡预算可期。特朗普已经要求某些部门削减 10% 的预算，同时削减 20% 的政府工作人员。金里奇说："虽然特朗普的首要问题不是平衡预算，但他还是把重点放在重新使美国伟大起来。"[1]

特朗普具有与 1990 年代相同的平衡预算见解。在克林顿政府时期，金里奇在平衡联邦预算方面发挥了不可或缺的作用。他建议："首先，用真正的短期视野设置真正的伟大目标。其次，简政放权。再次，抛弃专家。"

特朗普雄心勃勃的议程将带来很多惊喜。金里奇说："在他就职后的第一个星期，看看会有多少事情发生变化将非常有趣。"特朗普可以通过创造就业机会、控制华盛顿官僚、限制联邦支出、推动经济增长和增加财政收入实现执政目标。"他将通过政策实施而不是通过讨论平衡预算达到目标。"

特朗普平衡预算的选项很多。金里奇列举说，包括废除监管体系、扭转奥巴马的私立教育政策、将患者和医生从繁文缛节中解放出来，以及建设智能社区，这些政策将通过平衡预算实现美国的繁荣。"所有政策都有助于缩小赤字和平衡预算，我的观点是，特朗普主义的预算平衡很大程度上是基于政策，而不是通过专注于平衡本身而实现。"

---

[1]　Morgan Walker, "Newt Gingrich Explains How Trump's Policies Will Lead to a Balanced Budget", *The Daily Signal*, 2017 – 01 – 17.

### 3.3.2　保守势力施压特朗普紧缩预算

　　美国债务急升趋势很难改变。《每日信号》指出,共和党议员有理由相信,虽然大选时总统承诺"控制政府规模""让国家财政机器有序运行",但鉴于当前的情形,行政当局最终并不会削减财政支出。而一旦国会根据议程无法通过议案,联邦政府将正式耗尽预算资金。最后期限的逐渐迫近对纳税人来说是个坏消息,因为两党唯一能做到的通常就是花更多的钱,这也是造成当前美国国债总额高达 19.9 万亿美元的主要原因之一。现在共和党控制着国会两院和白宫,特朗普总统在预算草案中呼吁各部门大幅减支,人们认为,这种情况可能会有所改观,但也仅是可能。[1]

　　8 年前的剧情将再度上演。有反对声音称,只要预算不包含计划生育这类他们想要的支出,或者包含了建边境墙这类他们不想要的支出,民主党议员会坚决否决,因为他们捍卫了自己的原则。也有支持声音称,若因支出法案包含或不包含某些东西,就不支持法案通过,这些共和党议员则会受到指责,这将仅让选民满意,却让政府难堪。既然共和党总统正执掌着白宫,国会共和党人就应该改写剧本。他们应该戳穿民主党人的虚张声势,推行能兑现承诺的法案,控制政府支出,着手解决美国债务问题,保卫边境和国家安全。

　　共和党呼吁选民支持。如果两院有足够多的民主党人不支持通过法案的话(例如,法案在参院通过需获得 60 票支持),共和党人就应当挑明:针对支持率不高,而且要在 2018 年寻求连任的各州民主党议员,共和党人应向当地选民宣传,他们支持的议员应对其自由主义倾向导致政府关门负责,如支持拨给城市庇护所和计划生育政策开支,或拒绝拨款保卫美国边境。

　　预算程序"没人能尽如其愿"。这是参院多数党领袖米奇·麦康奈尔最近说的,但这不是重点,问题是何方能得到更多利益,共和党会赢的迹象渺茫。花钱上瘾不只是见诸新闻媒体,如资助美国最大的堕胎营利机构。两党都沉迷于花

[1]　Genevieve Wood, "Even With Republicans in Charge, Upcoming Budget Battle Looks Grim", *The Daily Signal*, 2017‑04‑21.

钱,不愿削减政府开支。2011 年国会通过的《预算控制法》,旨在"控制"政府支出规模,但事实证明,让议员们遵守该法案太难了,议员们并没有做出削减开支的艰难决定,而是继续突破支出上限,借更多钱花。这导致更多的钱用于联邦政府的冗余项目,如资助阿拉斯加的农村航线,以及密西西比州的鲶鱼检查项目,这两个项目都是共和党参院在本州发起的。

预算和解是必然结局。传统基金会在《财政平衡蓝图》中列出了 100 项政府计划,若削减计划规模或取消计划,将节支 900 亿美元,而这仅是其中两个选项。但一旦涉及救济金,很多共和党人却不会自绝其路。如果你不愿意在小的方面进行斗争,在大战之时也肯定无法取胜。悲哀的是,这就是为何大肆宣扬的预算斗争通常根本不会发生。

### 3.3.3 传统基金会施压整顿预算程序

通过强制减薪和取消休假敦促立法工作回归正轨。《每日信号》指出,国会之前对财政预算不作为的行为,导致其开始品尝恶果了。[1] 要想化解国会议员向联邦政府提供资金的难题,就必须使用强力。更确切地说,当国会否决了预算方案后,参众两院议员都会承受"严重后果",只有对他们通过强制减薪、取消休假,才能使立法工作正常进行。

整顿预算程序是化解债务危机的先决条件。对于国会以及整个国家来说,正在日渐遭受严峻债务危机是一个严重却必须承担的后果,国会已制定了粗略的行动计划,对预算程序进行全面检查。参院预算委员会委员珀杜(David Purdue)认为,他的提议对于解决美国 19 万亿美元债务问题并不是一剂根治药方,应是解决问题的先决条件。珀杜参议员说:"当下,我们已然遭遇了预算危机,虽然整顿预算程序并不能化解债务危机,但如果处理不好预算程序的机能失调问题,债务危机就永远得不到解决。"

---

[ 1 ]　Philip Wegmann, "No Budget? This Senator Says That Should Mean Pay Cuts for Politicians, Staff", *The Daily Signal*, 2016 - 09 - 30.

必须废除 1974 年的《国会预算法案》。参院预算委员会希望打破授权和拨款委员会之间的藩篱,1974 年的《国会预算法案》在 42 年里仅 4 次发挥了正确作用。要达成此目的,就需整合拨款小组委员会和政策执行委员会,还要施行改革,将预算制定纳入法定程序,并写入法律条文。目前国会只是将预算方案视为未来向总统提交的财政支出蓝图,却并未要求总统签署。因此,预算并不具备强制约束力。

国会预算案中需增加不容任意支配的支出项目。例如,社会保障和医疗保险支出。为了能够从容应对日益增长的工作量,将财政年度的起始时间由 10 月 1 日变更为 1 月 1 日,从而使国会议员拥有更充裕的时间。珀杜的提案得到了参院预算委员会主席恩兹(Michael Enzi)的支持,并与众院预算委员会主席托姆·普赖斯作了沟通。

不过有的预算专家表示质疑。温弗里(Paul Winfree)是传统基金会专家,他认为呼吁改革并将关注点转移到主要支出项目类别完全正确。然而,如果把预算年度变更为与日历年度完全一致,会让一向拖延行事的国会把年度拨款辩论一推再推,这样做只会降低透明度。共和党前众院拨款委员会高级助理表示,指望通过削减薪酬实现预算流程的法制化糟糕至极,只会逼走议员,让其另谋出路。

国会需努力将商业意识用于立法程序。珀杜是李伯克(Reebok)和多拉尔·杰纳勒尔(Dollar General)的前任高管,正在制订国会改革计划,寻找来自商业环境、各州和美国之外的案例。他认为,如果国会还想摆脱债务危机,现在要做的就是在公共领域实现类似商业企业的那一点点利润。

### 3.3.4  传统基金会呼吁预算程序保持诚信

错误的预算程序导致财政支出屡破上限。《每日信号》发表萨金特(Michael Sargent)的文章指出,这已经成了常态,近年来,国会往往在财政年度末尾仍在讨论支出决策,这成了把现有的存在争议推迟到 12 月假期的惯用伎俩。国会常常挣扎着在最后期限到来之前达成协议，而其结果往往是巨大的一揽子支出，远远超过国会在 2011 年确定的相机支出上限。[1]

国会必须修订预算程序。从 2013 年开始，错误的预算程序就开始造成国会突破预算上限，超过上限的部分达到 1 740 亿美元。如果国会恪守正规法律程序，遵守它自己在 2011 年《预算控制法》中设立的预算上限政策，是可以省下几十亿美元支出的。所以，即使国会在 2016 年 9 月 30 日之前通过所有支出法案，承诺回归"正常秩序"，人们却仍会发现这和过去几年一样，但这并不让人感到惊讶。奥巴马总统也应广泛受到批评，因为他发出威胁，将否决那些没有打破他自己签署的预算上限的法案。

仍有可能旧戏重演。虽然这种把预算决议拖到年底的错误已成惯例，但是，2016 年国会的情势更不乐观。有些议员提议，将把目前仍在审议的有关拨款决策交给下届国会，但是很可能这些争论会被踢到国会的"跛脚鸭会期"。将如此重要的长期决策放上一段时段再考虑，是十分危险的，因为国会成员在这段时期内的责任几乎为零。这样做还可能会进一步降低对国会的信任感。而且，由于在 2015 年一整年，拨款法案里面已经暗藏了不少预算花招，即使保持目前的支出水平，还是会比已经修订的 2017 财年预算上限高出 100 亿美元。

决策者需要进行抉择。为了维持已经超过预算上限的支出水平，决策者有两个选项，即要么公然对抗财政责任，要么面临严峻的政治选择，全面削减支出，除此之外，就是找出更多的支出花招。由于选择只有这两项，很可能国会成员会选择政治上最有利的方法，即增加支出。但是这就像传统基金会的温弗里所说的，这样做意味着国会会在失败的道路上越走越远。

留给国会的机会很少了。最糟糕的是，如果 2017 年预算屈服于更高支出水平，那么在 2018 财年突破预算上限，国会再次花钱大手大脚将不可避免，这只比目前预算支出水平低 160 亿美元。这会让下届国会再次违背控制支出的诺言，

---

[1] Michael Sargent, "Congress Is Set to Cave in to Higher Spending Again", *The Daily Signal*, 2016 – 09 – 16.

冲破奥巴马政府对支出保留的一点点的限制。这样的恶性循环会让下届总统和国会再没机会回到正常轨道上来。

国会在预算程序中应当保持诚信。这是唯一出路吗？显然不是。决不要在"跛脚鸭会期"对任何拨款提案进行决策。如果国会在大选前不能就 2017 财年拨款达成一致，那么给予第 115 届国会部分拨款权限就是正确选择。国会只有减少各类计划、减免公司福利、尝试保单附加条款，才能减少非国防类相机支出，完善目前的政策。而传统基金会提出的对相机支出进行改革的 110 个建议是个很好的开始。

国会必须考虑持续降低非国防相机支出。国会在连续多年违背预算程序、违背他们自己设置的财政支出控制之后，有机会突破恶性循环。国会应该抓住这个最后机会，不要让下届国会花不必要的钱，实现联邦政府的主要职责。

### 3.3.5　保守势力反对通过庞大开支法案

特朗普修建边界墙的计划在短期没有实现的可能。《每日信号》发表博瓦德（Rachel Bovard）的文章指出，在大选尘埃落定后，国会即进入"跛脚鸭会期"，在这段时间内，华盛顿的责任是最小的，本届国会无法在 12 月份通过综合开支法案。选民们现在并没有真正注意到选举已经结束了，即将退休和被大选击败的议员将不再对他们所投的票负责。[1]　总之，这是进行幕后交易、增加税收、通过庞大开支法案并施加政治压力的最佳时间。

国会不应再保留"跛脚鸭会期"。保守派领袖认为，这一次，国会议员会把所有东西并成一个巨大的法案，并且尽快通过。国会必须在 12 月 9 日前通过拨款法案。众院议长保罗·瑞安和参院多数党领袖麦康奈尔曾讨论，要通过一项综合开支法案，政府的整个年度拨款内容，其中包含所有 12 个拨款法案，长达 1 000 页。然而现在特朗普当选总统，这样的举动将是错误的。到了 1 月份，共

---

[ 1 ]　Rachel Bovard, "Trump's Agenda Will Be at Risk If Congress Passes Big Spending Bill in December", *The Daily Siganal*, 2016 - 11 - 14.

和党人将全面控制白宫、众院和参院。通过一项在新总统任期内到期的拨款法案将会约束新一届国会,并限制新总统的立法选择。保守派人士指出,任何两个月以上的开支法案将显著减少共和党人在新的一年实施其立法议程的可能。

通过综合开支法案是不民主的。选民们在 11 月 8 日表达了自己的意愿,选出了新总统和新一届国会。如果国会通过新的法案,将会限制新当选的总统及议员实施自己计划的能力,这违反了民主政府的原则。换句话说,预算清理性的综合开支法案将大大约束特朗普实施其 100 天议程的关键内容。如果本届国会在 12 月份通过综合开支法案,特朗普沿南部边界修建一堵墙的计划在短期没有可能,废除与替代奥巴马医改计划也可能会延迟。选民们提出的立法任务非常明确,本届国会应认真满足他们的要求。瑞安议长和麦康奈尔主席不应该浪费时间,以牺牲下届总统、做选民赋予他做事的能力为代价,与一位即将离任的总统进行谈判。

### 3.3.6 保守派反对国会通过新的举债立法

美国国债在短短一年间陡增 1.4 万亿美元。《每日信号》发表鲍曼(Lauren Bowman)和博奇亚(Romina Boccia)的文章指出,国会应该惊醒,以结束这一现象。国债还包括政府间债务,或联邦政府欠自己的债务,如社会保险信托基金,以及公众持有的债务。截至 2016 年 9 月 30 日,在联邦政府上个财年结束的时候,国债破纪录地达到了 19.6 万亿美元,而 2015 财年末国债只有 18.1 万亿美元。

公众持有的联邦债务占国内生产总值之比在第二次世界大战后首次超过75%。在 2016 财年,公众持有的联邦债务,或政府从金融市场借到的钱,从13.1 万亿美元一下上升到了 14.1 万亿美元,增加了 1 万亿美元,占比超过国内生产总值的 75%。在美国历史上,公众持有的联邦债务占比,仅有一个时期超过了国内生产总值的 70%,那还是在 1944—1950 年期间,是由于第二次世界大战时期的巨额开支造成的。

过度开支带来的预算赤字还会继续上升。社会保险、医疗保险、医疗补助，这是受婴儿潮人口老龄化和退休影响的三大关键社会支出计划。这三个支出计划，外加国债利息支出，以及奥巴马医保支出，将占到未来 10 年开支增长的 83%。

债务增长将减少经济产出，威胁国家安全。为更审慎地控制开支和债务，国会必须改变计划授权法。据国会预算办公室预计，到 2026 年，联邦政府的债务水平将增长至国内生产总值的 86%，到 2035 年达到国内生产总值的 106%，2046 年将达 141%。如果美国延续这种不可持续的债务路径，很可能将会面对很多不良后果，如利息成本更高、经济发展迟缓以及财政危机可能性的增加。国会预算办公室宣称，联邦债务大量增加将减少经济产出、降低收入，相比之下，如果债务较少，情况会好得多。美国当前正在经历经济增长乏力之苦。同时债务过大也对美国的安全提出了挑战，因为它降低了政府解决国家威胁和危机的灵活性。国会必须立即认真纠正债务问题。

需警惕国会可能不负责任地推行举债立法。对任期快满的本届国会，美国人必须格外关注，使立法者避免预算问题越来越麻烦。国会面临政府短期开支措施于 12 月 9 日到期，可能会尝试增加国防及国内计划开支。据认为，立法者会利用这个问责概率较低的机会，推进不得人心的支出立法，如延期停止债务上限规定，推后到 3 月才过期。为控制不可持续的开支和债务，国会应改革放任自流的预算，削减过度国内开支，实现平衡预算。传统基金会的"平衡蓝图"和"改革蓝图"具体呈现了这一路径。[ 1 ]

### 3.3.7　共和党智库力促两党合作减少债务

特朗普一上台就背上了 20 万亿美元的国债。《每日信号》发表卢卡斯（Fred Lucas）的文章指出，美国国债预计将于 2017 年 2 月达到 20 万亿美元，这几乎是

---

[ 1 ]　Lauren Bowman, Romina Boccia, "What You Need to Know About the National Debt, in 2 Charts", *The Daily Siganal*, 2016 - 10 - 23.

奥巴马上任时的 2 倍。[1] 对此华盛顿智库两党政策中心（Bipartisan Policy Center）预计，到 2017 年 3 月 16 日，新总统将与国会就国债上限达成一致意见，债务上限可能会提高到 20.1 万亿美元，这一限额将保持到仲夏时节，此后总统与国会将进行新一轮谈判，确保能够获得更多借款以偿还政府债务。两党政策中心预算专家表示："在当前和未来都存在诸多变数，不能确切知道财政收入和支出发展，但预计到 2017 年 2 月，美国的债务总额或将达到 20 万亿美元。"医疗卫生支出，包括医疗保险和医疗补助，是联邦政府财政支出的最大项目。"2 月通常是国债的糟糕月份，因为本月会有很多退税。"目前美国国债维持在 19.8 万亿美元上下。而在 2009 年 1 月，当奥巴马入主白宫时，国债总额还只是 10.6 万亿美元。根据奥巴马与国会在 2015 年下半年达成的财政支出协议，财政部在奥巴马 2017 年 1 月卸任之前，可以再发行 1.5 万亿美元的国债。

500 家国际大企业的资产总额也不抵美国政府债务。20 万亿美元国债规模已经超过标准普尔 500 指数中的 500 家大企业的总市值，它还超过世界上所有实体货币、黄金、白银以及比特币价值之和。为了具体展示 20 万亿美元国债的分量，"市场观察"（Market Watch）网站在 9 月份披露，在 2016 年夏季，标准普尔 500 指数覆盖的 500 家企业的总价值为 19.1 万亿美元。其中包括苹果公司、埃克森美孚、脸谱网及其他巨型企业。另外，美国国债的总规模已超过了世界上所有实体货币、黄金、白银以及比特币数额之和。其中美元、欧元、英镑与其他实体货币的总发行量约为 5 万亿美元，全球实体黄金总价值 7.7 万亿美元，而实体白银总价值为 200 亿美元。

美国国债总额和国内生产总值占比预计均会攀升。据国会预算办公室预计，到 2017 年，美国国债总额将达到 20.16 万亿美元，而且在国债总量未达到稳定状态之前，不会呈现逐月下降趋势。在 2026 年美国国债将达到 28.19 万亿美

---

[ 1 ]　Fred Lucas，"National Debt Will Hit ＄20 Trillion After Next President Is Sworn In"，*The Daily Siganal*，2016 - 11 - 03.

元。而在 2017 年,公众持有的美国国债数量占全部国债总额的 77.2%,到 2026 年将达到 85.5%。连美国财政部也无法掌握对美国国债趋势的预期。

下届总统和国会需要共同面对国债挑战。首先要做的是降低国债的增长速度。专家指出,除非出现财政预算盈余,否则美国国债增速不会放缓,但是,没有人会认为联邦财政预算将出现盈余。在未来 2 至 4 年内,有可能达成关于两党福利和税制改革的协议,在协议约束下,民主党与共和党能够在各自希望增支的领域施展拳脚。医疗卫生支出,包括医疗保险和医疗补助才是财政支出的最大项目。不过,共和党对国防支出比较关注,而民主党更加关心内政支出。两党未来还会在这些领域是否实施财政返还政策开展一系列对话。

预算专家对于两党合作前景仍保持乐观。新总统可通过促成两党达成和解解决债务难题,对此无论民主党或共和党,都不会遭受指责,希望能够借此方式抵消那些难以忍受的做法,例如,通过增加公共基础设施开支等。传统基金会预算专家认为,控制国债的真正途径恐怕在于下届国会与新总统共同采取措施,在下届政府制定预算提案和国会跟进方案方面,还有很多事情可以做,但没有任何总统能单独提出强有力计划,解决债务难题。

美国仍有可能控制债务。众院预算委员会提出的计划能够扭转根本趋势,任何计划都应当包括福利改革、医疗支出改革和社会保险改革。

## 3.3.8　保守派支持通过补充支出法案避免政府关门

2017 年 4 月底国会谈判代表公布了一项大规模综合性拨款法案,将资助政府直至 9 月 30 日,预计该法案会在两党的支持下通过,以避免政府关门。该法案虽然在增加国防预算和强化边境安全等问题上确实取得了进展,但在对待财政责任上却是失败的,因为它并没有促进任何紧缩财政的重要政策。法案将为 2017 财年剩余的几个月提供 1.07 万亿美元基础相机支出资金,这是由《2015 年两党预算法》确定的支出水平,比 2011 年《预算控制法》设立的支出上限多出 300 亿美元。要是把海外应急行动、各类灾害及紧急支出以及其他不受预算上限影响的额外支出加进去的话,资金总额增加了 930 亿美元。《每日信号》分析了其影响。[1]

第一,补充支出增加有助于国防和边境安全。

安全支出再次增加了。这一综合法案将按照《2015 年两党预算法》确定的水平,为国防支出额外列支 150 亿美元,为边境安全额外列支 15 亿美元。不过 150 亿美元的额外国防支出仅为特朗普总统年初预算申请的一半,根本不足以满足解决当前美国所面临的全球性威胁。编列 15 亿美元的额外边境安全开支对遏制非法移民行动十分重要。然而,这些资金都无法用在构筑边境墙上,这又是特朗普总统的首要任务。同样地,法案所批准的这两笔支出的增资额不会抵消。2017 年年初,总统公布了一份"肉包骨预算",提出在 2017 年削减 180 亿美元支出,但没有任何一项削减计划被列入最新预算协议。为国防和边境安全增加的预算资金被指明用在海外应急行动,因此不受支出法案控制。

用于军队和边境安全的额外资金方向正确。因此,这些额外资金应当完全通过削减其他国内计划抵消。由于美国的国家债务高达 20 万亿美元,且数字还在不断上升,国会必须开始紧缩财政,削减开支,而不是用预算名义继续毫无限制地增加开支。

应急性支出也再次增加。除了额外列支的海外应急行动资金外,法案还为 2017 年的各类灾害和紧急行动提供了 81 亿美元,这类支出不受预算上限的控制。在这部分额外列支的资金中有 20 亿美元被拨给州政府,用于水灾和恶劣天气后的重建,近 5 亿美元被用于美国西部野火的扑救行动。由于每年都会提供类似资金,因此很难真正将是否"紧急事件"区分开来。这些经常性开支应当被归入基础预算范围内,限额之外的开支应当预留给大规模的自然灾害和不可预知事件。

第二,增加了特殊救助支持政策。

扩大针对私人团体的现有救助资金。这项法案证明,一旦打开救助政策口

---

[1] Justin Bogie, Rachel Greszler, "Massive Spending Bill Fails to Meet Conservative Priorities", *The Daily Signal*, 2017 – 05 – 01.

子,就再也难以关上。特殊救助政策主要针对美国联合矿业工人联合会,而今天美国的煤矿工人只代表了全部煤炭产量 10% 的生产力。1992 年,《煤炭法》为原本受限且非纳税人资助的特定矿工工会打开了医保福利计划救助的大门,但当非财政资金不足时,国会使用了联邦纳税人资金(自 2008 年来已支出 12 亿美元)加以救助,现在国会想进一步扩大救助的范围,以覆盖原本不在其列的矿工。毫无疑问,煤矿工人工作条件是艰苦、危险的,无论是煤矿工人还是其他工人,都应当得到医疗保险计划和退休福利计划保障。煤矿工人的医保救助计划将得到保证,在未来 10 年内,每人医保福利至少达到 10 万美元,这比煤矿工人通过联邦医保计划和奥巴马医保计划等拿到的联邦计划福利多 7.5 万美元。

支出法案还为波多黎各预留了资金。波多黎各是政府管理不善、政治腐败和所有经济政策错误的典范,正面临着经济与财政危机,联邦政府和纳税人都将为此付出代价。这项法案为波多黎各提供了 2.96 亿美元额外医保资金,以维持 2018 年上半年的正常运行。但是钱是可以流动的,要是波多黎各不把它花在医保计划上,而是用在其他方面,可怎么办呢?而且,正如针对美国联合矿工工会的救助措施那样,没有所谓临时或有限救助之分,只能成为进一步增加开支新的基准线。此外,波多黎各及美国的其他属地在全部联邦福利计划开支中占比不同,尽管其公民并没有缴纳联邦税。而这份救助案对州与地方政府不啻是危险的信号,如果预算资金短缺,他们还能通过走后门方式获得医疗保险计划与其他福利救助,这样就能调整资源,以维持不可持续的支出水平。

第三,错失的机会令人惋惜。

总的来说,这份法案不但没有推进任何关键的保守政策,还作出了诸多让步。除此之外,它还要为计划生育计划继续提供资金,也没有限制移民庇护城市资金。不幸的是,国会又一次错失了认真地削减支出、推进保守政策机会。2017 年 3 月份,传统基金会公布了一份预算蓝图,提出削减 870 亿美元相机支出计划,并制定限制联邦官僚体系规模与职责范围的政策。但是否有勇气采取最终行动,使计划成真,则取决于国会。

### 3.3.9　保守势力阻止综合支出法案功亏一篑

2017 年 5 月初国会众院以 309 票对 118 票通过一项 1.1 万亿美元的综合支出法案。[1] 其中 103 名共和党人投了反对票,投票结果表明,共和党并不能够掌握华盛顿的权力杠杆。共和党在众院占据了 238 个席位,民主党占据了 193 个席位,还有 4 席空缺。作为共和党研究委员会议员、保守的众院自由连线成员,俄亥俄州众议员戴维森(Warren Davidson)对该法案投了反对票。他认为,这个结果对保守派或美国人来说,并不是件好事,但他并非彻底批判该法案,因为法案里还有让人喜欢的地方,如增加国防开支与边境安全开支。共和党研究委员会主席马克·沃克(Mark Walker)及众院共和党自由连线主席梅多斯(Mark Meadows)都投了反对票。保守派更支持新增国防支出 210 亿美元、新增边境安全支出 15 亿美元、停止向奥巴马医保计划投入新的资金、减少环境保护机构人员。民主党人则认为,他们获得了为国家艺术与人文基金额外支出 200 万美元,确保了退休煤矿工人医保覆盖面,阻止了共和党人试图否决计划生育资金的企图。

综合开支法案有利有弊。众议员拉夫拉多尔(Raul Labrador)认为,在这项支出法案中看不到白宫太多的倾向性,他绝不认为法案是保守派或共和党人的胜利。拉夫拉多尔与佩里众议员(Scott Perry)都投了反对票。白宫管理与预算办公室主任米克·马尔瓦尼表示,民主党无法彻底阻止法案通过,特朗普所承诺的构筑边境墙资金的缺失并不算什么挫折,尤其是现有资金的一部分要流入巩固边防上,帮助我们同步跟踪边境安全。

众参两院共和党议员表示,他们宁愿把向建立边境墙提供资金的时机搁到 2017 年秋季才开始,也不愿就在本财年剩下日子里资助联邦政府进行斗争。国会通过支出法案的最后日期是 2016 年 9 月 30 日,上一次国会遭遇预算悬崖还是在 1996 年。

---

[1] Rachel del Guidice, "Why Conservatives Are Unhappy With the Final Spending Bill", *The Daily Signal*, 2017 - 05 - 03.

众院议长保罗·瑞安对通过法案很是满意。《华盛顿邮报》报道,支出法案包括为机场安检额外列支 3. 31 亿美元,为国家艺术与人文基金额外列支 200 万美元,为海关和边境保护额外列支 1. 37 亿美元。密歇根州众议员阿玛什(Justin Amash)投了反对票,他认为新的支出法案令人尴尬。支出越多,负债越多,没有真正的妥协。这对美国人民既不负责任,也不尊重。众院拨款委员会议员安迪·哈里斯(Andy Harris)也投票反对。

### 3.3.10  保守势力施压特朗普清理环保预算,减少总支出

联邦政府已开始大幅减少过度监管预算。保守势力就环保预算减少总支出给特朗普施压指出,首先大幅减少的是环境保护局的预算,白宫已将预算建议送交联邦机关征求意见,与此同时各地环保团体对环境保护局被削减 80 亿美元、削减幅度达 24% 的预算计划怒气冲冲。然而,与国会议员的削减建议相比,这还是客气之举。众议员约翰逊(Sam Johnson)提出,在 10 年内对过度浪费的环境保护局计划削减 75 亿美元,很有必要;而众议员加尔茨(Matt Gaetz)则提出,应该彻底撤销环境保护局。[1]

彻底改革环境保护局总的来看并不过分。美国现行主要环境法规严重过时,不能反映现实。环境保护局官员常常忽视监管成本、夸大利益、跨越法律和宪法的界限。此外,尽管人为或其他温室气体的环境影响具有相当大不确定性,大量纳税人资金还是被避免全球变暖的无用方案浪费了。在奥巴马当局时期,该机构预算仅占联邦支出总额的 0. 22%,但是却发生了很多与该机构有关却不在预算内的支出。不必要的环境监管规定对于创新和经济增长带来了无法估量的成本,也带来了私有财产权利和自由的损失。尽管环境质量大大提高,但联邦法规的数量和成本几十年来持续增加。特朗普在大选时就承诺,要大规模削减环境保护局的预算,希望如此。

---

[ 1 ]  Diane Katz, "How Trump Can Clean Up the EPA's Budget", *The Daily Signal*, 2017 - 03 - 01.

国会如果撤销与气候有关的 9 个项目,就能节省近 36 亿美元。这些措施包括：第一,管控车辆以及非道路设备、机车、飞机和运输工具排放的温室气体。第二,管控电厂、工业锅炉和其他固定来源的二氧化碳排放。第三,温室气体报告计划。第四,全球甲烷倡议。第五,气候恢复基金。第六,气候弹性评价工具。第七,绿色基础设施计划。第八,有利气候的水利倡议。第九,研究与发展办公室气候研究基金。

要通过减少环境保护计划数量与职责降低间接费用。2018 财年削减 4.89 亿美元经费的环境保护局基础设施和运行经费的 10%,就将节省 4 900 万美元。还应将环境保护局民事执行计划 1.74 亿美元的经费削减至少 30%,因为该局对环境违法案件通过行政和司法诉讼加以解决,采取了不必要且过分的法律行动。因此,减少经费的同时还应该采用纪律处分方式,使监管与执法活动更谨慎。

将环境保护活动移交各州和私人业主或完全撤销将节省数百万美元。第一,国家河口/海岸航道计划节省 2 700 万美元。第二,综合环境战略计划节省 1 100 万美元。第三,污染防治计划节省 1 300 万美元。第四,地表水保护方案节省 2 亿美元。第五,联邦车辆和燃料的标准和认证计划节省 9 300 万美元。第六,根据环境保护局制定的资源保护和回收法案的废物最小化和回收计划节省 900 万美元。还有其他几十个项目和机构,改革时机也已成熟。

环保主义者想维持现状可以理解。但是特朗普已经承诺,将对联邦政府,尤其是环境保护局进行重大改革。现在是时候对华盛顿最富有、最强大的特殊利益集团之一的环保主义者进行彻底改革了。

## 3.4 自由派关于预算的观点

### 3.4.1 自由派认为债务上限不是万灵药

什么是债务上限？为何会有债务上限？债务上限就是对财政部可借款数额

的法律限制。美国财政部经常性借款总需求即债务上限目前为 19.8 万亿美元，而债务上限问题一直是美国政治上的烫手山芋。著名智库布鲁金斯学会哈钦斯中心经济学家贝尔兹（Sage Belz）和韦塞尔为此专门发文解释了联邦政府的债务上限政策之争。当联邦政府发生财政赤字时，可通过借债方式弥补差额，通常都是以发行美国国库券形式，立下借据。在 1917 年以前，财政部借贷的每笔债务都需要国会授权。然而，国会在第一次世界大战时修改了法律，允许财政部根据需要发行战争债券（即自由债券），前提是债券发行不得超过特定数量，即债务上限。[1]

这一限制条件在过去 30 年里引发了政治斗争。国会议员试图利用投票，限制提高债务上限，减缓联邦支出增长。2011 年，奥巴马总统与国会就《预算控制法》达成一致，打破僵局，提高了债务上限、限制了未来支出。到 2013 年 10 月，联邦债务就已达到该法案规定水平。在接下来的两年国会又通过了一系列立法，暂时中止提高债务上限，最近一次是 2015 年 11 月的《两党预算法》。此次中止提高债务上限于 2017 年 3 月到期，随后国会将上限提高至 19.8 万亿美元。此后，财政部的借款也达到上限水平，但没有再进一步借款。

提高债务上限会使政府花钱更多吗？提高债务上限并未授权政府增加支出直到超过国会批准的水平。相反，它允许政府履行对公民、供应商和投资者的现有义务。

财政部触及债务上限时会发生什么？首先，财政部会制定一系列现金储备工具。这些被称为"特别措施"的手段压制了政府债务水平，为公共债务创造空间。要实现这一目标，方法之一是暂停政府日常资金再投资。当联邦政府为退休计划、货币兑换或其他政府交易设立基金时，它会将部分基金投资于到期的、每日再投资的特殊国债。暂停再投资降低了财政部债务总额，并允许其再次向公众合法地发行债务。例如，暂停对 G 基金（联邦雇员退休基金）的再投资，随

[1] Sage Belz, David Wessel, "The Hutchins Center Explains：The debt limit", www. brookings. edu, 2017－08－03.

即释放 2 250 亿美元的债务额度,财政部可以用此额度筹集现金、支付账单。

但是"特别措施"除了争取时间,却不足以阻止政府债务无期限地接近债务上限。自 2017 年 3 月债务上限中止期到期以后,财政部一直依赖特别措施。但据国会预算办公室估计,财政部的这些措施产生的现金流,只够维持到 10 月中旬,届时,除非国会提高债务上限,否则财政部将会"现金告罄"。

财政部现金告罄意味着什么?财政部每天都有税收收入并支付支出账单。账单包括社会保障福利、联邦政府公用事业费,以及债务利息。当财政部支出大于财政收入时,由于债务上限束缚,就无法增加借款,只有在有现金流流入情况下,才能支付费用。将债务上限维持在现有水平,将导致财政部现金在 2017 年秋季某个时候告罄。财政部要有足够资金才能支付部分政府支出,而非全部支出。

为何提高债务上限是矛盾的?债务上限已成为联邦预算规模争论的导火索。尽管债务上限在技术上与政府支出水平无关,但在过去,想要减少赤字或限制政府规模的政客们,就利用债务限额来谈判支出上限或预算限额,实施这种策略已证明很困难,但某些时候有用,正如 2011 年那样。

有人认为"财政边缘政策"不负责任,提高债务限额是例行公事。自美国国会成立以来,已取消或暂停债务限额政策 84 次,毕竟债务上限政策应当根据财政部的需求进行。包括几位来自两党的前财政部长在内,还有人主张废止债务限额政策。这一阵营的人声称,债务限额给纳税人强加了不必要费用,给联邦政府的偿债能力造成风险,对控制联邦开支收效甚微。

如果国会不采取行动会怎样?财政部将不得不选择性地支付。因为无力偿付所有账单,履行全部义务,不能及时支付社会保障金或其他福利将产生明显的政治后果,很可能会破坏市场对美国政府债务的看法,也许会加重投资者购买国债时的利率。但国会从未及时采取过行动,因此,没人能确切地知道后果是什么。

债息将优先支付。最近公布的 2011 年 8 月联邦公开市场委员会会议纪要表明,财政部及联储官员计划在国会不提高债务上限时,优于其他政府债务,先支付债务利息,其目的是,避免投资者抛售国债,引发资本市场波动。然而,联储官员在会上指出,即使承诺支付利息,债务违约将使到期债务的滚动更加困难,而这是现金流的关键部分。当短期债券到期,被原所有人转售或再投资于其他国债时,就会发生展期问题。如果投资者对债务违约反应不佳,那么财政部就很难找到买家,购买这些短期债券,反之,部分债务还会突然到期。简言之,债务状况可能会很快升级,这取决于投资者对第一次违约的反应。

国会采取行动能保证一切安好吗?不能。有证据表明,2013 年债务上限陷入僵局,投资者大量抛售临近到期日的国债。这一部分债券的利率急剧上升,国债市场流动性下降。国会预算办公室预计 2017 年 10 月债务上限政策最后期限将至,短期债券的收益率已经上升,因为投资者担心债务违约的可能性信号。由于很多金融交易都依赖国债抵押及低风险投资,这些影响将波及整个金融市场。除此之外,国债的高收益将给纳税人带来直接成本,因为这使得联邦债务成本更高。据政府审计办公室估计,由于 2011 年债务上限政策,2011 年到期国债的借贷成本一下子提高了 13 亿美元。

### 3.4.2　布鲁金斯学会提出联邦预算"待办任务"清单

哈佛大学教授埃尔门多夫(Douglas W. Elmendorf)在《布鲁金斯美国大思想》中提出了由布鲁金斯学会成员共同确认的美国所面临的最重要议题,以及解决相关问题的建议。下届总统和国会就任后,处理联邦预算的问题将被列在他们"待办任务"清单的首要部分。下面是他就该问题提的一些建议,并在建议基础上进行的经济分析和价值判断。[1]

在接下来的 10 年里,一方面应当遵照当前法律规定,按照国内生产总值水

[1]　Douglas W. Elmendorf, "Recommendations for federal budget policy", www. brookings. edu, 2016 - 10 - 07.

平的一定比例稳步提高联邦负债金额，另一方面则应修改当前法定限额，扩大联邦投资额以改变预算结构，并通过削减高收入退休人员福利、提高税收收入手段，实现投资额增加。我同时提议，未来 10 年我们应在更大程度上削减福利、提高税收，只有这样，在长期内与国内生产总值相挂钩的负债水平才能逐渐下降。

第一个问题是联邦债务的变化路径。根据现行法律，联邦政府的负债率是由国会预算办公室确定的，从现在开始到 10 年之后，联邦债务占国内生产总值的比重将从 77% 上升至 86%，25 年后更是将超过 100%。与之形成鲜明对比的是，过去 50 年里，联邦债务占国内生产总值的比重平均为 39%，金融危机发生之前的 2007 年，比重则是 35%。

联邦债务不能无限制地增加。因此，目前在法律中关于联邦收支的规定，是不具备可持续性的。另外，即便债务水平在随着经济的扩张，到达某点后停止上涨，维持如此高的债务，也需要极高成本。联邦债务对民营资本投资具有挤出效应。而且高负债压缩了"财政空间"，一旦遇到突如其来的发展机遇，财政应对能力就会捉襟见肘。如果我们再次遭遇金融危机或者更严重的经济衰退，而那时的负债水平是国内生产总值的 77% 甚至 86% 而不是 35%，那我们的选择就非常有限。以上种种问题都表明，在其他条件不变的情况下，我们需要大幅、迅速降低联邦负债水平。

然而其他条件并非一成不变。按历史标准衡量的国债利率很低，并且很可能长期处于低水平。在 1990 年年末时，10 年期国债利率为 8%，2000 年年末时降至 5%，2015 年年末时降至 2%，目前国会预算办公室和很多其他分析人士都预测，未来几年 10 年期国债利率会略微上涨至 3.5%，不过金融市场许多参与者期望，利率能够一直保持在 3.5% 以下。这是在当前经济背景下，财政政策发生的重大变化之一，短短几年间已然成为人们关注的焦点。

低利率在经济学上是一个复杂而有待挖掘的问题。关于国债利率为何停留在远低于历史标准水平，这个问题现在已经出现了很多解释，不同解释对于联邦负债的最优数量也有不同观点。众所周知，降低利率能够增强债务的动态性：

对于所有来源和去向明确的收入项和非利息支出项来说,利率变低意味着债务变少。但人们对于应当如何正确利用低利率影响负债水平,并没有充分认识。我与布鲁金斯学会高级研究员塞纳(Louise Sheiner)对围绕低国债利率产生的各种解释,以及每种解释对预算政策的启示,进行分析后发现,大部分解释都认为,负债占国内生产总值的比率应当更高。我们还发现,大部分解释都认为,应当增加联邦投资。利率体现的是财政借款的直接成本,利率也提供了财政借款所带来间接经济成本,如果成本长时间低于习惯水平,负债就会越来越多,投资带来的收益就能超出成本。

预测利率充满不确定性。政策的制定充满风险,利率有可能会上涨,并超过目前的预期,尤其是在财政政策出现重大变化时,因为通常要花费很长时间才能做出最优决策,所以利率的涨幅就更有可能超过预期。但是我们不能忽视,目前很多迹象表明,利率水平有可能会变得比以前低很多。

因此出现了相互矛盾的问题。一方面,高额且持续增长的总体债务需要承担高昂成本,另一方面,高成本在更长时期内又会远低于应有水平。经济学家还没有找到能够平衡这两个问题的妙计。我的第一点建议是,我们应当遵照当前法律的规定,令联邦负债按照国内生产总值的一定比例逐渐增加。因为,维持或增加特定开支类别代价很大,但提高负债的成本却很小。不过,我认为,我们现在应该对政策做出修改,在长期内逐渐降低负债占国内生产总值的比重,做到循序渐进,并让人们能够事前知晓。我的第二个建议就是扩大联邦投资。联邦投资从传统意义上可分为基础设施、教育培训、研发这几类,这些都构成预算内容。按照目前年度财政拨款的限额,属于这些类别的联邦非国防投资占国内生产总值的比例很快就会降到比至少 50 年内任何时期都要低的水平上。

这并不是有前瞻性、以增长为导向的预算政策。削减联邦开支将导致与之相关的产出和收入都变少。此外,削减教育和培训投资还会降低中低收入者的收入水平,这些群体需要依靠政府资助,获得真正的发展机会。国债利率低说明,我们应当更加注重联邦投资。因此,在我看来,要想把财政预算维持在国内生产总值的一定比例上,我们应当大幅提高非国防开支限额。

我们还需要努力提高联邦投资的回报。我们建设的交通线路有时饱受争议,有时我们造了桥梁却去不了任何地方;有时教育经费能够支持个人实现他一生中质的飞跃,而有时教育经费却会被浪费。我们应当做得更好。比如说,在做出具体投资项目决策之前,应更重视并仔细进行成本收益分析。

我们同样需要为社会投资的实现提供保障。我们还应当意识到,一些传统之外的财政支出,代表的是为获得未来收益而进行的投资,对低收入群体来说尤其如此。有少量证据表明,对低收入群体提供的某些福利,例如,医疗保险和住房补助,可以提高部分年轻人未来的收入水平,能够证明这点的证据越来越多。我的第三个建议是,要削减高收入退休人员的福利待遇,但不应减少低收入退休人员或在职人员收入。


埃尔门多夫的观点基于两个事实和一项价值判断。第一个事实是,在现行法律下联邦预算所发生的演变。展望未来 25 年,用于社会保障计划和医疗计划方面的支出占国内生产总值的比重将持续上升,这主要归因于人口老龄化:当最后一波生育高峰期出生的人,到了享受社会保障和医疗服务计划年龄时,受益人数将超过 7 500 万,与出生于第一波生育高峰期的人到领取提前退休福利时相比,受益人数增长了三分之二。这些受益人的数量将超过美国人口的五分之一。而与此同时,美国国防开支相对于国内生产总值水平处于下降趋势,并且在接下来数年里会继续下降,国防开支与国内生产总值的占比将前所未有地缩小。所有其他类别的非利息支出占国内生产总值的比例和 25 年前相比几乎不变,而按照目前国会预算办公室的规划,在 25 年之后,比例和现在几乎也一样。当然,非利息支出是个宽泛的类别,其中的内容也出现了重大改变。但是,关键之处在于联邦支出有所增加,并不是因为经济扩张引起联邦政府规模变大,而是因为社会保险和医疗支出以及利息支出都大幅增长了。第二个事实是收入分布情况所发生的改变。在过去几十年里,那些占据收入分布图中的最大部分人,收入增长相当缓慢,而位于分布图顶端的人,收入增长却十分迅猛。据国会预算办公室估计,自 1979—2013 年,考虑税收和转移支付之前收入的市场收入最下五分位数增加了 18%,中位数增加了 12%,而最上五分位数增加了 85%。这些具体数字其实大大低估了人们收入的真实增长率,因为数据并未考虑生活质量的改善,也没有考虑新兴产品和服务出现后的情况,例如,通过互联网提供的免费数字产品。不过,显然绝大多数国民都没能从过去几十年里全国总产出和总收入增长额中分得一杯羹。

### 3.4.3　游说势力"尽职联邦预算委员会"心忧特朗普理财魄力

美国游说集团"尽职联邦预算委员会"在特朗普当选总统后,向他发出了备忘录,主题是"领导力与财政治理:拯救美国财政未来的具体策略"。该委员会主要包括前州长米奇·丹尼尔、前国防部长莱昂·帕内塔以及国会议员蒂姆·彭尼,全部内容如下。[1]

首先祝贺您当选总统,荣登这片国土的最高职位。当您正式就职时,将面临来自国内外的诸多挑战。同时,作为这个伟大国家的最高行政长官,您也将拥有前所未有的机遇,来塑造国家的美好未来。

人们常说政客常以诗歌竞选,用散文治国。虽然您的竞选风格独辟蹊径、打破传统,但您很快就会面临传统挑战:把雄心勃勃的竞选诺言转化为切实施政行动。我们希望您在施政过程中信守诺言,解决国家所面临的诸多挑战,不断增加的国债便是挑战之一。除了第二次世界大战时期的哈里·杜鲁门之外,没有哪位新任美国总统在宣誓就职时和您承受着同样的债务压力。杜鲁门担任总统时,国债负担虽然很大,但当时即预期会迅速下降,不同的是,您这届政府的债务水平将持续而快速增长。与此同时,社保和医疗体系正在继续滑向崩盘的境地,

---

[ 1 ]　"Governing through Leadership: Steps to Secure Our Fiscal Future, A Memorandum To President-Elect Donald J. Trump", Committee for a Responsible Federal Budget, 2016－12－01.

危及成千上万美国人的退休保障。您在大选中反复触及 20 万亿美元国债问题，并表示将勇当化解者，通过谈判，打破两党在国债问题上的僵局，您还承诺要解决社保与医疗危机。信守诺言绝非易事，但承诺对成功至关重要。

确保财政的可持续性是您最重要的施政任务之一。我们认为它有利于经济增长，有利于当代乃至后世子孙共享繁荣。我们建议，在您就任总统初期，实施以下具体步骤，并以此作为推进可持续财政格局的开端。

第一，使用总统权力提升财政尽责度的重要性。第二，设定一个或多个目标，并在您的第一份预算案中予以实现。第三，在坚持原则的前提下，达成两党妥协，包括与国会达成一份多年预算协议作为妥协的第一步。第四，促进强而有力的经济增长，但不仅仅依赖经济增长来化解债务危机。第五，携手国会，共同推动有利于经济增长且具有财政尽责性的税收改革。第六，为您所提出的项目提供资金保障，否决那些会增加债务的立法议案。第七，要求各联邦机构找出财政浪费和低效的预算项目。第八，聚焦成本控制，推行医疗改革。第九，提出拯救社保的初步措施。第十，任命一个强大且经验丰富的经济管理团队。

美国面临财政挑战。您的竞选承诺包括：使就业和工薪更快增长，制定更有竞争力的税收政策，建设强大的国防，实现儿童保育费用平价化，建立更完善的医疗体系，建设更好的基础设施，塑造更为有效的政府和更有实力的中产阶级。如果您忽视了庞大且仍在不断增加的债务规模，那么，实现上述目标、并持续保持成果最终会成为空谈。减缓国债膨胀速度的重要性，在于它是推动经济增长、确保政府资源在其他重点项目上得以有效利用的关键因素，不幸的是，您就职时面临的将是每况愈下的财政格局。具体情况如下。

第一，在您正式就任美国总统那天，国债规模将达到国内生产总值占比 77% 的第二次世界大战后最高记录，预计到 2050 年接近翻番。第二，目前年度财政赤字水平为 6 000 亿美元左右，到您首个任期的最后一个财年，预计将增至年 8 000 亿美元；若您连任，那么到您第二个任期末，财政赤字可能超过每年 1 万亿美元。第三，在您四年任期内，85% 的联邦收入将被用于所谓的强制支出计划，即社保、医疗和债务利息等支出计划。第四,公路信托基金、联邦社保伤残信托基金和联邦医疗医院保险信托基金将在下个 10 年里耗尽储备,而社保老年信托基金只需几年便将耗尽。若不采取行动,上述 4 个项目将难逃全面削减的命运。

债务水平庞大且不断膨胀危害极大。它阻碍经济增长、抑制收入提高、推高利率、抬升联邦借贷成本、掣肘我们应对突发紧急状况的能力。强制支出规模不断扩大,尤其是利息支出增加对包括公共投资和国防等其他重要支出计划造成挤压,使国家最为重要的卫生和退休保障计划陷入困境。

有人建议应完全忽略债务问题。因为目前利率偏低的现实,我们认为,这种建议不但短视,而且是个"馊主意"。眼前的借贷成本的确较低,但如果现实问题一拖再拖,我们必将为这样的拖延付出巨大代价。美国应当逐步采取措施,一方面缓解债务规模的进一步扩大,另一方面加快经济增长,达成良好的平衡。近期的经济增长过于依赖货币政策,而可持续的长期经济增长,需要综合性的经济战略,包括实施更具智慧的财政政策,并将它作为促进经济发展的核心元素。

未来拯救美国财政必须采取十大具体步骤。完成所有政策变革,化解当前的财政困局绝非一日之功,也不可能在您就任总统后的几个月内,通过任何一个所谓"全盘式交易"的单独立法一蹴而就。但您可以在就任初期立即实施以下 10 个步骤,从而使化解债务危机和促进经济增长的征途走上正轨:

第一,使用总统权力提升财政尽责度的重要性。您在竞选中频繁地提及日益膨胀的庞大国债所带来的威胁。同时,您还指出,如果国债现状无法改观,美国的财政状况必将继续严重恶化。所以现在,您的政府就应该切实把握美国所处的财政现状,做出无法回避的艰难抉择,化解困局。您应利用总统权力,通过演讲、代表大会、新闻发布会、广播讲话以及其他可资利用的渠道,把债务问题提到国家议事日程应有的位置上来。从大选中一路走来,您已经展现了与民众交流的非凡能力。因此,虽然解决美国财政危机的道路可能并不平坦,但您应该首先让民众直接认识到问题的严重性,以及实施相关必要解决方案的诸多裨益。

第二,设定目标,并在您的首个预算案中予以实现。如果从一开始就没有明确目标，就很难对民众进行有效引导。所以您应该在任职初期，就设定短期、中期和长期财政目标。没有什么是唯一正确的目标，目标可以是截止某年实现预算或基本预算的平衡，可以是把国债占国内生产总值的比重降到某个水平，可以是设定某些具体收支标准，也可以是消除国家的长期财政赤字。无论选择哪个具体目标，只要足以保证债务增长速度不超过经济增速即可。重要的是，在您的首个预算案中，应该包含实现上述一个或多个目标的具体政策方案，同时，您还应该请国会在审议预算时如法炮制。

第三，坚持原则，达成两党妥协。其中包括与国会达成一份跨年预算协议，这是实现妥协的第一步。虽贵为总统，但凭一己之力无法实现经济增长或化解债务危机，必须与国会开展合作。然而，只要您愿意撮合参众两院，与民主和共和两党人士开展合作，您出色的谈判能力必将助您如虎添翼。事实上，美国财政某些最为重大的改观，都是参众两院和白宫三者之间达成重大预算协议的结果。建议您在任期的第一年里，主动与两党领袖接触，启动关于多年预算协议的两党谈判。这样的多年预算协议一旦达成，既能解决预算和税收法规领域的很多问题，又能以更为周全的改革方案来代替即将开始的国防支出或非国防支出的强制"自动减支"。无论是从接下来的几年看，还是从长期来看，这些改革方案都将给美国财政的整体状况带来改观。多年预算协议可以效仿以前曾经对财政前景产生良好影响的诸多预算协议，确定债务上限的长期增长幅度。

第四，促进强有力的经济增长。化解债务危机不能仅依赖经济增长，更快、更广泛的经济增长速度应该成为本届政府的主要目标。只有更高的增长率才能有效地提高工资，扩大财富，创造就业，提升经济安全性。经济增速加快还能增加财政收入、巩固国家财政。不幸的是，近年来，经济增速仍未达预期，且过于依赖货币政策。因此，您应当聚焦税收制度、政府开支、能源政策、贸易政策和行政监管政策的结构性改革，使之更有利于经济增长。同时，应当基于可靠的经济预测，设定现实的经济预期，这一点也很重要。当然，无论推行多少有利于经济增长的改革，都不可能解决国家面临的所有问题，特别是在当前人口老龄化背景下更是如此。要想使债务水平占经济的比例不再增长,假使进行有利于经济增长的改革不需任何成本,生产力增速大约也至少需要翻番才行,而这在现代史上从未持续出现过。

第五,携手国会改革税收。共同推动有利于经济增长且实现财政尽责的税制改革十分重要,美国现行税制阻碍经济增长、缺乏竞争力、过度复杂,对于当前的支出规模来说,组织入库的财政收入杯水车薪。美国的税式支出每年高达1.3 万亿美元,扭曲了税收行为,使税率和赤字双双畸高。上次通过削减税式支出、支持低税率的税制改革发生在 30 年前。无论是个人还是企业税收规定都应进行深入改革,这势在必行。当然,全面制订改革计划费时费力。1986 年的税改,财政部早在 1984 年就开始着手推进。所以,建议您在任期伊始,就要求财政部与众院筹款委员会和参院财政委员会着手开展合作,制定税改立法的详尽方案。税改应以增加财政收入和提升筹款效能为最终目标。

第六,为拟议中的计划提供资金保障,否决那些会增加债务的立法议案。摆脱困境的第一步是阻止困境的继续恶化。这就是为什么以往的债务控制措施都以"量入为出"原则为出发点,把不使现状进一步恶化作为铁律。在这种指导思想下,您的所有计划,无论是基础设施投资、儿童保育、税改,还是医疗卫生改革,所需资金都得通过其他领域的减支和财政收入增长予以保障。您还应承诺,对任何非紧急法案增加债务行使否决权,敦促国会建立同等标准的财政尽责度。扫除财政尽责方面的阳奉阴违,这一点至关重要。

第七,要求各联邦机关确认浪费和低效的预算项目。为了创造良好的尽责财政文化,政府必须做到把每一分财政资金都用到刀刃上。您在大选中曾强调政府减少浪费和节支的必要性,作为总统,您必须坚持这一目标不放松。虽然相机支出项目不到预算总额的三分之一,且在未来 10 年里其增幅仅占总增幅的10%,所有政府机构仍应在减少浪费、压缩超支方面争相垂范。您应当在首个百天要求每个联邦机构,提交他们认为属于浪费、次要、重复、过时、低效或危害经济增长的项目、政策和规定的清单。然后,您据此决定对这些政府业务进行关停、合并或改革。

第八,聚焦成本控制,推行医疗改革。联邦政府医疗支出超过其他任何领域,随着人均健康成本不断上涨和人口老龄化日益突出,医疗成本迅速增加。预计未来30年,联邦综合医疗支出占国内生产总值比重将从5.5%上升至8.8%,这增加的3.3个百分点将贡献一半以上的财政赤字增幅。参众两院共和党人欲废除并替代现行的《平价医疗法》(亦称"奥巴马医保法"),所以关于医疗的新法案可能会在您任职初期便应运而生。建议您对于任何此类立法议案都坚持以下原则:不但要减少赤字净值,还要包含成本控制措施,以缓解医疗保险计划、医疗补助计划和私营医疗保险等支出增幅。专家们提出了很多解决问题的策略,值得考虑。

第九,采取初步措施拯救社保制度。还有不到18年,社保体系就将面临破产,届时,所有社保受益人的福利,无论年龄、收入,按现行法律规定,都将面临裁减21%的幅度。要等到最后一刻再避免福利削减,就只能依靠大举借贷,或对劳动人群大幅加税。所以,为了实现既定改革目标,保护那些依赖社保体系者的利益,改革必须在近年内尽快开始推开。深入的改革需要两党共同努力推进。上一次针对社保体系的改革要追溯到1983年。当时,共和党总统里根和民主党众院议长奥尼尔联合任命了一个两党委员会,主要根据该委员会所提出的建议实施了改革。建议您也任命一个类似的委员会,打破目前的政治僵局,确保美国社保体系为民众在当代和未来提供有力的社会保障。

第十,任命强大且经验丰富的经济管理团队。组建合适的管理团队对于您推动工作重点至关重要。您是商业领袖,深知将优秀的专家、顾问、经理人和诚实的中间人揽于自己麾下的重要性。与经济和财政政策关系最为密切的职位包括财政部长、白宫管理与预算办公室主任、国家经济委员会主席以及经济顾问委员会主席。这些职位应当由那些既有专业知识又有丰富经验、能够带来多样化思维的候选人来担纲。制定经济政策在本质上就是围绕交易和风险进行权衡,这就需要一个强大的经济团队为您出谋划策。

我们的结论。要想让美国走上健康的财政之路,就需要全面综合推行经济政策,既推动经济增长,同时又消除我们所面临的长期核心症结——财政问题。您就任总统初期将面对一系列重大事件,包括提交首份预算案、应对新的债务上限危机,在 2018 财年重新启动强制自动减支政策等,但这些里程碑式的大事恰恰正是展示您卓越领导力的大好机会。

您就职时所面对的,不仅有前景堪忧的财政和经济困局,还有分歧严重、根本不相信领导人会为民谋利的国民信心。在着力解决实际问题时,我们也在努力重建人们对华盛顿的信心。只有发挥强大的领导力,才能重新稳固国家的财政基础,只有这样,您才能实现可持续的经济增长,创造属于您的总统政绩。使您的总统之路独树一帜的最好办法,可能是抢在美国债务击碎经济和美国梦之前,彻底遏制它继续膨胀。

### 3.4.4　彼得森研究所主张加大赤字刺激经济增长

美国经济学家布兰查德(Olivier Blanchard)在彼得森国际经济研究所官网撰文指出,美国政府可以用近乎零的利率借款,而公共投资的长期收益肯定大于零。[1]

第一,美国政府的借贷成本很低。事实上,如果考虑通货膨胀,美国政府实际可以以负利率借贷。这样的利率大大低于经济增长率。通过发行长期债务,政府可以在很长一段时间内锁定低利率。

第二,政府债务可能永远不会偿还。这是因为,如果利率永远保持低于经济增长率,就将对财政发生这种戏剧性影响,而且债务的国内生产总值占比也将逐步下降,美国也不再需要通过增加税收,以实现债务可持续性。但是如果在未来的某个时间,这种不等式发生了颠倒(很可能会发生),就需要增税,以维持较低的债务对国内生产总值占比。但是不等式逆转的时间越长,所需的税收数额

---

[1]　Olivier Blanchard, "What Size Fiscal Deficits for the United States?", PIIE, 2016 - 11 - 21.

越小。

第三,经济增长远低于潜在水平是财政赤字变大的前提。当然,在这种情况下,应该增加公共投资,并通过加大负债融资。即使目前的支出水平增加,直接预算转移也是合理的,因为这样做会增加总需求,并使经济恢复到潜在水平,而且几乎不会产生财政成本。

美国经济运行接近其潜力。考虑通胀压力,美国已接近充分就业。目前美国经济增长率一直徘徊在 2% 左右,这一数值接近估计的潜在增长率。通货膨胀仍然低于目标,但据预测,它将很快到达目标水平。这意味着,一旦美国决策者感到经济过热,就将通过降低私人部门开支,抵消更高的公共开支的实现,对此联储可能会提高利率。一般而言,减少私人投资后,与公共投资相关的机会成本并不是政府债券利率,而是被挤出的私人资本的边际产量。鉴于美国公共资本存在不良状态,继续增加公共支出,也会相应使赤字更高。

暂时性经济过热也是手段之一。其原因是恶名昭彰的"滞后"这个物理学术语,"滞后"指由于长期低增长和高失业率所导致的某些永久性损害,最显著的案例是劳动参与率的下降,这场危机是人口因素等所解释不了的。最有可能的原因是,某些找不到工作的工人感到气馁,停止寻找工作。在失业率极低时,他们中的某些人才会回到就业岗位。因此,更大的财政赤字和适当的经济过热可能会产生某些长期好处。

通过货币政策能够抑制经济过热。如果经济过热确实是合理的,原则上可以这样做。联储可能会推迟提高利率,并允许经济维持一段时间的过热。然而,在某种情况下,可以使用财政政策替代单纯货币政策。更高的赤字水平和更强劲的需求将促使联储更快地提高利率。在一定程度上,利率长期过低将增加经济风险,但利率提高则会降低这种风险。提高利率也会使经济更远离利率为零的政策下限,如果面临新的经济衰退,联储也会有更大的回旋余地。

联邦政府的政策底线是什么? 美国没有全面财政赤字的先例,但历史上出现过通过特定公共投资进行财政扩张的情况。需要注意的是,对现有的基础设施的维护已被严重忽视,因为在政治上,这可能比新建项目缺少吸引力,但这却是资金回报率最高的项目。特朗普的计划中已经提到公私合作关系,但这可能并不合理,因为这项计划本身虽可以至少提供部分所需资金,却可能会造成错误的公共投资。基础设施维护和投资最有用的公共项目具有较高的社会回报,但经济回报却很可能较低。

### 3.4.5　税收基金会呼吁实现财政收入中性

税收基金会怀疑美国行政当局的税改计划是否能实现财政收入中性。[1]据税收基金会估计,在考虑税改计划对经济增长的任何影响之前,需考虑到削减企业税将减少占国内生产总值 5% 的财政收入。因此,为了实现财政收入中性目标,税改计划需要保证实现经济增长更大,以抵消减税造成的财政收入损失。税收基金会经济学家科尔( Alan Cole )认为,美国每年需要增加 0.9% 的国内生产总值。国会预算办公室预测,目前美国国内生产总值的平均增长率为 1.9% 。因此,行政当局的税改计划需将增长率提高到 2.8% 。

税改带来的实际经济增长的可能性却较低。税收基金会认为,“其他用于税收政策的宏观经济模型预测,在减税 15% 之后,不太可能达到 2.8% 的经济增长率,如税收政策中心或税收联合委员会使用宏观经济模型”。

改革计划必须实现税收收入中性。要避免达不到国会批准税改计划所需的五分之三(多数)的席位,否则税改计划就不会拥有永久实施的基础,税改在政治上也就难以实现。这很可能意味着,要么共和党需与民主党谈判妥协,要么在税改计划中增加收入措施,抵消减税减收效应。

### 3.4.6　哈佛教授称减税承受不起赤字再增

白宫及国会共和党领袖的税改方案难获双赢。哈佛大学肯尼迪学院教授弗

---

[ 1 ]　“US Tax Reform Plan Would Leave Revenue Gap”, *Global Daily Tax News*, 2017 - 04 - 28.

曼(Jason Furman)撰文指出,此次美国税改将再增加数以万亿美元的赤字,而在美国遭遇 2011—2012 年债务天花板危机并进行两党财政谈判期间,就时常听商界领袖们谈起,说美国需要增收减支的双赢方案,这也是辛普森-鲍尔斯(Simpson-Bowles)财政委员会方案。倘若商界依旧相信财政责任的话,现在是时候表明自己的看法了。[1]

税改的初衷并非要增加大笔赤字。众院共和党人在 2016 年发布的税改蓝图中,呼吁联邦政府进行税收中性式改革,即降低税率、堵塞漏洞、扩大税基。参院多数党领袖麦康奈尔也曾表示,税改"必须以税收中性"开始,不得增加赤字。商业圆桌协会也曾指出,税改应当"以税收中性方式实现"。尽管特朗普当局此后自相矛盾,但所提交的预算报告也展示了提高财政责任的姿态,他呼吁进行所谓静态评分税收中性式税改,以经济增长带来的额外财政收入减少赤字。

联邦政府 1981 年、2001 年税改模式已毫无意义。这是因为美国需要财政收入中性改革的广泛共识表明,大家都认可如今的财政环境与里根总统和乔治·W.布什总统税改时期相比,税收收入占国内生产总值的比重太低。而且,目前公众持有的债务与国内生产总值比率高达 77%,且仍在增加,这个数字高达 1981 年、2001 年债务率的 2 倍以上。共和党领袖在经过大肆鼓吹之后,公布了税改计划的最新版本。即使通过宽松地预估,且假定这个税改计划包含从未明确提出,也未验证的抵消效应,税改成本也将超出参院共和党人减税方案允许的 1.5 万亿美元,导致联邦债务在未来 10 年膨胀至国内生产总值的 98%。这就好比让孩子们做家务换糖吃,说好做 6 个月家务换 1 块 1.5 美元的糖,但实际上没人做家务却想换 5 块 1.5 美元的糖吃。

但是支持者狡辩说没有高增长就不能减少赤字。他们完全不顾缺少偿付能力的减税后果,诚然,美国经济增长的低迷状态已持续太久了,当务之急是将经

---

[ 1 ]  Jason Furman, " The US Can No Longer Afford Deficit-Increasing Tax Cuts ", *Wall Street Journal*, 2017 - 10 - 01.

济提速,但是并无科学分析表明,减税就能引致经济增长而足够偿付成本。联合税收委员会(JTC)各路经济学家和无党派评估人士预计,虽然税改经精心设计,额外经济增长可抵消减税总成本的20%—30%(在此不考虑动态反馈)。在减税1.5万亿美元的同时降低赤字不合逻辑,即使考虑增长后减税成本仅为1万亿美元亦然。

美国的财政负担将越来越重。下表是1981年、2001年以及2017年税改时财政收入和负债占国内生产总值的比重。而且,抵消税改成本的20%—30%这个测算结果,仅仅适用于精心设计的税改方案。减税能够刺激经济,但持续走高的赤字则会拖累经济,最后净结果在初期甚至可能为负数,在持续一段时间后,增加赤字的弊端仍将大于减税收益,导致经济增速放缓、经济总量变小。曾就职于乔治·W.布什总统当局的著名经济学家斯迈特斯(Kent Smetters)用佩恩-沃顿(Penn-Wharton)预算模型进行计算后发现,在今后20年特朗普税改的成本将增加。

表 3-1　不同年份税改时财政收入和债务负担占国内生产总值的比重

| 项　目 | 1981 年 | 2001 年 | 2017 年 |
|---|---|---|---|
| 财政收入 | 19.10% | 18.80% | 17.30% |
| 债务负担 | 25.20% | 31.40% | 76.70% |

资料来源:国会预算办公室。

允许企业列支投资费用仅仅是临时性措施。预算和解程序可能还要求其他减税为临时政策,这样一来商界所欢呼的减税政策不确定性又将增强。关于增加赤字的减税,另一项站不住脚的观点是,国会可以再另行减税4 500亿美元而不考虑成本,因为可以通过一系列短期刺激措施,逐步淘汰税收优惠政策得到弥补。这样做能不让人怀疑吗?

美国的财政计划应增加收入,保护穷人福利改革。弗曼表示,并不指望这样的计划指日可待,但至少商界可告诉国会别让问题越搞越糟。

### 3.4.7　美学界要求借预算改革实现国家目标

预算作为政府核心进程之一已失效。美国全国公共管理科学院发表波斯纳（Paul L. Posner）和雷德本（F. Stevens Redburn）的文章指出,新总统与国会需要制定预算流程、整合资源支撑行政并有效地管理国家,但是,在现实情形下仅期待回到"正常秩序"还不够。

我们需要新秩序,帮助领导人在如今复杂且动荡的世界上,进行艰难的财政抉择。我们在此制定了一个预算程序,它有助于将领导人的承诺转化为资源,实现令人期望的未来,在几乎瘫痪、充满不确定性的各种复杂挑战中有所预见。我们建议新领导人采取步骤、实施进程。[1]

第一,改革联邦预算过程,制定预算改革目标。

我们确定了联邦政府预算过程的七大改革目标:一是更有纪律性、有预测性和制度化;二是促进谈判和妥协;三是定期审查预算所有要素,包括收入和支出政策;四是前瞻性,注重生产投资和长期承诺;五是在长期财政安全水平上稳定公共债务;六是在具体政策方面保持中立,包括收支平衡;七是使用替代资源,提高政府绩效。

第二,政策建议。

创建强有力的预算过程不仅要靠政府和国会,还迫切需要实施。总统和国会领袖应开展重大步骤,实现符合上述目标的预算过程。

1. 设定国家目标预算。目前的预算程序存在诸多问题,它偏向边缘性、短期变化和熟悉的政策;它是零星的、分散的且垂直的;通常对于国家经济和社会结构的重大转变茫然无知。结果是在利用资源、实现国家目标,并取得突破性进展中,错失战略选择。

我们提出"投资组合预算"法。上述目标应该添加到当前流程中,每年都对

---

[ 1 ]　Paul L. Posner and F. Stevens Redburn, "Reforming the Federal Budget Process: Budgeting for National Goals", National Academy of Public Administration, 2016 - 11 - 10.

主要国家政策目标,目标分支的支出、税收规定和其他政策与使用不同资源的备选策略加以比较,以期找到新战略,以低成本得到更好结果。该方法旨在有效利用资源,取得突破性进步。对于预算结余,可投资于较高的长期回报项目或政策优先项目。

2. 加强预算委员会。1974 年预算改革法创建了今天的国会议程,通过妥协限制了新的预算委员会形成一致的国会预算决议、执行目标及优先事项的能力。因此,新程序不定期使用,成效有限。为了使国会与总统在确定优先事项方面更为有效地合作,众参两院预算委员会必须在制定预算和指导其他委员会工作上,发挥更大作用。如果他们被重组为领导委员会,例如拨款和税收起草委员会主席,就可以成立一个论坛,就预算纲要的初始过程进行协商,向其他委员会提供具体政策指导,达到财政节余目标。在后期他们可以使用强硬的调节进程来确保遵从决议。

3. 建立一个多年预算框架及流程。当前预算过程缺乏远见。为了稳定财政,促进长期经济增长,联邦政府应在多年预算框架内进行预算,其中包括两党协商达成一致、与长期财政可持续一致的可执行预算目标,包括年度预算结余和投资目标,使预算最终可持续。

4. 税式支出和强制支出预算。最大的支出来自强制支出与税式支出,二者不受任何年度拨款决议的监督、定期审查或控制限制。应修订预算程序,将预算的所有部分列入表格,并定期审查税式支出和强制支出,预算决议也要对之审查,制定和使用有效的税式支出证据。税式支出应添加到收入和支出总额中,确切指明预算的真实数字。应考虑控制或限制所谓的强制性计划增长的最佳方式,正如其他国家在灵活地满足任何增长的同时,不会对弱势者造成伤害。

5. 重新审视预算概念的使用。建立联邦预算时使用的基本预算概念是混乱的。最后一次全面修订基本概念及其使用,是在 1967 年总统委员会根据预算概念的建议提出的。看似枯燥和专业,决议是关于预算组织和呈现的方式来形成决定以及公众能理解政府筹集和花费多少资金。

创建全新的两党流程审查和建议预算概念。有人提出新的议程,包括预算范围,为什么有"预算内""预算外"之别,为什么联邦政府赞助某些实体,如何界定支出和收入,包括税式支出的处理和"抵消性筹资",要审查购买证券、信托基金、资本投资、贷款或担保等对政府举措有经济影响的记录。

第三,总结。

预算程序改革必须在行政当局与国会之间达成一致。由于谈判和妥协是健全预算过程的基本要素,因此预算过程改革可能直接有助于改善预算条件,强大的预算过程是实现新政府和国会承诺的先决条件。

## 3.5 欧洲对美国税制改革的看法

### 3.5.1 欧洲认为"预算蓝图"削弱美国巧实力

华盛顿对特朗普当局首个预算蓝图议论纷纷。《新欧洲》( New Europe )杂志刊登马力( Alec Mally )的文章认为,人们想知道,特朗普为了满足增加 540 亿美元的国防与安全预算,会大规模砍掉哪些支出计划,毫无疑问,当然会从大多数联邦机关下手。除了国防与国土安全部门,恐怕华盛顿各政府机关与部门都无法躲过此次减支风暴。值得庆幸的是,国会的审查过程将在平衡特朗普的预算冲动中发挥重要作用,但是国会除了对特朗普预算计划中的外交和对外援助嗤之以鼻外,什么都做不了。[ 1 ]

美国国务卿蒂勒森( Rex Wayne Tillerson )同意部分减支。但是同时他还请求预算要"软着陆",总预算案中包含的减支措施主要有减少 511 亿美元国际事务预算的 37% ( 另有报道称为 30% )。顺便提一下,所谓国际事务预算包括了几乎所有各类对外援助计划,加上美国国务院和国际开发署运营支出。据美联社报道,蒂勒森国务卿甚至对削减白宫管理与预算办公室的预算都做出了积极回应,但是他建议,将减支期限延长为 3 年,其中第一年减少 20% ,并将其比作"软

---

[ 1 ]  Alec Mally, "Will Trump's budget proposals eviscerate America's smart power?", https: //www. neweurope. eu, 2017 - 03 - 10.

着陆"。然而,在蒂勒森与白宫管理与预算办公室之间,对于大幅削减国际事务预算并无分歧,据报道,蒂勒森表示进行"激进的精简预算"十分恰当。虽然减支计划将更多从援助计划入手,但是裁员不可避免,尤其是奥巴马政府所创造的特使职位,将立即撤销。对美国国务院与国际开发署的重大重组,包括可能的合并方案,再加上减少美国大使馆外部安全事务承包商,都将额外节省大笔资金。

预算大战已经开始。白宫减支建议的新闻刚一播出,公众立刻做出了反应,美国国务院意外地发现,一些利益集团已经形成。不等国会议员就特定预算计划进行评论,就有 120 名退役将军向国会写联名信,呼吁国会对于联邦国际事务预算进行资助。重要的是,这些高级军事将领明白,唯有有效且集中领导的外交,再加上审慎地使用对外援助,才有可能防止或化解冲突,减少或避免采用军事行动。然而,特朗普的白宫似乎不记得这个经验。但是,无论如何,给他们点时间,让我们期待华盛顿的预算进程最终会带来惊喜吧。

有迹象表明美国外交尚未一蹶不振。从好的方面着想,在 3 月 7 日前的几周,美国国务院在沉寂两个月后,终于开始继续发布新闻简报,国务卿蒂勒森宣布出访亚洲的日本、韩国与中国。但有意思的是,此次出访并没有例行的新闻代表团跟随。而美国国务院至今也没有宣布副国务卿人选。此外,美国国务院还组织了在华盛顿召开的大型反"伊斯兰国"联盟会议。所以,对美国国务院来说,2017 年 3 月份比 2 月份外交官等待交接的忙碌程度要大得多。不过至少他们有事可做。

### 3.5.2　法国学者谈财政赤字问题

经常账户是否平衡与金融危机没有关联。[1] 法国经济学家、瑞士日内瓦研究生院国际经济学教授、国际经济政策研究中心媒体"VoxEU"编辑维普洛斯(Charles Wyplosz)指出,2000 年年初许多人即发出了世界经济正面临危机的警

---

[1] 　Charles Wyplosz, "The Deficit Tango", *https: //www. project-syndicate. org/onpoint/the-deficit-tango-by-charles-wyplosz-2017-08?barrier=accesspaylog*, 2017 - 08 - 11.

示,危机将由巨大持续性外部失衡而显性化。但是预言者一半是对的: 世界经济直到 2007 年夏天才开始陷入困境,但却并非因外部失衡造成的。相反,金融危机的根源主要来自金融中介机构的过度投机。

当今世界各国都在关注经常账户失衡现象。但大多数观察者却误解了失衡是什么。欧元区曾遭受了上次金融危机的重创,损失惨重的主要是那些赤字巨大并长期持续的国家,而财政账户盈余的国家则大多得以幸免。不过自 1975 年以来,澳大利亚的经常账户每年都出现赤字,赤字缺口平均约占国内生产总值的 4%,但毫发无损。再看瑞士,自 1981 以来瑞士经常账户盈余平均占国内生产总值的 7.8%,并且 2010 年约占国内生产总值的 14.9%,2016 年仍保持在 12%。但是金融危机严重地打击了瑞士的两大银行,并对经济造成重创。

1. 注意观点上的差异

经济学家对经常账户外部失衡的原因及其政策看法不同。经常账户是内生的,由一系列国内外因素驱动,而这些因素同样也是内生的,由另一些因素驱动,循环往复。对此很多观察者采取了简单处理,即选择一到两个或三个或更多他们认为的外生"原因",基于不明确假设,反映他们的潜在观点,提出详尽建议。美国总统特朗普为赤字和德国的贸易盈余发生的争吵最能说明这些原因找错了。给特朗普提意见的经济民族主义者说,德国的经常账户盈余就是美国的赤字,反之亦然。因此一旦德国的盈余缩小,美国的赤字也将减少。连特朗普都说,这个假设错误"极大"。但某些德国人的结论是,当美国减少赤字时,德国的盈余也将减少。这个结论则是基于美国赤字属于外生、德国的盈余属于内生的假设。同样的误导观点说,德国的盈余反映了其优越的生产力,根源在于德国极强的工业能力和良好的工资制度。的确,当德国商品与服务畅销全球,出口盈余就高。但问题的核心是,德国如何处理这些盈余。他们并没有把钱花在进口上,而是留在了国内。

2. 竞争力的迷思

经常账户会引起人们对竞争力概念的关注。所谓经常账户,是调整后的进口与出口收入之差,但竞争力是个难以捉摸的概念。诺贝尔经济学奖得主克鲁格曼(Paul Krugman)认为,这个概念对竞争力是一种危险的痴迷。竞争力概念不仅包括货物与服务价格,还包括货物质量、生产成本及运输与交付过程。它是内生变量,会对许多因素的变化做出反应,如企业经营战略、劳动市场变化与结构(包括福利制度)。因此仅关注任何变量都可能得出误导性结论。例如,如果只关注价格变量,很难理解瑞士如何保持了巨大的经常账户盈余现象,因为瑞士法郎被高估众所周知。价格因素同样无法解释,为什么自 1984 年以来美国的经常账户一直为赤字。时至今日,美国经常账户赤字约为 1 168 亿美元,却没有迹象表明美元被高估了。

竞争力当然仍然重要。但是,竞争力更应当是一种现象的表现,不是导致现实经济状况的原因。因此,竞争力应被看作是推动经常账户失衡的线索之一。

3. 借贷窘境

对经常账户的另一个定义似乎更富有启发性。即一国对世界其他部分的储蓄或借贷,这个定义的确更严格地反映了经常账户赤字的主要问题,即它是由外债过多造成的。只要赤字持续存在,那么按照逻辑,外债将继续增长,直到国家无力偿还债务。

然而这个颇为流行的假设可能是错的。因为如果某国大量借贷,为生产性投资提供资金,并确保投资回报率超过借贷成本,那么借得越多转化的财富就更多。在这种情况下,该国在偿还债务方面不会有任何困难,如澳大利亚。然而如果某国大量借贷并用于消费,结果就不那么简单了。如果这些海外融资支出用于个人支出,就意味着许多人从不同金融中介机构借款。只要金融中介机构进行正常的尽职调查,大部分借款人能够偿还债务的假设就成立了。但是当那些借款个人从海外借贷的国内金融中介机构借款时,风险也增加了。因为一旦中介机构掉以轻心,就可能出现不良贷款,因而导致中介机构对海外贷款人违约,而海外贷款人原本以为向中介机构放款并没有大的风险。面对巨额违约,外国金融中介机构可能破产,甚至导致国家金融体系崩溃。这就是在 2007—2008 年发生的事件,次贷危机在美国演变成了全球性金融危机。它还是不久之后西班牙和爱尔兰出现的危机的原因。

外部借贷造成公共支出过度才最令人担忧。因为政府高额负债比私人实体更容易违约。国家与企业和家庭不同之处在于,它不能破产、不能被迫出售资产。此外,国家可能具有政治杠杆作用,如欧元危机期间的希腊和葡萄牙。对以上风险的认知正确与否,可能导致外国贷款方发生恐慌,停止向外债大国放贷,使之无法为持续性赤字提供资金。具有讽刺意义的是,突然停止放贷可能成为金融危机的催化剂,这是国际银行在切断贷款时担心的问题。而危机本来应能够避免。欧元区危机可以说就是这种自我导致的类型。

从以上经验发现了三个重要的观察结果。首先,确认过度借贷国是否具有竞争力,通常要花很长时间。因此,缺乏竞争力的国家有充裕的时间拿借款从国外购买商品和服务。当然,要做到这一点,借贷国必须找到愿意放贷的国家。其次,轻率放贷一直是私人金融、公共支出发生巨额赤字的根本原因,无论是出于疏忽,还是对救市政策的错误预期。再次,持续性巨额外部赤字带来脆弱性。因为巨额而持续性债务积累最终使贷款人感到担忧,同时使借款人陷入不可避免的借贷窘境。

4. 巨额盈余是否危险?

人们普遍认为巨额而持久的财政盈余无害。但事实并非如此,毕竟只有当家庭、企业或政府支出持续低于收入才出现长期盈余,因此盈余肯定是要投资于外部的。希望获得盈余的初衷不错,背后有合理的逻辑。对于企业来说,可能是为了进行国外投资,因为要扩大国际市场,或国外生产成本更低,或投资其他地方回报率较低。对于老龄化社会的家庭,则希望为未来生计而存款。

但储蓄总是十分冒险的。负债累累的国家往往受制于万里之遥国家,其传染性在全球传播,就像 2008 年瑞士危机。因而审慎投资至关重要。而建设货币联盟却属于特殊情况,欧洲在 2010 年发现了这点。在欧元区成立时人们认为,经常账户平衡与否对成员国已不再重要,甚至有人建议,没有必要再衡量它们,例如,经常账户盈余与否在美国就不再衡量。但是无论是由于监管不力、监察不周,还是出于对救市的错误预期,从放贷人角度来看,似乎没有理由认为这种借款制度会崩溃。

经常账户平衡只有在完整的货币联盟制度中才不重要。因为完整的货币联盟体系会有效地执行共同金融规则,或者某个"救星"在某天会来救市。在美国,市场监管与监察并未阻止次贷危机演变成系统性危机,但在雷曼兄弟倒下之后,美国财政部、联邦储备委员会两位"救星"立即对金融机构施以援手。但在欧元区,巨大而持续性赤字经济体,却遭受了金融危机重创,虽然得到了救助,但晚了,只是在 2012 年之后。当时欧洲央行行长马里奥·德拉吉(Mario Draghi)宣布"不惜代价保护欧元"。在这个意义上,欧元区的真正问题不是来自外部借贷,而是欧元区货币联盟的不完整性,它限制和迟滞了欧洲央行的行动。

以上经验是活期账户在货币联盟中重要性的证据。它要求欧洲委员会运用宏观经济失衡程序监察外部失衡,并在必要时减少失衡。但这一结论也有缺陷,因为它再次忽视了经常账户失衡的内生性,忽视了失衡受外生因素影响的事实。希腊、葡萄牙的经常账户赤字来自巨大而持续的公共赤字,而塞浦路斯、爱尔兰、西班牙私营企业大量存在经常账户赤字,以上情况下,外部借款都被用于非生产性支出。那么外部竞争力呢? 一旦上述国家加入欧元区,工资和价格就开始在这些国家快速提高。但是鉴于价格和工资是终极的内生变量,所以这只是现象,而不是原因。真正原因是本地生产的商品和服务对贷款产生的过度需求,这本身又是监管不当造成的"繁荣",也可能是个别公共部门工资的过度增长造成的。

5. "好"赤字与"不好"的赤字

目前应当关注巨额和持续性经常账户失衡。但不能在有缺陷假设上进行观察。事实上,所有经常项目不平衡的原因并不都一样。例如,美国在 19 世纪时出现了持续而巨额赤字,赤字还被用来为快速增长的人口,以及广阔的地域产生的巨大投资需求提供资金。美国的投资大多富有成效,并使外国放贷者富裕起来。相比之下，希腊在 2000 年大举借债，支付非生产性消费，产生的赤字不仅严重损害了国民经济，还使外国银行遭受危机之害。德国和瑞士虽然有充足的理由发生赤字，但仍富有争议。

经常账户持续失衡是不好的。当然，即使它们属于是"好的"，也可能加剧脆弱性。因为金融市场可能会对不断扩大的外债感到担忧，因此我们要审慎地看待失衡。但至关重要的是，政策建议要解决脆弱性的根本原因，而不是像竞争力这样的表面现象。对个人债务的适当管制和监督是必要的，对主权债务部署国际危机解决方案则是必要的，例如国际货币基金组织长期坚持的方案。

# 3.6 小结

特朗普当局第一份联邦预算案提出的"美国优先"原则自相矛盾。在 2018 年预算蓝图的五大重点中，前四项分别是：大幅度增加国防支出，大幅增加用于司法部与国土安全部移民执法预算，增加额外资金用于修建墨西哥边境围墙强化国境与移民管理，增加资金解决暴力犯罪、减少鸦片类药物滥用，最后才是实现"美国优先"，激励国内投资和就业。他还承诺，第一份预算蓝图核心，是重建美国军队而不增加联邦赤字，2018 年增加的 540 亿美元国防支出，将通过定向削减其他支出抵消。然而对于特朗普当局来说，真正具有优先性的政策，恰恰是减少财政赤字，遏制联邦债务，发展经济，增加就业，这就要求美国必须改革财税体制，包括预算改革。

通过美国联邦预算改革、保证联邦财政的可持续性是两党共识。共和党保守势力要求，首先必须废除 1974 年的《国会预算法案》。参院预算委员会希望打破授权和拨款委员会之间的藩篱，整合拨款小组委员会和政策执行委员会，将预算制定纳入法定程序，并写入法律条文。其次，在国会预算案中增加对强制支出项目的限制政策。同时，将财政年度的起始时间由 10 月 1 日变更为 1 月 1 日，从而使国会议员拥有更充裕的时间进行争论。学术界则提出，改革联邦预算过程，制定七大预算改革目标：第一，保证预算有纪律性、有预测性和制度化；第二，通过谈判和妥协解决预算难题；第三，定期审查预算所有要素，包括收入和支出政策；第四，提高预算的前瞻性，注重生产投资和长期承诺；第五，稳定公共债务，着眼长期财政安全；第六，在具体政策方面保持中立，包括收支平衡；第七，使用替代资源，提高政府绩效。建立一个多年预算框架及流程，包括两党协商达成一致、与长期财政可持续一致的可执行预算目标，包括年度预算结余和投资目标，使预算最终可持续。

　　然而美国当前的财政积重难返。实际上，美国不缺乏财政改革思想，也不缺乏有能力的改革人士，但缺乏真正敢于触犯利益集团利益进行财政改革的人，所以美国财政改革只能是一种"改良运动"，后果堪忧。正像克林顿时期美国众院议长金里奇所指出的那样，联邦政府应当开源节流，某些部门应当削减 10% 的预算、削减 20% 的政府雇员。不但要用真正的短期视野设置真正的伟大目标，而且要简政放权，不能过于相信所谓专家的建议。[1]

---

[ 1 ]　Morgan Walker，"Newt Gingrich Explains How Trump's Policies Will Lead to a Balanced Budget"，*The Daily Signal*，2017 - 01 - 17.

# 第 4 章　财政支出与基础设施建设

# 4.1 联邦财政支出的政策背景

联邦政府财政支出包括用于公共消费、投资与转移支付的全部资金。从财政支出结构上划分主要有三个部分,一是强制支出,强制支出政策主要是"社会保障计划"、医保计划与对州医疗补贴计划等社会政策,联邦强制支出项目无须每年经过立法通过。二是相机支出,除社会保障计划以外的其他支出,则属于相机支出,如军事支出(通常也称国防费)等,强制支出须每年立法通过。三是利息支出,主要是联邦政府借贷所发生的利息成本。政府购买用于当前消费的物品和劳务即为政府消费,政府为未来使用购买的物品与劳务即为投资,政府消费与投资是国内生产总值的主要构成。政府支出的资金来源通过借贷、铸币与征税实现。而政府支出的变化是稳定经济增长的宏观治理手段之一。2017 年联邦政府净支出 4 万亿美元,同比增加 1 280 亿美元,增幅 3%,联邦支出达国内生产总值的 20.8%,同比下降 0.1 个百分点,但高于过去 50 年的平均值 20.3%。当前由于联邦债务难以遏制,利息的上升已经到了惊人的地步,据统计,2017 年联邦债务支出同比增加 260 亿美元,增幅达 9%,据分析这与通货膨胀率变化高度相关。据美国财政部数据,2017 财年财政净支出增加 3.3%。目前联邦财政风险在加速恶化,然而由于长期以来形成的美元霸权,各国仍旧将大量的资金用于购买美国联邦国债。

## 4.2 社会保障支出

### 4.2.1 特朗普大谈医改五原则

特朗普总统要求国会取消"奥巴马医保法"。《每日信号》指出,他在国会参众两院还向议员们提出,制定医改法替代方案要坚持五项原则,通过改革使美国的医保体系得以"扩大选择范围、增加参与途径、降低成本,同时提供更优质的医保"。[1]

第一,投保前疾病条款是最受人欢迎的医保措施之一。特朗普的五项原则与众院院长保罗·瑞安及卫生部长托姆·普赖斯观点相同,但其中有部分原则遭到了众、参两院议员中的绝大部分保守议员的抵制。保守派声称,对于任何不能完全推翻"奥巴马医保法"的立法表示反对,这种强硬态度将共和党领导人推回到了计划阶段。特朗普希望在"奥巴马医保法"替代计划中,"确保投保前患有疾病的美国人有途径获得保险,并保证医保交易计划实现平稳过渡"。

奥巴马《平价医疗法》禁止保险公司歧视投保前身患疾病的医保投保人。特朗普、普莱斯和国会的共和党人重申,他们希望确保美国人享有投保前已患有疾病的保障。大部分替代计划都包含此条款规定,即若被保险人持续维持保险级别,禁止保险公司歧视投保前患有疾病的客户。而一份内部医保草案规定,将保费每年提高30%使保险失效的保险公司将被处罚。

第二,扩充健康储蓄账户或医疗储蓄账户。"我们应通过使用税收抵免和扩充健康储蓄账户,帮助美国人购买保险,但必须是他们自己希望享有的,而非政府强加的。"事实上,所有共和党议员都同意,共和党领袖也期望,通过立法将扩充健康储蓄账户纳入政策范围内,推动废除"奥巴马医保法"。不过,共和党领袖与保守派议员的分歧在于,不能确定是否为在市场上购买个人险的消费者提

---

[ 1 ]　Melissa Quinn, "Trump's 5 Health Care Principles, Explained", *The Daily Signal*, 2017 - 03 - 01.

供财政补贴。

税收抵免是瑞安及普赖斯抛出的最重要政策。这将替代奥巴马医改方案，这项方案设计了基于年龄、可退还税收抵免政策，30 岁以下退税 2 000 美元，60 岁以上退税 4 000 美元。虽然保守派反对，称其为"类似'奥巴马医保法'的劣质替代品"，不过并非排斥所有医保补贴政策。另有 40 名众议员支持参议员兰德·保罗（Rand Paul）和众议员桑福德（Mark Sanford）提出的"奥巴马医保法"替代计划，该计划提出向每个健康储蓄账户提供 5 000 美元税收抵免。而特朗普明确提到了税收抵免，似乎与瑞安及共和党领袖站在一边。对此保守派表示，特朗普并没有明确支持"可退税抵免"，而这正是众院共和党领袖支持而他们要抵制的政策，即应当给予各州州长推行医疗补助制度所需的资源和灵活性，确保医疗补助不遗漏任何人。

特朗普并没有提供医疗补助计划政策改革细节。只是他建议俄亥俄共和党州长卡西奇（Kasich）与普赖斯及白宫总管莱恩斯·普利巴斯（Reince Priebus）进一步深入讨论"奥巴马医保法"替代方案。卡西奇反对扩大废除医疗补助计划，但支持对《平价医疗法》进行变革。决定扩大医保计划的州长们，包括共和党参议员都抵制在医疗补助政策上开倒车，医疗补助计划扩大了资格范围。同时，共和党州长与国会领导人一起讨论了可能的变革方案，并设法拿出医疗补助计划改革方案。

第三，将医疗补助计划改革为社区资助，或直接将资金划拨各州。这是主张替代"奥巴马医保法"议员的主张，而其他人则赞同按人均补助的计划。医疗补助计划与税收抵免政策一样，是否扩大是保守派议员争论的焦点。众、参两院保守派敦促共和党领袖，在再次投票前拿出自 2015 年"奥巴马医保法"关键条款，包括医保计划扩容政策实施以来的账单。任何提案缺乏了这项内容他们都不支持，特别是扩大医疗补助计划，这是保守派的核心诉求。"我们应当通过立法改革，保护患者和医生的权益，不使他们承担被不必要成本抬高的保险价格，要采取措施降低虚高的药价，立即把药价降下来。"

第四,改革医疗体制弊端。瑞安、普赖斯和特朗普都公开批评过药品价格"虚高",特朗普在大选时也说过,支持医保计划实行处方药药价谈判。但是,围绕替代"奥巴马医保法"方案的大讨论,却一直没有重视处方药成本过高问题。"现在是该给美国人选择是否跨州购买医保自由的时候了,这才会创造一个真正自由竞争的国内市场环境,大度降低成本,大幅提高质量。"

第五,赋予跨州购买医保资格是最后一项原则。特朗普医保改革思维一直提倡,共和党人对此见解高度一致。共和党议员长期鼓吹的替代"奥巴马医保法"的计划,包括瑞安"更好的道路"蓝图、普莱斯提案以及保罗-桑福德(Paul-Sanford)替代法案,都允许消费者跨州购买医疗保险。特朗普及其共和党同僚相信,允许跨境销售保险,能够增加投保人获得保险的途径。对各州因严格监管而提高了成本的保险公司来说,这样做是有益的,因为他们就能在监管不太严的州销售保险合同。然而,乔治城大学教授萨布里纳·科莱特(Sabrina Corlette)研究指出,除了降低成本、促进竞争,还有其他事情要做。

## 4.2.2　参院税改关注社会政策改革

参院财政委员会 2017 年 9 月 14 日举行了个人所得税改听证会,纽约大学法学院法律和公共政策教授巴彻尔德(Lily Batchelder)、美国企业研究所研究员布里尔(Alex Brill)及庞奴卢(Ramesh Ponnuru)、某物业公司老板哈里森(Iona C. Harrison)参加听证。[1]

奥林·哈奇(Orrin Hatch)主席和委员会主要成员提出降低州税与地方税减免政策。罗恩·怀登(Ron Wyden)表示,降低州税与地方税减免伤害的不仅是"蓝州",一旦州与地方税减免取消,全美中产阶级将会承担双重税负。哈里森明确表示,各州与地方房产税减免的受益者主要是中产阶级,即年所得超过 20 万美元的纳税人。奥林·哈奇主席表示,由此看来在房产税减免的受益人与

---

[ 1 ] "Senate Finance Committee holds individual tax reform hearing", *EY Tax Alerts*, 2017 – 09 – 18.

各州及地方税减免的受益人之间,确实存在巨大差异。民主党参议员卡丁(Ben Cardin)则认为,州与地方税减免的合理理由为,纳税人同样缴纳了联邦税,而共和党一直主张避免双重征税。

对所谓罗斯退休账户(Roth)的养老储蓄征税对退休保障不利。巴彻尔德教授对参议员卡丁的这个说法表示,让人们把退休计划缴费缴给罗斯账户,意味着税后缴费而非税前,两种方法对税率不变者来说,经济上没有什么影响,但会产生非常大的长期影响,在预算框架内提高财政收入,但却降低了预算框架外的收入。参议员波特曼(Rob Portman)比较关心"罗斯账户效应"对储蓄动机的影响。布里尔说,罗斯账户接受贷款比率低,应谨慎改革。此外财政委员会民主党议员致信共和党税改"六巨头"认为,当工薪家庭努力储蓄时,降低或取消延税退休储蓄可能导致长期后果。

儿童保育政策也是听证会关注的焦点。民主党参议员凯西(Bob Casey)质疑特朗普总统的育儿费优惠政策。在 2016 年大选中,特朗普提出,允许在职父母所得税前扣除最多 4 个孩子与老人抚养费用,扣除幅度以居住州平均抚养费为限。巴彻尔德教授认为,该计划无法解决目前的最大问题,即高收入家庭得到高福利,低收入家庭却只有低福利,而低收入家庭育儿支出更高,好办法是为那些育儿负担重的家庭提供可退款优惠。

### 4.2.3　传统基金会谋划废除"奥巴马医保法"

国会通不过废除和替代"奥巴马医保法"的立法草案。传统基金会指出,在众院审议这项草案、进行辩论的当口,他们应该集中精力,废除"奥巴马医保法",扭转它带来的破坏性影响。遗憾的是,众院提案却将废除和替代"奥巴马医保法"混入其他提案之中,明显降低了通过的可能性。[1]

废除"奥巴马医保法"和寻找替代方案不可能同时完成。这是因为它受国会

---

[1] James Wallner, "Latest Obamacare Proposal Jeopardizes Repeal Effort", The Heritage Foundation, 2017－03－01.

辩论的政治形势以及预算调节程序的特殊限制。现实情况是,预算调节程序被视为废除"奥巴马医保法"的必经步骤,因为任何议案仅需 51 票即可通过,而非 60 票。将替代方案与废除提案合并,要想获得两党共同支持,几乎不可能。因为要求当初曾投票支持"奥巴马医保法"的国会议员同意废除它,同时又认可新的医改提案很不现实。此举意味着,反对"奥巴马医保法"的议员们,首先得在自己阵营内拉到尽可能多的支持票,才能通过预算调节程序,废除"奥巴马医保法"。只有先废除"奥巴马医保法",才有望获得两党的支持,制定医疗改革替代性措施。

借助预算调节程序有两方面的意义。废除"奥巴马医保法"提案无法获得两党支持意味着,必须借助预算调节程序。预算调节提案遵循特定规则,流程不会受到阻挠,因此在参院能够快速通过。首先,几乎所有反对"奥巴马医保法"的国会议员,为了共同目标,都不得不支持调节提案。只要有 3 名参议员不同意,提案便无法通过。反对"奥巴马医保法"的众议员,也面临类似限制。要想顺利通过提案,就不敢漏掉任何一票。其次,预算调节程序的特定规则,限制了废除提案的具体内容。2015 年,参、众两院的多数派已证明,在遵循规则前提下,运用预算调节程序,可以废除"奥巴马医保法"大部分条款,虽然奥巴马总统否决了这项废除法案。

上述过程为再次废除"奥巴马医保法"提供了范本。这无非就是等待条件成熟罢了,自"奥巴马医保法"颁布后,反对者首次控制了美国参、众两院和白宫。然而部分众议员并不愿意复制以前的成功经验。他们似乎决定将"奥巴马医保法"废除与替代两个步骤合二为一提出,不准备沿用 2015 年国会通过版的表述。这样做需要付出更大的努力,例如,草案包括对个人购买医疗保险给予新的退税优惠、联邦医疗补助计划筹资机制有重大变化。当然,对医疗保险的税收待遇和医疗补助计划筹资机制进行改革,都是有价值的目标,给予医疗保险税收抵免、设置人均限额,是实现上述目标的两种途径。然而,是否改进现有机制,还取决于政策设计。

上述改革仅是政策组合的两个方面。要想在控制成本的同时,真正变革医保制度,这样做还不够,例如,当前联邦和州保险市场规则、医疗保险供应商管理条例,都需要改革,这样才有可能在医保方案设计和医疗服务提供等方面,透明度更大,竞争力和创新动力得到提升,既降低成本,又提高医改实效。如果缺乏上述改革,国会很难有效重组其筹资机制,而不触及"奥巴马医保法"深层成本动因。

预算调节程序只能处理与预算有关的政策。基于规则限制,将医改主要内容都装进规则严苛的调节程序的做法,在审议新政策的优点及替代方案时,会限制议员们充分辩论。医改对美国民众生活影响重大,这不是开始医改的正确方式。立法草案的提出过程隐蔽,如果这算某种提示的话,试图将重大医改替代方案与废除提案混在一起,很可能会重蹈覆辙。这和"奥巴马医保法"一样,都是造成医改辩论无实质进展的重要原因。最近有报告表明,众院议员们并没有从中汲取教训。但参、众两院一些议员早就旗帜鲜明地反对,预示着草案通过道途坎坷。

当然现在下结论还为时过早。继续拖延废除法案,等待替代法案的做法,将延续"奥巴马医保法"弊病,包括失衡的医保市场、保费过高、医保覆盖率过低等。国会曾经成功地废除过"奥巴马医保法"。

现在是时候再尝试一次了。现在与之前的唯一区别,是现任总统已准备好在废除提案上签字。基于上述原因,国会应该放弃当前正在讨论的立法草案,沿用并通过 2015 年的提案,同时,开始就以病人为中心的系统医保改革、替代"奥巴马医保法"进行辩论。这样就破除了预算调节程序的各种约束。

### 4.2.4　自由派要求优化医保支出税收政策

凯迪拉克税是《平价医疗法》的重要内容。凯迪拉克税是对雇主支付高成本医疗保险征收的消费税。根据城市研究所和布鲁金斯卫生政策中心研究,即使废除《平价医疗法》,也应保留凯迪拉克税条款,因为它不仅有助于控制医疗开支增长,也将为替代法案上位提供资金,但应对凯迪拉克税进行优化,以提高政治上的可接受性,并纠正现行法律的真正缺陷。[1]

凯迪拉克税最初预计 10 年内筹集 900 亿美元税收收入。这要通过对高额保单征税,即对年度保费超过 10 200 美元(个人)和 27 500 美元(家庭)的部分征收税率为 40% 的消费税实现政策目标,由于国会将该税推迟到 2020 年实施,专家建议应对免税额进行调整,对应的税收收益也将略高于预估值。

《优化凯迪拉克税》专题报告对该税进行了优化。报告提出,对低收入和中等收入家庭提供直接救济,以减轻因税收引致保险计划变化所带来的潜在现金支付负担。进行简化行政改革,避免现行法律的副作用,即抑制灵活支出账户(FSA)的使用,该账户的设立意在鼓励人们预留资金,支付医疗费。凯迪拉克税的目标还可设置限制对免(个人所得和薪资)税的雇主支付保险的方式来实现,此举受到了《平价医疗法》反对者的青睐。

《优化凯迪拉克税》报告还对优化凯迪拉克税提出四点具体建议。第一,建议既根据年龄、性别或行业风险高低,又根据雇主规模调整免税额。应考虑根据医疗费用的地区差异和雇员的健康状况进行额外调整。第二,建议在调整免税额时,依据人均国内生产总值指数而不是消费者物价指数(CPI)。现行指数机制有助于不断提高税收占保费的比重,并扩大参保率。虽然这种税收增长可能正是政策制定者们所预期的,但当前指数机制将最终迫使雇主停止支付医疗保险,或使雇员分担过于繁重的成本。第三,通过税收抵免或其他方式,向资金链紧张且存在高医疗需求的人提供直接援助,这类人群的现金支付负担可能会增加。第四,减少根据凯迪拉克税、向雇员提供抑制灵活支出账户雇主的负担。如果凯迪拉克税在政治上无法获得认可,决策者必须改变策略,采用对免(个人所得和薪资)税的雇主支付保险设限方式。在不同假设条件下,征收消费税和设置免税额的效果差别不大,但"我们最终认为,设置免税额在某种程度上优于凯迪

---

[ 1 ]　Henry J. Aaron, Paul B. Ginsburg, Linda J. Blumberg, Stephen Zuckerman, "Building a better Cadillac tax", www. brookings. edu, 2017 - 01 - 04.

拉克税(或对高成本保险计划征收其他消费税)"。

尽管凯迪拉克税有公认缺陷,但保留它优于彻底废除它,因为凯迪拉克税通过限制税收优惠的方式,抑制了过度购买健康保险的行为,并能循序渐进地增加大量收入,若对《平价医疗法》进行改革,或出台其他能够实现相等覆盖面的医疗法案,凯迪拉克税在优化后依然可以促进医疗成本控制,为扩大医保计划覆盖面提供资金。

## 4.3　军费支出

### 4.3.1　众院军委会期待国防改革

国会能否打破《预算控制法》束缚增加国防开支?谨慎而又乐观的众院武装部队委员会主席索恩伯里认为可以,因为,特朗普正在开辟新的可能性,改变现状。对此美国军事专家小弗里德伯格(Sydney J. Freedberg)发表了看法。[1]

2017 年国会和政府都在紧盯预算蓝图。这份预算蓝图包括废除"奥巴马医保法",削减医疗保险计划、医疗补贴计划,改革税制增加收入,增加赤字开支,所有这些交织在一起。但是由于国防支出只占联邦支出份额的 14.7%,削减一点补贴或加税幅度少一点,都会引起国防支出大幅增加,但增加预算迫在眉睫。

国会共和党国防预算案内外交困。传统的里根式国防鹰派像麦克·索恩伯里和麦凯恩(John McCain)参议员,主张废除《预算控制法》支出上限,至少要废除国防支出上限。而白宫管理与预算办公室主任马尔瓦尼这样的茶党的赤字鹰派却将《预算控制法》视为控制过度联邦支出的屏障。而民主党人主张通过《预算控制法》,在增加国防开支时,非国防支出也必须增加同等幅度,这是"近年来最糟糕的事情之一"。

索恩伯里提出《预算控制法》必须改革。但他又认为,无法知道何时或通过

---

[ 1 ]　Sydney J. Freedberg, "With Trump, Congress Can Kill Sequester: Thornberry", http://breakingdefense.com, 2017 - 02 - 06.

什么手段进行改革，他又迫切希望通过 2017 年国防开支计划，而 2017 财年就要过去了，现在他又期待特朗普当局承诺在 2017 年追加预算支出，他列出了 180 亿美元的支出清单，建议政府从《国防授权法案》(NADD)中提到的项目着手，这些项目应当放在首要位置，而且 2016 年众院已通过，但却没有成为法律。而 2017 年预算法案专注军备和军事人力计划，忽视国防现代化举措，如购买更多战机，这是被削减的 180 亿美元中的绝大部分。部分解决军备问题的唯一方法是军事现代化，老旧装备亟待维修经费。

索恩伯里承诺继续推行国防改革。特别要精简五角大楼，鼓励创新，通过改革军事采办程序，不只为了节约资金，也是为了尽快向美军提供最好技术。奥巴马当局也曾努力推动创新，包括国防部前部长卡特(Ash Carter)和前副部长沃克(Bob Work)，但是他们的改革未经深思熟虑，尽管目标是好的。卡特时代的其他创新举措还需要改变细节。沃克很重视计算机网络、机器人技术及人工智能在军事上的应用，这些第三次对冲战略追求的某些技术方向正确，推广到硅谷和其他地方也是好事。但是还有很多别的方法达成目的，帕洛阿尔托、波士顿等地的国防创新单元备受关注，国防改革是议程核心，面对世界巨变，无法自满。索恩伯里期待与马蒂斯(James Mattis)合作，但必要的改革必须经国会提出，国会本身也得改革，而马蒂斯需要管理这个混乱的世界。

### 4.3.2　自由媒体评特朗普拆东墙补西墙增加军费

特朗普总统强军提议虽然表面上热闹非凡，却并没有说的那么好听，对此《外交事务》(Foreign Affairs)杂志发表了布鲁金斯学会军事专家奥汉隆(Michael E. O'Hanlon)的观点。[1]

当然我不能夸大其词。今后每年国防部预算增加几十亿美元影响很大，但

---

[1] Michael E. O'Hanlon, "Trump's $54 Billion Rounding Error", *Foreign Affairs*, 2017 – 03 – 01.

这要从内政、外交和对外援助预算中削减相同数目的资金,所以肯定算得上是严重紧缩。

关于国防部。虽然年度预算支出增加了 540 亿美元,但其实际增幅却小得多。现在听到最多的是,540 亿美元是相对于 2011 年《预算控制法》自动减支限额水平而言的,自该法案签署以来,还从未达到过这一严苛限额。幸运的是,除了 2013 年有几个月外,国防部都躲开了这么低的支出水平限额。《2013 年两党预算法》通过渠道资金,满足了国防部不算太低的预算支出,因此特朗普预算建议的军费涨幅,相对去年来说只是每年增加 200 亿美元。

军费大钱不能四舍五入。根据特朗普大选中抛出的计划及其后来的言论,他是真想扩军。具体来说,他呼吁四大军种人员和作战部队增加 10%—15%。因此每年增加 200 亿美元支出可不够,它还不到近几年正常预算的 4%。计划支出的增长与可用资金相差悬殊。

这也不仅是军力结构问题。几个月来,华盛顿一直有人说,战备等级有问题,需要立即给现有军队注入资金,购买训练备件和燃料,满足其他虽普通但重要的需求。战备等级当然存在问题。在经历了 15 年频繁而又紧张的部署之后,美军士兵有权感到疲惫。即便是现在的海外驻军人数只相当于 10 年前的15%—25%。但我所看到的装备和训练状态没有战备危机感。大家都很焦虑。但我们仍然认为美军很出色,战备总体良好。但国防部与国会总是认为,资源应主要满足短期。

总之对国防预算状况我没那么多担心。但我担心特朗普蓝图可能严重损害外交与外援账户以及国内重点事项。特朗普的标准军力结构所建议的强军计划令我动心。如果削减力度够大,总体可能达到平衡,或许还有剩余资金,用于国防创新和现代化长期更新,这样他就不用拆东墙补西墙了。所以不应仅盯着具体数字,关键得看仔细,今后几个月的国防大辩论如何走,看看除了压低联邦预算的相机支出之外,有没有其他更好的筹资办法。

### 4.3.3 美自由派智库争论国防支出重点

特朗普在大选期间的政策主张,可能会削弱美国的全球作用,同时也表明,实力带来权力是他的国防战略的关键。2017 年 2 月下旬,布鲁金斯学会 21 世纪安全与情报中心(21CSI)专家小组开会,讨论了特朗普当局的国防建议。出席专家包括布鲁金斯学会国际秩序与战略计划总监赖特(Thomas Wright)、国防部前总审计师黑尔(Robert Hale)和普惠公司的退役少将莫勒(Mike Moeller)。21 世纪安全与情报中心副主任奥汉隆主持并参与讨论。[1]

一、数字及其计算

美国现行军事预算大约每年支出 6 000 亿美元,其中包括战争开支。奥汉隆提醒说,2011 年《预算控制法》仍然有效,额外减支与政府关门仍一触即发。但同时,6 000 亿美元是很好的起点,军费应进一步增加,他在 2016 年的一篇文章《6 500 亿美元的交易》中提出适度增加军费支出。

特朗普总统还主张增加军费、扩大军队。这个想法可能更接近每年 7 000 亿美元军事业务,军费增长约 15%,而海军或许要增加得更多,奥汉隆比较说,在冷战时期,根据通货膨胀因素调整后,年均国防预算约为 5 250 亿美元。

二、大蓝图

过去五六年来"后冷战时代假设已土崩瓦解"。赖特说,过去我们"假设处于收敛时代,大家都会走向单一国际秩序,一切将在这一假设下运作"。但事实上,"近年的大事件显然与之有差异"。特朗普和他的国家安全团队面临的关键挑战之一,是确定美国在这个新世界的目标。国际制度不等于区域秩序(最近许多区域秩序面临麻烦),而特朗普及其团队需要认识到这一点。国防应优先解决具体问题,而不是专注于共支出了多少美元。

资金充足的上百亿美元预算修正案可能很快出台。黑尔探讨了特朗普总统应该倡导什么样的国防优先事项以及现实走向与支出重点,他说:"我希望它跟

---

[ 1 ] Ian Livingston, "How Trump should think about defense priorities, according to experts", www. brookings. edu, 2017 - 02 - 28.

马蒂斯以及总统所指出的一样。欧洲安全倡议可能获得支持,打击'伊斯兰国'的特种部队将继续是重点。"本财年增加任何预算都违反《预算控制法》。这是个挑战,应当采取应急资金或修改法律等办法增加预算。然而,两者也都有问题,因为非国防部门对国防的贡献显著,此刻的任何惩罚性变化都会对国家安全产生不利影响。

美军除了反恐在大多数其他问题上准备相当少。莫强调这是大问题,需要尽快关注。近年来关注训练时间混合着对资金不足和设施不改善的担忧,但改善起来代价大且耗时。"必须改变文化",传统的训练形式曾经有效,但在未来却不能再依赖它。关于投资方向,国防部预算一般向前看 5 年。从几个方面来看,可能很难得知 5 年后经费状况,甚至在一到两年后需要什么也存在内在不确定性。美国的军事业务从长计议是事实,许多情况下要展望 20 年,然后才能在工作中提出 1 年和 5 年计划。

特朗普总统会不会继续推动实施"第三次对冲战略"值得怀疑。奥汉隆认为,第一次对冲战略主要是依赖核武器,第二次对冲战略正值北约靠空地一体战与精确武器走向高科技时代,第三次对冲战略则与高科技能力和机器人有关。黑尔预计,虽然第三次对冲战略可能不会获得像前几年那样的资助,但是深层想法仍然在。

过时的战争规则并不再至高无上。赖特认为,今天的许多状况来自挑衅与其他问题,而非纯粹军事力量。所以,分歧往往会持续多年,因而高明的想法和技术,现在是并且将来继续是战场需要的。

### 4.3.4　共和党保守派紧盯军费预算

美联邦政府 2018 年军事预算将达 6 030 亿美元。这是白宫管理与预算办公室主任马尔瓦尼宣布的,"将是有史以来的最高增幅"。[1] 特朗普表示,非国防支出将会相应削减 540 亿美元,这也是"自里根政府以来削减最大的建议"。白

---

[ 1 ]　Thomas Spoehr, "Trump's Defense Proposal Would Boost a Languishing Military", *The Daily Signal*, 2017 - 02 - 28.

宫将预算增幅定为 10%, 2011 年《预算控制法》为 2018 年设定的预算上限即 5 490 亿美元。每人都能从这份预算建议中找到不满意的地方,但在大多数情况下,现实处于两者之间,《每日信号》发表了看法。

1. 积极看待这一公告的理由

美军已经精疲力竭。传统基金会在 2017 年美国军事实力指数报告中指出, 5 年来,由于预算减少,装备过度使用,陆军规模比第二次世界大战后更小,海军规模比第一次世界大战后还小,空军达到了自创立以来的最小规模,三军战备也不足。2017 年 1 月份一位负责军事服务的副参谋长作证指出,目前只有 3 支陆军作战部队战备较充分,四分之一的海军飞机可飞,而空军正遭受严重的飞行员及地勤人员短缺。主要武器系统不断老化,且等待更新。空军飞机机龄平均达 27 岁,陆军无力更换已服役 37 年的主战坦克。

国防支出不断受到越来越大的权益支出挤兑。国防支出目前已由 1980 年代初期占联邦预算的 32% 下降到了 16%,占国内生产总值比重由 1986 年的 6.8% 下降到了 3.2%,以美元不变价计算,国防部预算自 2011 年以来已下降 24%。在全球威胁不断增加时代,美国缺少足够国防支出来维持其军事实力。

因此,任何增加军费支出的建议都受欢迎而且是急需的。

2. 一切都才刚刚开始

但这种军费增长幅度并不足以开始美军重建工程。而是仅代表了重建之路上刚开始"爬坡"。奥巴马政府曾计划在 2018 年支出 5 840 亿美元用于国防,军方还就此制定了详细方案。现在的 2018 年的国防预算 6 030 亿美元,比原计划增长 3%,而非 10%。增加 180 亿美元不足以扩大军队建制,也不足以重建军备,更不足以开展急需的现代化计划。

2018 年"海外应急行动"账户申请规模尚不明确。但为了推动进展,该账户须与 2017 年规模保持一致。传统基金会建议,2018 年国防预算应达到 6 320 亿美元,并提议,通过各种渠道节约 140 亿美元,为海外应急行动筹措资金。

完全重建美军需要更多资源。这可能不仅是重新分配相机支出,来自亚利桑那州的参议员麦凯恩与来自得克萨斯州的众议员索恩伯里都正确地指出，2018 年预算不足以重建军队。但愿通过国会与行政当局的共同努力，为 2018 年及以后年份重建军队提供充足资金。

增加 2018 年国防预算对美军和美国都是好事。军队状况的恶化不是一朝一夕而成，而是日积月累的，因此，现在也需要花费同样长时间重建。总统预算建议是重建美军过程中受人欢迎且必要的第一步，但要做的还很多。

### 4.3.5　军工势力欢呼众院开巨额空白军费支票

众院拨款委员会给了马蒂斯部长一张高达 286 亿美元的空白支票。[1] 美国军工游说势力"防务快讯"网站指出，联邦海外应急行动预算 7 个账户的支出占五角大楼 6 581 亿美元预算的 4.3%，这部分资金被称为"国防恢复基金"，它在 2017 年高于国防部的预算请求。这笔资金只要提前 15 天"通知"国会，即可支用。通常当国会某委员会增加五角大楼预算时，要将增资额分配给具体项目与计划，也就是有权势的国会议员家乡所在的州。在 2017 年，虽然众院军事委员会调整了支出资金水平，但却比众院，以及参院的军事委员会更慷慨，该委员会向特朗普总统要求增加 286 亿美元，并将所有这笔款项纳入"国防恢复基金"，其中包括：第一，支出 186 亿元用于采购新装备；第二，70 亿美元用于业务和维护；第三，20 亿美元用于研发、测试和工程（RDT&E）；第四，10 亿美元用于军事人员。此外，增加了 17 000 名军人。

空白支票使国防支出的不确定性容易化解。众院军事委员会防务小组议员会主席格兰杰（Kay Granger）指出，特朗普当局正在进行战略审查，需要资金实施变革。国防部长与联合参谋部预计在 9 月份提出新国防战略，上一份国防战略是 2014 年发布的。这笔国防恢复基金将保证国防部长实施必要投资，而不必等到 2019 年。但是，国防预算实际上大多极不确定。《预算控制法》的支出上限政

---

［1］　"House Appropriators Give SecDef Blank Check For ＄28.6B"，http://breakingdefense.com，2017 - 07 - 07.

策虽仍然有效，但特朗普总统所提预算更高，而且三个国会委员会所批准的支出更多。所以不分配众院军事委员会防务小组增加预算将使政策调整更容易，国防小组也就可以调整它给予马蒂斯的总支出资金。

那么国防恢复基金是特殊时期的权宜之计吗？当然那些坚定主张国会审查权的人希望如此。但是对于那些主张政府应当像企业一样运作政府的人来说，这样好。通常企业的董事会并不干预总经理的年度预算，比如把资金准确分配到具体的项目、坚持要通过调整预算，实际上董事会只关心利润与市场份额。不说未分配资金，对于小企业甚至个人来说，应对不可预见的紧急情形才是好建议。所以，给国防部长占国防预算 4% 的相机支出决策权是个好主意。

### 4.3.6　军工利益集团不满特朗普军费预算

特朗普总统在 2018 财年预算报告中承诺，将国防开支提高 540 亿美元，历史性地增加到 6 030 亿美元，但乍看之下，无论国会共和党人，还是国防预算专家，对此印象都不深刻。参院军事委员会主席麦凯恩参议员通过声明表示，"特朗普总统的国防预算高于奥巴马总统 3 个百分点，而奥巴马总统的国防预算使我国军队经费不足、规模不够、应对威胁国家安全的准备不足"。"防务快讯"网站发表了军事专家克拉克（Colin Clark）的看法。[1]

特朗普应继续投入更多费用。麦凯恩与众院武装部队委员会主席索恩伯里都这样认为。麦凯恩说，他们二人都同意"2018 财年需要 6 400 亿美元国防预算，但这只是应对 21 世纪战争现实、恢复军备、重建军队、重塑力量的第一步。所以只比奥巴马总统的国防预算支出高 3% 完全不够。我们应当而且必须做得更好"。索恩伯里含混地赞同麦凯恩的观点，"在奥巴马当局时期，美国军费减少了 20%，然而世界局势却越来越危险。我们虽然无法一年就修复削减支出带来的所有危害，但却可以并应该比现有资金水平允许情况下做得更多"。

---

[ 1 ]　Colin Clark, "McCain, Thornberry Decry Trump Pentagon Budget Boost", http://breakingdefense.com, 2017 - 02 - 27.

　　预算专家反应谨慎。美国国际战略研究中心的哈里森（Todd Harrison）指出，"如果增加国防支出以削减非国防支出为代价，那么，这个预算申请是最具有象征意义的"。美国企业研究所国防预算专家伊格兰（Mackenzie Eaglen）也持怀疑态度。"它看上去比最终应当达到的数字大得多。这是因为该预算（与非国防支出）在国会通不过，因此最终数字经过妥协会变小"。伊格兰预计，特朗普最终不会以削减国内开支，而会以里根式预算赤字的形式，筹措国防建设费用。

　　但削减非国防预算正是特朗普打算做的。如对外援助与美国国务院的预算，与前任国防部长盖茨（Bob Gates）时期大相径庭。盖茨表示，宁愿把部分预算拨给美国国务院，因为美国国务院的工作太重要了。事实上，最近退休的一些四星和三星将领反应强烈，他们立刻谴责肢解美国国务院及其援外预算的企图。一封由 120 多名退休将领及海军上将联名签署的公开信写道，"美国国务院、美国国际开发署（USAID）、千年挑战公司、和平队以及其他开发机构，对防止冲突、减低军人伤亡至关重要。正如美国中央司令部司令马蒂斯所说，'如果美国国务院缺钱，我就得购买更多弹药'。在战场上军队领导反恐战争，但在反对（因缺少机会、不安全、不公正和绝望的）极端主义驱动战争中，需要更强大民间合作伙伴"。这封公开信是以美国全球领导力联盟的名义发布的。

　　"这份预算将是公共安全和国家安全预算"。在美国全国州长协会年会上特朗普对州长们说，"其中包含了我们重建美军急需的历史性国防支出增长"。这个预算案只是"与国会谈判的起点"。哈里森认为，由于特朗普计划大幅削减其他部门开支，那么要问一问，他们要用海外应急行动预算派什么用场？目前，国防部每年约有 300 亿美元的基本预算用于海外应急行动预算支出。如果特朗普预算将其中一部分乃至全部资金都转移到基本预算中，那么预算实际增加的并不是 540 亿美元。因此，这当然只是增加军费的提议。

　　这只是国会与特朗普、国会内的财政鹰派与国防鹰派、民主党与共和党之间毁灭性的拉锯战的开始。当然，参院与众院之间随后也会展开大战。而且还有老问题，即《预算控制法》是否会被废除？讨论才刚刚开始。

# 4.4 关于基建投资的争论

## 4.4.1 财政部称基建投资攸关美国增长

基础设施投资是维持美国经济成功的关键。财政部负责资本市场的副助理部长罗林斯（Monique Rollins）和部员达塔（Ankur Datta）撰文指出，美国必须扩大各大领域基础设施的现代化，以确保继续为企业提供运营环境，保证成功。[1]研究表明，事实上，规划良好的基础设施投资能促进长期经济增长，提高生产力和土地价值，同时还能向经济发展、能源、公共卫生及制造业等领域释放积极的溢出效应。美国改善基础设施不仅能为数以百万计的美国人创造经济机会，还能提高他们的基本生活质量。

行政当局提出了"建设美国投资倡议"。该倡议旨在促进基础设施投资与经济增长，2014 年 7 月，奥巴马总统宣布了这项行政措施，在发起倡议两个月后，财政部召集公共部门领导与私人投资者召开峰会，探讨如何激励基础设施投资领域的公私合作。自此以后，行政当局在总统预算中引入了两个关键的基础设施相关提案，以推进基础设施投资的公私合作，这两个提案分别是发行"合格公共基础设施债券"（QPIBs），实施美国"基础设施更新计划融资"计划（FAIR），同时还有一系列重要税收程序及白皮书。

"建设美国投资倡议"意义重大。为了突出基础设施投资的好处和对经济的潜在影响，财政部以"建设美国投资倡议"名义委托进行了一项研究，以确认全美建设 40 项交通与水利基础设施的经济意义。过去几年来，该项研究由独立的第三方基础设施专家团队展开，重点研究基础设施项目投资如何为企业、消费者、游客和居民带来经济利益。应当指出的是，所有项目成本与收益都是基于特定假设和方法。所有的研究结果、结论和建议都由研究人员给出，不代表财政部

---

[1] Monique Rollins, Ankur Datta, "Importance of Infrastructure Investment for Spurring Growth", www.treasury.gov, 2016 - 12 - 30.

或"建设美国投资倡议"。这项研究确认的项目并不都适合由联邦政府资助。此外,项目描述由报告中的第三方人员出具,并不一定代表联邦政府机关对这些项目的资助或许可意见。他们希望这项工作能为美国(包括联邦、地方政府和私人投资)更大规模的基础设施投资所带来的好处赢得更多关注,同时推动公众对这项关键议题的讨论。

财政部决心推动美国经济增长。作为"建设美国投资倡议"的组成内容之一,财政部的核心职责之一是联合其他联邦政府机关,更广泛地履行职责。展望未来,财政部将继续与业界、政府机关和学术界等主要利益相关者一起,发展并完善促进基础设施投资的新想法,促使美国真正建起 21 世纪的基础设施。

## 4.4.2　新媒体分析特朗普优先基建项目

新政府在试图确定其投资重点。麦克拉奇报业公司华盛顿分社指出,特朗普总统的团队编制了包括美国全国各地的约 50 项基础设施项目清单,总额达 1 375 亿美元以上。[1] 由特朗普过渡小组提供给美国全国州长协会的初步名单,显示出特朗普将履行他修复全美破旧的公路、机场、水坝和桥梁的竞选承诺。美国全国州长协会在 12 月与州政府官员分享了这份名单。过渡小组告诉官员,清单上的项目"正在审核"。其中可能包括堪萨斯城机场的新航站楼建设、北卡罗来纳州 95 号州际公路的升级等。另一份更详细的文件还在国会和企业界流传,其中提出了与公私伙伴关系数量几乎相同的 50 个资助项目,其中一半资金来自私人投资。根据国会一位高级助理的说法,特朗普团队已经列出了"紧急和国家安全项目"的优先顺序,包括成本估算和就业效应。最近另一位国会助理称,两份文件都是工作草案,将根据美国全国州长协会的建议继续完善,两张表只有两个项目不同。由州长协会传阅的初步名单包括阿拉斯加管道及液化天然气项目、莫哈韦堡太阳能项目,另一份清单中的有得克萨斯的中央铁路和霍华德

[ 1 ]　Lynn Horsley, Steve Vockrodt, Walker Orenstein, Lindsay Wise,"EXCLUSIVE：Trump team compiles infrastructure priority list", www. mcclatchydc. com, 2017 - 01 - 24.

街隧道建设,州长们建议的加利福尼亚州与华盛顿州的有些项目没有出现在两张表中。

美国全国州长协会已从各州与各地收到 43 份响应书。发言人称:"项目总数超过 300 个,我们正在努力召集尽可能多的州,把他们的意见报告给政府。"一些州在两份清单中有一个以上的项目,如密苏里州,而另一些则没有,如堪萨斯州。华盛顿州州长、民主党人杰伊·英斯利(Jay Inslee)的发言人称,美国全国州长协会上月让州长办公室对特朗普团队初编的基础设施项目表提意见。美国全国州长协会于 12 月 16 日发信称:"特朗普团队寻求未来可能会纳入的基础设施投资重点项目。过渡团队正特别从每个州寻找 3—5 个项目,经审查后列入新计划中。"项目审查将由一个监督投资的两党基础设施委员会完成。在 2017 年这些项目的初始花费预计将达到 1 500 亿美元,过渡团队预计在未来 2 年项目将继续。目前只是要求收集初步信息。

表 4-1　美国紧急项目与国家安全优先项目草表

| 项　　目 | 部　　门 | 州 | 收入流 |
|---|---|---|---|
| 网关程序 | 大众运输/铁路 | 纽约州,新泽西州 | 无 |
| 布伦特斯彭斯桥 | 公路与桥梁 | 俄亥俄州,肯塔基州 | 无 |
| 国家基础设施研究实验室 | 全国首创 | 俄亥俄州 | 无 |
| 俄亥俄河水闸和 52、53#水坝 | 内河航道 | 伊利诺伊州 | 有 |
| I-95 公路维修 | 公路与桥梁 | 北卡罗来纳州 | 无 |
| 费城 I-95 公路的 15 座桥梁 | 公路与桥梁 | 宾夕法尼亚州 | 无 |
| 密西西比河航道疏浚 | 港口 | 路易斯安那州 | 有 |
| 空中交通管制系统 | 全国首创 | 全国 | 无 |
| 平原和东部输电线路 | 电力传输 | 俄克拉荷马州 | 有 |
| 克利夫兰清洁湖项目 | 水利 | 俄亥俄州 | 有 |
| 加速修理南卡罗来纳州水坝项目 | 水利/内陆水道 | 南卡罗来纳州 | 无 |
| 美国陆军工程兵团水电站 | 内河航道/电力 | 全国 | 有 |

| 项　　目 | 部　　门 | 州 | 收入流 |
|---|---|---|---|
| 阿拉斯加管道和液化天然气项目 | 石油与天然气 | 阿拉斯加州 | 有 |
| 棉花带铁路工程 | 轨道交通 | 得克萨斯州 | 有 |
| 加迪斯输水工程 | 自来水 | 加利福尼亚州 | 有 |
| 通西快线传输 | 电力传输 | 加利福尼亚州、内华达州、亚利桑那州 | 有 |
| 马德雷山脉风能 | 电力传输 | 怀俄明州 | 有 |
| 第二大道地铁的第2、3标段 | 轨道交通 | 纽约州 | 部分有 |
| 加速扩张萨凡纳港项目 | 港口 | 佐治亚州 | 有 |
| 大西洋海岸管道 | 石油和天然气 | 弗吉尼亚州、北卡罗来纳州 | 有 |
| 尚普兰-哈德逊电力传输 | 电力传输 | 纽约州 | 有 |
| DC联合车站扩建和修复 | 轨道 | 华盛顿 | 无 |
| 马里兰州紫线 | 轨道交通 | 马里兰州 | 有 |
| 底特律的m-1钢轨 | 轨道交通 | 密歇根州 | 有 |
| 戈迪豪国际桥 | 公路与桥梁 | 密歇根州 | 有 |
| 堪萨斯城机场 | 机场 | 密苏里州 | 有 |
| 平安桥 | 公路与桥梁 | 纽约州 | 无 |
| 波士顿MBTA绿线延伸工程 | 轨道交通 | 马萨诸塞州 | 部分有 |
| 奥古斯丁平原牧场 | 水利 | 新墨西哥州 | 有 |
| I-93公路重建 | 公路与桥梁 | 新罕布什尔州 | 无 |
| 湖桥 | 公路与桥梁 | 路易斯安那州 | 有 |
| 纽瓦克港集装箱码头改造 | 港口 | 新泽西州 | 有 |
| 莫哈韦堡太阳能项目 | 电力传输 | 亚利桑那州 | 有 |
| 芝加哥的红紫线现代化 | 轨道交通 | 伊利诺伊州 | 部分有 |
| I/I-395公路重建 | 公路与桥梁 | 佛罗里达州 | 无 |
| 芝加哥联合车站重建 | 轨道 | 伊利诺伊州 | 无 |
| 上密西西比州的20—25水闸 | 内河航道 | 密苏里州 | 有 |
| 伊利诺伊河水闸 | 内河航道 | 伊利诺伊州 | 有 |

续 表

| 项　　目 | 部　　门 | 州 | 收入流 |
|---|---|---|---|
| 科罗拉多州的 I-70 沿山脉走廊 | 公路与桥梁 | 科罗拉多州 | 无 |
| 科罗拉多州的 I-25 公路修缮 | 公路与桥梁 | 科罗拉多州 | 无 |
| 更换新奥尔良 INHC 水闸 | 内河航道 | 路易斯安那州 | 有 |
| 奇克莫加水闸 | 内河航道 | 田纳西州 | 有 |
| 苏水闸现代化项目 | 内河航道 | 密歇根州 | 有 |
| 海滩海水淡化厂 | 水 | 加利福尼亚州 | 有 |
| 上俄亥俄河航行改善 | 内河航道 | 俄亥俄州 | 有 |
| 莫农格希拉河船闸和大坝 | 内河航道 | 宾夕法尼亚州 | 有 |
| 西雅图机场扩建 | 机场 | 华盛顿 | 有 |
| 阿灵顿纪念大桥 | 公路与桥梁 | 弗吉尼亚州 | 无 |
| 能源储存与电网现代化 | 电力传输 | 美国全国 | 有 |
| 圣路易斯机场 | 机场 | 密苏里州 | 有 |

通过正式程序选择项目。一旦特朗普政府正式上任,各州将通过正式程序提交信息。清单中包括西雅图—塔科马国际机场的扩建工程,包括联邦政府投资的五种额外可能方案。加利福尼亚州州长布朗(Jerry Brown)列报 9 个准备充分的大项目,包括萨克拉门托河护岸工程和湾区的客货运项目。

申报项目须符合以下标准:第一,国家安全或公共安全的"紧急情况"。第二,准备充分,至少 30% 的前期设计与工程量已完成。第三,直接创造就业机会。第四,有提高美国制造力的潜力。初步名单和更详细的文件中都包括了堪萨斯城国际机场新航站楼,该项目将花费 9.72 亿美元,并创造 1 000 个职位。密苏里州州长格雷滕斯(Eric Greitens)未发表评论。堪萨斯城机场是由州长协会传阅文件中的三个机场项目之一。另外两个是兰伯特—路易斯国际机场、西雅图—塔科马国际机场扩建工程。北卡罗来纳州的 I-95 公路项目,将修缮美国全国最繁忙的州际公路最陈旧路段,成本为 150 亿美元,该项目将创造约 5 400 个工作岗位。得克萨斯州 250 英里的高速铁路将使通勤职工在不到 90 分钟的时间内,在休斯敦和达拉斯/沃思堡往返。该工程将花费 120 亿美元,直接创造 40 000 个工作岗位。其他项目建议包括佛罗里达州的 I－395 公路重建,加迪斯河流域节水项目,旨在回收和储存加利福尼亚州莫哈韦沙漠数十亿加仑可再生地下水的项目。

参院民主党人已抛出万亿美元投资计划。最近民主党人称,他们提议,在未来 10 年内为基础设施项目融资万亿美元,将创造 1 500 多万个就业机会。

### 4.4.3　美媒称特朗普大幅降税为基建筹资

特朗普兑现大选承诺道路坎坷。美国新媒体优势商业媒体(*Advantage Business Media*)撰文指出,他曾经发誓重建美国的道路、桥梁、机场和铁路,但在奥巴马总统试图做这些事情时,共和党国会几乎在每个回合都打消了他的念头,而特朗普将不得不与共和党,这个他所属、根深蒂固地厌恶政府开支的政党抗衡,通过提高税收筹足所需的万亿美元,实施基建计划。特朗普在大选胜选演说中提出了第一个政策问题,为此交通运输业看到了希望。他说:"我们要修复中心城市、重建基础设施,使它们变成最好的城市和最好的基础设施。我们将会动用数百万人为此而工作。"但特朗普对于他要做的事和成本支出一直很模糊。在竞选活动中他说,他要将希拉里这个对手提出的基础设施支出金额 2 750 亿美元翻倍。[1]

特朗普解决基建资金问题有 3 种选项。他的顾问呼吁运用联邦税收抵免政策,以 10 年为限从私营部门筹措万亿美元基础设施投资。为了抵消信贷成本,鼓励美国公司把因避税而留置海外的利润汇回国内,以获得税收抵免。企业所得税"遣送归国"政策很受奥巴马推崇,希拉里也曾将此作为支付基础设施建设计划的方式。众院议长保罗·瑞安等共和党人也表达了支持。但其他共和党人,以及崇尚小政府的有影响力的保守派人士认为,这一做法等同增加税收。副总统彭斯(Mike Pence)是少数赞成其他方法的人士之一,即剥离联邦政府的大部分交通建设责任。

---

[ 1 ]　Joan Lowy, " Trump's path to boosting infrastructure is full of potholes", *Advantage Business Media*, 2016－11－11.

资金问题如何解决,影响两党态度。国会在 2012 年、2015 年通过了两项交通法案,支持资金紧张的联邦公路信托基金,该基金为各州提供公路和过境援助,逐步增加交通运输支出是必要的。议员们试图通过削减其他地方支出和增加税收,拼凑联邦预算,为基建计划筹款,其中牵涉一些财政戏法。到 2021 年,联邦公路信托基金的支出与燃油税收入将产生 180 亿美元的赤字。某基金会交通政策专家说:"如果能同时普遍削减税率、通过企业税收遣返办法为基础设施筹资,将有更大的成功可能。"

税收遣返只是权宜之计。一些游说者正推动长期解决公路信托基金问题的方案,如提高联邦汽油税。但专家指出:特朗普的顾问们不会同意任何形式的大规模增税。即使有了税收抵免政策,像公路和桥梁这样的基础设施项目,还要具有稳定的利润来源才会吸引投资者,比如征收公路通行费会使建设计划有利可图,而美国只有极少数项目满足这些开工条件。美国道路和运输建设者协会主席鲁安(Pete Ruane)说:"你不会发现所有 50 个州都有这类建设项目,你也许只能在人口最稠密的州找到这类项目。这是一个政治问题。"支持特朗普的人集中在农村和陷入经济困境的老工业区,而这些地方不太可能有这样的大型项目。

特朗普倾向于税收抵免政策。他的交通团队由弗吉尼亚州前交通部长雪莉·伊巴拉(Shirley Ybarra)领导,她是交通运输政策分析师,长期倡导这种公私合作伙伴关系。标准普尔估计,政府花费在基础设施上的每个美元都将产生 1.30 美元的经济增长,并促进经济、创造就业。但自由经济政策研究所认为,通过税收抵免融资建设项目会降低福利水平,因为税收抵免经常会提高现有项目的利润率,但对贫困社区没有帮助,因为贫困社区不太可能产生巨大商业回报。

### 4.4.4 自由派智库建议用税收增额融资(TIF)融资基础设施更新

税收增额融资是为经济发展项目融资的手段。墨卡图斯中心(Mercatus Center)网站发表了经济学家米尔萨普(Adam Millsap)的文章,指出 1952 年税收增额融资首次出现在加州,此后,除亚利桑那州以外美国的其他 48 个州纷纷推出了税收增额融资立法,当初人们认为它是对抗城市衰败的手段,但是至今它已成为促进地方经济增长的重要工具。例如,巴尔的摩市正考虑利用税收增额融资筹集 5.35 亿美元发展文顿港。那么,税收增额融资究竟是怎样运作呢? 各州的实际情况不同,税收增额融资基本机制却基本相似。[1]

　　首先,指定税收增额融资地区。税收增额融资地区通常是工业或商业化的地区,而非住宅区,指定税收增额融资地区是利用它促进经济发展。一旦被指定为税收增额融资地区,就有人对该区地产估价,以获得基准地价,在此会用到当前房产税率,以评估可以为地方政府提供产品与服务的税收总额,并保持一段时间内,如北卡罗来纳州规定 30 年内这一价值"凝固"不变。而地产增值及税款都会用于经济发展。

　　税收增额融资的核心思想是市政府靠预期地产升值为当前发展项目筹资。如下表为某税收增额融资地区 5 年的数据。第一年地产价值为 2 000 万美元,且政府决定每年在该地区花费 100 万美元提供产品及劳务,包括道路维修、污水排放、警力/火警,5% 的税率。

　　然后,市政府发行 100 万美元的债券。例如,某老产业园区翻新项目,政府计划提升产业园。随着评估价值上升,按照 5% 税率乘以地产价值增额,额外收上来的税收将用于偿还债券(见增额税收收入列),同时 100 万美元税收保持不变,只有地产价值评估增值额,才会用来支付产业园更新费用。这就是税收增额融资名称的由来。

| 年　份 | 税收收入<br>(万美元) | 评估价值<br>(万美元) | 增加值<br>(万美元) | 税　率 | 增额税收收入<br>(万美元) |
| --- | --- | --- | --- | --- | --- |
| 第 1 年 | 100 | 2 000 | – | 0.05 | – |
| 第 2 年 | 100 | 2 200 | 200 | 0.05 | 10 |
| 第 3 年 | 100 | 2 400 | 400 | 0.05 | 20 |

[1]　Adam Millsap, "Does Tax Increment Financing(TIF) generate economic development", www. mercatus. org, 2016 - 06 - 20.

| 年　份 | 税收收入<br>（万美元） | 评估价值<br>（万美元） | 增加值<br>（万美元） | 税　率 | 增额税收收入<br>（万美元） |
|---|---|---|---|---|---|
| 第 4 年 | 100 | 2 600 | 600 | 0.05 | 30 |
| 第 5 年 | 100 | 2 800 | 800 | 0.05 | 40 |
| 总　计 | | | | | 100 |

最后，税收增额融资的归还。如果每年地产增值 200 万美元，市政府在余下的四年可以收回总计 100 万美元，不计利息分期偿还债券。每 100 万美元地产升值在税率不变条件下带来 50 000 美元的税收增长。这一点对很多城市官员很具吸引力，因为房产所有者不希望提高税率。对于普通债券融资，官员更青睐税收增额融资，因为此时发行债券不需要选民同意，北卡罗来纳州就是如此，但也有人反对。

税收增额融资用途广泛。既可用于传统的公共产品，如道路、污水排放、自来水系统以及公共交通，还可用于私人产品，如产业园及运动设施。后者虽然为公司提供间接好处，但主要还是为接受发展基金的公司带来好处，所以税收增额融资用的是纳税人的钱，为个人公司提供补贴。

税收增额融资"自筹经费"无法推动就业。因为正是这些项目自身提高了为自己买单的地产的价值。此外，在说服选民接受税收增额融资时，官员还会说通过这种手段可以创造工作岗位，或是给萧条地区带来额外的私人投资。但是税收增额融资也有风险："税收增额融资并不是解决发展问题的杀手锏。没有谁能够保证公共投资先行，就一定能带来足够的私人投资，或是一定能够获得足够的增值来偿还债券。此外，即使投资名义上获得了成功，可能的情况是即使没有投资，经济也可能获得同等程度的增长。税收增额融资获得成功的地区还会给现有的公共资源带来额外的束缚，因为这些公共资源的资金是'凝固'在基准值的，但是地区的发展却会提升人们对它们的需求。"而且小公司难从其中获得实惠，也不一定能够带来就业岗位。芝加哥的税收增额融资项目调研表明了这一点,同时还发现引入税收增额融资的城市比没有引入的城市地产升值速度慢,所以,税收增额融资只是纸上谈兵,它盗窃了本城市其他区域发展的机会。

税收增额融资应该被用到公共基础设施上。这样一来,投资就不会过于受制于非金钱因素的影响,而且直接有助于某地区整体经济的发展,而不是局限于某个个别企业或是私人企业主。纳税人应当充分认识到税收增额融资的危险之处,政客和经济实干家也不应该一再吹捧它,把它当作让地区经济走上快车道的万能灵药。

### 4.4.5　布鲁金斯专家质疑特朗普基建计划就业效应

特朗普万亿美元基建计划吸引美国全国关注。布鲁金斯学会经济学家凯恩(Joseph Kane)撰文指出,华尔街对于基建投资加码欢欣鼓舞,但华盛顿发出的信号错综复杂。特朗普万亿美元基建计划的许多细节仍不得而知,如项目选择以及资金来源等。共和党和民主党领袖们的疑虑已经压倒了特朗普此前的乐观情绪。[1]

特朗普基建计划对劳动力市场的影响引发激烈争论。一些分析师认为,更多公共和私人投资涌入可能在短期内创造就业,尤其是对建筑业的投资。而怀疑论者则指出,投资对就业的直接、间接影响并不明晰。不论未来假定结果如何,对当前劳动力市场来说,特朗普万亿美元基建计划不太可能大幅促进建筑业就业增长。原因有三。

首先,正在找工作的建筑工人少了。奥巴马总统刚上台的几个月,全球经济自由落体式衰退,而现在建筑工人的失业率恢复到衰退前水平,从 2010 年20.6%的高位下降至 2016 年末的 5.7%。虽然一些大都市区仍急迫雇佣更多工人以满足建设需求,但需警惕过度建设倾向,相比雇佣尽可能多的新工人,人们更愿意训练更多有技术的工人。

其次,建筑业很难突然增加大量新岗位。因为空缺职位数在过去几年一直逐

---

[1]　Joseph Kane,"Trump, infrastructure, and jobs: Is construction hiring ready to take off?", www. brookings. edu, 2017－01－18.

步上升,现在几乎恢复到衰退前水平。建筑业空缺职位数已经从 2009 年 61.5 万个的低位,升至 2016 年年底的近 200 万个,达到 2007 年之后的最高水平。季节性波动当然会影响建筑业全年的空缺职位数,在夏季月份尤为明显。但新职位可能在短期内首先由那些想工作更长时间的现有工人来填补。另一方面,在更远的将来,基建项目需要吸引来自其他工业部门的劳动力以及开展更加广泛的技能培训。

最后,目前就业已达到相对高点。考虑直接参与新基建项目,即大型工程和土木工程建设,所雇佣的人员也已经达到了相对高点。按平均数计算,2016 年这些行业雇佣的工人从 2010 年 82.5 万人的低点增加至 93.7 万人,与 21 世纪初的水平相当。同样重要的,该行业在过去的 15 年里占美国全国总就业人数中的比例一直稳定在 0.7%。除了住宅和商业建筑,特朗普基建计划里的高速公路、桥梁及其他公共设施也吸引了极大的关注;然而,在该行业新增大量工人将与目前的发展趋势相背离。

## 4.4.6 财政学家指基础设施支出刺激有限

联邦政府基础设施项目的长期价值令人生疑。美国财政专家德鲁吉(Veronique de Rugy)和米切尔(Matthew D. Mitchell)联合撰文指出,联邦政府决策者缺乏动机和必要的信息,以做出良好的投资决策,导致了大量问题出现。特朗普将重建美国基础设施作为其政策议程的重要组成部分之一。具体来说,他呼吁提供 1 万亿美元重建基础设施,支持该计划的人声称此举将刺激经济增长,创造数以千计的就业机会。但历史表明,将基础设施支出作为刺激经济手段的任何尝试,结果远不如预期。特别是在当前阶段,质疑财政刺激有效性的重要原因是作为短期措施,由增加赤字进行融资建造基础设施,不太可能刺激经济增长。从长远看,基础设施支出还可能使美国进一步深陷债务之中,经济也不见得有显著改善。[1]

---

[ 1 ]　Veronique de Rugy, Matthew D. Mitchell, "Would More Infrastructure Spending Stimulate the Economy in 2017?", Fedreal Fiscal Policy Research Paper, 2017 - 01 - 11.

依靠基础设施建设刺激经济存在重大局限。为了促进就业和经济活动，财政刺激计划旨在在经济危机时期以政府财政支出取代私人支出。然而，考虑到美国当前的宏观经济环境，这种方法却有显著的局限性，主要表现在以下五个方面。

第一，财政支出乘数太小。乘数效用衡量政府支出在经济扩张方面的有效性。多项研究都发现刺激支出的乘数非常小，特别是当宏观经济状况与当前美国经济状况相似的时候。事实上，还有一些研究发现基础建设支出实际上会使经济萎缩。

第二，闲置资源的缺乏。财政刺激手段旨在让闲置资源重新投入利用。然而，鉴于失业率较低，利率有望攀升，这对当前美国经济的潜在利益微乎其微。

第三，支出项目有可能固化。像大多数"临时性"支出一样，在目标危机已经过去很久之后，刺激性支出还是会留在预算中，增加了债务负担。

基础设施支出作为刺激经济手段所必需的关键条件已经被反复证明不可能会发生。

第四，资金不及时。即使资金可用，也可能需要数月，甚至数年的时间，才能被用在那些"蓄势待发"的项目上，因为基础设施项目往往涉及漫长的规划和实施过程。

第五，项目定位不良。基础设施支出很少被用在经济衰退最严重的地区或是最具高经济附加值的项目上，因此，这就严重限制了其刺激经济增长的能力。此外，基础设施项目通常雇佣的都是不会遭受高失业率的专家们，因此，基础设施支出项目很少会创造大量的新就业机会或是降低整体失业率。

联邦政府缺乏做出科学投资决策的动机和必要信息，导致问题丛生。首先是成本超支。约 90% 的基础设施项目超预算，超支率通常在原预算的 50%—100% 之间。其次是错估需求。存在高估潜在铁路基础设施使用率的系统性趋势，也存在高估新项目投资回报率的系统倾向。90% 的铁路项目都高估了实际流量,另有 84% 的项目错估规模超过 20%。此外,公路项目往往会低估流量,这意味着低估财务成本,高估减少道路拥堵所带来的好处。再次是难以维护。强烈的政治动机决定了基础设施支出更多投放在倍受瞩目的公共工程,而非修复桥梁和道路,然而,基础设施的后期维护实际上更加重要。最后是州政府使用联邦政府资金无法控制成本。由于大多数基础设施支出决议都是在州和地方政府层面做出的,联邦财政的融资使州政府官员无法理智地使用资金,因为他们无需对自己的决定担责。

### 4.4.7　哈佛经济学家热议美国基建投资

哈佛大学教授、美国前财长萨默斯与格莱塞(Edward Glaeser)围绕在美国当前的经济环境下,如何不断增加基础设施支出以及有效使用预算资金进行讨论,主要内容如下。[1]

大幅增加基础设施投资有四大理由。萨默斯提出,支撑美国更加雄心勃勃的基础设施投资项目,最重要的理由之一就是每年以 1% 增长的国内生产总值。

第一,不断扩大基础设施投资推动经济加速增长。基础设施能扩大贸易范围,减少有效距离,促进贸易,提高集聚性。因此,对社会发展的好处肯定会超过所有私人利益之和。在一个私人资本、民营企业和个人流动性不断扩大的时代,基础设施是国家、地方及其综合实力最鲜明的展示。当前是投资基础设施的绝好时机,因为相对于政府借贷利率,基础设施投资回报相当高,目前经通胀调整后的借贷利率接近于 0。

第二,投资基础设施维护的重要性常常被忽视。维护项目有非常高的回报率,社会价值也很高。例如,粉刷公立学校的墙壁不可能产生高回报,但这体现了社会对教育的重视,还体现了财务审慎。延期维修是下一代人的债务负担,而

---

[1]　Anna Malinovskaya, David Wessel, "Larry Summers v. Edward Glaeser: Two Harvard economists debate increased infrastructure investments", www. brookings. edu, 2017 – 01 – 18.

且是累计和叠加的。

第三,计算社会福利应包括改进安全性和期权价值。出于安全考虑,投资新的基础设施项目很重要。只有对空中交通管制系统进行彻底检修,才能确保最高安全标准,新的基础设施项目可能会产生高昂的期权价值。

第四,对用户收费是补偿基础设施的有效方法。而税收抵免则是个坏主意,使用基础设施越多,就没理由不付更高代价。而特朗普提出,为私人承包商提供基础设施项目税收抵免,在很多情况下有利于已经获得信贷者,却不会对基础设施项目有大的作用。

基础设施投资还需要审慎考虑。格莱塞表示,特朗普的基础设施计划还需要接受质疑并进行辩论。

第一,科学评估基础设施投资。需要更多基础设施的是美国越来越成功的大都市区,而不是西弗吉尼亚州,也不在铁锈区。底特律建成时有 185 万人,现在只剩不到一半人口。需要修新路的不是底特律,而是旧金山,是纽约。特朗普提出的税收抵免政策,就好比拿蒙大拿州的选民和纳税人的钱,去偿付使用纽约机场的费用。

第二,对基础设施收费不总是最好的融资模式。期待用户以市场价值支付公共基础设施,需要对价格进行更严格的成本效益评估,并以最高利益,更好地分配基础设施。但应当提出具有创造性的资金模式,比如中国香港的公共交通系统,本身并非由高频用户付费,而是通过新建地铁站摩天大楼获得资金,结果利润非常可观。

第三,基础设施投资最有效率。将机场等公共基础设施资产私有化、通过公私合营方式经营公共资产,都能提高效率,在社区规划过程中,不过度参与才能合理、及时完成建设项目。

第四,不应当忽视对基础设施的维护投资。

第五,要重视公共汽车系统投资。公共汽车的优点在于其灵活性,应当随着技术进步,重新规划公交车系统。

#### 4.4.8 布鲁金斯学会强调基础设施建设需要联邦资金

在特朗普当局税改法案签署之后,基础设施建设有可能成为联邦政府施政重点之一,布鲁金斯学会基建专家尚莎娜卢(Shoshana Lew)就此撰文发表见解。[1]

之前国会通过了《美国复兴与再投资法案》(即《复兴法案》)。当时正是1930 年大萧条以来最严重的衰退期,这项法案为美国经济注入了一支"强心针",创造了数以百万计的就业机会,仅在 2010 年就降低失业率 1.8%,提高国内生产总值 4%,为美国随后的经济复兴迈出了第一步,而到 2017 年年初,失业率已不足大衰退高峰的一半。

《复兴法案》的基石是 481 亿美元的交通基础设施资金。这笔资金支持着各州急需的必要维修与长期变革投资,现在国会与行政当局围绕主要基础设施一揽子计划开始辩论,重温《复兴法案》有关基础设施投资实践意义很大。这项计划展示了联邦、州和地方政府提供基础设施项目的能力目标与教训。最重要的首先是,《复兴法案》显示了交通运输投资与成果间的量化关系,通过投资改善了 4.2 万英里公路、近 2 700 座桥梁,新修 850 个交通设施,新添 1.2 万辆新公交车、近 700 辆新型轨道车,修复了约 800 来个机场。根据联邦交通部的报告,新增投资改善了美国全国运输系统,例如,《复兴法案》通过之后,美国全国桥梁质量得到改善,而 2008 年经交通部统计,全美 9.3% 的桥梁出现结构缺陷,到 2014 年便减少到了 7.1%,更新速度是《复兴法案》实施前的 2 倍,照此下去,桥梁结构缺陷在 10—20 年内将全部得到消除,若加大资金投入,则速度更快。决策者可运用《复兴法案》的各项指标经验,确定投资规模。

基础设施维修投资比长期资本投资反应灵敏。其实虽然两者都很重要,但略有差异。国会曾将《复兴法案》的大部分资金用于基础设施维修升级,如有280 亿美元被用于修复道路和桥梁,许多早已准备就绪的项目立刻就启动了,同时在经济大衰退期间《复兴法案》保留了削减的州与地方预算中前途未卜项目,

---

[1] Shoshana Lew, John D. Porcari, "Eight Years Later: What the Recovery Act Taught Us about Investing in Transportation", www. brookings. edu, 2017 – 02 – 22.

如重建并改善马里兰州蒙哥马利县通向新罕布什尔州的道路建设项目,也在几天内就上马了。而所有 50 州都赶在了法案颁布后的 120 天内,预留了公路资金,到了年中有 1 900 多个项目开工建设。

然而,国家还需要修复基础设施以外的投资。多阶段的复杂项目通常需要更长时间考虑资本计划、许可要求以及预算因素,那么,复兴法案通过更长的开发准备,支持了有利于长期经济利益的前瞻计划。例如利用以交通投资促进经济复兴计划(TIGER)与高速铁路建设资金,为 2016 财年、2017 财年实施交通建设计划提供资金,同时利用快速通道批准 2016—2020 财年投资 45 亿美元继续支持复杂项目,如港口、多式联运枢纽,缓解货运压力。上述项目在 2016 年收到的资金申请达 93 亿美元,但分配能力只有 5 亿美元。

但是,如果基础设施建设增加资金,建设周期就要缩短,而最好的方案不见得准备充分。快速交付有赖于行之有效的建设方案,即使如此,吸收新资金也会受到进度限制。联邦政府将 386 亿美元《复兴法案》资金用在了联邦项目,尽快交付。对设施修复项目来说,既定程序和关系往往最快,执行路径也往往最可靠。尽管如此,《复兴法案》项目的发起人迅速吸收更多资金也受到限制。以公路建设支出为例,国会在 2009 财政年通过单独提供资金,到 2012 财年才花完了钱,这样各年度的资金运用就不平衡,2014 财年实际支出较多。可见虽然资助对象可调高资金水平,但充分吸收资金仍然需要时间,因为新开项目和复杂工程需要更长准备时间,导致利用新的税收或融资激励的基础设施计划见效较慢。

复兴法案的成功证明建设交通基础设施需要联邦政府提供额外开支。当决策者考虑未来基础设施投资潜力时,应从复兴法案中学习如何投资。

### 4.4.9　"资金自筹"基建引各地政府不满

特朗普总统万亿美元基础设施计划遭到共和、民主两党市长和议员炮轰。[1]

---

[1]　Mark Niquette,"Trump 'Self-Help' Infrastructure Plan Irks State, Local Leaders",https://www.bloomberg.com,2017 - 07 - 06.

他们认为,这项计划将削减联邦资金投入重要项目,并让各州与地方政府买单。特朗普总统曾计划全面升级美国各地的道路、桥梁、机场、海港和其他公共工程,但主要靠各地"自筹",而联邦新增支出将主要用于激励各州、各市和私人投资者拿出大部分资金。与此同时,特朗普提出,从 2018 年交通与过境补贴项目削减 14 亿美元,且不再由公路信托基金提供新的联邦资助。对此共和党人、美国市长会议主席、俄克拉何马市市长科尼特(Mick Cornett)表示失望。但是,白宫借口特朗普当局为了避免干涉州和地方官员支配联邦基础设施资金,准备向各地政府还权。而且联邦政府准备追加 2 000 亿美元联邦资金,直接支持真正需要联邦援助的项目,鼓励州和地方政府及私营部门也进行投资。美国自由主义智库布鲁金斯学会基建专家马克·尼克特(Mark Niquette)进行了分析。

各州和地方一致同意拿自有资金获取联邦援助。然而过去 4 年来,近一半的州提高了天然气税,各市、各州都通过发行债券资助基建。州预算捉襟见肘,而且还可能面临更大压力,因为联邦政府削减医疗补助和其他计划迫在眉睫,所以地方通过某些融资举措升级道路、桥梁及基建设施似乎太难。全美州长协会执行主席帕蒂森(Scott Pattison)表示,如果联邦不提供资助,州和地方也无法为基础设施建设需求提供资金。而联邦基础设施基金的分配,一般通过竞争性捐赠和贷款获取,或依照获取项目资格的成本按比例补偿各州和地方政府。例如,据联邦公路管理局数据,公路信托基金主要由联邦燃气和柴油税提供,从 2016 年 10 月到 2017 年 4 月,共为地面运输项目支出 223 亿美元,为过境工程支出 46 亿美元。

州政府和地方政府筹资也无法取代联邦资助。特别是在有关项目开始时,都要涉及重大资本支出。如果联邦政府打算打退堂鼓,各州和地方政府就要填补窟窿,这可是巨大的挑战。特朗普大选时曾经承诺,投资 1 万亿美元升级美国全国基础设施,他通过预算案与基础设施计划纲要,要求州、地方和私人部门提供大部分资金,而联邦政府在未来 10 年将拨 2 000 亿美元资金,刺激 8 000 亿美元以上的投资。交通部表示,联邦政府将承担其中"合理的部分",不希望阻碍

州和地方更多努力,联邦政府"应支持更多社区走向独立"建设模式。特朗普
2018 年预算案还要求削减联邦过境项目拨款 9.28 亿美元,另削减 4.99 亿美元
资助在地区或美国全国有影响的公路、铁路、过境和港口项目,还将减少 2020 年
以后联邦公路信托基金支出。这对于小城市市政建设是灾难后果,美国全国城
市联盟主席、克利夫兰市议员佐内(Matt Zone),民主党的美国市长基础设施工作
组主席、洛杉矶市长贾希提(Eric Garcetti)都这样认为。在 2016 年通过提高销售
税为交通项目筹资 1 200 多亿美元。根据税收与经济政策研究所的数据,
2017 年有 6 个州提高了天然气税,而自 2013 年以来,还有其他 18 个州提高了这
项税收,增加了对交通运输的投入。

官员们认为基础设施建设总要有人买单。印第安纳州共和党人议员萨利蒂
(Ed Soliday)协助指导 2017 年提高美国全国天然气税的工作,他和全美州政府
预算机关协会执行主任希克斯(John Hicks)表示,目前尚不清楚各州和地方是否
有能力承担大额债务和基础设施支出,而在 2017 年,美国有三分之二的州政府
调低了预计收入计划,在按照通胀调整后,约有一半的州政府支出仍低于经济大
衰退前的水平。众院通过的《预算与健康保险法案》如果生效,各州预算就将蒙
受沉重打击,因为到 2026 年年底,将按计划削减约 1.7 万亿美元支出。

各州都需要联邦提供更多支出满足长期基建需求。国会有关法案需要民主
党支持,民主党的宾夕法尼亚州前州长、促进基础设施支出的两党官员联盟"营
建美国未来"组合的共同创始人伦德尔(Ed Rendell)这样表示。他说,"华盛顿
不能把满足国家建设资金需求的责任推给其他人"。

### 4.4.10　保守媒体要求特朗普控制支出并重视基建

特朗普声称他有控制预算的方案。《每日信号》指出,据审视特朗普财政支
出计划的预算专家说,如果下个 10 年的每一分钱都能精打细算,整体效果非常
可观。特朗普曾在纽约经济俱乐部指出说:"如果联邦机构在非国防、非福利项
目每支出的 1 美元中,能节省 1 美分,那么下个 10 年我们能大约节省 1 万亿美

元,这是在不变动国防支出与福利支出情况下的结果。"相比之下,国会在2015 年提出全面减支方案,要求联邦机构每支出 1 美元就节省 1 美分,而特朗普方案包含的内容更少,因为军事支出和福利支出被排除在外。[ 1 ]

控制预算要靠节省支出。游说组织"负责任的联邦预算委员会"称,鉴于之前大部分联邦机构每年预计增支 4%,特朗普有可能在 10 年内减支近四分之一,减少 6 300 亿美元的非国防财政支出,而不是减少 1 万亿美元,但这一方案何时开始执行尚难说,期待他会公布方案的更多细节。从 1 美元中节省 1 美分看起来很小,但 10 年时间会积少成多。例如,2016 年预算 1 000 亿美元的联邦机构,2017 年预算就是 990 亿美元,2018 年就是 980. 1 亿美元。

控制支出与基建投资并重。特朗普的减支方案仅适用于非国防财政支出,而对此类支出已经设置了支出限额。相机抉择支出包括教育、研究、环保和医疗项目、对外援助,以及其他必须经国会审核的支出。与之相对的是福利项目或"刚性"项目,如社会保障、老年医保、医疗救助等无须国会每年批准的项目。特朗普的减支方案不会与他的雄心勃勃的基建计划产生冲突,因为基建计划大部分由高速公路基金出资。传统基金会高级政策分析师博吉称,如果特朗普的经济政策能成功刺激就业增长,那么政府财政收入增长就足以支撑基建支出。

特朗普方案在政治上很容易被接受。特朗普方案不包括国防和福利支出,这是与国会"百分之一减支计划"的不同之处。因为,福利项目是美国债务增长的最大推动力,特朗普方案虽然是在减支空间上自我设限,但有总比没有强。要求每个机构从 1 美元中节省 1 美分就能省下一大笔钱的方案得到了国会支持。2016 年 7 月份,众院预算委员会桑福德与参院预算委员会主席恩兹共同提出了"百分之一减支"方案,即联邦政府支出的每 1 美元中省出 1 美分。这个议案很全面,而且到 2022 年,能够将联邦政府支出占比限制在国内生产总值的 18%。

---

[ 1 ]  Fred Lucas, "Trump's 'Penny Plan' Could Slash Federal Spending Over Decade", *The Daily Signal*, 2016 - 12 - 12.

但是另一个游说组织美国的"全国纳税人联盟基金会"称,虽然议员们将"百分之一减支计划"坚持 10 年的可能性很小,但此类方案即使是坚持几年,至少也能降低政府支出占比,甚至产生预算盈余。如果该方案真能实行,并且能坚持住的话,肯定能省下一大笔钱。最后,这个方案虽然理论上很美好,但历史经验告诉我们,国会和行政部门不会长时间坚持支出方案。如果坚持几年,他们就有闲钱可用,到时就又可能开始大手大脚了。

## 4.5　小结

特朗普当局的财政支出政策格局开始发生重大变化。通常美国联邦财政支出的重要特点之一是在"要大炮还是要黄油"两者之间做出抉择,2017 年,投资美国基础设施建设成为其中的重要话题之一。美国的基础设施建设在 1930 年代的大萧条时期和第二次世界大战后,都经过了十分繁荣的局面,其中在 1934 年联邦政府成立了工程推进署(Works Progress Administration,简称 WPA),增加就业 800 万人,而当时的失业人口多达 1 000 万人以上。据统计,工程推进署总共新建、改建和完善 39 370 座学校,2 550 家医院,1 074 家图书馆,2 700 座灭火站,15 100 座音乐厅、体育场馆和休闲设施,1 050 座机场,500 座自来水净化厂,12 800 座游乐场,900 个游泳池,1 200 个滑雪场地以及许许多多的建筑。另外还开挖了 1 000 多条渠道,硬化路面超过 63.9 万英里、人行道安装照明灯超过100 万英里,开挖路边排水道不计其数。[1]　当时的知名建设项目有纽约三区大桥(Triborough Bridge)、林肯隧道、华盛顿州的大库里大坝(Grand Coulee Dam)、佛罗里达州的海外高速公路(Overseas Highway)等。工程推进署 1935 年拨款高

---

[ 1 ]　Andrea Stone,"When America Invested in Infrastructure, These Beautiful Landmarks Were the Result",https://www.smithsonianmag.com/history/when-america-invested-infrastructure-these-beautiful-landmarks-were-result-180953570,2014 - 12 - 10.

达 49 亿美元,为当年国内生产总值的 6.7%,8 年期间共拨款超过 134 亿美元。[1]所雇用就业人员的工资每月 15—90 美元不等,极大地刺激了美国经济。[2]

2017 年注定无法成为美国基础设施建设的开始之年。这是因为联邦财政预算通常是上个财政年度确定的,而联邦财政预算的周期长达 3 年之多,因此,即使是特朗普总统主导了财政预算进程,最早也要从 2018 年才有可能列入基建预算,甚至从 2020 年开始才有可能进行大规模的基础设施建设,但是即使是这样,也要看联邦政府财政资金的宽松程度如何,但从财政支出的分配上看,要从本已捉襟见肘的总资金中撕出一块用于基建,可能面临着很严峻的博弈,毕竟特朗普是不可能削减军事支出的,大幅度减少社会福利支出也不可能,所以将来基建项目如果大上的话,将可能通过债券的方式筹措,地方已经对于特朗普当局施压各地承担基建投资资金筹措,表达了强烈的反对。

[1] Jason Scott Smith, *Building New Deal Liberalism: The Political Economy of Public Works*, 1933 - 1956, 2006, p. 87.

[2] The Editors of Encyclopaedia Britannica, "Works Progress Administration", https://www.britannica.com/topic/Works-Progress-Administration, 2019 - 09 - 04.

# 第5章 税制改革与争论

## 5.1  联邦税制与税制改革背景

美国财政收入主要来自税收。联邦政府实行所得税制,联邦政府对个人所得实行全球征税,长期以来,较为科学的税收制度为联邦政府筹措了雄厚的资金,维持了政府效能。然而随着全球化形势的深度发展,尤其是大衰退经济危机爆发以来,美国当前的所得税制陷入困境。美国税收制度的主要难题是,税制改革落后于全球化现实,税收收入无法满足财政支出需求,巨大型跨国企业纷纷外移他国,造成了所谓"税务倒置",国际国内财政风险不断扩大,呼吁进行综合税改的声音越来越强。[1]

美国联邦税收主要包括个人所得税等五大税种。从税收收入的重要性来看,依次是个人所得税、企业所得税、社会保障与其他工薪税、消费税以及遗产与赠予税。2015 年,联邦个人所得税收入占47%,工薪税收入占33%,企业所得税收入占11%,消费税及遗产税收入等共占9%。[2]

美国联邦税收收入长期增长缓慢。2017 财年联邦政府收入总计3.3 万亿美元,同比增加 480 亿美元,增幅 1%。财政收入国内生产总值占比比 2016 年下跌

[ 1 ]  Molly F. Sherlock, Donald J. Marples, *Overview of the Federal Tax System*, Washington, D. D.,
        Congressional Research Service, 2014 - 11 - 21.
[ 2 ]  "Where Do Federal Tax Revenues Come From?", http://www.cbpp.org, 2016 - 03 - 04.

0.4 个百分点，为 17.3%，跌到 50 年平均值 17.4% 以下。个人所得税收入增加 410 亿美元，增幅 3%。工薪（社会保险）税收入增加了 470 亿美元，增幅 4%，工薪税占国内生产总值百分比仍为 6%。企业所得税减少 30 亿美元，降幅 1%，国内生产总值占比同比降低 0.1 个百分点，为 1.5%，是 2012 年以来最低记录，并低于 50 年均值的 2.0%。其他来源税收收入减少 370 亿美元，降幅 12%，占国内生产总值比重同比减少 0.3 个百分点，为 1.4%。[1]

美国税制改革争论已经进行了很长时间。2017 年联邦税制改革争论进入最后阶段，不同的利益集团都提出了各自的诉求，归纳起来，主要包括边境调节税争论、企业所得税改革、国际税制改革与反企业倒置政策、税收改革与遗产税收政策、州税改革等几个方面，其中争论的诸多内容已经纳入 2017 年《减税与就业法案》。

特朗普总统 2017 年 12 月末签署了 2017 年《减税与就业法案》。美国 31 年来第一次全面的税制改革开始了，税改集中在企业所得税、个人所得税、国际税制等几方面，主要的特点是降低税率、扩大税基、放松监管。第一项改革是，个人所得税减税温和，对边际税率的下调较小，收入越高减税越多，但部分年收入 15.7 万—42 万美元中高收入群体、高税率州税收增加。第二项改革是，减税与资本化政策改革，联邦企业所得税减税幅度较大，从 35% 统一调整为 21%。实行特定经营资产的全额成本化，包含三项基本政策，一是改革小企业经营会计方法，小企业会计核算标准门槛指标，全部年均总收入从 500 万美元提高到 3 年内 2 500 万美元，存货资本化规则豁免更多的存货成本，符合要求的企业采购的存货可全额成本化，降低税负并适用新税率。二是第 179 节扣除政策，允许企业在 5 年内执行对特定资产立即全额折旧政策，在接下来的 4 年内，立即折旧政策按年递减 20 个百分点。三是加速折旧政策，对于资产寿命不超过 20 年的新购资产项目，将加速折旧率提高到 100%。第三项改革是，国际税收制度发生重大变

---

[1] "Monthly Budget Review: Summary for Fiscal Year 2017", CBO, 2017-11-07.

化,对全球股息所得征税的"属人原则"转变为"属地原则",对海外利润一次性征收利润汇回税,有利于资本流入美国。

美国税改在世界上引发了减税浪潮。其中英国降低了企业所得税、印花税,上调了消费税、增值税;法国降低了公司税;日本减少了法人税,推动企业加薪、增加投资、科技创新,提高高收入者所得税;印度推出商品与服务税(GST)法,统一了税制。中国也开始实施降税清费政策,进行营改增,提高对高科技和小微企业纳税扣除,增加个人所得扣除,降低车辆购置税,减少企业承担的社保费。

# 5.2　边境调节税争论

## 5.2.1　联邦议程

### 5.2.1.1　特朗普当局不接受边境调节税建议

众院筹款委员会中部分共和党议员对边境调节税方案忧心忡忡。这些参与了 2017 年 5 月 23 日筹款委员会听证程序的议员认为,共和党税改纲要中的边境调节税方案或将造成美国日常消费品价格上涨 20%,还有可能遭遇美国贸易伙伴的关税报复。[1]

来自农业地区的一些共和党议员表达了担心。密歇根州共和党议员保尔森(Eric Paulsen)最为直接,他明确表示不支持边境调节税方案。来自俄亥俄的共和党议员雷纳西(Jim Renacci)表示,对边境调节税持怀疑态度,他提及家乡一些企业,其中有家企业从事咖啡销售,且非常依赖进口咖啡豆。宾州共和党筹款委员会议员凯利(Mike Kelly)虽然没有明确批评边境调节税,但很关注它对消费品价格的影响,而且他是一名汽车经销商,所以很关注该方案对汽车零部件征税的复杂性的影响。南达科他州共和党筹款委员会议员诺伊姆(Kristi Noem)此前对这个纲要中对农业不允许扣除净利息的做法表示担忧,这次她又表示出对小型

---

[ 1 ]　"Border adjustability concerns aired during Ways & Means hearing", *EY Tax Alerts*, 2017 - 5 - 25.

零售商的担心,其实农民和农场主也担心无法从边境调节税政策中获利。

筹款委员会主席布拉迪(Kevin Brady)作了解释。他说,筹款委员会认识到边境调节税方案是对现行税法的重大调整,所以,公众为美国的劳动者、企业和消费者感到担忧,十分合理。"我们承诺,将与所有的人共同解决这些难题。我们必须走好这步棋,我们定能走好这步棋。"

特朗普当局表明不接受目前形式的边境调节税方案。财政部长姆努钦在 5 月 23 日的彼得森(Peter G. Peterson)财政政策峰会上,通过声明更强硬地指出:"边境调节税方案存在众多问题,其中之一是它无法提供公平的竞争环境。边境调节税方案对不同企业产生不同影响。它把高额成本转嫁到消费者身上。它导致货币资金发生转移。而我们所要做的是确保创造公平的环境。"

民主党议员对于边境调节税制颇不以为然。筹款委员会民主党资深议员尼尔(Richard Neal)在听证会上公开声明,呼吁全社会开展基础设施投资,具体包括修改税法或投资培养"训练有素的熟练劳动者"。尼尔建议布拉迪主席召开听证会,讨论如何在税改中有效地利用视同海外资金"遣返税"带来的收入。他说:"我建议用视同遣返税投资基础设施建设,或用之于提高中产阶级生产与创造力。"尼尔又说,边境调节税非常"有意思",然而,国会必须评估边境调节税是否会提高普通美国人民的生活成本,因为零售企业表示,对消费者来说,食物、衣服、药品这类产品成本超过 1 700 美元,每加仑天然气价格也会上涨 35 美分。他说:"税制改革将会引起各种消费品价格上升,中产阶级家庭既不能,也不该为这一后果买单。"尼尔还提出了其他一些问题,他问:美元会强势上涨并抵消消费品价格上涨的影响吗? 如果会的话,需要多长时间? 这最终能够实现吗? 鉴于目前货币币值波动,美元上涨的确定性有多大? 美元上涨还会带来哪些影响? 边境调节税是否符合世界贸易组织规则? 美国是否存在遭受报复性行为的风险?

俄亥俄的共和党议员雷纳西也提出了类似问题。即税改纲要中的边境调节税方案是否造成美国社会苦乐不均? 税收负担最终又会转嫁到谁头上? 税改与美国所承担的国际公约中的义务是否吻合？

### 《提升美国竞争力 防止美国就业机会向海外流失》听证会证言

听证会参与人员包括：

阿彻丹尼尔斯米德兰（Archer Daniels Midland，ADM）公司董事会主席、总裁、首席执行官：胡安·卢西亚诺（Juan Luciano）

塔吉特（Target）公司董事会主席、首席执行官：布赖恩·康奈尔（Brian Cornell）

沃尔玛（美国）前总裁、首席执行官：威廉·西蒙（William Simon）

林赛（Lindsey）集团总裁、首席执行官：劳伦斯·林赛（Lawrence B. Lindsey）

里德（Reed）学院经济学教授：金伯利·克劳辛（Kimberly Clausing）、索恩蒙德·米勒（Thormund A. Miller）和沃尔特·明茨（Walter Mintz）

阿彻丹尼尔斯米德兰公司总裁卢西亚诺：赞成边境调节税方案，因为这种体制能消除出口贸易税收差异，而出口贸易税收差异则源于美国税制和经济合作与发展组织（OECD）国家边境调节增值税之间的差异。"我们要致力于实现税收现代化，这样才能跟上其他国家的步伐。"卢西亚诺说道。

塔吉特公司首席执行官康奈尔：边境调节税或将造成生活用品价格上涨20%，例如校服、食品、药品和汽油，塔吉特公司的实际税率也将增加1倍多，从35%提至75%。他认同货币市场随边境调节税调整这一学术理论，但同时表示，"我无法告诉员工，他们的薪水变动与这个理想的理论符合，国会也不该告诉美国家庭，家庭预算是否上涨"。康奈尔敦促布拉迪主席，暂时不要变革边境调节税，以尽快完成税制改革。

沃尔玛（美国）前总裁、首席执行官西蒙：若边境调节税方案实施得当，并能解决零售商在过渡期内遭遇的挑战，解决产业问题必须进行的调整，则须考虑，美国实施边境调节税具有最佳利益。

林赛集团总裁：边境调节将导致货币流动调整，大大抵消税收，且使边境税收贸易中立，因此，在考虑到货币会调整的条件下，这项立法属于贸易中性。

里德学院经济学教授克劳辛：有很多因素可能会干扰汇率和价格进行快速调整，有人预测，随着边境调节税制度推出，将导致美元升值25%，导致美国人将大量财富转移至海外。她还表示，该提案有可能与世界贸易组织的贸易规则相矛盾，因为世界贸易组织不允许对企业所得税等直接税进行边境调节，但是由于边境调节税方案允许扣除工资，这将被视为直接税措施，如果那样的话，美国的贸易伙伴或将有权以关税施加报复。

## 提 问 与 回 答

加州共和党议员努内斯（Devin Nunes）提问可能的边境调节税阶段性实施方案。林赛认为，边境调节税方案是极大的飞跃，但要解决各方担忧，方法之一是只进行部分变革，这要涉及进出口总额的30%。他认为尝试着一步步来最好。对于雷纳西议员的质疑，林赛表示，他大力拥护阶段性实施边境调节税方案。

南达科他州共和党议员诺依姆提出了美国公司被外国企业收购问题。他特别关心的是农业，并询问边境调节税方案可以改变什么。卢西亚诺一方面感谢诺依姆议员在生物燃料与生物柴油领域的领导能力，另一方面他表示，共和党的税改纲要有助于提高农业竞争力和农民收入。

民主党的尼尔议员怀疑边境调节税实施后是否伴随美元升值。对此康奈尔重申了他对家庭基本必需品价格上涨影响的担忧，他引用了联储主席耶伦等关于不确定性的评论。

加利福尼亚州民主党议员汤普森（Mike Thompson）也提了问题。克劳辛表示，目前美国贸易逆差是国会提出通过边境税收增加财政收入的思想根源，"但没有任何国家贸易永远是赤字"。美国最终会出现贸易顺差，所以纳税人将来会因边境调节税而亏损。汤普森代表加利福尼亚州葡萄酒之乡询问世界贸易组织影响边境调节税的时间，他表示，任何有关贸易报复的讨论很快就会转为对美国出口葡萄酒的讨论。一旦世界贸易组织判定边境调节税属于直接税，那就违反了世界贸易组织贸易义务，克劳辛说，这会为贸易伙伴的报复大开绿灯。

华盛顿州民主党议员德尔本(Suzan DelBene)转述了家乡小型酿酒厂的担忧。那里的酒厂使用的是进口原料,酒类却仅在国内销售,所以将面临边境调节税后成本增加,且没有任何扣除。克劳辛说,由于汇率可能无法完美地调整,进口密集产业面临重大风险。她还表示,对数码产品更难观测,这对使用增值税的国家造成困扰,而这正是边境调节税计划尚未完全解决的几大问题之一。"另一大问题来自金融领域,由于根据该计划,金融行业必须区别对待,因此对如何管理金融行业税收造成了巨大困扰。"

加州民主党议员桑切斯(Linda Sanchez)关切国际税收改革的备选方案。克劳辛提出,可考虑消除递延或实施单一国别最低税额方案。

### 5.2.1.2 众院提出 5 年内完成边境调节税转型

共和党众院筹款委员会主席凯文·布拉迪 2017 年 6 月 13 日建议,边境调节税可在 5 年内分阶段完成,他认为这是"共和党综合税改蓝图"的支柱。边境调节税反映了筹款委员会的努力以及所得到的反馈,如果通过渐进的 5 年分阶段计划,就能确实解决主要难题,包括针对金融服务、保险、通信和数字服务行业的规则。[1] 据有关媒体报道分析,在实施边境调节税第 1 年,只有 20% 进口成本不可扣除,到第 5 年可扣除成本可达 100%,而出口税也将逐步减少。税改蓝图还提出,净利息支出的 100% 实现成本化,删除扣除额,但不会消除小企业、购买房产或公用事业利息扣除政策。小企业也可同时利用企业投资全部费用化及利息扣除政策,如果小企业豁免利息扣除改革,就能同时从两项政策中获利,因为小企业往往无法进入资本市场。财政部长姆努钦对实施边境调节税感到担忧,而众院议长保罗·瑞安则有可能改变主意,甚至放弃老主张。

### 5.2.1.3 众院描述边境调节税出口不征税政策

国会众院税收联合委员会发表报告对边境调节税加以概述。报告首先提出

---

[1] "Brady suggests five-year phase-in of border adjustability, potential exceptions to denial of 'net' interest", *EY Tax Alerts*, 2017 - 06 - 15.

了研究背景,众院共和党人于 2016 年 6 月份公布"更好的税改蓝图",披露了进行个人税制与企业税制全面实施改革的立法预期。这个"蓝图"就包括了边境调节税方案。如果美国实施边境调节税制度,企业一般将不再允许基于实际进口成本进行扣除。此外,美国企业出口所得将不再征税。[1]

报告的重点是提出边境调节税方案。首先该报告描述了国际税收的适用原则,概述美国现行跨境所得税收的法律。"税收以真正来源地为税基的国家,其税基包括在该国生产的商品和提供服务的销售收益,不论销售在哪里发生。相反,税收完全以目的地为税基的国家,其税基包括向位于该国采购商销售货物和提供服务的收益,无论货物和服务在哪里生产或提供"。这份报告这样解释。"美国的税收制度既不是完全基于来源地的税收,也不是完全基于目的地的税收。然而,由于在美国生产的货物、提供的服务,通常会被看作是美国税基的一部分,而无论该销售发生在哪里,从这个意义上讲,它更多被认为是基于来源地税基的税收制度。"

报告描述了实施目的地税基的经济理由,提出了向目的地税基转型的建议。有关目的地税基边境调节机制的经济分析指出,"一些决策者一直考虑建立一个以目的地为税基的税制,以此推广特定经济政策目标,并解决原先更多地倾向于来源地为税基的美国税收制度引发的问题"。

## 5.2.2　利益集团诉求

### 5.2.2.1　彼得森研究所称实施边境税将招致国际报复

美国企业税制将进行重大改革。彼得森国际经济研究所高级研究员鲍恩(Chad P. Bown)撰文,讨论了拟议中的美国边境税政策,他指出,特朗普总统及其共和党同僚在国会提出,将大幅削减企业所得税率,同时建设目的地税基现金流转税(DBCFT)体制。此外,将对美国边境税进行调整,以有利于出口,而不利

[1] "Joint Committee Reviews Border Adjustment Tax Proposal", http://news.cchgroup.com, 2017 - 05 - 23.

于进口。第三个重要的改革内容是新增条款允许美国生产商以外国公司无法使用的方式减少国内工资成本。[1]

调整边境税制蓝图仍存在巨大经济顾虑。众院议长与筹款委员会主席都坚称,这一降低进口和促进出口的制度有可能违背国际贸易规则。由于美国经济规模巨大,由税制改革造成的贸易畸形会对贸易伙伴产生较大压力,立刻引发贸易伙伴对美国进行报复。

世贸组织规定了贸易伙伴对美国税改的反应框架。这个与税改蓝图有关,对美国出口商进行报复造成的潜在成本极大。如果税改限制了进口,就违反了世界贸易组织规则,那么贸易伙伴可获得授权进行报复,每年涉及约 2 200 亿美元。如果美国的新税制隐含了出口补贴,贸易伙伴可授权每年额外征收报复性关税 1 650 亿美元。美国实施新政策后,有可能立即面临贸易伙伴征收的抵消性关税,共计 3 850 亿美元。通常在其他情况下,美国面对世界贸易组织有关报复期长达 4 年或更长,而此种情况可能会非常不同。

税制改革务必履行世贸组织义务。如果美国决策者不考虑这项成本,贸易伙伴可以援引世贸组织章程进行贸易报复,迫使美国再次改革税法典,抵消预期税改对经济发展的正面作用。如果美国决策者在税制改革设计阶段与其主要贸易伙伴共同商议,那么上述大部分成本便可避免,或许税收边境调整后的非歧视性目的地现金流转税既与世界贸易组织要求相符,也对美国经济有好处。但是,如果美国决策者不愿意在改变立法前考虑这些国际问题,那么应该考虑美国贸易伙伴对其合法报复的预期成本。

1. 目的地税基现金流转税、边界税调整与世界贸易组织法律义务

美国与其他 160 多个国家致力于规范世界贸易组织政策行为。世界贸易组织包括保护成员国贸易非歧视条款,而美国正是这一体系的建构者之一。丧失市场准入可能性很多,其中就包括国内税收和监管政策。

---

[ 1 ]　Chad P. Bown, "Will the Proposed US Border Tax Provoke WTO Retaliation from Trading Partners", Peterson Institute for International Economics, March 2017.

美国在世界贸易组织框架下实施本国的税收政策有很大的余地。这与之前在《1947 年关税及贸易总协定》(GATT) 下的规定一样，主要约束来自如何使国内税收制度不违反"国内税收与法规的国民待遇"规定。根据国民待遇要求，一旦进口货物支付了关税，那么这批货物在附加税和管制方面，应与国内货物享受同等待遇。倘若进口商品仍要受国内商品所不必遵从的附加税和管制制度，那么就存在不平等待遇，且违背了"国内税收与法规的国民待遇"规定。

目的地税基现金流转税与增值税类似。两种税制的设计都是在货物或劳务到达目的地或完成消费时征税，因为不论产品原产地在哪个国家，增值税适用于所有本国境内消费的产品，所以理想的增值税体制是无差别的。

边境税调整属于典型的增值税体制。不论商品的原产地是哪个国家，同类商品在目的国以相同税率征税，那么边境税调整和增值税就没有区别。

美国当前流行的政治修辞要求澄清一系列问题。边境税调整既不属于贸易政策，也不属于进口关税或出口补贴。它既不能降低或提高出口，也不会影响国家的竞争力。典型的增值税制度是不违背"国内税收与法规的国民待遇"对国内待遇政策的。增值税对经济的影响是中性的，即它跳过了生产环节，使进口商品和国内商品适用同一税率。无论进口商品的中间投入对国内商品产生多么重要的影响，亦即无论美国生产商与国际供应链融合程度有多高，这种以目的地小费为税基的征税等值效应永远成立。

目的地税基流转税制度下的边境税调整原则上也可不造成歧视性贸易。但是众院共和党人的税收蓝图包含一项规定，允许只在国内生产商品的公司，通过目的地税基流转税享受工资成本扣除，在境外生产的工资成本则无法扣除。至少短期内在汇率和价格完全调整到适应新的税收制度之前，该条款将对贸易流动产生差别对待。有学者指出，根据目的地税基流转税扣除的工资成本，将导致不同公司面临不同税率。

所以目的地税基流转税制度将产生两大经济问题。第一，由于税制改革所导致的价格调整到适应经济，在对实体经济活动和贸易流动产生实质性妨碍的短暂时期,会产生何种歧视。第二,这一短暂时间将持续多久。对此极端模型中做出了乐观估计,即汇率和价格立刻调整到位,即便在短暂时期内,实体经济活动也不会受影响。还需考察另一种可能,即汇率、价格调整不会即刻到位。

"国内税收与法规的国民待遇"的反对歧视条款是最重要的法律与经济问题。然而,如果通读《1947 年关税及贸易总协定》或世界贸易组织法律和法学理论,会发现有关现金流转税的其他问题。尽管《1947 年关税及贸易总协定》或世界贸易组织允许针对特定产品税实施边境调整,例如增值税,但是对于所得税边境调整却产生了争议。因此,世界贸易组织可能因为它属于所得税而反对目的地税基流转税,不过问题的重点在于,即使支持者能够说服世界贸易组织,目的地税基流转税与先前的法律并无抵牾之处,或目的地税基流转税类似于增值税低减,是否还会产生其他的经济问题。

通过经济考量众院共和党税改蓝图对世界贸易组织的含义大致存在三种动机。首先,无论《1947 年关税及贸易总协定》或世界贸易组织法律如何看待目的地税基流转税,是所得税还是产品税,扣除国内(不是国外)工资成本都可能最终造成歧视性贸易影响,可被解读为违背了"国内税收与法规的国民待遇"规定。其次,即使允许一般性实行目的地税基流转税制度,贸易伙伴仍能够援引《1947 年关税及贸易总协定》相关规定(23 条)向世界贸易组织提出,众院共和党税改蓝图与世界贸易组织成员需遵守不违反利益丧失或减损(NVNI)登记的规定有冲突。这项条款规定,即使是没有违背特定的《1947 年关税及贸易总协定》条款,各国仍允许提出争议解决。由于不违反利益丧失或减损争议相对来说发生得很少,在其他争端解决方案均失败的情况下,贸易伙伴就可运用这一补充机制,特别是当他们在贸易过程中遭受重大损失的情况下。再次,如果《1947 年关税及贸易总协定》或世界贸易组织法律框架击败目的地税基流转税,美国决策者一定要清醒这项政策的潜在成本。世界贸易组织通常运用某项政策造成的潜在贸易扭曲,建立补偿性的报复水平。

2. 美国目的地税基流转税违反世界贸易组织规定的经济成本

贸易伙伴的报复有两种渠道，第一是世界贸易组织争端解决机制，第二是运用抵消性关税。以下分别简要进行介绍。

第一，世界贸易组织争端解决程序。当某个世界贸易组织成员国起诉其他成员国时，世界贸易组织将成立专家组，审议双方的法律依据，并公布最终裁定。专家组报告被要求提交至世界贸易组织常设上诉机构，如果上诉机构维持专家组裁决，该成员国应在"合理期限"内遵从政策。如果被诉成员国未能执行裁决，或者世界贸易组织判定修改后的税收政策仍违反世界贸易组织规定，上诉的成员国可以请求以贸易报复形式获得补偿。世界贸易组织授权的报复措施在有争议的税收政策实施后 4 年内有效。即使执行报复措施后，世界贸易组织仍无法令上诉成员国撤销违背世界贸易组织规定的报复措施，被诉成员国只能选择承受贸易报复带来的损失，而无法纠正其他成员国违反世界贸易组织政策的做法。

世界贸易组织争端解决机制设立以来已处理 500 多起正式贸易争端。美国自 1995 年起已成为该机制最大参与国，它已申诉 100 余次，并作为被诉方参与 100 多起贸易争端解决。多数贸易争端都在进入漫长的法律诉讼程序前得到解决。数百件贸易争端都已得到正式的法律裁决，但其中仍有 13 件贸易争端超出世界贸易组织规定的争端解决时限。参见表 5－1。

表 5－1　达到条例 22.6　反击决定的世贸组织争议案

| 报告年份 | 编号 | 原　　告 | 世贸组织仲裁人判决 |
|---|---|---|---|
| 1999 | DS27 | 欧洲共同体－Bananas Ⅲ（美国） | US $1.914 亿 |
| 1999 | DS26 | 欧洲共同体－Hormones（美国） | US $1.168 亿 |
| 1999 | DS48 | 欧洲共同体－Hormones（加拿大） | C $1.13 千万 |
| 2000 | DS27 | 欧洲共同体－Bananas Ⅲ（厄瓜多尔） | US $2.016 亿 |
| 2000 | DS46 | 巴西－飞机（加拿大） | US $3.442 亿 |

| 报告年份 | 编号 | 原 告 | 世贸组织仲裁人判决 |
|---|---|---|---|
| 2002 | DS108 | 美国-FSC(欧洲共同体) | US $40.43 亿 |
| 2003 | DS222 | 加拿大-飞机信贷与担保(巴西) | C $2.477 97 亿 |
| 2004 | DS136 | 美国-1916 Act(欧洲共同体) | 没有具体数额,但依照 1916 反倾销法,欧洲共同体公司根据所造成的潜在损坏赔偿来支付赔偿 |
| 2004 | DS217 | 美国-Offset Act(伯德修正案)(巴西、加拿大、智利、欧洲共同体、印度、日本、韩国、墨西哥) | 根据《2000 年持续倾销和补贴抵消法》,赔偿前一年支付价值的72% |
| 2007 | DS285 | 美国-Gambling(安提瓜和巴布达) | US $2 100 万 |
| 2009 | DS267 | 美国-高原棉(巴西) | 根据连续性美国补贴的数目得到的年度的公式来计算并且应用 |
| 2015 | DS384 | 美国-COOL(加拿大) | C $10.54 亿 |
| 2015 | DS386 | 美国-COOL(墨西哥) | US $2.277 58 亿 |

世界贸易组织授权申诉国根据"贸易效应"公式对违反世界贸易组织进口规定的贸易争端进行报复。公式假设进口国实施符合世界贸易组织规定的政策与实施涉及贸易争端的违法政策所产生的出口利润差计算,失去的出口利润将成为申诉方关税报复金额的上限,对申诉方补偿贸易损失。

如果世界贸易组织裁定美国边境税调整歧视了进口产品,违反了国民待遇原则,它会如何使用贸易效应公式,决定贸易伙伴实施报复的程度呢?世界贸易组织使用贸易效应公式需要两项信息。第一,与现实情况相反的美国进口水平。即美国 2016 年的进口量 2.2 万亿美元。第二,美国在不合理政策下的进口水平。因为边境税调整政策还未被实施,所以这个数额需要估算。进行估算同样涉及两个因素:第一,有关众院共和党税改蓝图的政策特点;第二,影响贸易流量的经济假设。

假设世界贸易组织裁定美国 20%的边境税调整允许国内生产商扣除工资成本违反国民待遇原则。同时假设美国可扣除的工资成本是总成本的 50%,

由此造成的短期贸易扭曲效应相当于10%的进口关税。确定10%进口关税对贸易流量造成的影响,需要估算受关税影响的贸易弹性,假定贸易弹性为1,美国在原有的2.2万亿美元进口水平上,10%的进口关税每年将影响2 200亿美元的进口价值。

可见贸易伙伴经授权对美国出口商品的报复金额以2 200亿美元为限。这一数值要比前述最大贸易报复案值高50倍。虽然调整经济假设和贸易弹性会影响对报复水平的估算,目前没有其他合理假设,能把世界贸易组织成员国的报复性成本降低到40亿美元以下。

表5-2 各贸易伙伴预计反击额(十亿美元计)

| 贸易合作伙伴 | 反击额 | 贸易合作伙伴 | 反击额 |
|---|---|---|---|
| 中 国 | 46 | 日 本 | 13 |
| 欧 盟 | 42 | 其他六国 | 4 |
| 墨西哥 | 29 | 总 计 | 220 |
| 加拿大 | 28 | | |

注:不包括潜在的报复出口补贴违法行为。

谁是世界贸易组织授权报复美国最多的贸易伙伴?表5-2按照年度贸易效应公式确定了贸易伙伴国的双边报复水平。有些报复额是以前世界贸易组织授权报复额的数倍。例如,如果中国经授权对美国进行报复,每年将减少460亿美元的美国出口货值,欧盟经授权减少420亿美元从美国的进口。美国的11个贸易伙伴国经授权至少每年报复40亿美元。

3. 如果边境税调整被认作出口补贴,将招致报复和征收抵消性关税

美国的贸易伙伴可能质疑这项政策。这是因为边境税调整很像违规的出口补贴,在出口补贴争端中,世界贸易组织运用不同算式计算贸易伙伴的报复金额。贸易伙伴经授权对此类争端实施报复,并消除与出口补贴对等的贸易量。表5-1是运用世界贸易组织公式算出的包括巴西-飞机(加拿大),美国-FSC(欧洲共同体),加拿大-飞机信贷与担保(巴西)和美国-高原棉(巴西)的

争端报复金额。

因为国内生产者可以扣除工资成本,短期内造成贸易流扭曲,而国外生产商的竞争产品则无法扣除。假设 20% 边境税包括了美国的出口退税。遵循弗氏(2017)逻辑,出口退税短期不会造成贸易扭曲。假设美国的工资成本占总成本的 50%,那么短期内,20% 的边境税退税与 10% 的美国出口补贴,具有同等贸易扭曲效应。由于调整了税制,美国商品出口预计从 2016 年的 1.5 万亿美元增加至 1.65 万亿美元。

世界贸易组织解决出口补贴争端并不依赖贸易效应公式。相反,世界贸易组织设定,由贸易伙伴在允许范围内的报复强度,以贸易伙伴减少的与美国补贴数相当的贸易流为限。假设美国的出口额为 1.65 万亿美元,出口补贴率为 10%,即 1 650 亿美元。那么,贸易伙伴就可以提高美国产品关税进行报复,减少 1 650 亿美元从美国的进口。但还有四点需要说明。

第一,通过报复解决边境税出口补贴争端不是世界贸易组织成员唯一的途径。如果违规出口补贴增加了美国贸易量,却损害了贸易伙伴的竞争部门,那么贸易伙伴就可以不必向世界贸易组织申请,直接申领补贴。根据世界贸易组织《补贴与反补贴措施协定》,贸易伙伴可通过国内抵消性关税法案,发起抵消性关税调查,立即征收进口关税,金额等于世界贸易组织关于影响市场贸易的非法出口补贴。

第二,贸易伙伴使用抵消性关税最看重报复速度。世界贸易组织正式申请报复解决争端需 4 年时间,不同的是,贸易伙伴经几个月调查,就可启动抵消性关税报复。

第三,使用抵消性关税可转移举证责任。假设美国针对贸易伙伴的抵消性关税,申请世界贸易组织争端解决机制,可能需要 4 年以上时间,其间报复性的抵消性关税仍在。此外,美国发起的世界贸易组织争端解决机制,只关注贸易伙伴的抵消性关税调查,而不关注边境税调整和工资扣除是否补贴出口。4 年后,美国对贸易伙伴抵消性关税挑战有可能成功化解,但是边境税调整与世界贸易组织要求的一致性问题却会仍然存在。

第四，贸易伙伴可能做出3种反应。一是某些国家对世界贸易组织非法限制进口申请争端解决；二是其他国家对非法出口补贴影响贸易第三方市场，申请争端解决；三是简单地使用抵消性关税，解决美国对本国出口市场的非法补贴。根据假设，由于受到世界贸易组织争端解决机制的正式报复和贸易伙伴使用的抵消性关税，美国每年出口的3850亿美元完全被抵消了。

以下结果具有警示意义。即使实行目的地税基现金流转税进行边境税调整和工资扣除，长期内实际汇率和价格还可能有变化，税改对美国的经济活动和贸易流动起不到真正作用。然而，世界贸易组织现行制度却是着眼短期的。如果贸易伙伴意识到美国税改对其贸易十分不利，就不可能耐心等待，就会施加抵消性关税并申请世界贸易组织争端解决机制。还需要指出的是，解决贸易争端的世界贸易组织仲裁员，通常是经过贸易法和外交法训练出来的，并不按照一般均衡经济学训练。如果美国实行税制改革导致世界贸易组织争端，则后果难料。

4. 美国无视贸易协定是否受处罚

针对这一问题流行着以下常见论调：

第一，其他国家因为害怕遭到报复，不会对美国发起世界贸易组织诉讼。这个观点缺乏支持，理由有三：首先，许多国家常常联合起来表达对贸易伙伴的不满，美国也经常作出类似行为。当然，美国也常面临其他国家抱怨。其次，边境税调整政策越不平等，双边贸易损失越大，前述观点就越站不住脚。世界贸易组织争端解决机制往往针对受贸易政策影响较大的国家。前述11个贸易伙伴的边境税调整仅占进口税10%，但是年出口损失却高达40亿美元。最后，欧盟已采取必要措施，准备解决不平等税改方案引发的争端。

第二，担心特朗普总统退出基于规则的贸易体制。贸易伙伴面临棘手争端时会作出理性选择。与双边贸易战损失相比，贸易伙伴会优先考虑维护贸易体制的长期稳定。例如，世界贸易组织对汇率操纵的担忧。这个观点同样站不住脚。即使那些担忧贸易体制遭到威胁的贸易伙伴也会冒风险,因为它们认为,4 年后美国总统和新国会都要改选,新一届政府有可能顾虑美国的法律义务,采取国际合作。

第三,解决世界贸易组织争端至少需要 4 年。这个观点可能存在误解。例如,2002 年布什政府颁布了钢材进口保护条例,9 个世界贸易组织成员立即正式发起世界贸易组织争端解决程序。在此次争端解决程序启动之前,疑问已争论了 2 年。这个观点是错的。一是如果把边境税调整当作出口补贴,那么利益受损的贸易伙伴可立即对美实施抵消性关税,而美国调整违法政策的时间也会缩短。二是如果 2021 年美国被迫根据世界贸易组织规则重新改革税法,在新一届总统和国会带领下,新税法将具有完全不同的优先策略。

第四,美国收买质疑税改的外国逃避报复。如果只有一个世界贸易组织伙伴质疑美国的税改,就可以收买它,躲避报复。假设美国说服其他世界贸易组织成员不再申请世界贸易组织争端解决,那么美国就可以针对该国,免除出口税,避免冲突。或假设该国是非常重要的贸易伙伴,例如,美国可以选择不对与美国签订贸易协定的加拿大调整边境税。这种新的做法仍会违反世界贸易组织规则,肯定还会导致其他世界贸易组织成员国对美发起世界贸易组织争端申诉。

5. 美国税改与世界贸易组织法规的一致性和持久性

要保证税改的有效持久,美国需要考虑国际影响。衡量标准是税收计划是否平等无歧视对待国内产品和进口货物。目前美国的税改方案有可能涉及不公平待遇,至少在短期内会扭曲贸易流动。税制改革应该尝试修复不公平元素。

采用增值税制度。否则,解决问题如何才最好,取决于其他改革目标和制约条件。美国此次税改的重要目标之一,是抵消美国现有工资税对劳动的扭曲效应。这个目标可以通过边境税调整的目的地税基现金流转税、国内劳动成本扣除、废除国内工薪税实现。或者,如果无法消除国内工薪税,美国在纳税义务上就可以对工资成本进行扣除，就像对待竞争商品进口那样。

美国应与世界贸易组织合作伙伴密切配合。美国在产生潜在国际影响的税改中，当税改经济效益与世界贸易组织规则不一致时，应该与世界贸易组织主要成员国直接谈判。

世界贸易组织协商机制有两种不同途径。一是修改现有协议。二是请求世界贸易组织的豁免协议。以前这样的豁免事件发生过。在这两种谈判策略中，如果在短期内，税改对贸易有不利影响，美国必须补偿贸易伙伴。由于世界贸易组织允许重新谈判，美国应该考虑其他国家采用目的地税基现金流转税和边境税调整政策的可能性。

无视世界贸易组织法规有可能招致报复。美国的合作伙伴会通过世界贸易组织争端机制和抵消性关税对美国进行数百亿美元的报复。这个问题迫在眉睫，预示着美国税法再次改革的时刻即将到来。任何税改都要开诚布公，切实和诚恳解读国际政策。由此看来，用强有力的承诺对待国际事务和贸易伙伴问题是美国最好的出路。

### 5.2.2.2 墨卡图斯中心质疑边境调节税给美国经济带来风险

美国税法亟须简化。游说组织墨卡图斯中心发表论文指出，以绵密、复杂而臭名昭著的联邦税收制度严重扭曲了个人与企业决策及资源分配，阻碍了创造就业机会，也阻碍了经济增长和财政收入增长。而任何成功的税收制度都应有如下四大特点。[1]

第一是简便。复杂的税收制度使税收遵从成本过高，同时也鼓励了避税行为。更简单、更透明的税法能促进税收遵从，增加财政收入。

第二是高效。现行税法通常在工作、储蓄、投资和创造就业等领域扭曲市场决策，阻碍经济增长。高效率的税收制度对于市场行为与财政收入的扭曲最小，为政府提供基本服务筹措资金。

---

[ 1 ]  Jason J. Fichtner, Adam N. Michel, Veronique de Rugy, Angela Kuck, "Getting to True Tax Reform in 2017: A Better Way", www. mercatus. org, 2017 - 04 - 18.

第三是公平。美国各收入阶层的人都认为税法不公平。这种看法很大程度上来自税法"漏洞"的影响,而有关税收条款恰恰是为了对特定个人和团体给予补贴或惩罚。"税收公平"应当减少或消除支持某类团体或某种经济活动的条款,特别是在同等收入者之间。

第四是可预测。税收确定性是经济增长与投资强劲的必要条件,提高竞争力以及经济增长的外部环境,需要税法提供短期、长期的可预测性。

众院共和党税改蓝图提出了改革联邦税法的完整计划。然而,边境调节税对美国经济带来了不必要的风险,应当加以规避。拟议中的边境调节税应当是一种新的财政收入来源,因为它并不会促进经济增长。决策者应当关注更传统的、促进经济增长的改革。

### 5.2.2.3　企业研究所认为边境调节税能增加万亿税收收入

新一届共和党政府扬起了基本税制改革的希望。[1] 美国游说集团墨卡图斯中心网站发表了美国企业研究所所聘研究员尤杰(Stan Veuger)的看法,他认为,特别是在企业税制改革领域,众院共和党税改专责小组蓝图已经展示了最具体并与政治相关的计划要点。这个激进的计划要把原来的企业所得税转型为目的地税基现金流转税,从根本上改革美国的企业税体制。按照这种新制度,消费者将决定商业活动是否应纳税,而不是由生产者地点决定。该计划还将通过豁免出口产品税、对进口商品重新征收 20% 税率的边境调节税(BAT),将税基调整为基于目的地征收。

在未来 10 年边境调节预计净增加 1 万多亿美元税收。这是由于在可预见的未来预计美国将出现贸易赤字,众院共和党企业税制改革计划利用这笔财政收入降低税率,否则就不会实现税收收入中性的税制改革。

对边境调节税需要进行研究。墨卡图斯中心的尤杰在一项新的政策研究概要中,讨论了边境调节税制转型及随之而来、意想不到的后果。尤杰建议决

---

[1]　Stan Veuger, "Adjusting to the Border Adjustment Tax: Imperfections and Unintended Consequences", www. mercatus. org, 2017 - 03 - 16.

策者要认识到边境调节税的缺陷,并将现行企业税制与现实选择进行比较。

### 5.2.2.4 自由派学者认为边境调节税有助于美国提高竞争力

美国税制改革通常很少惠及普通工人。布鲁金斯学会经济学家卢尼(Adam Looney)认为,面对全球竞争,华盛顿吸引商业投资和利润的共识,是降低企业税率、取消海外利润与所得税、特赦藏匿在海外的数万亿未税利润,这是公然向商业利益妥协,随后众院筹款委员会主席凯文·布拉迪推出了边境调节税,这是使美国无须妥协便能保持竞争力的真正好主意,尽管它已被共和党国会领袖和白宫搁置,但比对美国经济和工人其他更好选项,边界调节税仍值得了解。[1]

众院筹款委员会在 2014 年尝试一种传统的低税率、宽税基企业税制。这是委员会前任主席戴夫·坎普提出的想法,后来国会税收联合委员会认为,税改将减缓经济增长、降低工资,在 10 年预算窗口期内企业税收入将减少约 8 000 亿美元。美国工人不仅要承担更高税负,工资也更少了。可见普通宽税基、低税率企业税制改革无法促进就业,也无助于工人阶级提高收入。其中的谬误是,堵住“漏洞”或税式支出可避免工人为企业减税买单。事实证明,在企业领域不存在什么大不了的漏洞,只有对国内投资的重大税收减免,即对设备、软件和机器的新投资,及国内生产活动的减免,为生产并进行存货的企业提供更好的会计方法。要想知道低税率如何影响工薪阶层,就要知道最大的输家是制造业,最大的赢家是金融业。

降低税率、扩大税基也无法让海外就业机会回流。这是基于类似原因,当然,跨国公司可能会花较少精力,将每个美元的应税利润从美国转移到低税率的爱尔兰。但税金取决于税收制度,企业是留在美国,还是在爱尔兰创立企业,或开设工厂则取决于税负,而不是税率和税收减免有何差别。如果目标是阻止企业通过倒置将其居住地搬至海外,或将利润或经营转移至低税率国家,

---

[ 1 ] Adam Looney, "Going to BAT for American workers: Why the border adjustment tax was a genuinely good idea", www. brookings. edu, 2017 – 07 – 28.

就必须解决企业为何向海外迁移,或到海外进行商业活动的问题。如果不让企业迁往海外,就要降低税率对海外所得征税,毕竟他们现在并没有照章纳税,而是企图减少所欠税款。

边界调节税是停止按企业利润来源地征税,而按商品销售地征税的改革。只要世界上还有低税率国家,就会有使企业留在海外生产,在美国进行销售的行为,而不是优先选择在美生产。然而,按照边界调节税思路,只要企业将商品销售给美国人就要纳税,不论产品和服务是在何处进行,或企业总部在何处建立。如果企业不向美国销售,他们就不用向美国纳税。如果企业在美国生产、在海外售卖,也免税。在这个世界上,美国的税率或是税收负担不再左右企业选址决策。如果美国对企业利润征税方式不转变,保护国内税基、鼓励企业留在美国就仍会是问题的核心。如果美国通过降低企业所得税方式同爱尔兰竞争,税收收入将下降,本已黯淡的联邦预算前景将更加黑暗。但在无法大幅降低税率情况下,为了鼓励企业留在美国,必须对国内企业严格限制。即使由财政部和筹款委员会官员制定的最好规则,恐怕也无法阻止企业倒置,而且好规则也无法适用于初创外国企业。正如凯文·布拉迪主席所计划的根据产品消费地对企业征税后,决策者得以保留或扩大国内投资税收优惠,税率可由联邦政府根据量出而入原则设定。据财政部初步估计,税收中性改革的税率仍可能低于现行企业所得税率。

### 5.2.2.5　布鲁金斯学会认为边境调节税有助于增加美国就业

应当认真研究众院议长保罗·瑞安的企业税改计划。布鲁金斯学会税收学家波曾(Robert C. Pozen)指出,几乎所有人都一致认为,现行课税体系对美国公司海外利润征税,恐怕会适得其反,与此同时,有关究竟应当如何做的党派之争如火如荼。随着共和党在国会与白宫占据主导地位,保罗·瑞安的计划很有吸引力。[1]

[ 1 ]　Robert C. Pozen, "Paul Ryan Preps Bold Corporate Tax Plan", www. brookings. edu, 2017 - 01 - 04.

联邦政府根据现行国际税法征不到税。由于美国公司的海外利润应依法缴纳35%的美国税收，而这一税率在工业化国家中最高。但实际上，直到美国公司将海外利润转回国内，才会支付这部分税款，所以现行税制的受益者，主要是税务师和会计师。美国公司在境外大约持有2.5万亿美元递延利润。美国财政部从海外利润中只能征收到很少的税收，而美国公司也不愿意将这部分利润投资回国。

"属地税"体制仅对美国公司的国内利润征税。数年来，不少共和党人不断鼓吹这一税制思想，"属地税制"（Territorial Tax Systems）对美国经济是灾难性的，因为美国公司将因此产生强烈动机，将实体及知识产权放在税率极低的国家和地区，例如百慕大或新加坡。

议长明智地提出了"边界调节"税收计划。据此回应性计划，对所有在美国境内生产的产品出口，免予征收美国企业税。这一豁免政策将明显弱化美国公司将产品转移到境外的动机。瑞安的计划还禁止美国公司扣除从其他国家进口的那部分投入。例如，如果沃尔玛从中国采购运动鞋，在计算沃尔玛的企业所得税时，则不能扣除这部分支出。瑞安的计划受到在美销售商品且商品高度依赖外国进口的零售商和其他公司强烈反对。

但是各方看法不一。一些评论强调，不允许扣除进口将导致含大量进口成分的商品在美国大幅涨价。如果美国公司不得不按照瑞安的计划计算出更高利润，并缴纳美国税收，这些公司将通过涨价手段，把税收转嫁给消费者。不过，也有经济学家坚称，涨价不会发生，因为理论上货币汇率将做出调整，以反映进出口差别。特别是进口商品的美元价格将下跌。但是事实上，我们不知道瑞安的计划会对汇率带来什么变化，而且区别对待进出口无疑将受到质疑，歧视是对世界贸易组织规则的侵犯。规则所允许的边界调节是多数欧洲国家使用的增值税。

而"边界调节"税不大可能是增值税。简言之，瑞安的计划是改革企业税的大胆尝试，意图为美国境内保留更多设施和就业岗位，不过仍有待修正，以制服国内政治对手和海外贸易批评者。

### 5.2.2.6　布鲁金斯学会建议边境调节税税率定为 35%

自上一次大衰退爆发以来,随着联邦政府财政越来越困难,税制改革成为共和、民主两党的共同口头禅,而所得税体制在实施一个世纪以后,也开始遭遇猛烈抨击,质疑与彻底改革呼声甚嚣尘上,目的地税基现金流转税思想随之浮上水面。然而,这一税制设想究竟多大程度上能够获得美国多数人认可还真难说。布鲁金斯学会财政专家盖尔(William G. Gale)为此专门撰文指出,共和党需调整边境调节税计划。[1]

众院共和党人希望以"目的地税基现金流转税"取代企业所得税。由瑞安议员与布拉迪议员领导的众院共和党人还希望,将企业税率从目前的 35% 降低到 20%,对其他企业,如独资企业和合伙企业,税率降低到 25%。另一个更好的办法,是以全新的目的地税基现金流转税制度替代目前已经破旧的企业所得税,而不必削减税率。

美国目前的企业所得税对经济有害。这是几乎每个人都认同的,根据企业所得税制,企业不允许立即扣除全部投资成本,企业所得税抑制了资本投资,从而降低了美国工人的生产力和工资。企业所得税允许公司扣除利息,却不允许扣除股息支付额,这又激励了企业过多借贷,而不利于提高股本。

美国企业税制激励了税务倒置行为。联邦政府对全球所得征税,但同时却允许境外所得税推迟到资金汇回美国前征收,企业所得税刺激企业将生产、所得以及公司总部迁往国外。据经合组织统计,企业所得税总体上对经济增长的不利影响,比个人所得税、工薪税或消费税更多。

降低企业所得税率会降低问题的严重性。那么为什么不降低目的地税基现金流转税税率呢?把设计周到的目的地税基现金流转税放在首位考虑,原因正是它可以避免当前企业所得税造成的问题。目的地税基现金流转税对货

---

[ 1 ]　William G. Gale, "The House GOP tax plan needs some tweaking", www. brookings. edu, 2017 - 02 - 24.

物和劳务征税，扣除生产成本，包括所有员工薪酬、新投资成本。目前，企业所得税只允许在数年内扣除资本投资，而目的地税基现金流转税则不同，它不会对美国的资本投资、生产或工薪征税。目的地税基现金流转税不同于企业税的是，它不会过度补贴借款，也不会激励企业将有利可图的经济活动、报告的利润或企业总部迁往国外。

这些正是目的地税基现金流转税极好的特征。但也正是我们无须降低目的地税基现金流转税税率的原因。现金流转税不会产生企业所得税问题，不需要用较低税率解决问题，向目的地税基现金流转税制度的改革已解决了上述问题。事实上，将现金流转税率设定为35%，而不是众院共和党人的20%或25%，这样做有几个优点。第一，如果企业税率降到25%以下，最高个人所得税率与企业税率就产生了很大差距，促使纳税人将工资归入营业所得，进行减税。变低的企业税率会给往期投资的当期回报带来更大、低效和不公平的意外收益。第二，也许更重要的是，把税率保持在35%而不减少将大大增加税收收入，有助于减小长期财政赤字。众院共和党计划的企业税在未来10年内将损失近9 000亿美元财政收入。全部税改计划将损失2万亿—3万亿美元财政收入，而将目的地税基现金流转税税率保持在35%，将会显著减少税收收入损失。事实上，目的地税基现金流转税的可贵之处在于，在不造成企业税收经济扭曲和效率低下情况下，能筹集大笔税收收入。

有人可能会反对使边境调节税更难处理的35%税率。（边境调节税是目的地税基现金流转税的一部分，功能上只对进口征税、对出口免税。）但是，很清楚的是，实施目的地税基现金流转税制度，无论如何，都需对进口商进行过渡性减免。所以，实施35%的税率而不是25%或更低税率，只不过稍微延长了税改的过渡期。

在实施现金流转税之前还有其他重大问题和障碍需解决。然而，目的地税基现金流转税解决了企业所得税带来的许多问题。这既是考虑采用这项制度的原因，也是不降低现金流转税税率，实现有利的经济成果的原因。

### 5.2.2.7　市场媒体认为边境调节税有十大优点

众院共和党人提议全面推进企业税制改革。美国媒体"*Real Clear Markets*"刊登的盖尔的分析报告指出,只有改革企业所得税制,对企业采用 20% 税率,对非法人企业采用 25% 税率,才能尽快废除当前按 35% 的税率征收的企业所得税,这是一种全新税制,叫作"基于目的地的现金流转税",能够实现边境调节,做到对进口征税,对出口免税。目的地税基现金流转税有很多益处,因此值得细细研讨。但此时此刻,这项框架建议却很费解。如下 11 个方面值得注意。[1]

第一,目的地税基现金流转税对全球投资者来说非常有吸引力。目的地税基现金流转税最核心的部分是尽快废除企业所得税,因此美国将是发达国家中唯一没有企业所得税的国家。

第二,目的地税基现金流转税的本质是增值税(VAT),但允许扣除工薪所得。除了美国,每个发达国家都既征增值税,又征企业所得税,美国则将用修正后的增值税代替企业所得税,它针对消费征税,而非针对收入,它与美国全国零售税有同样效果,但更好管理。

第三,目的地税基现金流转税不会扭曲投资或融资决策。这一点它不同于企业所得税,相反它还能消除对资本利得征税,公平地对待负债与股权。目的地税基现金流转税还能消除所有的转移定价问题,以及对离岸利润转移、离岸盈利活动的激励。

第四,目的地税基现金流转税消除了企业所得税的负面激励。所以,没有充分的理由将税率降低到 25% 或 20%。事实上,税率应当等于个人所得税税率上限,这样才能减少将工资收入按照企业所得重新分类的行为。

第五,基于边境调节的增值税并非疯狂而激进想法。它在税制中是自然且符合逻辑的组成部分。所有征收增值税的发达国家都采用边境调节措施。为了将税收集中对准国内消费,增值税应对出口(在国外消费)免于征税,对进口(在

［1］　William G. Gale,"Understanding the Republicans' Corporate Tax Reform",*Real Clear Markets*,2017 - 01 - 10.

国内消费)开始征税。这再次表明,目的地税基现金流转税与零售税极为相似。

第六,边境调节对国际贸易影响很小。有很多经济学家(但很少有非经济学家)认为,对所有进口商品征税、对所有出口商品免税将使美元升值。在目的地税基现金流转税条件下,进出口几乎被置于同等水平,都不征税。单独的边境调节并不打破贸易平衡。基于以上理由,国内物价水平预期不会发生改变。

第七,允许抵减工资使目的地税基现金流转税更具累进性。这是相对于增值税来说的,而目的地税基现金流转税只针对来自资本持有的资金征税,增值税则覆盖所有消费。这一新税种比现行企业所得税更具累进性,因为它促进了国内投资。当前企业所得税降低了人均资本与工资,所以不利于投资。

第八,目的地税基现金流转税会使某些巨大型、高盈利性出口商产生净负税收债务。这是个棘手的显见的难题,目的地税基现金流转税只会在这类出口商获得全额退税的情况下有效,即使这意味着财政部必须给它们全额退税,或立下保证。问题显而易见,因为很多人会认为巨型盈利强企业将被征税。目的地税基现金流转税还会提高进口商税负。然而,这只是观念问题,边境调节不影响出口商或进口商的税后利润,因为会有汇率变动。

第九,边境调节及由此产生的汇率升值将降低美国海外投资价值。这属于派生问题。

第十,世界贸易组织允许增值税调节边境,但不允许所得税边境调节。这是目的地税基现金流转税的另一个缺点,允许扣除工资使目的地税基现金流转税很像所得税,比如按照企业所得税,工资所得可扣除。所以多数专家认为,这使目的地税基现金流转税与世界贸易组织规则产生抵牾。如果属实,这种税制要么就要设计对工资所得的全新扣除机制;要么放弃工资扣除,使目的地税基现金流转税更接近增值税,使其累进程度更高;或放弃边境调节,但这会再次刺激企业将利润和生产活动转移至海外。

最后,它将增加公共债务,即使再加上某些特定的企业所得税收入来源。如果对改革进行动态评价,财政收入减少得慢一点,但总体来看,该建议仍是非常大的减税措施,未来 10 年上述企业所得税改革将使联邦政府减少 9 000 亿美元静态收入。粗略估计,只有将所有企业的目的地税基现金流转税税率设置为 30%,才会消除财政缺口。但这个税率还是比当前的企业所得税税率或个人所得税最高税率要低,因此,就算目的地税基现金流转税税率高点,再附加降低最高税率个人所得税税率政策,就能使最高个人所得税和企业所得税均等,实现税收中性、无扭曲。

改革企业所得税的时机已经成熟。而目的地税基现金流转税税制正是启动必要讨论的绝佳途径。

### 5.2.2.8　美国企业界建议降低税率并实施边境调节税

众院筹款委员会举办了一系列税改听证。税收专业网站全球每日税务新闻(*Global Daily Tax News*)报道说,在 2017 年 5 月 18 日的听证会上,全体筹款委员会一致听取了商界代表与税收联合委员会的意见。AT&T 公司首席财务官斯蒂芬(John Stephen)强调说,税制改革不应是临时性的,改革的"持久性非常重要。(持久的税改)能保证我们进行一致的、重要的资本投资"。[1]

共和党改革计划必须保证税收中性。此举是为了满足总数为五分之三(多数)的国会议员要求(政治上难以实现的),任何增加联邦赤字的税改计划将无法得到国会通过。利益集团税收基金会指出,正如以前预测的那样,此次改革无法实现税收中性,而且,税收基金会建议,共和党与特朗普当局提出的改革蓝图需要制定财政收入抵消措施。

民主党议员发表了不同意见。据彭博社(Bloomberg)报道,马萨诸塞州民主党资深议员尼尔认同进行税改的必要性,但他也表示,"民主党反对任何帮助富人致富、反对任何不为真正需要帮助的人做事儿的税改计划"。艾默生电气首席执行官、美国全国制造商协会(NAM)董事会主席法尔(David Farr)说:"低税率将使制造业更具竞争力、鼓励更多企业来美境内投资、增加就业和促进经济增

---

[ 1 ] "Ways And Means Hear From Businesses On Tax Reform", *Global Daily Tax News*, 2017‑05‑22.

长。(边境税制度)将增加美国国内就业,促进出口,提高美国基础供应商实力,并使美国的境外投资回流。低税率还会降低税后资本成本,推动投资增长,促进经济增长,带来就业增加。"

商界代表对税改持保留意见。标准普尔全球首席执行官彼得森(Douglas Peterson)说:"改革延误造成的成本也是投资成本的一部分。如果延误的结果是我们没有看到更低的税率,也没有实施边境税制度,那么我们将会看到,有更多公司寻找转移投资机会,它们的海外现金不会流回国内。在我们这个行业,就有个公司在海外投入了 33 亿美金。我们(美国)没有任何可能促使现金回流"。众院筹款委员会还将于 5 月 23 日举行另一个提高美国竞争力和预防美国工作机会流失海外的听证会。

## 5.3　企业所得税改革

### 5.3.1　联邦议程

#### 5.3.1.1　特朗普税改核心是 15% 的企业税并向辖地税制转型

2017 年 4 月 26 日特朗普团队终于在执政满百日之际,公布了简要的税制改革计划,针对朝野的质疑,由白宫与财政部核心官员出面加以释疑,其中所谓"互惠税"、行政当局与国会的合作、新的避税产生以及附带权益问题颇受重视。[1]

特朗普当局已发布了 15% 的企业税与进行辖地税制改革计划。根据这项计划将征收 15% 的企业税,并对美国公司的海外收入征收一次性税收。财政部长姆努钦表示,上述针对海外公司盈利的"遣返税"税率连同其细节将与国会进行协商。联邦政府行政当局首次呼吁,应进行辖地税制改革,对海外所得进行征税。特朗普在 2015 年总统大选期间,曾呼吁消除改革障碍,改革美国的全球征税制度,但在前一段时间,他却未曾表达对这个问题的看法。在 2017 年 4 月

---

[1] "Trump tax plan calls for 15% business rate, territorial tax system", *EY Tax Alerts*, 2017 - 04 - 28.

26 日白宫召开的新闻发布会上,财政部长姆努钦与全国经济委员会主席科汉都没有提到众院的边界调整税方案。

新发布的税改大纲有所修改。个人所得税税率设定为 10%、25% 和 35% 三档。之前国会共和党的税改方案提出,税率设为 12%、25% 和 33% 三档。特朗普的此次税改提案已与国会众院的税收改革蓝图相同。行政当局的计划要求取消除房贷利息和慈善捐款以外个人纳税扣除政策,并要求废除可替代最低税(AMT)政策,取消遗产税政策。姆努钦部长说:"在个税改革方面,我们将取消除房贷利息和慈善捐款外,所有个人所得税减项额。我们认为,这就是全面改革。"根据其计划要求,还将个人标准扣除额增加 1 倍。最高资本利得税将保持在 20%,同时废除 3.8% 的奥巴马医保税。行政当局在发表的简报中称:"特朗普当局在整个 5 月都要举办听证会,听取利益相关者的意见。行政当局还将继续与众参两院合作,商定税改计划细节,争取制定出一份大规模减税、创造就业机会,使美国更具竞争力、两院都满意的税改计划。"

共和党议员联合声援特朗普税改。在行政当局发布通告以后,众院议长、威斯康星州共和党议员瑞安,参院多数党领袖、肯塔基州共和党议员麦康奈尔,众院筹款委员会主席、得克萨斯州共和党议员布拉迪与参院财政委员会主席、犹他州共和党议员哈奇发表联合声明称:"今天特朗普当局提出的税改原则将作为国会和行政当局共同改革美国税制的重要指针。我们将确保中产阶级家庭和就业创造者更适合现今 21 世纪的经济体。低税率能使个人与家庭保留自己来之不易的金钱,并赋予他们投资未来的能力。降低美国企业税率,无论规模大小都将创造新的就业机会,使美国成为一个更诱人的经商之地。我们着眼于公平与简化,相信我们能够以促进经济的方式,重建我国税法,更好地促进储蓄和投资,为我国的就业创造者提供竞争优势,并推动美国更加繁荣。"

民主党议员反对这项税改计划。参院财政委员会资深议员、俄亥俄州民主党人怀登发表声明称:"这是一个毫无原则的税收计划。这个计划只对美国百分之一的人减轻赋税;它使总统的承诺前后矛盾;它给美国带来了沉重的债务负担；它给劳动人民只带来了'面包屑'。这项税改并未像承诺的那样，提供一个真正的税改计划，联邦政府正在向幸运的少数人提供'蛋糕'。"

行政当局与国会就税改基本达成共识。财政部长姆努钦重申，行政当局喜欢国会的辖地税制方案，但却不喜欢其他政策。他说，行政当局告诉国会议员，税制改革计划不会以现有的形式退出。但他们希望，在税改计划上与国会合作。国会众院议长瑞安声称，他承认边境调节税方案必须修改以避免冲突。此外，白宫与国会已就80%的税收改革计划达成共识。

### 5.3.1.2 特朗普税改问计企业家

特朗普会见了通用汽车、国际商用机器（IBM）、沃尔玛公司巨头。[1] 这是特朗普就职典礼后，再次寻求私人部门建议、为"国家重建"计划筹措资金。特朗普承诺，将为修建桥梁、改进电网和互联网、机场现代化、重修退伍军人医院提供1万亿美元公共与私人投资。特朗普还想通过简化所得税、削减联邦法规、降低企业所得税率、开征新税，促使公司企业将其生产保留在美国或转移回美国本土。而自特朗普上任以来，他已与首席执行官（CEO）们举行了多次会议。

首席执行官是特朗普"战略与政策论坛"的有机部分。"战略与政策论坛"于2016年12月设立，2017年2月3日首席执行官与总统会过一次面。商界领袖来自不同行业，分小组与交通部长赵小兰（Elaine Chao）、环保局长斯科特·普鲁特（Scott Pruitt）、商务部长威尔伯·罗斯（Wilbur Ross）、教育部长贝齐·德沃斯（Betsy DeVos）及白宫预算主任米克·马尔瓦尼会谈。与商务部长威尔伯·罗斯会谈的有沃尔玛总裁麦克米兰（Doug McMillon）和百事可乐总裁卢英德（Indra Nooyi），与环保局长普鲁特会谈的有通用汽车总裁玛丽·巴拉（Mary Barra）、波托马克（Patomak）全球合伙企业总裁保罗·阿特金斯（Paul Atkins），以及前美国证券交易委员会主席，与交通部长赵小兰会谈的包括特斯拉总裁埃隆·马斯克（Elon Musk）。

---

[1] David Shepardson, "Trump to Meet U. S. Business Leaders on Infrastructure", http://www.investopedia. com, 2017 - 04 - 10.

美国私人投资支持重建基础设施。全球最大的投资管理公司黑石集团总裁拉里·芬克（Larry Fink）向全体股东号召，支持特朗普政府未来推出的"10 年1 万亿美元"基础设施投资计划。但企业家们指出，修复摇摇欲坠的道路和桥梁远远不够，还要专注于重塑基础设施，而不仅仅是修复。特朗普已向纽约地区约50 名首席执行官推销基础设施项目，美国全国经济委员会主任加里·科汉提出将空中交通控制私有化。

参加会谈的其他首席执行官还包括安永顾问公司、波士顿咨询集团、克利夫兰诊所及基础设施投资基金，全球基础设施合伙企业。

### 5.3.1.3　参院共和党议员力推小企业减免税

《当前新企业投资与经济繁荣法案》（INVEST）将增强小企业税收优惠。[1]这项独立法案将简化会计准则、改革税法，帮助中小企业主快速收回投资成本、确认税收可抵扣业务费用，将加快财产、设备、存货和其他常见业务投资的成本回收。具体来说，第一，开办成本，将可扣除金额增加到 5 万美元，使新企业开办与组织费用成本化，额外费用在 10 年内扣除，比以前减少 5 年时间。第二，简化会计流程，将现金收付法扩大到过去 3 年总收入在 1 500 万美元及以下企业；简化中小企业库存会计，使库存可以立即扣除，库存企业如果使用现金收付法也符合条件；允许更多小型建筑公司简化完成合同法核算。第三，对于费用化和成本回收，将第 179 节费用限额增加到 200 万美元，并逐步取消 300 万美元以上投资的优惠。费用化将适用于更广泛的财产设备，包括屋顶结构、暖通空调与租赁物业。在第 179 条不适用情况下，对合格财产投入使用后第一年额外的 50% 折旧扣除永久化。第四，将农牧场无法费用化的农机设备折旧期限从 7 年减至 5 年。对于商业车辆，将公司在 6 年内扣除载人车辆的金额增加到 5 万美元，还可以在第一年申请全额 50% 的费用化，最高达 2.5 万美元。第五，允许获得无形财产的企业在 10 年内收回投资，缩短 5 年时间。

---

[ 1 ]　"Republican Bill Tabled to Increase Tax Relief For SMEs", *Global Daily Tax News*, 2017 - 05 - 19.

参院财政委员会委员约翰·图恩（John Thune）对法案发表看法。他说，经济强劲、可持续，从创造一个促进中小型企业蓬勃发展的良好发展环境开始。多年来，美国企业和消费者遭受过度监管，政府优先考虑就业机会、工资和经济的增长，阻碍了企业扩大业务，也阻碍了投资新企业。

### 5.3.1.4　众院发誓必须终结"美国制造"税

宏伟的美国税改蓝图将促进就业和经济增长。众院筹款委员会认为，最有利于经济增长的行为之一就是终于要取消自我强加的对出口产品征收"美国制造"税，"美国制造"税是当前税法落后处之一，它使得外国商品占尽了美制商品、服务和知识产权优势。[1]

根据美国现行税制，进口不征税，出口征税。以下举个简单例子，说明"美国制造"税如何帮外国竞争对手沾美国企业和工人便宜：假设有两家跨国企业，一家在美国俄亥俄生产拖拉机，另一家是在德国生产拖拉机的欧洲对手。由于当前有美国税法强加的"美国制造"税，俄亥俄这家在本土生产，并在欧洲销售的企业的每辆拖拉机都要征税。同时，欧洲竞争对手在德国生产，并在美国销售的拖拉机并不需要征税。总之，"美国制造"税名副其实，只要在美国制造的产品售往国外都要征税，而外国商品售往美国则无须征税。这样，现行税法就会给企业将公司运营和人员就业转移至海外提供了直接借口。毕竟，只要不是在"美国制造"的，就不用征收"美国制造"税。

必须取消对美国商品出口强加的"美国制造"税。这是个大胆的方案，它有助于美国的企业和工人在全球任何地方都具备竞争力并获得成功。以下三点表明，终结"美国制造"税对美国企业、工人和社区来说都是胜利。第一，为美国雇主和工人提供公平竞争环境。美国有着世界上聪明、具有创新意识的小企业及其工人，为本土销售制造的产品常常成为全球产品的标杆。这就是处于公平竞争环境的美国企业总是成功的秘密，但如今"美国制造"税成了阻碍雇主和工人

---

[ 1 ]　"Ending the 'Made in America' Tax: Three Major Wins for the American People", www. waysandmeans. house. gov, 2016 - 12 - 21.

的障碍,糟糕的是,这还是美国人强加给自己的。消除"美国制造"税,可大大改善美国工人和制造业竞争环境,美国企业也不必在竞争方面再留一手了。与此相反,竞争会体现在价格、质量和服务上,"美国制造"的产品及企业和工人都难以战胜。第二,吸引投资并创造就业机会。也就是说,如果你想要某种产品产量少一点,那你就对它征税吧,这就是"美国制造"税,它完全是倒退,不断将研发、投资和良好的工作机会逐出社区。为了再次推动美国经济增长,美国需要一套现代税制,为雇主和工人们创造更多机会。美国需要一套现代税制,鼓励企业多向世界各地的更多消费者销售产品。美国在全球市场的成功在国内创造了就业机会,促进了经济增长。共和党人致力于将终结"美国制造"税作为全面、促增长的税改计划的一部分。终结"美国制造"税与税改蓝图的历史性结合,不仅能阻止企业移往海外,还将使美国成为 21 世纪吸引投资、创造就业机会的"磁铁"。第三,打造 21 世纪的现代国际税制。美国的国际税制在全球是最复杂、成本最高、最不具竞争力的,这不仅使美国企业竞争难、成功难,还使得美国无法吸引商业机会。消除"美国制造"税将消除过时的、烦琐的、将置自己于全球市场不利地位的国际税收规则。最终,在 21 世纪将会形成更简单、更现代化的国际税制,给美国企业、产品、工人更大机会,通过决胜国际市场,支持美国国内经济增长。

美国的主要对手早就放弃出口产品税了。现在美国也该这么做。美国必须终结自我强加的"美国制造"税,这对美国经济和各行各业的美国人来说,都是胜利。

### 5.3.1.5　众院筹款委员会听证小企业利息扣除问题

众院筹款委员会在 2017 年 7 月 13 日举行小企业税收政策听证会。[1]DGG 公司总裁特雷莎·米尔斯(Teresa Meares)、农场老板斯科特·万德维尔(Scott E. VanderWal)、某企业首席执行官瑞贝卡·伯尼克(Rebecca Boenigk)、税

---

[1]　"Ways & Means working to address small business tax concerns, Roskam says", *EY Tax Alerts*, 2017 - 07 - 17.

收专家黄志静（Chye-Ching Huang）参加听证。小企业降税、利息扣除政策以及加速折旧政策是小企业普遍关心的问题。筹款委员会税收政策小组主席彼得·罗斯坎普说，净利息费用扣除支持，应规定允许小企业继续扣除业务相关债务利息，众院共和党税改蓝图提出取消净利息费用扣除政策，但也需制定反滥用规则，加上当前美国税基不断削弱，证人们对外国的竞争非常关注。在证词中，特雷莎·米尔斯、斯科特·万德维尔、瑞贝卡·伯尼克都有发言。黄志静认为，共和党人目前降低企业税率最有利于富人，如对冲基金经理、投资银行家和房地产投资者，以及通过将他们的薪水转变为通过收入从而避税的高收入者。很少有典型的普通小企业会得到好处。而且实行辖地税制对美国国内小企业无益，实际上可能会伤害它们。

众院农业委员会的听证会比较关心农场融资问题。众议员克里斯蒂·诺伊姆以及苏珊·德尔本都曾表示，对于保留农业利息费用扣除政策十分关心，因为农场主通常借钱购买土地、机械、种子、化工产品、化肥，并且面对天气和害虫等因素，所以农业是资金密集型、不可预知因素很多的行业，制定融资政策是非常必要的。对于利息扣除，斯科特·万德维尔说，大部分农场在最初阶段要涉及借款难题，所以利息扣除政策对于支持小农场很重要，要考虑土地交易的使用，使农民在城市扩张时代能够继续发展农业。

小企业的费用化政策非常管用。众议员戴夫·赖克特（Dave Reichert）与特雷莎·米尔斯就这个政策进行了对话。众议员乔治·霍尔丁（George Holding）与斯科特·万德维尔则希望美国企业和农民更具竞争力，由于其他国家有边境调节政策，所以进口到美国的商品有价格优势。

### 5.3.1.6　美国国税局不许通过工资分配研究支出

纳税人通过计算内部研究费用分配工资的方法不当。首席法律顾问办公室在实地咨询中确定，纳税人使用这种分配办法并不比税法第 1.41 - 2（d）（1）条规定的政策更加恰当。使用项目随机抽样外推法，却放弃"实际花费时间"法，其成本与研究本身资格都不同，这方法不合适。由于增加了小企业工资税中研发费用抵免,确定研究支出越来越重要。从 2015 年 12 月 31 日后一个纳税年度结束后开始,合格小企业可以选择将其部分研究费用抵免雇员 6.2% 的工资税。[1]

纳税计算方法。纳税人经过数次估计相叠加,将雇员工资分为合格与不合格,从而获得内部合格研究费用。第一步,公司主管通过认定,提供合格雇员和个人服务时间,估计合格服务总工资。第二步,上一步估计数,乘以据称包括在活动上花费的所有时间,这些活动可能类似合格服务,但不涉及合格研究。

美国国税局的观点。对具体项目而言,纳税人无法确定员工哪部分时间是合格服务,因为信息缺乏跟踪。然而,纳税人却估计,每个员工花了多少时间才完成合格服务。然后,为了调整信息跟踪缺乏,纳税人分析雇员研究项目的随机样本,以确定项目某些部分的合格服务时间。

纳税人对合格研究费用(QRE)占比的计算结果只是基于合格研究项目的部分分析。然而,纳税人的某些项目成本高于或低于其他企业,且项目内容之一包括合格研究,并不意味着同样这部分费用是合格研究费用。

## 5.3.2　利益集团诉求

### 5.3.2.1　经济政策研究所披露美国企业实际税负为 13%—19%

共和党决策者对企业税率是过高或过低进行了讨论。美国经济政策研究所布莱尔(Hunter Blair)最近指出,联邦企业税的实际税负仅仅为名义税负的一半,而且,特朗普与国会目前推出的辖地税制改革可能会造成美国税制的更大漏洞。那些希望给公司更多减税者认为,美国 35% 的法定税率全世界最高。这是误导,因为公司有效税率要低得多。企业税法漏洞百出,最明显的是,现行税法允许大型跨国企业对离岸利润缴税无限期推迟。据国会预算办公室报告,企业税率低

---

[ 1 ]　"IRS Rejects Taxpayer's Method of Allocating Wages for Research Credit", *Earnest & Young Tax News*, 2017 - 05 - 08.

于 35%。[1]

美国企业税率实际上只有官方税率 35% 的一半。请看如下美国企业法定所得税率和企业实际平均税率的三个估计。虽然由于数据限制，很难得出结论。但是，用不同方法多次研究发现，有效联邦企业税率为 13%—19%，实际税率比公司应纳税率低得多。

| 来　源 | 税　率 |
| --- | --- |
| 法定税率 | 35.0% |
| 实际税率［美国公民税收正义组织（CTJ）估计］ | 19.4% |
| 实际税率［祖克曼（Zucman）估计］ | 12.5% |
| 实际税率（政府审计办公室估计） | 14.0% |

改革税制将弥补递延漏洞，确保大型跨国企业继续避税。但特朗普当局相反已转变其承诺弥补递延漏洞的立场，并且国会共和党人倡导辖地税制，将不再对跨国公司的离岸利润征税。辖地税制的核心使递延漏洞变成永久性的制度规定。

这将造成巨大的财政收入损失。大型跨国企业怀揣着国会通过遣返税"假期"期望，利用当前的递延漏洞，预留了 2.6 万亿美元的海外利润。如果这个递延漏洞变得永久性的，企业税税基可能进一步削弱。如果美国大打一场追回大型跨国公司避税的真正税改，那么就能从这场税改中获益。然而特朗普当局却准备使税收递延漏洞成为永久性的，而且还要为富人开辟新的漏洞。如果决策者想要通过税改帮助劳动人民，他们将必须弥补漏洞，使公司按照公平份额缴税，扩大税基。

### 5.3.2.2　美企业所得税繁重而扭曲等同于"美国制造税"

国外制造品与美国制造的出口产品如何征税？美国自由派研究机构墨卡图

---

[ 1 ]　Hunter Blair, "Corporations pay between 13 and 19 percent in federal taxes—far less than the 35 percent statutory tax rate", www. epi. org, 2017 - 08 - 10.

斯中心发表了财政专家德鲁吉的观点指出,是否以边境税基现金流转税与边境调节税替代现行企业所得税,正在进行大争论。支持意见认为,外国的增值税使海外企业比美国企业更具优势,而边境调节税可以纠正这一不利。有关争论提出,比如某法国企业向美国出口产品,不仅不向美国缴纳企业所得税,还能获得法国增值税退税。相反如果某美国企业向法国出口产品,那么美国企业则要缴纳两种税,即美国企业所得税以及法国增值税,法国增值税在产品销售时缴纳。[1]

这个观点混淆了消费税和所得税。关键在于,各国产品进行竞争时,竞争环境是否公平。事实上,各国竞争环境很公平。当法国企业向美国消费者出售产品时,要缴纳法国企业所得税。美国企业在国内销售时,要支付企业所得税,没有增值税。即美国的竞争环境很公平。美国企业在法国销售产品时会发生什么呢?联邦政府将征收企业所得税,法国政府征收增值税。法国企业在法国国内销售时,要支付本国企业所得税、增值税。法国竞争环境也很公平。

美国企业确实面临税收劣势。但这是美国繁重而又扭曲的企业所得税制造成的,使美国企业与外国竞争更加困难。由于美国的税收政策不好,不管美国企业与哪个发达国家竞争,都面临比其竞争者更高的企业所得税率。这才是真正的"美国制造税",而不是其他国家的增值税。

### 5.3.2.3　美国对外国投资企业实际税率达 29%

在美国注册成立的外资企业的企业税比法定最高企业税率低 10%。据国会预算办公室的最新研究显示,2012 年,外国在美公司平均企业税率是 29%。与此相比,同年最高法定税率为 39.1%,其中包括 35% 的最高联邦所得税与州最高平均法定税率之和。此外,研究还发现,同年在美公司的有效税率是 18.6%。有效企业税率是国会预算办公室衡量公司边际投资回报率的税负指标。[2]

---

[1] Veronique de Rudy, "Why There is No 'Made in America' Tax?—How Foreign-Made Imports and American-Made Exports Are Taxed", www. mercatus. org, 2017－05－25.

[2] "CBO Compares Corporate Income Tax Rates", *Global Daily Tax News*, 2017－03－14.

在 20 国集团国家中，美国 2012 年法定企业所得税最高，排行第三，仅次于阿根廷（37.3%）和印度尼西亚（36.4%）；有效企业税率排名第四，仅次于阿根廷（22.6%）、日本（21.7%）和英国（18.7%）。在 20 国集团中，俄罗斯、沙特阿拉伯和土耳其的法定企业税率都较低，英国最低，平均企业税为 10.1%。意大利有效企业税率为−23.5% 的负值，很独特，这是因为自 2012 年以来，意大利税务系统对公司股本提供了津贴，允许公司采取与利息支付扣除类似的权益。

公司平均税率和公司有效税率是衡量一国企业税整体的更好指标。国会预算办公室分析表明，企业所得税影响公司决策，因为公司平均税率和公司有效税率范围广泛，反映了税收增长率、投资刺激、附加税和避税机会等因素。公司往往根据平均企业税率考虑长期投资；根据有效企业税率考虑是否扩大现有项目投资。

### 5.3.2.4 税收基金会比较企业税率和穿透性税率

税务学界对穿透企业税收如何合理征收长期争论不休。美国游说组织税收基金会专家格林伯格（Scott Greenberg）就此发表了看法。近年来，一些国会议员提出对穿透企业，应以与其他企业相同的税率征税，即"税率均等"。但是，这种方法不一定会给企业创造公平的竞争环境。最近国会众院筹款委员会税收政策小组听证探讨美国税法对小企业的影响，问题涉及多数小企业，小企业通常被分类为穿透企业，并不受企业税约束，也就是说，小企业是根据所有者的收入，而不对企业本身征税。[1]

美国多数企业并不受企业税约束。相反，这些公司将收入"透给"公司所有者，公司所有者将企业所得按照个人所得税申报表申报。这类公司包括合伙关系企业、S 型企业、个体户和绝大多数有限责任公司，统统称为"穿透企业"。他们的共同特点是只缴纳一种税收，即对企业所有者征税，不对企业征税。所以，穿透企业所得税完全取决于公司所有者的税级。例如，一个家庭独资餐馆，该家

---

[1] Scott Greenberg, "Should the Corporate Rate and the Pass-Through Rate Be identical", www. taxfoundation. org, 2017 − 07 − 13.

庭属 39.6% 税级,并需缴纳 3.8% 的净投资所得税。如果餐馆赚 5 万美元,该家
庭需申报个人所得税,而 5 万美元的营业收入则以 43.4% 的边际税率征税。

对 C 类企业则最多可双重征税。当某 C 类企业有了所得时,它当年需缴纳
企业税 35%,企业股东以股息或资本收益形式获利时,联邦政府征收第二重税
23.8%,这样公司总的联邦税率可能高达 50.5%。

表 5-3　穿透企业与 C 型企业的现行税率

|  | 穿透性企业 | C 型企业 |
|---|---|---|
| 企业一级税率 | 无 | 35% |
| 企业所有者一级税率 | 最高 43.4% | 最高 23.8% |
| 企业所有者征税时机 | 赚取利润时 | 派发股息或资本收益时 |
| 获得利润时立即征税的最高税率 | 43.4% | 35% |
| 最高联邦税率(综合) | 43.4% | 50.5% |

那么成立穿透企业好还是 C 类公司好?根据现行法律乍一看,C 类企业可
能获得更好待遇。毕竟,当穿透型企业盈利时,企业的所有人立即以 43.4% 的最
高税率纳税;当 C 类企业获得利润时,其收入按照 35% 的最高税率纳税。然而,
当考虑到对 C 类企业利润的双重赋税时,情况就不一样了,因为其最高税率高达
50.5%,明显高于穿透型企业 43.4% 的最高税率。

那么在现行税法下是否穿透型企业处于弱势呢?多数议员认同,联邦税法
对企业的法律形式无倾向性,不应该对某类企业给予税收优惠。然而,目前这一
原则如何应用于穿透型企业和 C 类企业尚不明确,而哪一种企业更有利值得商
榷。国会至少可以得出两个矛盾的结论:第一,"国会的首要任务是降低企业所
得税,减轻对 C 类公司不利的双重征税 50.5%,而穿透型企业最高税率仅为
43.4%。国会削减企业税目的是好的,但应主要关注 C 类企业税收的不利因素,
消除与穿透型企业的差距,C 类企业的综合税率与穿透型企业的最高税率
(43.4%)应当持平"。第二,"根据现行税法,穿透型企业才真正处于不利位置。
C 类企业理论上虽然受到双重赋税约束,但对股息和资本收益税会推迟,而且不

适用所有股东，所以税率 43.4%，而 C 类企业税率为 35%。可见国会的首要任务是降低穿透税率，直到与 C 类企业税率 35% 相同"。

以上两种观点都有可取之处。例如，不是所有 C 类企业所得都被双重征税，有的 C 类企业所有人免除了股东税，如享受税收豁免的非营利组织与外国个体户。股东税在一定程度上可选择，即企业可以选择股息何时发放、何时兑现资本收益，这样就降低了综合税率。然而根据现行法律，C 类企业比穿透型企业税收优惠少。研究表明，C 类企业所得税税率平均高于穿透型企业。此外，过去 30 年来，穿透型企业的快速增长恰恰证明，成立 C 类企业存在重大的不利因素。总之，穿透型企业相比于 C 类企业实际上处于不利地位的说法难以成立。

如果穿透税率与企业税率相同会怎样？假如国会将企业所得税降到 28%、个人所得税降至 28%，税法其他部分不修改。从一个角度看，这将实现穿透型企业和 C 类企业的"税率均等"。如果穿透企业和 C 类企业某年同时获得所得，两者的边际税率都是 28%。但 C 类企业的利润分配，要么股东从公司获得股息，要么以资本收益方式出售股票。无论哪种方式，都将面临双重征税，总体税率将显著提高。因此，所谓"税率均等"不会实现穿透型企业和 C 类企业的平等。相反，使 C 类企业处于税收劣势，税法本质上偏离了无倾向性初衷。

如果国会为穿透型企业单独制定税率表会怎样？有的议员提议，为穿透型企业的家庭收入设立新的最高税率，这种做法引起担忧。自 1913 年联邦政府开始征收所得税以来，穿透型企业税率与工资、薪金和其他所得税率相同。因此，降低穿透型企业税率的直接方法是部分或全部减少各个等级的税率，几十年来国会 1981 年、1986 年和 2001 年的税法多次通过降低普通所得最高税率减轻穿透型企业税负。

然而降低个人所得税代价高昂。大幅削减 39.6% 的最高税率使联邦财政收入大大减少，因此，有的议员提议对穿透型企业的家庭所得设立最高税率，降低穿透型企业的边际税率，这将是美国首次为穿透型企业所得设立单独税率。例如，布坎南（Vern Buchanan）众议员提出，捆绑穿透型企业缴纳的最高税率和企业所得税的税率。根据他的法案,如果国会将企业所得税税率降低到 28%,那么穿透型企业缴纳的最高税率也会自动降低到 28%。然而这种方法会增加一些顾虑。首先,立法者必须就为什么企业所得税的税率应低于工资和薪金所得的税率作出解释。其次,除非存在着强有力的反滥用规则,对穿透型企业收入的较低税率可能会促使纳税人采取避税的行为,将他们的工资和薪金重新分类为"企业收入",以便利用较低的穿透性税率。

因此,那些希望穿透性税率和企业税率相同的立法者们陷入了困境。如果他们选择减少所有普通收入的税率来达到降低穿透税税率的目的,他们可能冒着大幅减少联邦收入的风险。如果他们选择设立一个单独的税率表来达到降低穿透性税率的目的,他们可能面临了哲学和实践上的难题。

这对未来意味着什么?在税法改革法案中,如何平衡穿透型企业和 C 类企业是一个非常困难的问题。因为美国有两个有效且独立的企业税法,适用于不同的集团和企业,人们很难在企业的法律形式之间实现完美的税收无倾向性。企业税法是立法者改革最重要的领域,而美国企业的边际税率确实过高。然而,根据上述的分析,可能出现这样的情况:税改法案的总体结果降低了企业所得税税率,使其远远低于穿透型企业所面临的最高税率。

立法者不应该立即拒绝一个这样的法案。毕竟,人们有理由相信在现行法律下 C 类企业比穿透型企业面临着更高的税负,因此改善 C 类企业的税收状况将意味着联邦税法更能实现税法在企业的法律形式之间无倾向性的目的。而且,就算最坏的情况发生了,大多数穿透型企业也能够转换成 C 类企业,以避免税收改革给其带来的不利税收位置。更广泛地说,立法者应该研究如何使 C 类企业和穿透型企业的税收待遇更紧密地结合。这样的一套方法被称为"企业整合",它将取消对 C 类企业的双重赋税,使它们获得更类似于穿透型企业的税收待遇。也许,通过重新考虑联邦企业税法的基本结构,国会议员将能够给美国的所有企业更公正的税收待遇。

### 5.3.2.5 税收基金会要求改革研发费用税收抵免

随着国会考虑实施全面税制改革,散布在美国税法中的一些扣除和抵免将被重新评估并考虑取消,为的是抵消降税成本,简化整体税法。其中一个比较突出的抵免是研发费税收抵免,该抵免于 1981 年通过,以鼓励私营企业开展研究。然而,这一抵免的部分支持者实际上提出要将其扩大化: 目前扩大研发费税收抵免的两项两党法案已递交,信息技术和创新基金会(ITIF)发布了一项呼吁国会保留并扩大该项抵免的报告。对此美国税收基金会专家特雷霍斯(Jose Trejos)发表了看法。[1]

信息技术和创新基金会的报告认为,由于研发中所体现出的正外部效应,研发费税收抵免应当被保留。信息技术和创新基金会认为,通过"正外部效应",研发活动不仅仅有利于每个企业的利润,还能为整个社会提供更广泛的效益。因为在决定是否要花费更多的资金用于研发时,企业可能不会考虑到这些广泛效益,风险存在于: 企业将会减少对社会福利研究项目的投资,整个经济的研究数量的不那么理想。比如,信息技术和创新基金会所引用的一项研究预测,20 个著名的私人研究项目的平均个人回报率为 26%,相比之下,改进产品和使用资源的社会回报率为 99%。据信息技术和创新基金会等研发费用税收抵免倡导者的说法,通过增加企业从研发投资中获得的收益,税收抵免可以部分纠正市场失灵。

研发费用税收抵免的关键问题之一就是该条款的复杂性。研发费用税收抵免是针对高于基准水平的合格研究支出给予 20% 的抵免,这是根据企业自 1981 年以来的研究费用历史决定的。企业可以选择申报替代性简化抵免而非常规性研发税收抵免,替代性简化抵免为超过 3 年期支出基数 50% 以上的合格研究支出提供了 14% 的税收抵免。这两种研发费用税收抵免的方法都跟听起来一样复杂,这使得企业很难实施。且"合格"研究支出的定义也很模糊,难以解

---

[1] Jose Trejos, "If Retained, R&D Tax Credit Should Be Reformed", www. taxfoundation. org, 2017 - 07 - 20.

析,为了符合抵免的资格,要求研究必须是可实验的、技术性的、可市场化的、非风格化的。

根据墨卡图斯中心的贾森·菲希特纳(Jason Fichtner)和亚当·米歇尔(Adam Michel)博士的说法,研发费用税收抵免的复杂性不仅浪费了大量所需法律费用进行管理,还为那些更容易解决这些法律障碍的大型公司提供了优势。他们的研究显示,在 2011 年,占企业总量 0.13% 的大型企业申请了 14% 的研发费用税收抵免,占总价值的 82%。这一差异表明,研发费用税收抵免的复杂性会导致经济扭曲,使市场失去竞争力。墨卡图斯中心的学者们甚至主张彻底废除研发费用税收抵免以降低企业所得税税率,一些研究表明,这样做也会加大私人研究费用。

然而,还不清楚除了研发费用税收抵免外还有没有更好的方法来解决由私人研究的外部效应引发的市场失灵。有关研发费用税收抵免的大部分研究都估算出私人研发的成本弹性约为 1,这就意味着每 1 美元的抵免都能激发 1 美元的私人研究。相反,墨卡图斯中心所引用的研究却认为,应当用企业减税来代替税收抵免,推测出 10% 的企业减税将使研发费用增加 9%。这一影响比研发费用抵免的估算要小好几成,并对非定标性的解决方案能否有效解决外部效应问题提出质疑。尽管如此,效率和简单性之间存在权衡,墨卡图斯中心正确地指出了彻底废除抵免将简化税法。

研发费用税收抵免的一个潜在改革就是使得小型公司更易申请,在鼓励一般性私人研究上更有效。英国有一项著名的研究预测,当研发费用税收抵免适用范围扩大到规模相对较小的公司后,它们的研发支出大约翻了一番。这些公司的成本弹性为 2.6,这是衡量研发费用税收抵免的最大结论之一,这表明小型企业对这些抵免的反应更为敏感。国会已经采取措施,通过将抵免永久化及允许其适用于 2015 年的替代性最低税限额来使小型企业更易使用抵免。简化抵免将进一步提升小型企业申请能力。

已提出一些解决方案用以简化研发费税收抵免使其更易于小型企业使用。

墨卡图斯中心已提出修正抵免,简化用以计算抵免的研究定义,废除常规性抵免而使用替代性简化抵免。最近,由众院派特·蒂贝里(Pat Tiberi,俄亥俄州共和党议员)和约翰·拉森(John Larson,康涅狄格州民主党议员)所提出的两党法案寻求拓宽符合条件的费用的定义,同时扩大简化抵免的范围。

研发费用税收抵免是个棘手的问题,因为它有助于纠正真正的市场失灵,但也给美国税法带来了额外的复杂性。如果抵免被保留或扩大,则应解决研发费用税收抵免中的结构性问题,使其更有效地鼓励私人研究。

### 5.3.2.6 《福布斯》杂志反对特朗普把附带权益从税法中剔除

总统候选人就是税收白痴。《福布斯》杂志发表埃利斯(Ryan Ellis)的文章指出,在2016年美国总统大选第二场辩论中,特朗普与希拉里针对一般税收问题,特别是"附带权益"问题,进行了广泛对谈。[1] 最有趣的交流并不是他们针对附带权益说了些什么,而是这场交流使美国人看到,两党候选人只是惹人耻笑的空皮囊。特朗普与希拉里都表示会把"附带权益"政策从税法中剔除,显然两位候选人对于美国基本税法一无所知。

那么什么是"附带权益"? 实际上"附带权益"并不是税前的扣除,也不是税收漏洞,更不是什么税收政策的规定。相反,"附带权益"只是资本收益。具体地说,这是一种由投资合伙关系产生的资本收益。更具体地说,这是由投资合伙关系产生的、分配给管理合伙人(而非有限合伙人)的资本收益,仅此而已。这非常简单,就算是《纽约时报》的政治记者都能明白。

"附带权益"既不是补偿,也不是勾销。简单明了地说,"附带权益"就是长期资本收益,是由投资合伙人基于合作关系的建立、管理和增长而出售资产取得的利润。没人不知道,税收争议的第一件事就是从资产销售中获得的资本收益。

而两位候选人的政策建议是什么? 特朗普和希拉里都提议,将附带权益作为一般收入,按资本收益征税。尽管在事实上,他们并没有反对税法如何处理资

---

[1] Ryan Ellis, "Trump and Clinton Know Nothing About Carried Interest and Taxes", *Forbes*, 2016 - 10 - 09.

本收益,但从特朗普的角度出发,这意味着将税率从 23.8% 提高到 33%。从希拉里的角度出发,则意味着将税率从 23.8% 提高到接近 50%,具体数字很模糊,因为众所周知,她对税收政策一向很不明确。我们再次重申,尽管提高税率是无可争议的事实,但没人质疑这是长期资本收益。

"附带权益"不会淹死富人。像两位候选人宣称的那样的事情绝对不会发生。《福布斯》建议,根据国会无党派联合税收委员会的说法,对附带权益按一般所得税率征税,在未来的 10 年时间里会带来 196 亿美元税收收入。为了说明这一点,国会预算办公室预测,未来 10 年联邦税收将会是 417 亿美元。这不是税收改革的补偿,也不会改变纳税分配表。

### 5.3.2.7 税法改革应修订抵押贷款利息扣除上限政策

联邦政府有可能修订贷款利息扣除上限政策。美国经济学家辛诺克(Bonnie Sinnock)在美国《全国抵押贷款新闻》(*National Mortgage News*)撰文指出,当选总统特朗普提名的财政部长姆努钦表示,"我们会为抵押贷款设置上限,但允许部分扣除"。根据他的说法,特朗普的税收改革可能会包括对抵押贷款利息扣除的限制政策。尽管在选举后,特朗普经济咨询委员会表示,目前没有重新审查抵押贷款利息扣除支出(MID)的计划,但早在选举前就出现了这样的猜测,抵押贷款利息扣除支出目前确实是特朗普关注的东西。[1]

抵押贷款银行家协会领导说愿意讨论抵押贷款利息扣除支出。如果抵押贷款利息扣除支出是更广泛地增加借款人支出的税收减免措施的一部分,那么整个抵押贷款行业对抵押贷款利息扣除支出政策变化,可能会持开放态度。虽然他随即撤回了这一说法,但有些贷款人却已认同这种态度。贷款人之所以愿意考虑抵押贷款利息扣除支出政策变化,部分原因是抵押贷款利息扣除支出是更有助于中上层中产阶级,而非中下阶层借款人的扣除政策。

特朗普税改计划对中上层阶级没那么有利。姆努钦表示,特朗普税改对中

---

[1] Bonnie Sinnock, "Mortgage Interest Deduction Faces a Cap in Trump Team's Tax Plan", *National Mortgage News*, 2016 - 12 - 01.

产阶级有利,"任何削减较高所得税支出都意味着更少抵免额,因此,对上层阶级来说没有绝对的减税。对中产阶级来说却是大幅减税"。姆努钦等正在研究其他抵押贷款相关提案,包括取消政府对二级抵押贷款市场机构房利美(Fannie Mae)和房地美(Freddie Mac)的控制,还要取消对某些贷款的监管障碍,新政府要确保银行贷款。

新政府将认真研究 2010 年《多德-弗兰克法案》的问题。特朗普团队的官员宣称,"我们要做的第一件事就是看看 2010 年《多德-弗兰克法案》,它太复杂了。还有很多其他方面在阻碍银行贷款",目前一些小银行"合规人员比贷款人员更多",这是个非常有缺陷的商业模式,并不是经营银行的方式。"政府不是分配资本的正确途径。私人部门才是。看看房利美和房地美。这两个机构是最受政府影响的。但它们并不是真正的榜样。"美国财政部救了房利美和房地美一命,并在经济低迷时将它们置于被监护地位。最近,它们已为政府带来了净利润,但收缩指令使其未来地位越来越容易受损。

### 5.3.2.8 税收基金会认为税改将提高美国的投资和经济增长

美国游说组织税收基金会的巴泽尔(Philip Bazel)和明茨(Jack M. Mintz)研究发现:

第一,在调查的全部 43 个国家中,美国的法定企业所得税率最高,达39.1%;过去 7 年来,美国是少数几个未降低法定税率的国家之一。[1]

第二,以边际有效税率(METR)衡量,美国对新投资税负高达 34.8%,在43 个国家中位居第五位。如果包括奖励性折旧,则边际有效税率为 27.3%。而发达国家的平均边际有效税率为 19.2%。

第三,众院共和党与特朗普总统均提出,通过改革企业所得税制,极大地增强美国的税制竞争力。

第四,众院共和党建议,将美国的企业所得税制转换为目的地税基现金流转

---

[1] Philip Bazel, Jack M. Mintz, " Competitiveness Impact of Tax Reform for the United States ", www. taxfoundation. org, 2017 - 04 - 20.

税,将把税率调低到 20%,其中新投资的边际有效税率降低到 16.1%。

第五,特朗普总统提出,将下调企业所得税率到 15%,对美国新投资的边际有效税率为 21.4%。

加拿大极为关注美国的企业税改计划。自 2000 年开始,加拿大把企业所得税率从 43% 降低到了 27%,扩大税基使税制对于企业经济活动更具中性,废除非金融公司的资本税,改革销售税,使得企业税结构更具竞争力。从 1999 年到 2012 年,在大多数工业化国家中,加拿大的新投资税负由最高变为中等。税制改革后,加拿大吸引的投资更多,经济增长更快,国民收入增加,但企业所得税收入也未见明显减少,企业经营获得丰厚利润。

美国当前正在筹划大税改。税改的目的是刺激增长并使经营利润变得丰厚。目前有两种典型的企业税改,即众院共和党的税改蓝图及另一种类似的第二计划。众院共和党的税改蓝图提出,把当前的企业所得税制转换为目的地税基现金流转税制,对企业所得税制进行彻底改造。联邦企业所得税将从 35% 降低到 20%,非公司经营所得税率将下调为 25%。有形与无形资产资本支出将按一般费用处理,附带权益不再进行抵扣。通过调整边界政策,不允许进口成本的抵扣行为。根据个人所得税,对包括红利、资本利得与利息的投资所得,折半征收。也就是说,众院共和党的税收蓝图取消了企业所得税(部分属于产品税),倾向于采取消费型减式增值税,减去工薪税,或者减去对劳动成本的工资优惠政策(劳务报酬从现金流转税基中抵扣)。与美国现行的营业税结构相比,这种税制会使美国税收结构更具竞争力,因而能够促进增长。

然而对于众院共和党的税改蓝图也存在争论。所谓边界调整与其他任何目的地税基的增值税都近似,都使在美国销售的进口产品税负更高,却对出口免税。而取消无形资产或有形资产资本支出融资的净利息抵扣,对于杠杆公司会产生重大影响。拥有净利息所得的金融公司,除非金融企业另外征税,否则将豁免税收。沉淀资本以及债务的税务处理转换问题也需要进一步考虑,同样如何区分经营所得的现金流与投资所得和资本利得的正常所得税也需要考虑。

有一种更加直截了当的方案。这种方案姑且称为第二计划,它把联邦企业所得税率降低至 15%,并显著扩大税基,以抵消税收收入的下降,直到税收收入动态性超过最大利润税基。例如,对于美国在海外公司的汇回利润与留利的税务处理,按照相对较低税率征收(对汇回利润实行优惠),不影响国内投资的税负。

通过考察两种方案,也能看出即使不进行边境调整,由于降低了企业所得税率,对资本成本化处理,美国对于新投资的有效税率急剧降低了。当前鉴于美国在工业化国家与新崛起国家中,对资本的税收属最高之一,众院共和党税收蓝图与第二计划都能使美国的税收接近于中等。以下比较美国与其他 43 个国家对生产与劳务的征税情况,然后分别分析众院共和党税收蓝图与第二计划对美国税收竞争力的影响。

在比较国家之间的资本税税负水平时,只比较企业所得税还不够,例如税率与成本处理、折旧与存货等。许多国家都对资本征税,像日本对固定资产课税,印度则对所有居民以及非居民利润分配征税。其他国家开征印花税或者融资转移税,以及不动产转移税,例如,澳大利亚。还有的国家和地区对于资本采购征销售税,例如,美国各州开征的零售税产生的影响很大。如果把税制差异考虑进去,就能提出企业新投资承担的税负的分析方法。这就是边际有效税率法,等于按照边际投资的税前利润缴纳的企业所得税的年化价值。边际投资即经济增量,所获利润需要课税,以吸引投资人融资并承担风险。企业投资资本停止的时点是当资本回报率、税收与风险的净值等于融资资本成本(即其利率)。如果回报率高于或低于融资成本,企业就会增加或减少对资本投资。所以说,如果政府增加总回报与净回报之间的税负或税收楔子,企业将不再考虑边际项目,此时当边际税负较小时,企业仍有利可图。

资本投资税包含了企业所得税、资产税(资本税及不动产税)、利润分配税、不动产转移税、制造业与服务业融资转移税(服务业包括建筑、公用、运输、贸易以及其他经营与家政服务等)。在分析问题时通常包括所有税项,不过不包含城市不动产税在内,这是由于不同城市的税率、免除与税基不确定,难以计量,业界也采集不到,所以很难度量。

以下采用了相似的资本结构,简化 35 个经济合作与发展组织(OECD)国家、5 个金砖国家以及其他选择国家的税收差异,使用了加拿大的数据,反映机械、建筑、存货以及土地投资的资产分配的资本结构。资产的经济贬值也使用了加拿大统计局的估计数值。证券利率反映了不同国家间通胀系数的差异(根据购买力平价理论,利率上涨 1 个百分点就是通胀率上涨 1 个百分点)。资产成本按照融资的边际供给者等于股票证券税后回报率确定[边际投资人假设为持有国际证券与资产组合的七国集团(G7)投资者]。

美国 2017 年的企业所得税率为 39.1%,位居第二高,只比哥伦比亚的 40% 稍低。但在经济合作与发展组织国家中,只有美国的法定企业所得税率最高。企业所得税率过高不但造成投资税负过重,而且激励了美国与外国控股公司向美国转移成本,减少了联邦政府与州政府的潜在税收。

因为增长与财政收入原因,许多政府在面临财政挑战时,降低了企业所得税率,扩大了税基,对营业税的依赖也加重了,这种现象甚至从 2008 年金融危机后就开始了。自 2010 年以来,经济合作与发展组织国家的平均企业所得税率已经下调了 1 个百分点,其中下调幅度最大的国家是英国,为 10 个百分点,日本高达 8.5 个百分点,西班牙 5 个百分点,芬兰 6 个百分点。

首先按照 43 个国家的新投资有效税率由高到低排序。其中美国对新投资征税最高,达 34.8%,在 43 个国家中排第五,如果包括奖励性折旧,则边际有效税率则为 27.3%。而发达国家的平均边际有效税率为 19.2%,在 43 个国家中排行第八。自 2010 年开始,由于芬兰、日本、英国下调企业税,新投资税负减少,意大利因对增加资产融资成本提供实质性补助,新投资税负也减轻了。

其次不同国家不同税率对边际有效税率的影响。美国零售税明显造成资本负担过重,巴西、印度、日本的销售税、资本税以及转移税都有效增加了资本税率。例如,如果巴西不包含不退款的资本增值税,该国的边际有效税率要低于美国。如果日本不对固定资产征税,该国的新资本有效税率要低得多。印度曾声称要改革本国的增值税,以减少销售税对于资本采购的显著影响。

美国需改造企业税制。主要原因包括如下 4 个方面:

第一,企业所得税率过高,挤出了投资。企业所得税率过高,但工资所得税纳税收入太低,只占国内生产总值的 2%(2010—2015 年年均),相比之下,经济合作与发展组织国家企业所得税率平均只有 25%,却贡献了占国内生产总值2.9%的税收收入。

第二,对于一定的经济活动采取不同激励手段,在鼓励某种经济活动的同时,却打击了另外的经济活动,破坏了生产效率。结果企业所得税就成了资助公共活动与公共支出的最大税收来源之一。

第三,美国的法定企业所得税率过高激励了跨国企业向境外转移利润,据估计,每年转移资金超过 1 000 亿美元。

第四,承担沉重企业税负的企业是那些国际上不易流动的要素,即土地与劳务,转移方式是较低的谈判工资、较高的消费者价格,国际性不可移动生产要素所得的购买力。7 年来美国民主党与共和党对此都提出降低企业所得税、扩大税基的多种税改建议。特朗普上台,共和党控制国会后,开始重新关注企业税制改革问题,其中就包括公司与非公司组织形式问题。

根据美国的税改建议可以构筑两个模型。第一个模型是众院共和党税改蓝图的两个变形,对制造业和服务业分别征收 20%的联邦企业所得税。假设资本的成本化只限于结构与设备(众院共和党税改蓝图 1),或者有形与无形资产全部实现成本化(众院共和党税改蓝图 2)。对上述两种方案,假设各州所得税一致,并抵扣联邦税基以及其他资本税,包括资本采购的零售税。假设由资本融资产生的利息的成本化在两种情形下均不可抵扣。

另一个方案为第二计划,假设联邦所得税率为 15%,成本化项目只包含制造业(如果成本化是可选择的,就不会产生利息的抵扣)。税收收入损失来自对跨国公司海外利润的征税。这是特朗普竞选时提出的(这种扩大税基的行为不影响美国国内新资本的有效税率）。

表 5-4 给出了众院共和党税改蓝图与第二计划的新投资有效税率。众院共和党税改蓝图全面成本化处理对有效税率影响最大。按照众院共和党税改蓝图 2 这一方案，即使仅仅把奖励性折旧作为起点，在现行制度下，边际有效税率也将从 27.3% 下降到 16.1%。保持在 16.1% 的税负与州所得税和零售税有关联。制造业边际有效税率下降超过一半，从 25.4% 下降到 11.1%。假如在暂时状态下忽略奖励性折旧，新投资有效税率的下降更大。根据众院共和党税改蓝图，美国应当获得更大的企业所得税竞争力，主要竞争对手也不可能再对美国国内投资者拥有独特的税收优势。加拿大与墨西哥长期以来获得的营业税收优势将会丢失，除了加拿大的制造业与墨西哥的服务业尚存一息对美国的税率优势之外。

表 5-4　美国税改对新投资有效边际税率的潜在影响

| | 制造业 | 服务业 | 合　计 |
|---|---|---|---|
| 美国当前政策（忽略暂时性的奖励性折旧） | 32.10% | 36.05% | 34.60% |
| 美国当前政策（附加永久性奖励性折旧） | 24.50% | 28.60% | 27.30% |
| 众院共和党税改蓝图 1，附加 20% 的联邦税率以及设备与结构的成本化处理政策 | 18.40% | 23.90% | 21.90% |
| 众院共和党税改蓝图 2，附加全面成本化处理措施 | 11.10% | 18.50% | 16.10% |
| 第二计划，附加 15% 联邦税率及仅选择制造品成本化政策 | 11.10% | 24.90% | 21.40% |
| 加拿大 | 13.50% | 24.00% | 21.00% |
| 中国 | 28.70% | 24.00% | 26.00% |
| 德国 | 28.50% | 26.20% | 26.70% |
| 墨西哥 | 21.00% | 19.40% | 19.70% |
| 英国 | 24.00% | 25.10% | 25.00% |
| 经济合作与发展组织国家平均 | 18.90% | 19.20% | 19.20% |

如果成本化只限于折旧资产，众院共和党税改蓝图 1 的有效边际税率下降不太剧烈，制造业降低至 18.4%，服务业降低至 23.9%，综合税率下降了 21.9%。如果税率不含奖励性贬值因素，有效边际税率下降将超过三分之一，从

34.6%下降到21.9%。

按照第二计划,有效边际税率下降的程度不如众院共和党税改蓝图那样剧烈。如果包含奖励性折旧因素,有效边际税率将下降五分之一,从27.3%下降到21.4%。如果暂时忽略奖励性折旧因素,有效边际税率的下降程度非常大,超过三分之一。

由于企业税率下调对于竞争力影响明显,成本化处理政策也将推动美国经济加速。众院共和党税改蓝图2对于美国的资本存量与经济增长最为有利。该蓝图还会使影响制造业与服务业的有效税率变量最小。

美国提出的企业所得税改革建议,无疑将增加投资与增长率,特别是将企业税率下调与适用资产的广泛成本化政策相结合的话。由于美国税制其他方面对投资的影响,特别是各州的零售税的影响,美国税改将急剧改变国际游戏规则。巴泽尔和明茨认为,即使不进行边界调整,美国也需要其他国家重新考虑资本投资的税负问题。这一结果不一定是负面的,如果世界经济最终能够重回轨道,抛掉近10年来的低增长常态的话。

### 5.3.2.9 亚马逊拒绝成本分摊购买定价法

亚马逊公司(Amazon)拒绝了美国国税局首选的成本分摊购买付款方法。[1] 据专业税务杂志《普华永道观察》(PwC's Insights)报道,美国税务法庭2017 年 3 月 23 日发布重要转移定价意见认为,成本分摊购买付款方法与公平独立核算标准相悖,会对关联方的无形财产转移产生影响。这是拒绝美国国税局对公平独立核算标准的解释和运用的一系列最新法院判决之一,特别是关于关联方无形资产转让的案件。亚马逊法院认为,美国国税局将"全部计入"综合收益法应用于 2009 预成本分摊制度,对买入付款进行定价,武断、反复无常、不合理,对此法院予以拒绝,因为它使转移的无形资产的寿命呈现出永久性,并且不恰当地加入了买入交易中,实际上并未转移,且并不是有偿的"无形"价值因素。

---

[ 1 ] "Tax Court in Amazon rejects IRS's proposed application of income method for pricing cost-sharing buy-in payments", *PwC's Insights*, 2017 – 05 – 08.

法庭意见还涉及有关成本共享基金的成本确定事宜。美国国税局试图将来自亚马逊某些成本 100% 地列入成本分担基金,但因为这些成本的部分在亚马逊其他经营活动的合理分配上,并未被成本分摊安排涵盖,所以法院维持判决。

法庭对亚马逊基于股票补偿的无形开发成本(IDC)基金没有调整。而税务法院对阿尔特拉(Altera)公司的判决也未触发亚马逊"回扣"规定。在阿尔特拉判案中,税务法院宣布,根据第 1.482 - 7(d)(2)号税则、以股票为基础的补偿规定,在成本分担参与者之间的共享要求必须失效(自那时起,美国国税局就对税务法院的这项裁决,向第九巡回上诉法院提出上诉)。

税务法院对亚马逊案的意见很重要。根据 2009 年预成本分担制度,对分期付款的估价已成为纳税人和美国国税局持续争论的源头。亚马逊法庭拒绝美国国税局的首选方法,并接受基于交易比较估值为无形资产转让建立有限寿命。这是基于事实的分析,此举为无形资产转让定价中,确立公平独立核算基本原则,提供了重要指导。从那时起亚马逊成本分摊条例进行了彻底改革,现行条例于 2009 年暂行,2011 年最后定稿。现行费用分摊规则反映了美国国税局在亚马逊案中提出的许多明确理论与论点。因此,对美国国税局的亚马逊原理加以拒绝,可能会对 2009 年、2011 年成本分担规则及适用亚马逊案件的 2009 年预成本分担规则有影响。正如最近的转让定价案件所明确的,一旦法院发现美国国税局的基本立场不符合公平、独立核算标准或缺乏公平、独立证据支持,法院将毫不犹豫地拒绝美国国税局。此外,如果法院认为美国国税局在尝试运用监管程序,强化诉讼地位,法院可能不会倾向于遵从某项规定。

财政部和美国国税局试图对企业总收益流进行"全面"估值。"全面"估值通常是针对永久生命期的做法,过去 10 年来(甚至更久)他们所寻求的某些关键监管和执法举措,尤其涉及一系列新条例,包括 2009 年、2011 年"投资者模式"评估法的成本分摊规则,还包括 2015 年扩展了聚合原则的第 482 条临时规定,以及 2016 年排除了国外商誉与持续经营价值例外的第 367 条规定。同伴执行倡议包括司法判例的确定和起诉,包括被指定为诉讼的亚马逊案本身,意在确立支持这些评估理论。

亚马逊案挑战了监管制度和估值理论的许多基本支柱。那些基本支柱不符合公平独立核算标准,法院明确驳回了美国国税局的广义总估值方法、"现实替代品"论证、永恒的有用生命假设,以及美国国税局对无形资产包含了商誉和类似价值因素的广泛定义。亚马逊法院(正如华睿泰法院所做的那样)质疑了美国国税局的监管指导是否代表对公平独立核算原则的合理解释,质疑了美国国税局在类似情况下,其估值方法是否经得起未来诉讼中的司法审查。

### 5.3.2.10 卡特彼勒税案震惊联邦政府

卡特彼勒公司(Caterpillar)在 2008 年春天就讨论过 20 亿美元涉税案件。那还是在此案诉讼初期,卡特彼勒审计委员会主席欧仁飞(Eugene Fife)曾召集了财务主管会议,他提醒与会者,它们攸关卡特彼勒的公司声誉。欧仁飞表示,即使是在卡特彼勒这样的全世界最大的推土机和其他建筑设备制造商里,只要有一两个刚愎自用的管家,公司即难逃厄运,任何人都有义务立刻报告财务渎职或欺诈行为。随后,卡特彼勒首席执行官欧文斯(Jim Owens)也强调了这点,他表示自己问心无愧,因为无法想象卡特彼勒要经历安然及其他公司那样的道德过失。[1]

卡特彼勒的老会计史力克萨普(Daniel Schlicksup)曾表示失望。他不断告诉老板,卡特彼勒公司的业务涉及海外税务。他估计这种海外税务活动帮助公司非法避税 10 亿美元以上。但欧文斯说史力克萨普的论断并未传达给首席执行官。后来史力克萨普的证词说:"我认为,这一切都的确发生过,只是你不知道而已。"当晚 7 点 35 分,他回到公司办公室,给欧文斯的两名首席下属发了电子邮件,标题是"卡特彼勒董事会与股东们,道德问题对你们很重要"。在说明中,他曾暗示,对税收策略感到担忧,他还以感性方式描述,整个体制都希望他闭嘴。他写道,"现在我给同事、同行和其他人做了榜样,当他们选择不报告道德问题,

---

[ 1 ]  Bryan Gruley, David Voreacos, Joe Deaux, "The whistleblower Behind Caterpillar's Massive Tax Headache Could Make $600 Million", Bloomberg, 2017 - 06 - 01.

忽视公司政策的时候,他们做出了正确抉择"。随电子邮件一同发出的是长达
15 页的备忘录,描述了上司如何报复回敬他的发言。次晨他发出了一份长达
137 页的文件指出,卡特彼勒在普华永道审计师帮助下,设计了将数十亿美元利
润转移到瑞士,逃避美国税收的方法。

这份文件引发的连锁反应持续至今。2013 年,美国国税局在史力克萨普文
件帮助下,得出了卡特彼勒"滥用"税收政策结论,随后要求卡特彼勒补缴 20 亿
美元税款和罚金。2014 年年初,参院调查委员会根据史力克萨普的文件,调查
了卡特彼勒高管,发现企业逃税 80 多亿美元。随后在 2017 年 3 月 2 日,美国国
税局、商务部、联邦存款保险公司代理人出示了搜查令,扣押雇员,进行讯问,并
带走了股权认证文件、计算机、加密设备和其他与"存在虚假和误导性财务报告
与陈述"可能相关的证据。一旦罪名成立,卡特彼勒现任及前任高管将面临牢狱
之灾。

美国检察官几乎从不关注卡特彼勒这样的巨型公司。因为它为全美提供了
46 500 个工作岗位。在 3 月份这场突袭前一周,特朗普总统在与首席执行官的
白宫见面会上曾表示,"我爱卡特彼勒"。卡特彼勒拒绝让高管接受采访,公司
女发言人表示:"卡特彼勒相信自己的税收状况的正当性。我们正在回应政府的
关切,并希望在合理时限内,解决问题。"

## 5.4　资本投资成本化政策

### 5.4.1　参众两院对处理企业成本观点相悖

参院财政委员会委员约翰·图恩在 2017 年 5 月 17 日推出了一项《当前新企
业投资与经济繁荣法案》,可能会被包括在一个更广泛的税收改革方案中,使 50%
的额外折旧永久化,并且将小型企业的费用限制增加到每年 200 万美元。[1]

---

[ 1 ] "Thune bill on cost recovery at odds with House plan", *EY Tax Alerts*, 2017‑05‑19.

图恩提出的《当前新企业投资与经济繁荣法案》值得注意。因为它是参院税法高级撰写人提出的计划,但却与众院共和党的税改蓝图相悖。2016 年的税改蓝图提出,对有形资产与无形资产(包括建筑物而非土地)的资本支出应当100% 费用化,并且取消净利息支出扣除。税改蓝图设想,完全费用化将会成为利息费用扣除政策"更有利、更中性的替代"。在 2017 年 5 月 18 日召开的经济增长听证会上,支持者在会上突出费用化及对经济增长潜在的重大贡献,而就在听证会召开前,众院筹款委员会主席凯文・布拉迪也说,完全的、无限制的费用化可能是税制改革中最能促进增长的政策,因为相关政策能够推动生产力和投资,这实际上提高了美国工资。

图恩也在考虑限制利息成本扣除,但反对全面取消。这样说是出于相关政策对农业部门的债务融资水平的影响,此前众院农业委员会也举办了取消净利息费用扣除政策听证会。特朗普当局表达了保留净利息费用扣除政策的意愿,但是行政当局的税制改革计划并未涉及费用化。一些共和党参议员最近表示,扣除净利息费用政策不太可能被淘汰。图恩参议员的《当前新企业投资与经济繁荣法案》提出,允许新企业在第一年扣除高达 5 万美元启动成本,而目前是5 000 美元。

《当前新企业投资与经济繁荣法案》把小企业和合伙企业门槛提高到1 500 万美元。其目的则是以符合现金收付制,这意味着企业能够在收到客户现金时被征税,在向供应商支付费用时扣除费用。根据法案其他的政策建议还有,一是变更其他会计方法将允许出售材料或产品的中小型企业,立即扣除存货成本,而不必使用存货核算方法;二是为符合 1 500 万美元门槛的企业,根据统一资本规则(UNICAP),统一提供豁免;三是将完成合同法的门槛提高到 1 500 万美元等等,图恩说这种方法主要用于小型建筑施工合同。

《当前新企业投资与经济繁荣法案》意在通过改善投资政策推动增长。图恩参议员指出,因为美国现行的税法阻碍经济增长和创造就业,强迫企业主、农民和牧场主在几年甚至几十年内锁住自己的资本,参院的《当前新企业投资与经济繁荣法案》将成为广泛实施税制改革方案的重要组成部分,有助于为美国人民制定有力而可持续增长的税改方案。

### 5.4.2 税收基金会鼓吹企业费用化政策

资本投资全部费用化可能是国会激励经济增长最重要的税收改革。美国游说组织税收基金会经济学家波默洛(Kyle Pomerleau)和格林伯格撰文指出,通过从营业税税法中去除对投资的几乎所有障碍,全部费用化将使美国经济的长期规模增长 4.2%,使工资提高 3.6%,创造 80.8 万个全职工作岗位。事实上,我们发现,企业全部费用化对美国经济的冲击是单一企业所得税税率下调的两倍。[1]

然而这项政策最大的挑战是其"天价"。对全费用政策支持者而言,全部费用化将造成联邦税收损失。例如,据税收基金会在 2016 年 6 月估计,全部费用化将在 10 年内静态减少 2.2 万亿美元联邦税收收入。这是一个很大的数字,自然足以让国会议员们闭嘴。但这一说法可能夸大了政策的真实成本。如下是全部费用化最终成本可能远低于 2.2 万亿美元的几个原因。

第一,全部费用化的背景是降低美国企业边际税率的税改计划。重要的是,企业的边际税率越低,全部费用化所降低的联邦税收收入就越低。例如,在 10 年内,20% 的企业所得税税率下,全部费用化的成本比在 35% 的企业所得税税率下低 7 000 亿美元。第二,全部费用化在 10 年内的税收收入损失大多来自一次性过渡费用。这些过渡成本在实施该政策的第二个 10 年内几近消失。因此,全部费用化的长期成本比短期成本要小得多。其中的一个例子是,公司全部费用化在政策实施的第一年,会使静态联邦税收收入减少国内生产总值的 1.5%,但在第十年仅占国内生产总值的 0.4%。第三,从长期来看,全部费用化成本中的政策成本比想象中的少得多。事实上,从长期来看,以静态为基础,对

[1] Kyle Pomerleau, Scott Greenberg, "Full Expensing Costs Less Than You'd Think", https://taxfoundation.org/full-expensing-costs-less-than-youd-think, 2017 - 06 - 13.

公司实施全部费用化,将比把企业所得税税率降低25%造成的成本更低。第四,税收联合委员会所估算的全部费用化静态成本可能比税收基金会所估算的政策成本更低。考虑到税收联合委员会是国会税收政策的官方统计机构,这一点很重要。最后,全部费用化将有可能促进美国经济大幅增长。额外的增长将增加个人所得税和工薪税税基,从而部分抵消收入损失。

根据联邦现行税法,当企业进行资本投资时,如购买机器、设备、建造建筑物时,不允许立即扣除投资的全部成本。相反,企业却需要通过"折旧法进行扣除",通过很长一段时间,扣除资本支出费用。现行的税收折旧制度不仅相当复杂,而且是企业投资的一大障碍。因为企业认为,未来进行扣减和现在进行扣减不一样,如果要求企业在一段时间后完成扣除投资成本,就意味着企业不太可能首先进行投资。因此,许多议员主张完全实行费用化,这种制度使企业得以在购买行为发生的那一年,就能够扣除全部成本。全部费用化将从营业税税法中移除对投资的偏差,显著降低资金成本,鼓励企业投资并创造就业机会。

因为全部费用化政策允许企业扣除更多资本投资份额,它会使企业从整体上进行更多扣除。这将减少企业的应纳税所得额,从而减少联邦税收收入。当国会颁布增加企业扣除额政策时,由此产生的联邦税收收入损失,取决于企业的边际税率。例如,按照当前35%的企业税率,公司额外扣除100美元,将减少联邦税收收入35美元。但是,如果企业税率是20%,那么公司多扣除100美元,只会使联邦税收收入减少20美元。因此,全部费用化的成本完全取决于企业税率。例如,假设企业税率为20%,实施全部费用化政策,在10年内比目前35%的企业税率下联邦税收收入将减少约7 000亿美元。

这一点很重要。因为全部费用化往往是在美国企业法定税率降低的税收计划背景下提出的。例如,众院共和党税收计划提议,全部实施费用化政策,企业税税率为20%—25%,按照这一税率政策,全部费用化成本将会比现行税法低得多。当税收基金会评估众院共和党的税收计划时,我们不得不依照顺序选择这些条款。要在降低企业税税率成本之前,进行全部费用化财政成本估计,2.2万亿美元的成本,基本上是对目前企业税率下全部费用化的成本的估计。

但似乎国会议员们已准备好大幅降低美国企业的边际税率,同时又在考虑是否推行全部费用化政策。在这种情况下,思考降低营业税税率的全部费用化财政成本,是更有意义的,因为财政成本将显著降低。

实行全部费用化政策在长期内会降低联邦政府税收收入,同时还将带来数额巨大、一次性、过渡性税收收入损失。更重要的是,要理顺和分清对联邦税收的这两大影响,从而了解政策的真实财政影响。因为全部费用化将增加资本投资扣除额现值,它将永久性地降低企业的应纳税所得额。这会导致联邦税收收入长期下降。然而,从折旧法转型为全部费用化,却会产生额外的过渡成本。全部费用化的政策建议通常允许企业根据以前的折旧法冲销前一年的投资成本。也就是说,如果公司在实行全部费用化的前一年,购入了一个 5 年的资产,在税法未改革之前,它仍然可以对剩余的 4 年进行扣除。

税收基金会税收模型有可能说明所有公司的改革效果。假设国会在 2017 年实施全部费用化政策。通过该模型即可较容易地说明公司在向全部费用化过渡时,作为国内生产总值百分比的折旧抵扣数额变化情况。

在改革前的上一年即 2016 年,全面费用化政策尚未通过,根据折旧制度(MACRS)政策,公司折旧抵扣总额约占国内生产总值的 9%。这笔扣除是用于 2016 年产生的资本投资,以及以前数年产生且继续摊销的投资。当全面费用化政策在 2017 年通过后,企业可以对其所有新投资进行全部扣除,同时,根据每个投资计划继续扣除前几年的投资。其中包括上年购入、使用寿命短暂的机器以及使用寿命较长的机器,比如 20 年前建造的大楼。总之,在 2017 年,公司扣除占国内生产总值的 16%,其中,10.4% 来自新投资,5.6% 来自旧投资。随着时间推移,公司每年的扣除金额会减少,因为旧投资被完全折旧了。自 2018—2022 年,公司资本支出扣除额迅速下降,从占国内生产总值的 14% 下降到 12% 以下。到 2036 年,大部分旧投资被全部抵消,扣除额约占国内生产总值的 10.5%。

总的来说,企业在全部费用化政策通过的最初几年,扣除额急增,这将大大降低其应纳税所得额。然而,最终在旧法律下产生的投资被完全抵消。在这一点上,根据全部费用政策的扣除,将稳定在国内生产总值的10%左右,只略大于现行法律下的占比。投资扣除的这一突增大大降低了全部费用化政策通过后第一年企业应税额和税收收入。然而,全部费用化的成本和扣除额同样随时间下降。

而对于全部费用化政策通过后,自2017—2036年,每年的企业所得税收入却表现相反。这是因为,实施全部费用化政策后,公司扣除额先是大幅增加,然后逐渐减少,企业税收收入大幅下降,然后反弹。在全面费用化政策通过后的第一年,公司收入的国内生产总值占比下降了1.5%。但随着时间推移,公司扣除数额下降,全面费用化成本也降低了。到了第十年(即2026年),全面费用化的年度成本会略高于国内生产总值的0.4%,低于第一年成本的31%。到2036年,全部费用化政策的年成本大约是国内生产总值的0.35%,比第一年成本的四分之一还低。

这种税收收入模式与国会所使用的10年预算窗口有着有趣的联系。向全部费用化过渡的成本最昂贵的年份是第1—5年。全部费用化在第一个10年的成本约为2.2万亿美元,这包括联邦政府的税收收入大大减少的最初5年,却不包括全部费用化成本较低的第11—15年。从某种意义上说,利用预算窗口估计全部费用化成本不理想。

全部费用化成本超出了预算窗口,这很有趣。许多看起来比全部费用化成本更低的税务规定,其长远成本实际上更高。例如,将公司全部费用化的成本与25%的企业所得税税率相比。全部费用化具有25%的企业税率所没有的巨大前期成本。因此,在第一个10年,全部费用化政策的成本将是25%的企业税率的两倍。然而,全部费用化成本却会随着时间推移而急剧下降,而25%的企业税税率成本却与时间推移一致。因此,从长远来看,全部费用化成本小于25%的企业所得税税率。

审视税收联合委员会如何分析全部成本化政策,对于确定全部费用化的预算成本以何种方式进入国会税改辩论议程有益。如果税收联合委员会对全部费用化的成本进行估计,它会得到比税收委员会所估计的更低的静态成本。

奖励性折旧成本是 2015 年税收联合委员会分析的与全部费用化类似的政策之一。根据税收联合委员会预计,具体来说,将红利折旧永久写入法律,在静态基础上,在 10 年内将减少 2 810 亿美元联邦税收收入。另据税收基金会在同年的估算,永久性奖励折旧的 10 年静态成本为 3 360 亿美元。此外,根据税收基金会现行模型,永久性红利折旧成本比 2015 年要大得多。

因此,税收联合委员会根据模型,所估计的全部费用化财政成本将比税收基金会模型要低很多。其中的原因还不清楚,这可能与各自模型如何处理企业净经营损失有关。但不管怎样,这是议员们的重要考量之一,因为税收联合委员会是有关税收立法所产生财政影响的官方仲裁者。

全部费用化的成本将低于 2.2 万亿美元。最后一个原因是,这个数字是静态估计,并没有考虑到该政策对美国经济的其他影响。在现实中,全部费用化将鼓励商业投资、增加产量、扩大税基。这些经济效应将部分抵消全部费用化的静态成本。

在众院共和党税改计划大背景下,预计实施全部费用化政策,在静态基础上,将产生 2.2 万亿美元成本,但也会使美国国内生产总值增加 5.4%。美国经济的规模扩大,意味着个人收入和工薪税税基扩大,这将有助于部分弥补联邦税收收入的损失,全部费用化在 10 年内,动态成本将是 8 830 亿美元。

自 2016 年 6 月以来,微调预测模型后发现,全部费用化的动态影响更小。然而事实是,全部费用化政策属于促增长最有效的税收改革之一,全部费用化将大大激励企业投资,并在动态基础上将成本大大降低,低于 2.2 万亿美元。

### 5.4.3　税收基金会关于资本投资全额费用化政策的公开信

美国财政部长与美国经济委员会主任于特朗普执政满百日时,提出资本投资全额费用化政策,之后学界即对这项政策建议关注度很高。2017 年 7 月 18 日,游说组织"税收基金会"总裁霍奇(Scott A. Hodge)又在美国税改"六人组"即将发布新的税改纲要时,致信众院筹款委员会主席罗斯坎及全体委员,就这项政策建议发表了看法。[1]

亲爱的罗斯坎主席:

　　我致信给您,希望对思考税改争论提供一个更广泛的角度。在最近在这场关于应当优先实行新的资本投资成本全额费用化,还是优先降低企业所得税争论中,某组织发信给您,声称全额费用化可能有缺点,它"仅对特定经营活动有利,即新的资本投资"。

　　有人反对刺激新的投资令人费解。尤其是在美国制造业面临着巨大的竞争挑战的情况下。且不说这两项政策本是相辅相成,而非互相抵触的,费用化"只能使新增资本投资获利"的特点恰恰应当成为任何税改计划的核心。新的投资项目既促进经济增长,又提高工人的劳动生产率,进而提高人们的实际收入和生活水平。税改的首要任务是提高美国家庭的生活水平,而不是迎合一些特殊群体的利益需要。

　　降低企业所得税税率应当优先考虑。这是可以肯定的,因为在工业化国家中,美国的企业所得税率最高,这一状况严重削弱美国经济的全球竞争地位。然而对议员们来说,允许企业及时列支资本投资费用,是促进投资、提高生产力和工资水平最有效的税收政策,特别是对建筑投资。费用化在提升国民生产总值方面爆发力十足,费用化对经济增长的影响力要比降低企业所得税率高 2 倍。因为费用化仅使新的资本投资获益,而降低企业所得税率能使新老资本同时获益,从而分散其对经济的影响力。

　　全额费用化与降低企业所得税比较。例如,对于某家电制造厂,企业所得

---

[ 1 ] Scott A. Hodge, "An Open Letter to Chairman Peter Roskam on Full Expensing", www. taxfoundation. org, 2017 - 07 - 18.

税率如果较低就会增加每台烤面包机的税后利润,但是不一定会刺激烤面包机产量。相反,只有增加新生产线或筹建新厂,才能因全额费用化政策获益。因此,降低企业所得税直接增加盈利,而新增资本投资才能及时惠及新老雇员。

新增资本投资费用化对家庭税后所得的影响大得多。表 5-5 是税收基金会的模型,与降低企业所得税或个人所得税相比,费用化政策使家庭税后所得平均提高 5.3%,而降低企业所得税率的影响为平均提高 4%,合并个人所得税税级后,平均提高 3.6%。这些收益综合考虑了减税带来的工资增长、经济增长和货币价值。

表 5-5　税后所得的动态变化

| 所 得 分 组 | 个人所得税税级合并<br>为 10%、25%、35% | 企业所得税税率<br>降至 15% | 允许资本投资<br>全额费用化 |
| --- | --- | --- | --- |
| 0%—20% | 1.2% | 3.9% | 4.9% |
| 20%—40% | 1.2% | 3.9% | 4.9% |
| 40%—60% | 2.4% | 4.3% | 5.3% |
| 60%—80% | 3.5% | 4.1% | 5.1% |
| 80%—100% | 4.4% | 4.0% | 5.4% |
| 90%—100% | 4.8% | 4.0% | 5.6% |
| 99%—100% | 6.2% | 4.1% | 6.3% |
| 合　计 | 3.6% | 4.0% | 5.3% |

费用化政策每年节约 230 亿美元的遵从成本。全额费用化能做到降低税率无法实现的事情,那就是简化税法、节约纳税时间与成本。目前美国企业每年花费 4.48 亿小时、约 230 亿美元遵守折旧和摊销时间表。实施全额费用化政策可以为企业节约 230 亿美元的遵从成本,除提高工资和促进经济增长外,这是另一好处。

将全额费用化与降低企业所得税率对立起来非常错误。对任何刺激经济增长的税改计划而言,这两者都发挥着重要的功能:第一,降低企业所得税能提高美国竞争力,促进经济增长。第二,资本投资费用化使效益增长翻番,提升生产力,提高家庭实际所得,简化税法。第三,两者结合会成为提高美国竞争力和人民生活水平的强大引擎。

如果国会税改的目标在于促进经济增长的最大化、提高国民实际收入,那么就应当将资本投资费用化与降低企业所得税相结合。

### 5.4.4　税收基金会认为全额费用化政策有利于美国经济增长

对于美联邦税改,经济学家与一些利益集团对所谓"全额费用化"政策有分歧。全面费用化政策在众院共和党税改计划中居显著地位。经济学家热衷于全额费用化对经济增长的有利影响,但企业界却认为,全额费用化政策对投资并不会有利,或者说全额费用化只像单纯的减税政策那样,有助于盈亏平衡线。美国研究机构"税收基金会"专家格林伯格的研究说明,部分企业倾向于通过减税解决财务问题,但全额费用化仍是有利于经济增长的明智政策。根据美国现行税法,当企业进行资本投资时,需要根据折旧政策扣除成本,时间很长,这个做法阻碍了企业投资,因此,很多国会议员提议推进全额费用化制度,允许企业即时扣除全部投资成本,消除企业税在投资方面的偏差。但部分企业不感兴趣。经济学家与企业的分歧来自如下方面。[1]

第一,部分企业对增加市场份额更感兴趣。全额费用化仅有利于在美国进行新投资的企业。部分企业更专注于现有投资的利润最大化,对于不愿扩大经营的企业来说,全额费用化带来的收益不多。而对部分大型企业来说,全额费用化可能带来威胁,因为小型竞争对手更容易扩大经营,夺取市场份额。如果国会议员对促进投资与经济增长感兴趣,那么就算税改给不注重投资的企业带不来什么好处,也不必担心。

第二,全额费用化不会对以往的经济活动减税。有的税收政策以为企业现

---

[1] Scott Greenberg, "Full Expensing is a Worthwhile Policy, Even if Not All Businesses Like It", www.taxfoundation.org, 2017-06-21.

有利润带来意外收益为目的。比如,将企业所得税降低到 25%,未来不仅会降低企业利润税负,还能减少以往投资利润税负。部分企业更希望对以往的经济活动减税,尤其是当仍有尚未支付的重大递延所得税负债时。另一方面,全额费用化无法自行减少企业以往利润税负,相反仅减少企业利润再投资税负,即仅减少了新经济活动税负。对于想从当前所得中获取意外收益的企业,全额费用化并不怎么吸引人。但这个理由对企业却并不令人信服,事实上,为利润减税的政策,对鼓励持续经济增长收效甚微,议员们应当关注政策是否能修正税法中的扭曲。

第三,部分企业已享受到了接近于全额费用化的税收待遇。根据联邦现行税法,企业在资本投资方面享受不同税收待遇。少数投资直接全额扣减,如研究开发费用、广告费和许多种类的无形资产。其他投资则需根据折旧细则,时间长达从 3—39 年不等。这些分类与细则随意性强,意味着行业投资税收待遇不平等。比如,全额费用化对那些主要投资于知识产权的企业来说帮助不大,因为大部分无形资产已全额费用化了。当然,就算全额费用化无法给部分企业带来巨大利益,但对整体经济还是有价值的。毕竟全额费用化可以平衡不同行业的竞争环境,为受现行折旧制度不利影响的企业提供最大帮助。

第四,全额费用化无法直接影响企业每股收益。当某上市公司发布财务报告时,通常使用美国公认会计原则(GAAP)。股东用报表判断企业业绩,评价是否投资。财务报表中的"有效税率"很重要,即企业在一年内产生的当期和递延所得税负债总和与其所得的比值。然而计算有效税率,根据美国公认会计原则制度,企业需基本忽略当前年度扣除额与未来扣除额之差。实际上,美国公认会计原则制度假设企业折现率为 0,目的是为了计算纳税时间。因此,允许企业在当前年度进行更多扣除,对企业的有效税率或每股收益并不产生任何影响,这在全额费用化情况下尤为明显,因为全额费用化将企业投资扣除,全部转移到了当前年度。尽管全额费用化大大提高了资本投资扣除现值,但却对企业盈亏平衡点没有影响。

大企业常常支持直接降低美国公认会计原则有效税率政策。这类政策包括减税和税收抵免等。汉隆教授（Michelle Hanlon）在 2012 年国会听证时指出，企业管理层偏爱红利折旧减税，其原因是在损益表所得税支出没有减少情况下，却减少了税收。但是国会评价税收政策不能仅根据会计原则。如果税法扭曲了投资，就应修正。现行企业所得税对待新投资企业不公平，它仍然是一种扭曲，应当从税法中删去。

全额费用化政策应当得到企业支持。全额费用化政策最受益的企业是，成本回收受税收政策障碍无法扩大经营企业，在没有现金流年份对应计所得征税而产生赤字的企业，为其资产计算合适折旧时间的企业。全额费用化政策有利经济增长，所以最有可能接受全额费用化政策的是尚未成长的企业。随着税改争论仍在继续，议员们可能会继续听取企业意见。

### 5.4.5  税收基金会解析资本投资费用化政策

以下主要说明所谓"资本前所未有地费用化"建议。[1] 国会与白宫共和党人在 2017 年 7 月末概述了税改原则。声明为 2017 年秋天的税改设置了具体目标，即尽可能降低税率，允许资本前所未有地费用化，首要维持税改的持久性，通过制度建设鼓励美国企业把海外的就业和利润带回本土。税收基金会的专家格林伯格对这项政策进行了进一步解读。资本费用化是什么意思，它将达到的前所未有水平什么样？根据美国现行税法，通常企业可立即扣除其经常性业务费用。然而对资本投资（如设备、机械和建筑）政策并非如此。当企业进行资本投资时，根据折旧计划需几年内扣除成本。折旧制度相当复杂，而且有理由相信，要求企业在一段时间内扣除资本支出，是企业投资、经济增长和创造就业的重大障碍之一。

"资本费用化"是指任何允许企业立即扣除部分或全部资本投资成本的法律

---

[ 1 ]  Scott Greenberg, "What Would 'Unprecedented Capital Expensing' Look Like?", www. taxfoundation. org, 2017－07－28.

或提案。目前,美国税法中有两个重要条款,允许企业将其部分资本投资费用化。第一,额外费用化允许企业扣除50%的合格机器与设备成本。然而,额外费用并不适用于所有商业投资,因为建筑投资一般不符合规定。此外,额外费用将在2019年年底结束。第二,税法第179节允许小企业将高达50万美元的资本投资进行费用化。然而,第179节已开始逐步限制资本投资超过200万美元的企业,并且,投资额超过250万美元的企业不适用该项政策。此外,第179节一般也不适用于建筑物。然而,税法过去允许美国企业更多利用费用化政策。例如,从2010年9月开始,美国税法允许2012年1月以前投入使用的设备、机器100%实现额外费用化。然而,这个水平的额外费用化只是暂时的,随后规定又恢复了50%额外费用化,这是它目前的水平。

国会可能至少要永久允许设备与机械100%额外费用化。如果立法者对"资本前所未有地费用化"建议感兴趣的话,他们还必须维持或扩大目前第179节的政策门槛。根据现行法律,企业可立即按照平均34.4%的扣除额对资本成本化。在2011财年,美国企业100%的额外费用化政策被用于机械与设备,企业可立即扣除其有形资本的49.8%,因此"资本前所未有地成本化"就要突破这个数字,国会还应提高企业扣减建筑物成本力度,例如不符合第179节或额外费用化政策的建筑物。许多国会议员提议,制定"全费用化"政策,应允许企业立即扣除所有资本投资成本。全额费用化是众院共和党税改计划的核心。全额费用化将为所有经济部门创造公平竞争的机会,并将有助于进行新投资的企业,这才是最有利于增长的税收提案。如果国会不追求对所有资本全费用化,仍可降低税收对不可费用化投资产生的负面影响。例如,可以增加公司未来资本投资的折旧抵扣,随通胀与货币的时间价值调整扣除额。这称为中性的成本回收,将使联邦政府财政收入损失比全额费用化要少。

资本投资的全额费用化政策令人鼓舞。无论采用哪种方式,国会已将提高资本费用化水平作为税改的优先事项之一。

## 5.4.6 税务专家分析建筑成本费用化

房顶成本是企业的重要费用之一。美国税收杂志《KBKG 税务观点》(*KBKG Tax Insight*)发表了建筑财务专家普赖斯(Eddie Price)和帕齐亚(Gian Pazzia)的观点。[1] 税务从业人员应知道如何区分可扣除修理费,知道必须资本化的广泛内容。房地产税务专业人员每年都必须评估最近的建筑支出,并确定哪些项目应作为修理费用进行摊销或资本化。最常见而且最多的评估项目是房顶维修支出。多数情况下,房顶只有部分会替换,这些费用依据具体情况可当作维修费扣除。根据修正后的加速成本回收制度,在 27.5 年内的住宅性出租房地产或在 39 年内的商业房地产成本回收期之间,任何错误结论都可能导致金额巨大的超额税收责任。

以下提供了房顶成本费用化问题大纲以及评估房顶维修费用参考表。主要服务于询问客户与报税机构,对于只能根据发票描述、缺少房顶直接知识的税务专业人士来说,将事实和报告进行整合是个挑战。正确评估的关键是对房顶有基本了解,并提出有见地的意见。

一、分析

"资本性改善"定义是,在某建筑物交付使用后,支出特定金额用于该物业或建筑物单元改进、适应或恢复。[参见:美国证券交易委员会第 1.263(a)—3(d)条规则]更换一栋建筑的任何主要构件大部分都符合资本性改善定义标准。房顶是建筑的主要组成部分,因为房顶在建筑结构中的功能十分关键。

房顶包括结构和多层材料。房顶结构通常包括某类承重结构托梁和屋梁,不可取代,除非发生灾难性故障,如龙卷风或火灾,或顶盖长期失修。我们的分析注重承重结构的构成。

步骤一,判断房顶的类型。

---

[ 1 ]　Eddie Price, Gian Pazzia, "Guide to expensing roofing costs", *KBKG Tax Insight*, 2017 – 06 – 22.

在评估时,重要的是,要了解一般房顶的物理特性。房顶一般分陡峭的和低矮的两类。

(一) 陡峭的房顶

通常用于住宅性出租物业。这类陡峭房顶通常包括 3 个主要部分:

1. 房顶板:横梁以上第一层,通常是木质材料,类似胶合板,也称"护套"。

2. 地垫:二次防水层。有时称"毛毡"或"墙纸"。

3. 房顶覆盖层包括各类房顶板、黏土瓦、混凝土瓦、石板、木摇,或金属房顶。

一般来说,陡峭房顶的平均寿命期限如下:

| 陡峭房顶覆盖 | 寿命(年) | 陡峭房顶覆盖 | 寿命(年) |
|---|---|---|---|
| 沥青油毡瓦片 | 15—30 | 黏土瓦片 | 50+ |
| 木　头 | 30—50 | 自然的石头 | 50+ |
| 金　属 | 50+ | 合成材料 | 30—50+ |

(二) 低平的房顶

通常用于商业建筑。多数低房顶由 3 部分组成:

1. 房顶板:通常是结构梁支撑的波纹金属板。

2. 绝缘物:与陡峭房顶的区别之一,是绝缘物通常覆在装饰上,可被膜层代替。

3. 房顶盖或薄膜:大多数沥青薄膜或组件可分为组合房顶膜、金属板房顶系统、改性沥青卷材、合成橡胶膜(如 EPDM)、热塑性膜(如 PVC、TPO),或聚氨酯泡沫(SPF)喷涂房顶。

一般来说,低矮房顶平均寿命是:

| 低房顶覆盖 | 寿命(年) | 低房顶覆盖 | 寿命(年) |
|---|---|---|---|
| 组　合 | 10—15 | 喷涂的涂料 | 20—50 |
| 改性沥青 | 12—20 | 金　属 | 30—45 |
| 合成橡胶 | 25—30 | 喷涂泡沫 | 50+ |

步骤二，适用法规。

（一）改进标准的评价

评估房顶是否属于资本性改善，根据美国证券交易委员会第 1. 263(a)—3(j)条规定包括：

1. 为什么替换房顶？一般来说，如果是房顶突然损坏，用同样材料使房顶回复原状的成本并非改善。

2. 购置建筑物和修复房顶间隔多长时间？第一，一般来说，如果房顶改善在建筑物购置不久就需要完成(例如 2 年)，则可归于改善类，因为此类改善纠正了建筑物购买前的材料缺陷或状况。第二，如果从最初购置建筑物过去了很长时间(如 7 年)，一般不属于资本性改善。第三，之前房顶什么样，它被什么取代了？如果使用改进材料，老房顶、新房顶预期寿命分别是多少？(参见上表。)

使用黏土瓦(50 年寿命)替代沥青瓦(20 年寿命)是资本性改善，因为增加了建筑结构的能力、效率、质量。

3. 使用改进房顶材料是类似材料不能用了，还是技术进步了？第一，如果使用旧房顶不行，通常不算资本性改善。第二，如果对于地段和建筑类型而言，旧房顶材料性能低于工业标准房顶材料，一般不属于资本性改善。

4. 房顶改善是否涉及建筑物理面积放大？如果是这样，房顶的扩大部分甚至可能是整个房顶系统都可以被资本化。

（二）修复

评估房顶维护是否属于资本化修复包括 4 条标准：

1. 为什么更换房顶？如果是因为破坏事件，且纳税人根据损失金额正常扣除了建筑物税基，从而扣减了破坏性损失，新房顶造价必须资本化。如果建筑物税基小于破坏损失，超出部分只有符合改进的其他所有标准时，才能资本化。

2. 每个房顶更换了多少层？第一，如果只更换房顶覆盖物(薄膜、房顶板等)，不包括底层，就不是修复。第二，如果替换超过 40% 支持房顶的任何承重结构(包括盖板和护套)，全部成本都算作修复。第三，如果替换房顶覆盖物与结构要素间的绝缘层超过 40%，也能算修复。

3. 房顶改善是否属于在建筑结构恶化、破旧且不能再发挥作用后，将其恢复到初始功能工程的一部分？第一，大多数建筑结构的房顶即使存在问题（如，轻微漏雨、外部装饰损坏），也可继续发挥原有功能。第二，某些时候房顶年久失修如果严重到阻碍建筑结构正常发挥功能，则房顶工作成本必须纳入资本化。

4. 纳税人是否要求对旧房顶任一部分进行退休损失或部分处理扣除？如果是，则房顶工作成本属于资本化改善。

（三）改善较大的部分

其他正确评估税收处置的问题是：房顶工作是为了其他资本改善项目吗？第一，如果任何其他资本改善项目的范围要求实施房顶工作，房顶成本将随着资本项目折旧而折旧。例如，安装新空调可能需要额外的房顶防渗透处理，改变房顶结构。安装太阳能电池板，通常要加盖房顶支撑结构，导致额外增加房顶费用。第二，如果任何其他的资本改善直接受益于房顶工作，则房顶工作也要资本化。例如，更换房顶使用反光材料，会提高太阳能生产率。反射罩不是必需的，但它直接有助于太阳能电池板。

二、结论

业主经常花大笔资金替换房顶部件。对房顶和有形财产制度有基本了解后，税务机关就能提出有见地的建议，根据事实和报告对工作性质进行评价。仔细分析将为合理处置房顶工作成本，纳入当年修理费用或资本改善项目提供支持性理由。

## 5.4.7 税收基金会鼓吹资本投资全额费用化是联邦税制的最大变化

全额费用化要承担大量前期成本。美国税收游说机构税收基金会专家波默洛指出，资本投资的全额费用化在头 10 年，似乎比持续的最终花费要贵得多。因为根据现行折旧细则，已发生投资将继续摊销，而新投资也在全额费用化。事实上,全额费用化的长期年度成本比 25% 的企业所得税率还低。[1]

国会要限制过渡期的政策成本。在过渡期减少全额费用化成本的方法之一,是制定"中性成本回收"制度(NCR),保证企业享受全额费用化的益处,即对资本投资的扣除能全额现值冲销,资产边际税率降低至零,政府也不必承受巨额过渡成本。运作方式是,政府对资本费用不必全额冲销,只维持当前的折旧水平,但折旧政策需按照通胀影响和货币时间价值,调整到利率水平。

折旧法的缺点是对资本费用的扣除是渐进的。由于受通胀与货币时间价值影响,今天的 1 美元比 5 年后的 1 美元值钱。参见表 5-6。

表 5-6　折旧扣除比较:现行法律与中性成本回收法

| 年　度 | 第 1 年 | 第 2 年 | 第 3 年 | 第 4 年 | 第 5 年 | 总　计 |
|---|---|---|---|---|---|---|
| 现行折旧扣除 | 100 美元 | 100 美元 | 100 美元 | 100 美元 | 100 美元 | 500 美元 |
| 现　值 | 100 美元 | 96.15 美元 | 92.46 美元 | 88.9 美元 | 85.48 美元 | 462.99 美元 |
| 费用化 | 500 美元 | 0 | 0 | 0 | 0 | 500 美元 |
| 现　值 | 500 美元 | 0 | 0 | 0 | 0 | 500 美元 |
| 中性成本回收 | 100 美元 | 104 美元 | 108.16 美元 | 112.49 美元 | 116.99 美元 | 541.63 美元 |
| 现值 | 100 美元 | 100 美元 | 100 美元 | 100 美元 | 100 美元 | 500 美元 |

根据现行联邦折旧政策如何对 500 美元投资进行扣除。第 1 行近似于现行法律下的折旧额。企业在 5 年内扣除了 500 美元名义成本,但后期的扣除却失去了价值,企业实际只收回 463 美元,相当于其初始成本的 92.6%。解决办法是允许在第 1 年对投资全额费用化。第 2 行是实行费用化政策的扣除结果。企业在第 1 年扣除投资的全部成本,企业并不损失任何价值。第 3 行是折旧扣除的中性成本回收法,企业仍需对资产折旧,但年折旧额根据利率调整,以抵消折旧减值。第 1 年折旧额不变,但随后几年折旧额按名义价值增加,年度扣除额最终抵消了货币时间贬值影响,但现值不变,企业得到扣除额全部价值。经济利益随

---

[1]　Kyle Pomerleau, "How to Reduce the Up-front Cost of Full Expensing", www. taxfoundation. org, 2017-06-19.

之而来,新投资边际税率降低为 0,产出、工资和就业更高,联邦政府全额费用化成本将逐步减少。

但全额费用化政策在短期内会显著降低收入。因为实施全额费用化最初几年,企业不仅会全额扣除新投资,还将继续扣除前几年的旧投资,这将显著降低企业应税所得额与企业所得税收入,但随着旧投资退出,成本会显著下降。

中性成本回收政策能保证税收中性。但是,由于其年度成本最终与全额费用化年度成本相匹配,中性成本回收后期还需要抵消。通过协调程序完成税改是重要因素。税收计划需要遵循伯德规则,且在预算窗口期外不能增加赤字。

中性成本回收法的缺点也有办法克服。第一,根据联邦折旧制度,需定义哪些资产适合何种折旧细则,这会使税法更复杂,但也无法否定将中性成本回收与折旧制度大幅简化并结合的好处。国会可通过对短期资产及小企业费用化,为长期资产和大企业提供中性成本回收法,将中性成本回收与全额费用化政策结合起来。第二,部分企业的内部贴现率可能超过调整后的折旧贴现率。企业投资贴现率可根据借贷成本、投资风险调整。4% 的调整幅度可能对某个投资有利,对其他投资不足,企业最终的贴现率也可能不一致。但这些问题都不在全额费用化政策考虑范围内,因为不论贴现率如何,所有企业在第一年就全部扣除了。

资本投资全额费用化可能是联邦税制最大变化。全额费用化会带来巨大的前期成本,但也可通过"中性成本回收"法加以解决。中性成本回收政策将使费用化成本缓慢消化,同时为新投资创造直接利益。

## 5.4.8　资本投资全额费用化将使美国增加 100 万人就业

美国自由派市场团体支持及时、全额列支营业费用促发展的税改核心理念。[1] 这是包含美国人税改协会、美国全国纳税人联盟在内的游说集团在写给

---

[ 1 ]　"Full Expensing Urged In US Tax Reform", *Global Daily Tax News*, 2017 – 03 – 02.

众院筹款委员会、参院财政委员会的公开信中提出的。根据美国现行折旧政策，企业主必须按照"复杂而武断的规则"，视其购买的资产类型、经过长达数年，才能扣除设备成本。现行准则太复杂，迫使企业主根据税收政策进行决策，而不是寻求经济利益最大化。这毫无意义、不明智。改革这一制度、全额而及时列支资本投资，应当成为创建鼓励增长、创新和有竞争力经济的税法典不可缺少的部分。众院共和党人的税改蓝图，已经包含了全额费用化设想，通过实行现金流转税制度，切合了政策目标。据税收基金会指出，实行资本投资全额费用化将使美国长期国内生产总值提高 5.4 个百分点，全职工作新增超过 100 万份、税后所得增加 5.3%。

## 5.4.9  美国注册会计师协会（AICPA）支持简化税则降低中小企业负担

美国注册会计师协会为《当前新企业投资与经济繁荣法案》法案背书。[1]该法案由参议员图恩提出，题为《当前新企业投资与经济繁荣法案》，内容为提高中小企业的税收减免并简化某些会计与税收准则。这一法案是更广泛税收改革议程之一。《当前新企业投资与经济繁荣法案》将会计核算的收付实现制拓展应用至过去 3 年内总收入 1 500 万美元及以下企业，简化中小企业存货核算，允许更多小建筑企业在会计核算上使用简化的完成合同法。

美国注册会计师协会对法案更新列支费用的财产类型表示赞赏。更新折旧财产表，增加在 1987 年尚未面世的科技及其他财产，将提高清晰度、消除争议并更准确地反映出贬值程度。其他变革还包含，放宽第 179 条资本投资费用列支限制，减少农机设备折旧年限，提高企业可扣除的载客车辆数量，减少收回已取得无形资产投资的时间等。

---

[ 1 ]  "AICPA Supports US Bill To Ease Tax Burden On SMEs", *Global Daily Tax News*, 2017 - 07 - 03.

## 5.5　国际税改革与税制竞争力

### 5.5.1　参院关注穿透企业反税基侵蚀政策

美国国会参院财政委员会召开 2017 年 7 月 18 日税改听证会,请来了曾任财政部税务政策助理局长的一干证人,包括埃里克·所罗门(Eric Solomon, 2006—2009)、马克·马祖尔(Mark J. Mazur,2012—2017)、帕梅拉·奥尔森(Pamela F. Olson,2002—2004)、乔纳森·塔利斯曼(Jonathan Talisman,2000—2001)。听证会讨论了包括在属地税制下,制定反税基侵蚀规则的必要性,及纳税中间体税收相关问题。随后直接召集了单独听证会,提名前安永全国税务总监大卫·考特(David Kautter)担任下届财政部税务政策助理局长。[1]

对国际税收政策的关注主要是美国税收的流失与反税基侵蚀政策。参议员蒂姆·斯科特(Tim Scott)主要关心如何发挥最低税收政策对于公司倒置的作用。马克·马祖尔举例说美国公司被外国收购后,仍有美国公司需纳税,只有建立充分的反税基侵蚀规则,才能使公司无法将所得向国外转移,而防止税基流失方法之一,是采用全球最低税率,无论所得被转移到世界何地还都要缴纳美国税收。蒂姆·斯科特关注美国实现属地税制对经济有何影响,帕梅拉·奥尔森指出,较高的企业税率与全球税制拴死了企业,关键是要下调企业税率、制定新的国际税收规定。埃里克·所罗门指出,如果美国公司想在国外做生意,则来自第三国的利润免汇回税的另一家外国公司就具有超过美国公司的竞争优势。

纳税中间体(穿透企业)的税收问题由来已久。对此参议员怀登主要关心降低纳税中间实体的税率政策。参议员约翰·图恩表示,对这个具有挑战性的问题,如何对待现有参与业务的纳税中间体的业主,对于他们来说,税率是以投资企业的资本回报为基础,还是以自己支付的报酬为基础最好,这个需要确定。埃

---

[1]　"Finance Committee Questions Former Assistant Secretaries for Tax Policy, Current Nominee", *EY Tax Alerts*, 2017 – 07 – 21.

里克·所罗门说，最大的挑战是制定公式，计算要素补偿所得，或确定业主的出资额，并将较低税率适用于相应数额。参议员马克·沃纳(Mark Warner)质疑把公司法定税率降至 25% 的可行性，根据经验每削减 1 个百分点税率，就会在 10 年内增加 1 000 亿美元成本，而且还将降低企业支出意愿。本·卡丁参议员提出要推行累进消费税建议。

### 5.5.2　《新闻周刊》主笔呼吁美国实行辖地税制

特朗普总统的税收愿景取决于降低企业税率、提高全球竞争力承诺的永久性。但是由于降税成本不确定，该方案可能无法提供永久性降税。最高经济顾问加里·科恩和财政部长史蒂文·姆努钦在税改方案中呼吁，将企业所得税率从 35% 削减至 15%，并对迄今仍未缴纳美国税收的 2.6 万多亿美元的离岸利润一次性低税率征税，并将国际税制转变为辖地税制，免除跨国企业海外盈利的美国税收义务。目前，美国在征企业所得税时，并不区分所得税的来源地。[1]

尚不清楚是否缴纳或如何缴纳企业税。姆努钦说，减税带来经济增长，并会抵消大部分降税成本。但经济学家质疑，这个问题不仅关乎学术，而且参院要求无论哪种税收方案，在 10 年预算窗口期内不得增加赤字。因此，从长远来看，立法造成财政收入不平衡，那么减税将是暂时的，即在 10 年内结束，也许结束的更早。财政部前高级税务官蒙达卡(Michael Mundaca)说："要想使降低企业税率对经济增长产生积极作用，就需要更多确定性。如果降税措施只是暂时的，公司最终可能会又返回当前的做法，免税将利润囤积海外。"

特朗普税改方案有害增长。税收基金会经济学家凯尔·波默洛表示，特朗普税收方案缺乏足够细节，无法计算成本，而无党派的尽责联邦预算中心发布了一项粗略估计，在未来 10 年，这份税改方案的可能成本为 3 万亿—7 万亿美元，并损害经济增长。

---

[1] Lynnley Browning, "Trump's Corporate Tax Rewrite Faces Major Obstacle：Its Cost", finance. yahoo. com, 2017 - 04 - 27.

　　联邦国际税改要实行辖地税制。一旦美国实行辖地税制,将实现与其他对离岸企业不征所得税的发达国家平等合作,并结束所谓公司"锁定"效应,使数十亿美元的海外收入不必逃避美国税。目前,美国公司允许把他们的海外所得延迟到带回美国后再交税。当海外所得汇回美国时,可要求美国抵免在海外所缴纳的税收。目前美国公司已经离岸囤积了大约 2.6 万亿美元,以逃避美国税收,特朗普一再表示,实际资金可能更多。已经公布的税改方案并没有对海外盈利指定适用税率,姆努钦只是说,税率将"非常有竞争力",而且是一次性征税。特朗普在大选期间提出了 10% 的海外利润税率。根据布鲁金斯税收政策中心估计,联邦政府 10 年内将因此增收约 1 478 亿美元,假设公司总有一天缴税的话。

　　历史的经验值得注意。在 2004 年自愿汇回利润计划中,有 843 家公司汇回3 120 亿美元,其中多半花在分红和股票回购上,而没有新增投资或招聘员工,其实后者才是特朗普所关心的。某国际税收服务合伙人戴维·赛茨(David Sites)认为:"如果此举只是暂时减税,那么 10 年内将恢复到旧制度,作为企业谁还真想在美国投资呢?长期而言,企业要做出结构性转变,保证 10 年后不会回到从前的状态。"

### 5.5.3　税收基金会推动美国税制向辖地税制转型

　　美国现行针对跨国公司海外利润的国际税制已破败不堪。美国税收游说组织税收基金会发表了波默洛与詹森(Kari Jahnsen)的文章指出,根据美国现行法律,在本国居住的跨国纳税人的全球收入都要征税。亦即只要某公司被认为是美国的居民企业,其所有收入、不问出处,都要至少缴纳 35% 的美国所得税。但是同时,海外所得只有在汇回美国时才缴税。这一税收制度有缺点。美全球税制不鼓励公司向本土汇回海外盈利,因此海外公司会进行低效的财务安排和投资,避免这些收入汇回本土,从而额外缴纳美国税收。在个别情形下,这套制度激励本土企业把总部搬离美国,以避免海外利润被征国内税收。因此,几十年来,美国的全球征税制度一直是企业倒置的主要驱动力之一。从经济角度看,全球税制不鼓励美国向海外投资。最后，在规范层面看，美国政府可能会对其他司法管辖区的所得征税，这不合道理。[1]

10年来已有一些税改提案试图解决国际税制问题。最近众院共和党"蓝图"提议，以"目的地税基现金流转税"的地税基现金流代替企业所得税，消除美国全球税制和企业所得税制的扭曲效应。许多国会议员提议用"辖地"税制取代全球税制。辖地税制是根据利润所在地而不是根据公司所在地进行征税。也就是说，美国公司的海外利润在汇回后不再缴税。

辖地税制改善并解决了目前国际税制中的若干问题。税收不再以居住地为基础，因此公司倒置无法获得好处，公司在全球投资和扩展业务不再遭受阻挠，资本也将更自由地流向美国。然而，辖地企业所得税可能很复杂，因为辖地税制只根据生产地点对公司征税，这在全球化的今天是有困难的，生产过程已经延伸到了许多司法管辖区，并且会包括难以成交的交易。拥有多国生产过程的公司在全世界范围内进行扣除并报告收入，从而分配利润，因此，通常很难确定在某个国家究竟哪些利润应缴税。

辖地税制可能遭受税基侵蚀。这令人关切，事实上，生产流程跨越多个税收管辖区使公司得以充分利用国家税收政策差异，以减少全球税收负担为目标，在各个税收管辖区之间分配所得与成本。而且当公司不再面临对汇回母公司的海外利润的额外税负时，有更大激励逃避美国税收。出于以上担忧，拥有辖地企业税制的国家，制定了海外利润纳税及防止税基侵蚀和利润转移的规则。辖地企业税制本质上反映跨国企业商业模式的复杂性。

各国反税基侵蚀规则和本国豁免海外利润税收的程度差异很大。是否存在任何"完美"或纯粹的辖地税制不清楚。相反，各国需要根据三个关键目标进行权衡，即取消对海外利润征税、保护税基、税法简单。推行统一的辖地税制度，需要考虑折中办法。

---

[1] Kyle Pomerleau, Kari Jahnsen, "Designing a Territorial Tax System: A Review of OECD Systems", www. taxfoundation. org, July 2017.

因此主要结论有七点：第一,企业税制改革的核心目标之一是,要修正美国本国企业的海外利润征税制度。第二,一些国会议员试图通过向"辖地"税制转换改革企业税,使跨国公司的海外利润不再负担国内税负。第三,30 年来,美国主要贸易伙伴大多已转为辖地税制。第四,35 个经济合作与发展组织成员国的辖地税制存在很大不同。第五,所有拥有辖地税制度的经济合作与发展组织国家都制定条款,防止跨国公司的税基侵蚀和利润转移。第六,设计辖地税制需平衡相互竞争的目标,即完全免除海外经营的国内税负、保护国内企业税基、税制简单。一般最多只能选择其中两个目标。第七,辖地税制有助于改善美国的企业税制。然而,企业税收本质上很复杂,国会需审慎考虑如何构造美国的辖地税制。

## 5.5.4　用外国税收抵免调整申请退税不当

联邦地区法院对纳税人不当退款要求无管辖权。美国税收专家舍夫勒(G. F. W. Schaeffler)指出,充分证据表明某纳税人提交了原始纳税申报单,并且在提出退税要求前缴纳了超过 10 年税款。在争议税收年度二次修订的纳税申报中,该纳税人 3 次调整了他的外国税收抵免中的德国税务负债,其中 2 项与在德国纳税有关,属于符合条件的外国税收抵免增加,还有 1 项则减少了外国税收抵免。3 项调整加在一起后,合格的外国税收抵免减少了;单独分开看,3 项调整都使争议纳税年度缴纳税款不足额。纳税人索赔多付税款是由于从上年纳税申报中结转的最低税收抵免增加了。因此,索回多缴税款并非由于其国外税收抵免调整。[1]

美国税法典第 6511(d)(3)(a)条有关延长 10 年期限不适用。因为,该纳税人多缴的税款并非缴纳或应计外国税收,该纳税人使用的最低税收抵免结转,与他第 2 次修改纳税申报涉外税收重新确定密不可分;涉外税收的重新确定及

---

[1]　G. F. W. Schaeffler, "Refund Claim Based On Foreign Tax Credit Adjustments Denied; Claim Untimely", *Federal Tax Day*, 2017 - 05 - 03.

最低税收抵免结转二者,对于确定个人正确的税负很重要,重新定位涉外税收对最低税收抵免结转数和结转范围存在间接影响,最低税收抵免结转由前几年外国税收抵免和支付替代性最低税所决定。在该纳税人调整了上年纳税申报后,即使不再对涉外税收抵免进行调整,其最低税收抵免结转也适用于第 2 年。

应缴税额由最低税收抵免结转和外国税收抵免调整共同确定并不意味着上述两者导致纳税人多缴税。此外,最低所得税抵免并不构成可退税的支付。在修正后的纳税申报中,将最低税收抵免作为"付款"进行计算和结转,允许基于适时抵免申请退税,违反了税法典第 6511 条异常强调的时间限制。

### 5.5.5 游说组织分析美国打击"税务倒置"

奥巴马当局曾尝试阻止美国企业的"税务倒置"潮。[1] 美国知名税务与会计新闻网站全球每日税务新闻发表评论指出,2016 年第三套监管措施连续松动,表明行政部门的做法过于严厉,况且并没有简单办法化解难题。简而言之,尽管美国跨国公司管理和经营仍在美国境内,但却通过"税务倒置"将居民纳税人迁至境外,既逃避了高达 35% 的联邦企业税,又释放了在海外的利润与所得。美国跨国企业通常通过与境外规模较小的经济实体进行合并或收购,转换居民纳税人身份,然后通过"税务倒置"进行合并,进行"利益剥离",进一步减少应纳美国企业税。其手法是由美国子公司向其新设立的境外母公司(或另一家外国子公司)借款,通过增加利息支出、降低应税所得,减少对美国的企业税。然后,外国出借方通常会基于现行税收协定,对利息所得缴纳更低或零预提所得税。

美国行政当局与国会在如何处理税务倒置问题上仍存在明显分歧。虽然政界对于大公司不应该实施倒置策略有广泛共识。但一方面,共和党人辩称美国企业税率过高,在全球追求更低的所得税才是企业进行税务倒置的动因,因此,实施有利于美国企业的减税政策,进行税改可以消除税务倒置的动机,特朗普总

---

[ 1 ] "Analysis & Commentary：Inversion Therapy"，*Global Daily Tax News*，http://researchhelp. cch. com, 2017 - 08 - 04.

统与众院共和党领袖共同推出的税改案,旨在为美国企业与海外企业在美投资创造更为有利的税收环境。而另一方面,民主党人却倾向于给美国税法打补丁,而不是对大企业减税。然而,由于当时的民主党总统奥巴马在任期结束前夕,无法获得国会对税收政策的支持,才不得不通过行政法规阻止倒置行为的发生。2014 年 9 月,财政部依据《美国税法典》第 304 节、367 节、956 节、7701 节和 7874 节规定,采取措施,规定如果美国公司在与规模比它小的外国公司合并,就降低美国公司应获得的法定税收优惠。2015 年 11 月,财政部基于《美国税法典》第 7874 节,制定税收法规,提高美国企业税务倒置的难度,其中包括强化美国公司前股东拥有新合并实体股权比例不得超过 80%的限制性规定。然而,税务倒置行为仍屡禁不止。

因此,财政部进一步采取管制行动。2016 年 4 月,宣布依据《美国税法典》第 385 节、7874 节规定,对倒置公司的利益施加最重的处罚。简而言之,依据第 385 节出台的管制措施旨在阻止利益剥离,它针对的是那些增加关联方债务但却不在美国产生新投资的交易。第 385 节赋予财政部长相应权力,基于打击"税务倒置"目的,判定利息收益是股息还是利息收益。拟提出的临时管制规定可能将股权视为债务工具,前提是该股权系由子公司以股息分配形式向其外国母公司发行;如果是美国子公司从一家关联公司借入现金,并向其外国母公司支付现金股息,则把类似股息分配视作利息;如果借款与关联企业的特定股权或资产并购有关,且该交易在经济实质上类似于股息分配,则将债务工具视为股权。

备受瞩目的管制规定已于 2017 年 10 月最终发布。显然财政部已经从产业、税务及国会议员那里得到了负面评价。值得注意的是,允许美国国税局将债务工具视为半股半债的"分叉"规则已取消,并在等待财政部审查。此外,在新税收法规中,关于资料要求的许多方面也有所松动。而且对其他各条的修订也表明,管制规定仅针对存在问题的利益剥离行为,从而会把对常规经济活动的意外影响降至最低。

财政部放宽新规定不足以平息纳税人的担忧。尽管政治评论员都称赞财政部的做法,在 2017 年 7 月 28 日,财政部和美国国税局发出联合公告,推迟执行集团内部交易报告制度。正如公告所指出的,报告制度等规定给纳税人带来了相当大的技术和管理问题。美国注册会计师协会在 2017 年 8 月 2 日致美国国税局的信中总结说:"这些税收法规的主要目的是减少税务倒置行为。然而,法规过于复杂,对美国公司的日常与常规集团内部交易提出过多资料和分析要求,不乏那些并没有避税影响或动机的交易"。"为了满足资料要求,所涉美国公司会付出巨大代价,重新设计现有流程、制度与内部控制模式"。注意到纳税人面临的困难,2017 年第 36 号通知又规定:"为应对纳税人不断对从 2018 年 1 月 1 日起支付利息实施的资料审查规定的担忧,又鉴于对第 385 节最终临时管理规定进行重新审查,及可能采取的进一步行动,美国财政部和美国国税局决定推迟 1 年实施资料审查的相关规定"。因此,资料审查规定将只适用于在 2019 年 1 月 1 日或之后支付的利息或视同支付的利息。

特朗普的税收政策不断变化遭到质疑。在新一届行政当局放松管制的推动下,以及共和党控制的国会试图实施全面税改背景下,有理由怀疑,已颁布的税收法规是否继续有效。事实上,根据特朗普总统签发的第 13789 行政令,依据第 385 节实施的管制措施正在接受审查。该行政命令指示财政部长,立即对 2016 年 1 月 1 日或之后颁布的所有重大税收法规进行审查。因此,对于被最近这波反税务倒置管制措施所困的纳税人来说,事态发展虽然带来了希望,但却也是一把双刃剑。推迟资料审查要求的生效日,给了纳税人喘息的机会,而且毫无疑问,大多数人希望随着对相关税收法规的审查或全面税改,这些法规在某种程度上不再有效。然而,对于希望提前规划事务的商业机构而言,探讨何时或能否实现的不确定性没有意义。

### 5.5.6 布鲁金斯学会要求保留税法第 385 条收益剥离政策

美国企业竞争力通常取决于如何对其海外所得征税。布鲁金斯学会税收学家卢尼发表观点指出,例如,降低企业税率和将美国公司的海外收入排除在本国税收之外的辖地税制,是扩大出口、提升美国公司全球收入的好主张。但是,这一焦点掩盖了更重要、更易解决的问题,即如何通过限制在美外国公司巨大的税收优势,提升本土企业竞争力。取消对美国国内总部和工厂设在欧洲、亚洲或加勒比避税天堂的美国公司的税收优惠,应成为共识。这就是特朗普当局决定重新审视并推迟财政部修订"385"收益剥离规定的部分原因。如果没有这些规定,美国企业会变得更糟。[1]

这些规定主要针对在美设立的海外公司的税收优势。这类企业往往通过利息剥离手段,具备对美国企业税的避税能力。无论是美国公司还是外国公司,都应对在美所得支付相同税率。但在这项利息剥离政策中,外国公司使其在美子公司对其母公司或避税天堂的空壳公司负担债务。美国子公司支付的利息可扣除在美所得额,但避税天堂则对利息所得不征税。通过制造所谓利息支付,外国公司可将在美税基归零,同时将所有利润保留在大公司内。纯美国公司无法这样做,跨国公司无论身处何地,被动所得也要缴税,比如利息所得,因此避税范围小得多。与企业税其他问题不同,美国公司的不利地位并不在于海外营业收入是否缴税,也不在于税率高低,即使企业税率再低,美国公司仍处于劣势。

利息剥离的实际结果是这样的。在同一个地区的美国公司,无论是零售商、杂货商、咨询公司、制造商,都要按照35%的税率为全部利润缴税,而外国公司则可能分文未缴,这样外国公司就可以削价竞售,或以超出其美国竞争对手的花费,拓展业务、吸引客户,但其总部和生产基地可能设在海外。这种税收优势大到企业纷纷利用利息剥离手段,将其居住地迁往海外,同时外国企业收购美国公司形成高潮。究其实质,美国是在用自己的税收收入支付给外国投资者接管美国企业。美国企业经过这样倒置后,关联方债务就记入美国公司,减少了应纳税所得额。再过一段时间,转换成海外所有者的实际成本可能更大,即对美国的国内业务、就业或社区投资进一步减少。

---

[ 1 ]　Adam Looney, "The 385 Tax Rules Make American Businesses More Competitive—Treasury Should Keep Them", www. brookings. edu, 2017 – 08 – 10.

再看第 385 条规则。这条以税法相关部分命名的规则,主要针对通过利息扣除而制造母子公司金融交易而设立,意在限制剥离利息的能力和企业倒置动机。第 385 条规则有助于为美国和外国竞争者创造公平竞争环境,减少美国公司倒置,降低将总部和主要业务转移到海外的激励因素。据美国财政部估计,这项规定在未来 10 年内还将阻止约 74 亿美元的避税行为,其中大部分来自倒置公司。尽管这一规则同时适用于国内外企业避税行为,但大头来自外国公司,因为对美国应税所得扣除的利息,一般是支付给避税天堂公司的,在那里不须缴税。规则仅针对最有可能、成本最高的税收套利行为。只有 1 200 个最大的跨国公司纳税人受到利息扣除的限制影响。此外,这些规则确保不损害对美新投资以及相关融资活动。例如,用于在美新增投资的借款利息,可以继续扣除。

消除利息剥离和企业倒置是两党的共同目标。不仅上届政府推进了进程,而且在企业税改方面也有新进展,例如,由众院筹款委员会前主席坎普制定的改革措施,以及现任主席布拉迪提出的边境调节税。有朝一日,美国将修改营业税法、消除企业避税激励与能力,但现在,保留第 385 条税则至关重要。

### 5.5.7 税收基金会认为多边协议文件（MLI）无法遏制税基侵蚀与利润转移（BEPS）

近期 76 个国家与地区的代表齐聚巴黎,共同签署了多边协议文件。美国税收游说组织税收基金会专家伊金斯(Gavin Ekins)指出,经济合作与发展组织的这一倡议是税基侵蚀与利润转移计划中所知不多的部分,但却是完善税基侵蚀与利润转移其他建议的关键环节。多边协议文件通过设置所有条约适用的默认规则(除非协议中有明确的书面规定),简化了多个国家所创建的税收协议全过程,而这一过程往往要持续 10 年之久。此外,多边协议文件将在签署国之间出现税务纠纷时,引入有约束力的仲裁程序。在经济合作与发展组织国家中,只有美国和爱沙尼亚没有签署多边协议文件,也有很多签署国选择放弃了条约中的许多条款。因此,多边协议文件是否能达到税基侵蚀与利润转移计划的目标,仍属未知。[1]

多边协议文件包括以下七大内容。第一,实体透明规则;第二,解决各国间税制不匹配的程序;第三,消除双重征税的适用方法;第四,避免个人滥用协议程序;第五,对股利和资本利得税基的限制;第六,常设机构规则;第七,通过强制性、约束性的仲裁解决争端的程序。多边协议文件最早出现在 2014 年 9 月所公布税基侵蚀与利润转移最初计划报告第 15 节,在 2015 年 10 月的最终报告中进行了细化。2017 年 11 月,专门的项目小组结束谈判,并制定了多边协议文件示例版本。2016 年 10 月 31 日,条约向所有的国家和地区公布,到 2017 年春天,条约获得了多数支持。最终,在 2017 年 6 月 7 日,有 68 个国家同意参加多边协议文件的签署仪式。

多边协议文件规定了所有双边税收条约的默认规则和通用定义。这就使得新的税收条约可用既定规则和定义来书写。这一点非常重要,因为条约需要用精确的语言来描述,以避免意外后果或条约滥用。通过同一套规则支撑税收条约,则制定和批准税收协定的过程就得以简化并得到加快。然而,并非所有多边协议文件条款都是必需的。在多边协议文件第 28 条,除了所有强制性条款,其余部分由各国自由裁量接受。很多国家都选择拒绝某些条款。比如,印度拒绝了第 39 条中的 7 款。美国参与了谈判,却不选择签署多边协议文件。税务专业人士指出,美国财政部早已实施了多边协议文件中一系列反协议滥用规则,但条约中的不少其他条款仍存在很大不确定性。

强制性、约束性仲裁是最具争议性的条款之一。68 个国家中,只有 26 个国家选择了具有约束力的仲裁。因此,多边协议文件的关键条款之一并没有获得确保仲裁条款得以执行的最低多数认可。由于许多国家决定拒绝多边协议文件的多数条款,因此,多边协议文件是否能履行精简税收条约过程承诺也未可知。经济合作与发展组织所做出的努力是否对国际税收制度产生切实影响,仍有待观察。如下

---

[1] Gavin Ekins, "Landmark Tax Avoidance Treaty Could Change International System", www. taxfoundation. org, 2017 - 06 - 13.

简述多边协议文件的主要规则。

第一，多边协议文件为各国税制不匹配设定了规则。税制不匹配是指一国认定某项应税所得来自某个来源(如企业所得)，但另一国却认定该项应税所得来自其他来源(如合伙所得)的情形。这样该笔所得就永远难以征税，因为根据对所得的不同定义，每个国家都指望着它国对这笔所得征税。多边协议文件为解决这一问题，制定了规则，要求各国税务机关就所得定义达成一致。此外，如果不能达成共识，那么纳税人需要就同笔所得在两国同时纳税。

第二，多边协议文件还为消除双重征税设立了可接受方法。在一国已缴纳的所得税可从税基中扣除，从所得中减免，或成为在他国缴纳税款时的税额抵免。条约签署国不能拒绝这项规定。

第三，多边协议文件为避免个人或企业滥用协议福利设定了规则。多边协议文件包括为增加税收条约目的制定了规范语言。如果个人或企业行为没有满足税收条约的目的，那么该国税务机关可以剥夺个人或企业享受协议的福利。条约还细化了剥夺福利的程序。

第四，多边协议文件列出了诸如常设机构、代理机构等术语的通用定义。多边协议文件加强了对常设机构的审定，常设机构必须在一国开展"惯常"业务。从交易中获取利润低于50%的代理机构不能认定为独立机构。作为审定常设机构测试的一部分，多边协议文件要求单独合同需全年合并计算。此外，多边协议文件还限制免除或重新定义常设机构。

第五，多边协议文件在涉及第三国时还对常设机构做出限制。假设某企业是A国居民企业，在B国有常设机构，从B国将产品销售至没有常设机构的C国。如果该企业在B国应缴纳的税收低于将其所得归属于A国时该企业应纳税款的60%，那么C国可以索取其销售收入。这项规定是为了避免企业将所得转移至低税率国家。

第六，多边协议文件制定了可能冲突的解决程序以执行上述规定，特别当涉及第三方时。个人或企业有3年时间解决税收争议。税收争议可以在税收协定的任一国家进行,或在个人或企业的常居地进行。

第七,各国有 2 年时间解决国家间争议。如果争议无法解决,那么双方税务机关必须交由仲裁。仲裁行动由 3 名税务专家组成委员会进行,其中各国分别派出 1 名税务专家,由第三方国家派出另 1 名税务专家作为委员会主席。根据多边协议文件政策,仲裁委员会的裁决为终裁,且具有约束力。

### 5.5.8 税改政策导致海外资金回流造成股市投机狂潮

通过企业税改革治愈美国经济问题只是个童话。美媒报道,特朗普改革不足以解决难题,虽然他的本意是好的,但他的双手被利益冲突束缚住了,主要原因如下。[1]

第一,改革的影响可能远小于市场预期。大选以来,美股已升值约 2.5 万亿美元,然而,2017 年,企业所得税只有约 3 200 亿美元。特朗普的经济政策绝对会在市场价格中得到更充分反映。由于企业税不会被完全废除,而且很少有公司来支付 35% 的法定最高税率,改革的影响可能远弱于市场预期。

第二,企业所得税改革道阻且长。边境税的想法四处流传,这是几十年来出现在公共政策领域最糟糕的一种想法。如果被采用,将严重损害贸易,并可能导致经济衰退。但那些仍然坚持反增长议程的民主党人,正在努力使特朗普税改尽可能低效或失效。除非共和党显示出他们缺失了多年的勇气,否则只能进行简化版改革,对经济的影响很温和。如果这场市场反弹建立在企业税改基础上,那么将在自身失望的压力下崩溃。

第三,跨国公司离岸现金汇款回国是市场反弹的原因。汇回国的这 2.5 万亿美元,部分将被政府征税(可能是 10% 或者 2 500 亿美元),部分资金用于建造工厂、雇佣工人及其他方面,以促进经济增长,但征收的资金不会超过 20%,或 5 000 亿美元,那过于乐观了,剩余部分将被用于回购股票、支付股息、进行更多

---

[1] Michael Lewitt, "Sorry, Donald—Corporate Tax Reform Isn't Going to Fix All Our Problems", http://suremoneyinvestor.com, 2017 - 03 - 02.

并购交易,这部分或许有 1.5 万亿美元。但是,假定不是所有现金都可能回国,因为公司有合法理由把现金留在国外,为他们非美国本土经营提供资金。比如说,40%的资金回流美国,约 1 万亿美元进入市场,这会使美国人稍稍满意一下。因而可知,股票升值的动力将来自税制改革、游资回流和监管改革。但这一假设包含了很多东西,如盈利停滞,但假设的完美世界并不存在。美国也可能会面临经济崩溃,而不是持续反弹。实际上,现在一切都如脱缰之马。标准普尔 500 指数现在市盈率为 21.5 倍,远期收益 18.75 倍,经周期调整计算后,市盈率超过 29 倍,标准普尔 500 上市公司股票市值/国内生产总值比率超 130%,现在股票估值过高。但是,经济基本面以及收益都不支持抬高估值。

无人知道未来会是什么样。股价正处于历史估值区间上半部,在此区间的交易回报往往低于较低入口回报。美国企业比 10 年前进入大衰退时的杠杆更高,全球经济也在过度杠杆化,地缘政治格局处于第二次世界大战以来最为脆弱的阶段,必须认识到这一点。

### 5.5.9　税收基金会认为税改提高美国竞争力

美国税收政策游说组织税收基金会乐观估计了国会共和党税收蓝图的威力。[1] 经计算得出,如果众院共和党的税制改革提案得以实施,那么美国在经济合作与发展组织国家税收体制中,年度竞争力排名与年度税收中性排名较低状况,将得到明显改善。税收基金会提及,有竞争力的税法能够维持较低的边际税率,具有税收中性的税法所寻求的,是用最小经济扭曲换来最多的税收收入。"在过去几年,经济合作与发展组织国家的企业所得税和个人所得税边际税率显著下降。现在,大部分国家通过扩大税基,获得了大笔税收,如工薪税与增值税。"

美国税收竞争力排名很低。美国在 35 个国家的国际税收竞争力指数排行

---

[ 1 ]　"Tax Reform Would Improve US Competitiveness Ranking", *Global Daily Tax News*, 2017 - 02 - 21.

榜上位居第 31 名,爱沙尼亚排名第一,其次是新西兰、拉脱维亚和瑞士。英国排名第 16,法国排名垫底,排行榜倒数几名中的国家还有意大利、葡萄牙和希腊。税收基金会表示,"考虑到美国的税收体制中边际税率过高,特别是针对资本利得的边际税率过高,而且税基相对狭窄,出现这一排名并不奇怪"。

税收基金会期待国会的税改。税收基金会总结道,众院共和党的税制改革"将降低针对工资、储蓄和投资的边际税率,同时扩大税基","一旦美国实施这一改革,那么它在指数排行榜上的名次会得到大幅提高。税法竞争力会上升到第 3 名,这仅次于爱沙尼亚和新西兰"。

### 5.5.10　苹果公司现金储备达 2 500 亿美元

苹果公司的现金储备高达 2 500 亿美元。美国证券专业网站晨星( *Morningstar* )撰文分析指出,苹果公司现金储备量无可匹敌,超过了沃尔玛和宝洁公司市值,也超过了英国与加拿大两国合计持有的外汇储备。[1]

苹果公司超过 90% 的现金储备来自美国境外。在特朗普总统拟大幅削减企业税,一次性征收海外企业利润现金入境税后,人们重新开始关注这一问题。该科技巨头目前面临更大压力,要么进行企业收购,要么就要向股东派发更多现金。苹果公司季报显示,在过去的 4 年半内现金储备翻了一番。在 2016 年最后 3 个月,它以每小时 360 万美元的速度在积累现金。到了 12 月,该公司拥有 2 460.9 亿美元现金、现金等价物和有价证券,它与美国其他大型企业一样,将绝大部分现金存在海外,以免这部分境外利润缴纳美国税收。

美国改革国际税制将冲击这一资产结构。苹果首席执行官蒂姆·库克( Tim Cook)曾表示,若税收改革有利于经营,他很想将海外现金转回国内。财务总监卢卡·马埃斯特里( Luca Maestri)则称,现金回流能使苹果在投资回报上更加灵活,不过他们两人都没有具体计划。可能方案之一是进行特别分红,苹果公司这

---

[ 1 ]　Tripp Mickle, "Apple's Cash Hoard Set to Top ＄250 Billion", http://news. morningstar. com, 2017 – 04 – 30.

样做,将使包括沃伦·巴菲特(Warren Buffett)等投资者受益,它的公司在2017年1月份把持有的苹果公司股份增持了1倍。

华尔街更关注苹果公司净现金数值。自2012年起,苹果负债880亿美元,向股东支付股票红利,不过即使扣除负债,它的现金依然超过微软,微软拥有1260亿美金现金。除去金融公司,苹果公司的储备超过了近代其他所有美国公司,"我从未见过储备如此巨大的公司",宾夕法尼亚大学教授詹尼弗·布劳因(Jennifer Blouin)说,"苹果现在就是个钱柜"。苹果公司的现金和现金等价物包括短期和长期证券,即公司债券、美国国债和货币市场基金。

苹果公司重视现金储备。在1990年代,由于公司面临破产恐慌,首席执行官史蒂夫·乔布斯(Steve Jobs)决定为将来的紧急情况储备资金,并安排从微软输入现金,他还认为,苹果应通过投资,开发新产品抬高股价,不应采取回购或分红模式。其主打产品iPhone手机问世10年,已卖出10亿多台,获利已占智能手机部利润总额的91%。而库克则比前任更考虑股东需求,2012年开始的股利与股票回购计划,已向股东分配2000多亿美元,在研发方面投入的更多。不过在2013—2014年,库克也曾对激进投资者卡尔·伊坎(Carl Icahn)通过购买苹果股份,要求苹果增加回购的行为发出威胁。在市场投入方面苹果很节俭,2016年,苹果的广告投入不足18亿美元,不足其竞争对手"Alphabet"和亚马逊的一半。

苹果尽量避免大型并购。过去4年来,苹果的收购频率大约为每年15—20家公司,均为可轻易吸收的公司,一般花费数亿美元。最大一笔交易是2014年收购"Beats Electronics LLC",花费30亿美元。不过,资金储备的膨胀也点燃了苹果发展新业务的希望,例如,自动驾驶技术与娱乐产业。在2015年股东年会上,投资人曾问库克关于收购特斯拉一事,库克没有直接回答,特斯拉目前市值达510亿美元。苹果股东之一"Windward"资本的罗伯特·尼科尔斯(Robert Nichols)称,苹果应当购买网飞公司飞速启航视频流业务,巩固与亚马逊竞争的地位,网飞公司市值约650亿美元。他说,"通过自建(内容和分销)或者直接购买"将有助于苹果赢得地盘。坐拥2500亿美元的现金储备的苹果,可以同时购买特斯拉和网飞且购买后仍有大量现金结余。苹果还可用现金偿还部分债务,或响应特朗普,推动美国制造业发展。

苹果的现金储备已经远超其需求。不管怎样,越来越多的人认为如此,"如果这是雨天基金,他们已准备应对千年一遇的大洪水了",这是乔治城大学副教授李·平克维茨(Lee Pinkowitz)说的。

### 5.5.11　2016 年国际税收竞争力指数

税收制度是一个国家经济绩效的重要决定因素。税收基金会税务专家波默洛指出,良好的税制应当使纳税人易于遵从,能够促进经济发展,并为政府实施重点项目筹集充足的资金。相反,税收制度不合理,会带来高昂的成本,扭曲经济决策过程,并有可能损害国民经济。[1]

很多国家在过去几十年陆续改革了税制。经济合作与发展组织成员国意识到税制的重要性,已经显著下调了企业所得税和个人所得税的边际税率。如今,绝大多数国家都能够从具有广泛税基的税种(例如工薪税和增值税)中获取大量财政资金。新西兰就是一个很好的例子。为了应对全球变化,新西兰把个人所得最高边际税率从38%下调至33%,同时更多依赖货物和劳务税,并将企业所得税税率从30%下调至28%。在出现新挑战之前,新西兰的税收体系已经具备了多种竞争特性,包括不征收遗产税、资本利得税和工资薪金税。

然而有些国家没能跟上全球趋势。从 1990 年代开始,美国联邦企业所得税率一直维持在35%,从未下降,造成联邦、州和地方企业所得税的综合税率高达39%,远远超过了经济合作与发展组织成员国 25% 的平均水平。另外,由于绝大多数经济合作与发展组织成员国家都已经变更为属地纳税制度,美国企业利润虽然来源于世界各地,但也只能从其国内企业身上不断征得税款。另一些国家更加偏离合理税收政策。法国在过去几十年间进行了很多改革,大大提高了就

---

[ 1 ]　Kyle Pomerleau,"2016 International Tax Competitiveness Index",www. taxfoundation. org,2016 - 10 - 05.

业、储蓄和投资的边际税率,比如,最近推出的企业所得税附加税,此举导致企业所得税税率从 33.3% 上升至 38%,这还不包括其他扭曲税种,如金融交易税,净财富税以及遗产税。

竞争力强的税收制度应当能够保持较低的边际税率。国际税收竞争力指数(ITCI)旨在衡量一国税收体系对竞争力和中立性的遵从度。第一,在全球化加速环境下,资本具有更高的流动性,企业为了获取最高回报率,可以在世界各地任何地点进行投资,这意味着企业将寻求在税率更低的国家进行投资,最大化获得税后利润。如果税率过高,就会对资本产生挤出效应,最终导致一国经济增长放缓。而且,高边际税率还会催生避税行为。第二,中立的税收制度应寻求以最小经济扭曲程度获得最大收入,并不鼓励人们加大消费而减少储蓄,因而增加投资税和财富税,中立税制也意味着,不存在适用于企业或个人承担的特定活动的税收减免。可见,兼具竞争性和中立性的税收制度,既能在促进经济增长和扩大投资的同时,还能为政府开展重点项目筹集充足财政资金。虽然很多税收以外的因素也会影响一国的经济表现,但税收对于国家经济健康度的作用仍然不可忽视。

衡量国际税收竞争力的变量包括特定税收负担与税种构成。首先,国际税收竞争力指数观察了 40 多项税收政策变量,以衡量国家税收制度的中立性和竞争性,诸多国家的企业所得税、个人所得税、消费税、财产税以及对境外利润的税务处理情况。其次,国际税收竞争力指数全面概述了不同发展中国家税收制度的比较结果,解释了在诸多税制改革中,为何有些成为成功典范,而有些却成了糟糕案例,最后,国际税收竞争力指数还对如何看待税收政策提供了重要思路。在 2016 年度国际税收竞争力指数排名中,爱沙尼亚与法国等国值得关注。

爱沙尼亚仍是最优税制的经济合作与发展组织成员国家。爱沙尼亚连续 3 年位列国际税收竞争力指数排名榜首源于其税制的四大优点。第一,企业所得税仅针对已分配利润适用 20% 税率;第二,个人所得税除股利以外,统一适用 20% 税率;第三,仅对土地征收财产税,不动产和资本不征收财产税;第四,实行属地税制,境内企业的海外利润入境享受 100% 免税,且几乎没有任何限制。

有的经济合作与发展组织国家因某项主体税种优异而位列榜单靠前位置。新西兰的所得税综合税率最高为 33%,且所得税税率相对统一、税率较低,且同样豁免资本利得税,财产税较为合理,增值税税基广泛。最近刚加入经济合作与发展组织的拉脱维亚企业所得税税率更低,只有 15%,有助于企业加快消化成本,而且个人所得税税率也较为统一。瑞士的企业所得税税率为 21.1%,消费税税率既低且税基广泛,个人所得税税率较为统一,且免征资本利得税。瑞典的企业所得税税率低于平均水平,只有 22%,且不征收房产税和财产税,增值税和个人所得税税制结构也很合理。

法国已连续 3 年成为税制竞争力最差的经济合作与发展组织成员国。法国是企业所得税税率最高的经济合作与发展组织成员国之一,税率高达 34.4%,法国的财产税也很高,此外还征收净财产税、金融交易税以及遗产税。在法国,个人获得股利和资本利得,都要累进交纳沉重的个人所得税。

在国际税收竞争力指数排名中越靠后的国家,企业所得税都越高。总之,排名垫底 5 国的企业所得税税率都高于平均水平,其中除美国之外,消费税税率都高达 20% 甚至更高,而且都对不动产征收高额财产税,都设立了遗产税,都针对资本利得和股利累进征收高额个人所得税。许多国家 2016 年以来税制发生了重大变革,在国际税收竞争力指数排名上发生了较大变化,值得一说。

1. 比利时排名下降 2 位,由第 26 位降至第 28 位。延长了无形资产的法定摊销年限,将增值税的起征点由 6 300 美元提高至 30 400 美元,并且所得税最高边际税率略微由 59.4% 降至 58.3%。此外,还提高了预提所得税税率。

2. 智利排名由第 29 名下降至第 30 名。智利 2014 年启动了一项重大税制改革,主要措施是提高企业所得税税率,改变对股东征税方式,并加强反避税条款。2016 年智利持续推进税制改革。企业所得税税率从 22.5% 上升至 24%,资本利得按照普通收入缴纳个人所得税,且最高边际税率达到 40%。

3. 丹麦排名从第 22 名上升至第 21 名。丹麦持续降低企业所得税税率,由 2014 年的 24%下降至 2016 年的 22%。

4. 希腊从第 28 名降到第 32 名。原因是希腊将企业所得税由 26%提高至 29%,将最高边际所得税率从 45%提升至 50%,并且在个人所得税中引入了所谓"团结税"。

5. 爱尔兰排名下降了 2 位,从第 12 位下降至第 14 位。由于爱尔兰引入了所谓"知识发展盒"政策,规定知识产权利润适用 6.25%的所得税率。

6. 以色列排名由第 27 名上升至第 26 名。以色列 2016 年的税制发生了诸多变化。企业所得税率从 26.5%下降至 25%。增值税税率由 17.5%降低至 17%。税基也略微缩减。同时,股息红利税从 30%上升至 32%,工资薪金税率由 20.5%略微上升至 21.5%,还把利息和特许权使用费的预提所得税率由 26.5%降至 25%。

7. 日本从第 24 名跌至第 25 名。日本正在持续推进减税改革,企业所得税税率已由 2015 年的 32.1%下降至 2016 年的 29.9%。排名下降主要是因为增值税税基收紧,所得税最高边际税率由 51%上升至 56.1%。

8. 韩国从第 11 名下降至第 12 名。由于经营损失的结转期限由 10 年缩短至 8 年,企业回收成本更加困难,此外企业所得税的复杂程度有所提升,体现在遵从时间延长、必要支付数量的增加等。

9. 墨西哥排名从第 25 名上升至第 24 名。这主要是因为企业遵从时间有所缩短,从 170 小时下降至 122 小时。相反,针对达到平均国民收入 29 倍的所得,最高边际税率从 31.65%上升至 35%。

10. 挪威由第 13 名上升至第 11 名。挪威于 2016 年进行了多项税制改革,影响了资本利得征税方式,将企业所得税税率由 27%降低至 25%,资本利得税税率从 27%降至 25%,股利所得税税率从 27%上升至 28.75%。

11. 西班牙由第 31 名上升至第 27 名。企业所得税的提升体现在两方面:一是将企业所得税税率由 30%削减至 28%,加快机器设备和建筑物成本摊销;二是降低企业的税收遵从成本。另外,对个人所得税制度进行改进。资本利得税和股利所得税税率由 24% 降至 23%,普通所得的最高边际税率由 52% 降低至 46%,同时,把最高边际税率的适用范围由达到平均国民收入的 11.6 倍调整为 2.4 倍,实现了个税征收的扁平化。

## 5.5.12　2017 年国际税收竞争力指数

税法结构是决定一国经济表现的重要因素之一。[1] 美国重要税收游说组织税收基金会发表了高级研究员波默洛、霍奇和沃尔查克(Jared Walczak)的研究成果。结构合理的税法有助于纳税遵从,能促进经济发展,同时为政府的重点事项筹集足够财政收入。相反,结构不合理的税收制度成本高昂,扭曲经济决策,损害国内经济。许多国家已认识到这一点并改革了税法。过去几十年来,经济合作与发展组织的企业所得税和个人所得税边际税率显著降低。如今,大多数国家通过宽税基的税种(如工薪税和增值税)实现了大部分收入。

新西兰就是税制改革的典范。该国财政部在 2010 年报告中指出,企业所得税和个人所得税的全球性趋势导致新西兰国际竞争力下降。为了应对这些全球趋势,新西兰将其个人所得税最高边际税率从 38% 降至 33%,转而依赖商品和劳务税,将企业所得税税率从 30% 降至 28%。新西兰具有了多重竞争特征的税收制度,既没有遗产税,也没有一般资本利得税,还没有工资税。

然而有些国家并未跟上全球趋势。比如,美国自 1990 年代早期,其 35% 的联邦企业所得税率就没有调整过。因此,综合联邦、州、地方的高达 39% 的企业所得税,明显高于经济合作与发展组织国家 25% 的平均税率。此外,大部分经济合作与发展组织国家已转向了辖地税制,而美国仍继续要求国内企业缴纳来自全球的利润税。其他国家通过结构合理的税收政策走在前列,例如,法国过去几十年来实行了一系列改革,大幅提高了就业、储蓄和投资的边际税率。近期法国

---

[1] Kyle Pomerleau, Scott A. Hodge, and Jared Walczak, "2017 International Tax Competitiveness Index", www.taxfoundation.org, 2017 – 10 – 31.

制定了企业所得税附加,将诸如金融交易税、净财富税和遗产税等其他干扰税种去除。

国际税收竞争力指数是个重要指标。它旨在衡量一国的税收制度在竞争力和税收中性两方面的遵从程度,因此具有竞争力的税法会保持较低边际税率。在当今全球化的世界潮流中,资本高度流动,企业可以选择在全球任一国家投资,寻求最高报酬。这就意味着企业会找寻投资税率较低的国家,最大限度提高税后回报率。如果一国税率过高,就会把投资推向别处,从而导致经济增长放缓。此外,较高边际税率还导致避税。税收中性的税法仅寻求用最少的经济扭曲获得最大收入。这意味着它不会像投资税和财富税那样支撑消费而不支持储蓄,还意味着针对企业或个人具体活动的税收优惠很少甚至没有。既有竞争力又有税收中性的税法能促进可持续经济增长和投资,同时为政府重点事项筹集足够财政收入。还有很多与税收无关的因素影响国别经济表现。然而,税收在国民经济健康运行方面也起着重要作用。

国际税收竞争力指数为衡量一国税制是否税收中性、是否具备竞争力引入了 40 多个政策变量。变量不仅衡量税收水平,还衡量税收结构。国际税收竞争力指数这个税收指数体系考察了一国企业所得税、个人所得税、消费税、财产税和对境外所得的处理,并全面概述如何比较发达国家税法,同时也解释了为什么某些税法是改革的优秀典范或不良典范,并为如何看待税收政策提供见解。

爱沙尼亚已经连续 4 年荣获经济合作与发展组织中最优税法国家。该国税制得分最高来自其税法的 4 个积极因素。首先是企业所得税税率为 20%,且仅适用于利润分配。其次是对个人所得按 20% 的固定税率征税,且不适用于个人股息收入。第三是财产税仅适用于土地价值,不适用于房地产或资本价值。最后是辖地税制 100% 免除了国内企业从境外所得中获取的税收。虽然爱沙尼亚税制在经济合作与发展组织中独树一帜,但排名靠前的其他国家,税制也因为一个或多个主要税种优秀而获高分。

表 5－7　2017 年经济合作与发展组织国家税收竞争力排名表

| 国　家 | 总排名 | 总分 | 分　项　排　名 | | | | |
|--------|--------|------|----------------|----|----|----|----|
| | | | 企业所得税 | 消费税 | 财产税 | 个人所得税 | 国际税收规则 |
| 爱沙尼亚 | 1 | 100.0 | 1 | 10 | 1 | 7 | 7 |
| 新西兰 | 2 | 88.7 | 18 | 7 | 3 | 1 | 15 |
| 瑞　士 | 3 | 85.2 | 7 | 1 | 33 | 4 | 9 |
| 拉脱维亚 | 4 | 85.0 | 2 | 27 | 7 | 6 | 5 |
| 卢森堡 | 5 | 82.7 | 26 | 5 | 18 | 13 | 8 |
| 瑞　典 | 6 | 81.8 | 6 | 11 | 6 | 22 | 8 |
| 澳大利亚 | 7 | 78.9 | 25 | 6 | 5 | 11 | 17 |
| 荷　兰 | 8 | 77.5 | 19 | 14 | 24 | 14 | 1 |
| 捷克共和国 | 9 | 74.3 | 8 | 32 | 10 | 3 | 10 |
| 斯洛伐克共和国 | 10 | 74.1 | 10 | 31 | 2 | 5 | 27 |
| 土耳其 | 11 | 73.7 | 15 | 25 | 17 | 2 | 11 |
| 韩　国 | 12 | 71.8 | 20 | 3 | 27 | 8 | 31 |
| 奥地利 | 13 | 71.3 | 16 | 12 | 9 | 33 | 6 |
| 英　国 | 14 | 70.8 | 17 | 17 | 31 | 18 | 3 |
| 挪　威 | 15 | 70.7 | 14 | 23 | 16 | 10 | 14 |
| 爱尔兰 | 16 | 70.4 | 4 | 24 | 12 | 23 | 20 |
| 加拿大 | 17 | 69.1 | 21 | 8 | 23 | 17 | 22 |
| 斯洛文尼亚 | 18 | 68.2 | 9 | 26 | 15 | 16 | 16 |
| 芬　兰 | 19 | 68.2 | 5 | 16 | 19 | 28 | 21 |
| 匈牙利 | 20 | 67.0 | 3 | 35 | 26 | 24 | 4 |
| 丹　麦 | 21 | 67.0 | 13 | 21 | 8 | 30 | 23 |
| 日　本 | 22 | 66.8 | 34 | 2 | 28 | 26 | 25 |
| 德　国 | 23 | 66.6 | 23 | 13 | 13 | 32 | 12 |
| 冰　岛 | 24 | 63.5 | 12 | 22 | 22 | 31 | 19 |
| 墨西哥 | 25 | 62.2 | 31 | 19 | 4 | 9 | 35 |
| 以色列 | 26 | 61.5 | 29 | 9 | 11 | 27 | 32 |
| 比利时 | 27 | 60.3 | 30 | 33 | 25 | 12 | 13 |
| 西班牙 | 28 | 59.8 | 27 | 15 | 32 | 21 | 18 |

| 国　　家 | 总排名 | 总分 | 分　项　排　名 | | | | |
|---|---|---|---|---|---|---|---|
| | | | 企业所得税 | 消费税 | 财产税 | 个人所得税 | 国际税收规则 |
| 希　腊 | 29 | 57.2 | 24 | 28 | 21 | 15 | 30 |
| 美　国 | 30 | 55.1 | 35 | 4 | 29 | 25 | 33 |
| 波　兰 | 31 | 54.4 | 11 | 34 | 30 | 20 | 29 |
| 智　利 | 32 | 53.1 | 22 | 29 | 14 | 19 | 34 |
| 葡萄牙 | 33 | 51.9 | 32 | 30 | 20 | 29 | 28 |
| 意大利 | 34 | 47.7 | 28 | 20 | 34 | 34 | 26 |
| 法　国 | 35 | 43.4 | 33 | 18 | 35 | 35 | 24 |

新西兰税制竞争力居第二。新西兰个人所得税税率相对稳定,也较低,还免除了资本利得税(综合最高税率为 33%)、结构稳定的财产税和宽税基的增值税。新加入经济合作与发展组织的拉脱维亚的企业所得税税率为 15%,相对较低,成本回收速度快,且个人所得税税率固定。瑞士的企业所得税税率为 21.1%,相对也较低,宽税基的消费税率低,个人所得税税率相对固定,且免征资本利得税。瑞典的企业所得税税率低于平均水平,仅为 22%,不征房产税或财产税,增值税和个人所得税结构合理。

但法国连续 4 年被评为经济合作与发展组织中税收制度最不具竞争力的国家。其企业所得税率(34.4%)在经济合作与发展组织中高居榜首,财产税高居不下,还要征收年度净财富税、金融交易税和遗产税。同时法国还征收高累进的个人所得税,且适用于股息和资本利得收入。一般来说,国际税收竞争力指数评分较低的国家,其企业所得税边际税率相对较高。排名垫底的 5 个国家,企业所得税税率均高于平均值,除了波兰的企业所得税税率为 19%。此外,还有 5 个国家的消费税税率都很高,在 20%以上或更高,只有智利的为 19%。

2017 年度经济合作与发展组织国家税制竞争力与 2016 年相比发生了一些显著变化,主要如下。第一,奥地利大幅减少了花在合规上的时间,降低了增值税的复杂性,使排名从第 16 名跃升至第 13 名。第二,智利继续实施 2014 年的

《税制改革法》,将企业所得税最高税率从 24% 提高到 25%(到 2018 年将增至 27%),并创造了两个独立的企业税制,即归因所得税制和部分一体化税制,同时取消了净营运亏损前抵。因而,智利的排名下降了三位,从第 29 名跌至第 32 名。第三,捷克共和国修订了所得税法,允许扣除非居民出售股份的税收损失,企业和个人所得税合规时间显著缩短。这些变化使捷克的排名提升 4 位,从第 13 名提升至第 9 名。第四,希腊将增值税提升了 1 个百分点至 24%,个人所得税最高税率从 50% 升至 55%,同时,资本利得税由 15% 增至 25%,股息预扣率从 10% 升至 15%。到 2019 年,企业所得税率预计从 29% 降至 26%。由于国际税收竞争力指数中排名低的其他国家的税收变化还降低了得分,希腊排名并未下降。第五,匈牙利将其最高税率为 19% 的两级企业所得税,转变为 9% 的固定税率,使其排名提升了 3 位,从第 23 名提至第 20 名。第六,以色列从第 25 名跌至第 26 名,这是由于引进了"专利箱"政策,针对专利利润征收 6% 的特别税。

### 5.5.13　2017 年美国各州营业税景气指数

美国税收基金会近期已发布 2017 年各州营业税景气指数。营业税景气指数旨在展示各州税制结构的优劣,使企业、政府决策者及纳税人得以比较各州税制,并提出改进的路线图。[1]

2017 年各州营业税景气指数十佳州分别为:

1. 怀俄明州

2. 南达科他州

3. 阿拉斯加州

4. 佛罗里达州

5. 内华达州

6. 蒙大拿州

---

[ 1 ]　Jared Walczak, Scott Drenkard, Joseph Bishop-Henchman,"2017 State Business Tax Climate Index", www.taxfoundation. org, 2016 - 09 - 28.

7. 新罕布什尔州

8. 印第安纳州

9. 犹他州

10. 俄勒冈州

十佳州不少没有开征主税种。各州都征收财产税和失业保险税,但是有些州没有全面征收主税种,即企业所得税、个人所得税、销售税。其中俄怀明州、内华达州征收了毛收入税,该州与南达科他州未征收企业所得税与个人所得税,阿拉斯加州未征收个人所得税及州销售税,佛罗里达州未征收个人所得税,而新罕布什尔州、蒙大拿州和俄勒冈州未征收销售税。但这并不是说倘若某州开征所有主要税种,就不能跻身十佳州之列。例如,印第安纳州、犹他州都建立了所有主要税种,但税率相对较低。

2017 年各州营业税景气指数排名后十州分别为:

41. 路易斯安那州

42. 马里兰州

43. 康涅狄格州

44. 罗德岛州

45. 俄亥俄州

46. 明尼苏达州

47. 佛蒙特州

48. 加利福尼亚州

49. 纽约州

50. 新泽西州

营业税景气指数排名后十位的各州有共同弱点。第一税制复杂,第二非中性,第三税率相对较高。以新泽西州为例,它的财产税税负在美国全国屈指可数,是仅有的既征收遗产税又征收房地产税的两州之一,并且个人所得税结构在美国全国也是最差几个州之一。

# 5.6　税式支出

## 5.6.1　墨卡图斯中心要求改革联邦"税式支出"政策

"税式支出"系联邦政府对税收制度的补充。游说机构墨卡图斯中心发表了税务专家德鲁基的观点指出,税式支出指联邦政府给予特殊利益集团特权政治换取支持、解决所得税制造成的经济效率低下问题,单是这个术语的使用,就混淆了两个截然不同的现象,并扰乱了针对税制改革的政策讨论。墨卡图斯中心提出了减少税法偏颇现象的改革措施,揭示了优惠特定群体的税式支出特权,与严格意义上根本不算作税式支出的税收规定之间存在差异。[1]

企业税式支出是指税法中对企业及企业集团允许不征本应缴纳税款的规定。现代美国税收制度基础是所得税,对投资和储蓄双重征税,既扭曲市场决策,又阻碍经济增长。为了纠正所得税制度的不合理之处,联邦政府制定了一些特殊规定,以减弱对储蓄和投资的不公平待遇,并减少其他不合理影响。目前国会税收联合委员会(JCT)与白宫管理和预算办公室采用所得税为计算"基准",评估税式支出的财政影响。根据目前的会计方法,通过广泛推行税式支出,消除经济不公平现象,与政府仅向特定企业或行业所提供税收补贴,在经济上难以区分。更有效的税式支出以消费为基准,将使经济活动待遇更加平等,并推动改革真正聚焦造成不公平优势的税收制度。

企业税式支出政策造成偏差。即使以消费为准,大多数企业税式支出仍然不必要地造成特权现象,不公平地给予某些行业、企业优势,仅对某些活动或行业给予特权的企业税式支出就高达65%。企业税式支出激增导致有效税率迥然不同,对消费和投资待遇不公,寻租活动泛滥。税式支出的增长还增加了遵从成本,在过去30年因为不断扩充,税法内容几乎增长了2倍,从1984年的

---

[1] Veronique de Rugy, Adam N. Michel, "A Review of Selected Corporate Tax Privileges", www.mercatus. org, 2017 - 05 - 27.

26 300 页增加到如今的 75 000 页。

上述结论也适用于个人税式支出。但某些企业税式支出的好处往往更明显,特权现象尤为突出。例如:第一,对罕见疾病治疗药物研究的税收抵免政策,是通过企业税式支出补贴某些受人青睐但最初仅占很小市场的药物研发成本,促使资源转向这类药物研究,此举造成那些本可以使更广泛人群受益的药物出现紧缺。第二,蓝十字会公司和蓝盾公司特殊扣除政策。税法包含针对许多蓝十字会公司和蓝盾公司的特殊扣除规定,但这些公司的竞争对手却没有获得同样待遇。第三,铁路养护税收抵免。这种税式支出仅针对有限数量、具有资格的铁路,抵消其资本维护成本,这推动资本投资偏离其最高价值的用途,并迫使不具资格的铁路运营商只得自筹资本,进行资本维护,这显失公平。

企业税式支出话题很复杂。税法"支出"定义误导了官方制定的税收基线,但采取以下步骤,将有助于遏制问题丛生。

第一,重新定义收入基线。衡量税式支出的当前基线取决于对收入的不同定义,导致税式支出分析主观且不可靠。为了解决这个问题,国会应修订1974 年《国会预算和扣留控制法》,基于一致、广泛的消费税基线,重新定义共同基准。第二,改进报告方式。国会税收联合委员会与白宫管理与预算办公室即使没有立法措施,也能重新着手起草消费基线的税式支出清单报告,这在以往总统预算中,是具有历史先例的策略,分析更全面合理。第三,取消特别税式支出条款。国会应扩大税式支出的覆盖范围,而取消那些旨在消除税法不公平待遇,原本仅适用少数企业和行业却无法促进公平的税式支出。在采用更加健全、广泛的消费税制度取代美国现行所得税制前,决策者还必须避免再增加新特权。

## 5.6.2 墨卡图斯中心不满企业所得税税式支出政策过多

美国政府使用"税式支出"描述税收优惠政策。游说组织墨卡图斯中心研究人员德鲁吉和米歇尔撰文指出。税式支出是指那种政治性的特殊利益集团和由所得税法所引起经济效率低下的补充税制,使用这一术语混淆了两个完全不同的现象,搅乱了有关税收改革的政策讨论,提出减少税法偏袒的改革措施。[1]

企业所得税支出允许企业或集团公司不支付应缴纳的赋税。美国现代税收制度是在企业所得税基础上建立的。税法对投资和储蓄实行双重征税,这扭曲了市场决策,放缓了经济增速。为了纠正这种所得税问题,政府创立了一些特殊的税收条款,以减轻对储蓄和投资的偏见,并抵消其他的效率扭曲问题。国会税收联合委员会和白宫管理与预算办公室目前采用评估税式支出的财政影响的方法,以企业所得税为"基准"。

税收补贴使一些企业和行业收益,却以其他人受损失为代价。根据目前的会计方法,为了纠正经济偏差,广泛使用的税式支出与政府税收补贴在经济上无法区分。但是优越的税式支出基准应当以消费为基础,平等对待经济活动,真正关注提供不公平优势的税收规定。然而,即使制定了消费基准,大部分企业所得税支出对某些行业和企业来说,仍然是造成不公平优势的核心。企业所得税支出优惠的 65% 指向特定活动或行业,而排除了其他活动和行业,导致了不同的有效税率,扭曲了消费和投资,导致浪费与寻租。税式支出的增长也通过扩张税法增加了合规成本。在过去的 30 年里,美国税法长度几乎翻了三番,从 1984 年的 26 300 页扩充到今天近 75 000 页。在某些企业所得税支出下产生的收益往往更加集中,成为特权政治的鲜明体现。

上述税式支出分析适用于个人所得税税式支出。第一,特定药物研究税收抵免。主要针对特定药物的研究费用,这些药品最初被认为只是小市场。这种税收抵免政策将可能惠及群众的财政资源重新分配了。第二,蓝十字和蓝盾计划特殊扣除。税法包含了针对很多蓝十字和蓝盾的特殊扣除,然而蓝十字和蓝盾本来就不该享有此类特权。第三,对铁路轨道维护的税收抵免。这种支出抵消了数量有限的合格的铁路维护成本,推动投资远离最有价值的使用方式,迫使铁路运营者自筹运营资本,这不公平。

---

[ 1 ]　Veronique de Rugy, Adam N. Michel, "A Review of Selected Corporate Tax Privileges", www. mercatus. org, 2017 - 08 - 08.

政策建议。第一,重新定义基准。目前税式支出的衡量基准是所得,但是对于所得的定义却不一致,因而使税式支出分析主观、不可靠。为了解决这个问题,国会应当修改 1974 年《国会预算和扣留控制法》,围绕前后一致、广义的消费税基原则,重新定义公允基准。第二,改善报告制度。即使国会税收联合委员会和白宫管理与预算办公室没有采取立法行动,也可以利用消费基准,公布第二份税式支出列表,这是在以往总统预算中,有历史先例的深层分析战略。第三,删除特别规定。国会应扩大狭义的支出范围,推动税法变得更加中性,消除无效的税式支出,直到出现更加稳固、基础广泛的消费税,取代现行的所得税政策,决策者还必须抵制添加额外的特权。

### 5.6.3　税收基金会要求消除对企业的税式支出政策

美国联邦政府的税式支出不同于"正常"税收规定。税式支出以降低纳税人负担为目的,例如免税、扣除或纳税优惠(抵免),之所以称税收"支出",是因为税式支出实际上类似于政府的财政支出。最常见的税式支出是直接降低从事某种特定活动的纳税人部分税收负担。例如,某纳税人可根据美国机会税收优惠计划(The American Opportunity Tax Credit),大学学费获得免税资格,因此纳税较少。纳税人不必通过美国国税局,而通过支出计划累积纳税信用,实现完全相同的结果。也就是国家通过支出的方式放弃部分税收。美国游说组织税收基金会的艾尔西巴耶(Amir El-Sibaie)在报告中,研讨个人与企业所得税法的重要税式支出政策等相关问题。[1]

计量税式支出比较复杂。税式支出概念 1960 年由财政部助理部长斯坦利·萨里(Stanley Surrey)提出,1974 年正式被财政部接受,成为税务政策,国会授权将税式支出作为年度预算政策加以记录,从此税式支出正式被定义为"联邦税法允许的特殊抵扣、免税条款、或总所得的扣除,或特殊的纳税优惠、优惠税

---

[ 1 ]　Amir El-Sibaie, "Corporate and Individual Tax Expenditures", www. taxfoundation. org, August 2017.

率,或延迟纳税义务构成的财政收入损失"。通常拓宽税基与收窄税收优先政策都称为税式支出,区别这两类政策很重要。美国既有个人税式支出,也有企业税式支出,其中个人所得税税式支出较多。改革税法应审视每项支出,考虑其性质,是否推动向新的税制进步? 税式支出是全面地为优先社会政策提供了优惠,还是仅仅对特定行业或活动给予了优惠?

税式支出的性质取决于"正常"税法是什么。这是因为税式支出被定义为非"正常"税法,美国财政部和联合税收委员会也采取类似定义。经济学家黑格(Robert Haig)与西蒙斯(Henry Simons)早在 20 世纪就在联邦税收制度中提出了财政收入公式,即黑格-西蒙斯(Haig-Simons)收入公式,收入等于消费与净资产变量之和:

$$I = C + \Delta NW$$

这是一个计算税基的会计恒等式。即不花在消费上的部分经累计变成了储蓄。然而,这未必是一个好税基。因为计算税基时包括个人消费($C$)及其净资产变化($\Delta NW$)存在问题,因为个人净资产变化往往在以后成为消费。因此,黑格-西蒙斯公式将有些消费项目计算了 1 次,但在征税时却将其他消费计算了2 次,这就是扭曲,这种扭曲人为地减少税后收益与投资。由于储蓄与投资决策很大程度上取决于预期税后收益,因此资本形成减少意味着投资增幅随生产力、收入和就业时间增加而减少。

但是计算税基还有其他的方法。其中包括销售税、增值税(VAT)、消费税、企业所得税、工薪税和财产税,都有好处和缺点。在计算税式支出时,没有任何税基是"正常"的,而华盛顿的"正常"税法包括基于黑格-西蒙斯个人所得税和企业所得税公式,尽管他们认为企业所得税是双重征税,并未包含在公式之内。有时,联邦政府也根据社会保障计划工薪税,考量税式支出。但在"正常"税基之外还存在方法问题。例如,测量净资产变量、个人免税额和标准扣除、企业所得税的替代折旧制度(ADS)等。所以"正常"税收结构非常抽象,税式支出的性质总是有些主观的。比如,华盛顿的税式支出决策包括经济、价值观判断和历史事件。

联邦税式支出政策主要针对个人。据白宫管理与预算办公室预测,2017 财年至 2026 财年将发生的税式支出项目包括,第一,企业所得税式支出 2.7 万亿美元,第二,个人所得税式支出 15.6 万亿美元,总计 18.4 万亿美元。详细如下。

1. 雇主医疗保险缴费扣除(2.9 万亿美元)。

2. 净租金收入扣除(1.2 万亿美元)。

3. 降低资本利得税率(1.1 万亿美元)。

4. 有限雇主缴款计划(9 580 亿美元)。

5. 业主自用住房的抵押贷款利息扣除(8 950 亿美元)。

企业税式支出主要有以下 4 项政策。以上税式支出多用于解决 1974 年税法遗留问题。而企业税式支出则远小于个人税式支出。

第一,受控外国企业(CFC)递延收入(1.3 万亿美元)。递延收入是迄今为止最大一笔企业税式支出,而且比上年度预测增加了很多。这一税式支出代表了对境外收入的征税(例如,遣返税,远远超过了境外所缴纳税收),只要企业继续将收入放在海外投资,就能一致递延下去。

这一支出项目也完全假定为正常税式支出。联合税收委员会认为,美国企业按照"全球税制"缴纳税收。然而,经济与合作发展组织多数国家的企业税制度已向辖地税制过渡,国家只对其管辖范围内的经营活动征税。联合税收委员会认为,只有在企业获得收入后立即纳税,而不得拖延汇回本土所得与盈利,才算正常税收。目前少数几个仍采用全球税制的国家,都允许企业递延海外收入,以保证跨国公司与那些采用辖地税制的国家保持同等竞争力。但同时面临过度税收筹划、行政成本、利润在当地固化局面,而且无限期递延所得与利润接近于完全免税。

第二,金融公司海外收入的递延税款(2 020 亿美元)。据分析,在 2015 年《保护美国人免于增税法》的国际税法 F 部分永久排除了主动融资行为之后,这一税式支出开始大幅增加。根据现行法律,美国公司的外国子公司的海外收入大部分税款可以推迟缴纳,递延税款享受例外政策的,是流动性较高的 F 部分被动收入。由美国独资的国外子公司所得,其 F 部分收入(如特许权使用费所得、利息、股息、分红)应立即在美国报税。多数企业主要收入是主动营业收入,这部分收入在 F 部分收入规定的范畴外。但金融企业主要是被动收入,属于 F 部分政策的例外。如果没有例外规定,则金融企业和其他企业都将适用于 F 部分政策规定。

第三,机械设备加速折旧(1 640 亿美元)。这一税式支出来源于企业税法对投资的处理。当购买实体资产(如机床)时,企业所得税法将其视为合理的购置费。然而,购买费用并非立即进入成本,存在数不清的折旧可能。联合税收委员会将替代折旧制度定义为商业扣除的正常方式,替代以往的折旧时间表,但20 年来这项政策以改革为改进型加速成本回收制度(MACRS)。2015 年《保护美国人免于增税法》则延续了有关加速折旧的税法,还淘汰了其他税法。没有理由认为替代折旧制度是正常的税收制度。

第四,在美国国内生产活动的扣除(1 520 亿美元)。即第 199 号条款,这是对在美有资格进行生产活动的企业扣除 9%。相当于将企业所得税税率在国内生产活动的收入中从 35% 降低到 31.85%,鼓励企业在美投资,但并不适用于每个行业。如果把这一扣除适用于所有行业,并不再视为税式支出,效果更好。

美国有的税式支出政策改变了税基,还有的属于特殊的优先政策。以上企业税式支出包含 2017—2026 财年企业税式支出大部分,但是事实上,美国企业所得税和个人所得税并不就是所得税,而是混合了其他税制的优点。例如,个人所得税法中 IRA、401(k)和限定福利养老金制度都类似消费型所得税。在企业所得税法中,延期纳税更像经济合作与发展组织国家的边境税制度。人们常说,美国是经济合作与发展组织国家中唯一不采纳增值税的国家,但整体来讲,美国企业的确根据与增值税类似税基征税,即经营投入免税、资本收益通过企业所得税征税、劳动所得通过雇主工薪征税。

总之，联邦税式支出大致可分三类。第一类已如上述，通常价值最高，这项政策使美国税法实现了现代化。第二类是诸如儿童税收抵免或医保排除支出，最后则是补贴特定行业的税式支出。第一类税式支出需认真对待，其中大部分是根据合理的政策思路制定的，没有偏离正常的税收特殊优惠政策，而是提供了挑战何为正常税法的审慎宏大新思路。甚至在美国的贸易伙伴使用同样有效的税收制度下，根本就不算税式支出。第二类如儿童税收抵免或雇主医保排除支出，反映了管理优先事项的支出政策，然而如何为这些优先事项提供优惠仍值得商榷。只有第三类税式支出需彻底消除。然而，这类支出实际上少得多。

### 5.6.4　布鲁金斯学会提出消除税式支出具有理论可行性

美国城市研究所和布鲁金斯税收政策中心最近发表报告，该报告考虑了三种方案。第一，取消大部分个人与企业税式支出，整体降低所得税率，保持长期税收中性；第二，取消大部分税式支出，但保留低收入纳税人福利项目；第三，取消同类税式支出，同时调整个人所得税级，既实现长期税收中性，能分散税收负担。报告称，如果同时推行个人所得税改革，并从 2018 年开始取消所有的税收减免，足能保证将企业所得税率降到 26%。这份报告的目的是合理测算理论最低税率。然而在现实中，取消所有税收减免、抵免和豁免事项几乎是不可能实现的。[1]

三种方案的最终效果有较大差异。根据第一种方案，取消全部税式支出，可支持所得税级次从 7 级降至 3 级，最低税率降至 6.1%、中间税率降至 11%、最高税率降至 28%。根据第二种方案，稍微改革政策，增加低收入家庭福利（包括所得税抵免、儿童税收抵免、部分社会保障福利），则需将税率提高到 6.4%、11.5% 和 29.3%，才能保持税收中性。根据第三种方案，实现税负平均，确保低收入家庭损失不再放大，同时包含 4 级税率，分别为 0%、5%、16% 和 29.9%。

---

[ 1 ]　"TPC Report Says US Income Tax Reform Plans Not Feasible", *Global Daily Tax News*, 2017 - 09 - 21.

三种方案的企业所得税率预计均为 26%。虽然税率低于目前的 35%,但远远高于特朗普总统的 15%。

## 5.7　税改与社会公正

### 5.7.1　联邦议程

#### 5.7.1.1　众院共和党施压财政部取消遗产税

众院筹款委员会的共和党人呼吁财政部撤回立法建议。因为该法规会加重家族企业的遗产税负担,家族企业进行代际传承将更加困难。共和党议员代表美国家族企业向财政部发出公开信,在信中写道:"为了立即避免对家族企业及其创造的就业产生重大经济损害,应该撤销这类法规。对任何此类新提议都应该清晰定义,并严格限定法律在所适用的范围内。"[1]

财政部建议与《美国税法典》第 2704 条中有关国会的目标相抵触。根据《美国税法典》第 2704 条,财政部的立法建议与遗产与赠予税商业股份估值有关。这些规定将限制或消除与企业非控股股份所有权相关的估值折扣,如果家族企业要在家族成员间转移的话,此举会导致估值偏高,并最终增加遗产和赠予税税收。对此议员们也特别表达担忧。他们在信中写道:"财政部近期的立法草案建议将取消,或严格限制家族企业的商业股份在家庭成员间转移时享受的少量折扣。这一新规不是国会的本意。"以下是公开信主要内容。

第 2704 条的立法史脉络清晰。该条款是为推翻哈里森遗产案裁决而设立,该案涉及有限合伙公司股权在家庭成员间转移时的估值问题,而所有的家庭成员都有权清算这一合伙公司。第 2704 条不是为了影响少数折扣或其他的折扣估值。当前法规从 1992 年开始生效,它非常清楚地表明,第 2704 条款不适用于个人所有者通过股权转移给其他家族成员,放弃企业控制权的情形。

---

[ 1 ]　"W&M GOP Calls on Treasury to Withdraw Proposed Death Tax Regulations and Protect Family-Owned Businesses", www.waysandmeans.house.gov, 2016 - 11 - 03.

近期财政部的立法建议草案属于越权行为。立法没能反映国会本意。此举将取消或不当限制家族企业的商业股份在家庭成员间转移时享受少数折扣的政策。这些立法建议实属越界,例如,有关忽略限制(Disregarded Restrictions)政策极为宽泛,对活跃行业或企业仅提供很有限宽免。在征收遗产税时,新的立法建议人为地提高了对家族企业股权的估值。此举会使家族企业与其他类型企业相比产生巨大劣势,这是国会从未在第 2704 条中考虑或授权的结果。又例如三年回望规定(three-year look-back rule)。要求调整在死者去世 3 年内发生的交易,这就产生可能被纳入遗产税的幽灵资产。立法史上从未支持过此类法规。

财政部税收政策官员最近声明他们的立法建议不会像字面那样宽泛。尽管此举令人鼓舞,但声明没有澄清财政部修法建议要覆盖的真正范围是多大,宽泛的条款也没有澄清哪些折扣会继续承认,哪些新概念明显与国会意图相悖,这让人十分头疼。

因此公开信要求财政部重新考虑根据第 2704 条要求,在与国会立法意图一致情况下处理以上问题,同时应撤回立法建议。

### 5.7.1.2　国会民主共和两党交换税改条件

民主党议员敦促特朗普当局与参院领袖实施公开透明、符合两党诉求的税制改革。有 45 名参议员联署公开信指出,税改若想获得民主党支持,须满足 3 项政策。第一,新税法必须为中产家庭提供税收减免,不得让前 1% 的富人占便宜;第二,税制变革必须保证财政中性;第三,税改必须通过常规流程,不走快速和解流程。[1]

民主党不支持任何为前 1% 富人减税的税改计划。信中提到,因为"最富裕的人已经享受到了近年来经济发展的最大化成果,但工薪阶层工资水平停滞不前"。如果减税是以增加财政赤字为前提,就会危及医疗保险、医疗补助、社会保障等关键项目,或者"其他未来性公共投资",民主党也不会支持。

---

[1] Mike Godfrey" Democrats Lay Down Conditions For US Tax Reform Support", *Global Daily Tax News*, http://prod. resource. cch. com, 2017 - 08 - 03.

民主党对共和党可能利用和解程序通过税改方案深表厌恶。和解程序允许国会加快进程,以通过特定的税收、财政支出、债务限额法律。和解程序不受任何阻碍,且允许在任何范围内进行修改。民主党参议员们认为,和解只是解决跨党派税改进程缓慢的工具,它会引起经济不确定和不稳定,并且会大大增加财政赤字。只有走常规流程,才能实现两党的共同利益,才能实施一场成功、持久的税制改革。

### 5.7.1.3　财政部提示税收抵免政策有风险

罗素·乔治(J. Russell George)强调不当退还抵免税款对税务管理有不利影响。[1] 2017 年 4 月 26 日,这位财政部税务管理总监察长在参院国土安全和政府事务委员会作证,他说,"对个人退还税收抵免虽然增加了福利,但这样做可能导致不当付款,也可能变成不当赔偿者肆无忌惮要求的目标。因为有人试图讹诈政府,所以对个人退还税收抵免构成重大风险"。

劳务所得税抵免(EITC)、儿童附加税收抵免(ACTC)和美国机会税收抵免(AOTC)是联邦政府最大的 3 项可退税收抵免。乔治称,在 2015 纳税年度,由美国国税局管理与合并核算的抵免申请超过 1 000 亿美元。然而,据美国国税局估计,2016 财年潜在的不当劳务所得税抵免、儿童附加税收抵免和美国机会税收抵免退款可能高达 250 亿美元,这对联邦政府以及纳税人都是巨大损失。

### 5.7.1.4　财政部发布小费纳税提示

美国财政部税务分析处 2016 年 2 月 3 日在财政部网站刊文指出,小费需纳税。根据《联邦保险缴费法》(FICA)规定,员工小费收入是用人单位提供的、受制于所得税和雇佣税的应税所得。《联邦保险缴费法》规定的雇佣税或《联邦保险缴费法》税,包含社会保险和医疗保险。每月获得 20 美金及以上小费收入的员工,必须在下月申报小费数额。用人单位负责代扣员工所得税和《联邦保险缴费法》税的份额,职工根据所申报的小费金额,自己申报的《联邦保险缴费

---

[ 1 ]　"TIGTA chief testifies about tax credits", *Earnest & Young Tax News*, 2017 – 05 – 08.

法》税。[1]

抵免政策的运作。符合资格的用人单位可以根据企业所得税申请抵免（Credit），抵免标准为其支付的一定数额的小费收入所缴纳的《联邦保险缴费法》税费。如果员工的非小费工资收入超过每小时 5.15 美元，那么《联邦保险缴费法》小费抵免额等于用人单位根据员工的小费收入所支付的《联邦保险缴费法》税全额。如果员工的非小费工资收入低于每小时 5.15 美元，抵免额就等于用人单位根据员工每小时的小费收入，减去与 5.15 美元之间的差额所支付的《联邦保险缴费法》税费。

纳税申报抵免小费收入有规可循。抵免政策只有在涉及小费的《联邦保险缴费法》税的时候才会适用，这些小费是指从与供货、运输或是提供消费类的食物、饮料的顾客那里得到的小费，前提是顾客为运输或是提供消费类食品、饮料支付小费是一种习惯。税收抵免是不可返还的，并适用一般商业抵免的移前扣减和结转。不管在含有小费收入的员工个人纳税申报表上，《联邦保险缴费法》税费是否已支付，都是可以抵免的。用人单位不能从应纳税所得额中扣除《联邦保险缴费法》税费中抵免的金额，但可以选择在一个税收年度内不申请税收减免。

为什么说税收抵免是一项税式支出？在实施综合所得税制的制度环境下，企业可能会从应纳税所得额中扣除《联邦保险缴费法》税费，因为这是一项合法的经营费用。然而，有针对性的税收抵免一般不适用于综合税制。因此，它被看作是一项税式支出，因为综合所得税制认为小费是例外，而综合所得税制是判断税式支出的底线。税收抵免导致纳税义务下降至低于税收系统底线所暗示的水平。

消费税收抵免的历史、基本原理和批评。在 1966 年以前，小费收入是适用个人所得税而非《联邦保险缴费法》税的。国会在 1965 年重新修订法律，要求自

---

[ 1 ]  U. S. Department of the Treasury, Office of Tax Analysis, www. treasury. gov, 2016 – 02 – 03.

1965 年以后,每月收到现金小费大于等于 20 美元的员工要向用人单位申报小费收入,并要求用人单位将申报的小费收入视为工资,目的是代扣所得税和员工的《联邦保险缴费法》税。然而,用人单位并非一定要支付员工申报的小费部分的《联邦保险缴费法》税。每月低于 20 美元的小费或是非现金支付的小费,即不代扣,继续作为所得税的补偿。到了 1977 年,法律变动要求用人单位根据员工的小费支付自己的《联邦保险缴费法》税,但小费收入最高只能达到联邦政府规定的最低工资。但这个上限政策在 1987 年被取消了,用人单位被要求支付基于员工小费全额的《联邦保险缴费法》税费。新的《联邦保险缴费法》税收抵免于 1993 年颁布。

小费的税收抵免得到饮食服务业支持。食品与饮料行业坚持认为,税收抵免可以帮助企业扣除与小费相关的管理费用,这项费用只有在常常发生小费支出的行业才会有。税收抵免的支持者们认为,通过抵免用人单位根据申报的小费支付的《联邦保险缴费法》税额,能激励有资格的用人单位申报小费收入,从而提高用人单位和员工的收入和就业的税法遵从度。他们还认为,税收抵免可以确保获得小费的员工的社会保障福利。

可是反对声浪更大。反对者们声称,就算有税收抵免,食品和饮料行业漏报小费收入的税收流失依然很多。他们还认为,税收抵免是不公平的,因为它只针对食品和饮料行业的特定用人单位,不适用于其他行业。而且,小费收入的税收优惠相对于其他的现金补偿来说,会过度鼓励用人单位以小费而非工资形式来提供收入。后来,自 2016 财年预算实施以来,行政当局已提议废除这项税收抵免政策。

小费税收优惠的税式支出规模判断。税收分析办公室预测,在 2012 年纳税年度,不可返还的小费《联邦保险缴费法》税收抵免中,C 类公司使用了 5 亿美元,个人纳税人使用了 6 亿美元。2017 财年相关的税式支出,也就是原本已在基准利率所允许扣除的税收抵免的价值,预计是 10.5 亿美元。这项估计并不包括如果取消税收抵免纳税人行为的可能改变,比如降低小费申报量。税收分析办公室考虑到行为的改变,取消了《联邦保险缴费法》税收抵免将会为联邦 2017 财年收入增加 7.3 亿美元的预测。

根据企业规模和类别制定的试行税收抵免政策。下表包含了按企业规模（按总收入衡量）和实体类型划分的《联邦保险缴费法》税收抵免试行估计标准。试行的税收抵免政策是在受到限制之前的抵免。该表主要关注 2012 年归属于企业自身活动的试行税收抵免政策,因此,它不包含从企业获得的税收抵免政策（比如从 C 类企业的合作伙伴处获取）,也不包含结转和移前扣除的金额。在 2012 年税收年度,有 8 100 家 C 类公司、36 600 家 S 类公司、16 950 家合伙企业以及 4 750 家独资企业,共为他们的员工小费收入支付的《联邦保险缴费法》税费,申报了税收抵免。总的来说,C 类企业得到了 5 亿美元的税收抵免,"穿透类"企业产生了 8 亿美元的税收抵免。这些估计数额与实际使用的税收抵免政策数额之间的差异,是由于企业间税收抵免的传导性,以及因不可抵免性而产生的使用上的一些限制产生的。试行的税收抵免数额主要是通过所得超过 1 亿美元的 C 类企业和所得在 100 万—1 000 万美元的"穿透类"企业所采集的,其中后者包括 S 类企业和合伙企业。

表 5−8　2012 年按企业规模和实体类型划分的税收抵免试行估计标准

| 所得分类 | C 类公司 | | S 类公司 | | 合伙制企业 | | 个人独资企业 | |
|---|---|---|---|---|---|---|---|---|
| | 公司(家) | 千美元 | 公司(家) | 千美元 | 公司(家) | 千美元 | 公司(家) | 千美元 |
| <100 万美元 | 5 500 | 20 500 | 19 950 | 54 200 | 5 300 | 19 200 | 3 250 | 10 700 |
| 100 万—1 000 万美元 | 2 250 | 45 700 | 16 050 | 234 900 | 10 850 | 225 100 | 1 450 | 17 900 |
| 1 000 万—2 500 万美元 | 100 | 12 800 | 400 | 38 000 | 400 | 32 200 | 50 | 3 600 |
| 2 500 万—1 亿美元 | 100 | 37 400 | 150 | 27 600 | 300 | 60 700 | * | * |
| 1 亿—10 亿美元 | 100 | 166 700 | 50 | 18 600 | 100 | 52 200 | * | * |
| 10 亿美元以上 | 50 | 238 700 | * | * | * | * | * | * |
| 总　计 | 8 100 | 521 800 | 36 600 | 373 300 | 16 950 | 389 400 | 4 750 | 32 200 |

### 5.7.1.5 美国国税局提示小费与服务收费政策

2017 年 8 月情况告知。美国国税局提醒雇主注意区别小费与服务收费,这对确定报税处理至关重要。小费是指员工从顾客处领得,由顾客自行决定,具有任意性、可选择性的款项。而服务收费则不具备可选择性。付款前在顾客账单里增加的自动小费不算小费。自动小费属于服务费,它与小费的税务处理不同。[1]

消费与服务费有严格法律规定。首先,某笔款项被雇主称为"小费"并不意味着它就是小费。比如,被雇主描述为小费的某笔款项,事实上可能就是服务费。基于《联邦保险缴费法》目的,美国国税局指南指出,下列款项为小费,且有可能是服务费:付款须免于强制;顾客付款金额须有不受限制权利;所付款项并非经协商或受雇主政策指令而来;顾客通常有权利决定哪个员工能获得这笔钱。其次,服务费却是雇主要求顾客支付的费用。例如,自动小费、宴会活动费、游轮打包费、酒店和宾馆房间的服务费、餐馆和俱乐部的开瓶费都属于服务费。再次,有些员工能直接收小费,有些能间接收小费。前者是指直接从顾客手中获得小费的任何员工,包括那些收到小费后,全部放入小费基金的员工。间接收费员工通常是指不直接从顾客手中领小费的员工。

消费申报和代扣代缴政策值得注意。以月为单位,如果员工向雇主书面申报领到的小费达到 20 美元以上(现金或信用卡),那么雇主必须为其代扣代缴联邦所得税、联邦社会保险税和失业保险(FUTA)税。

雇主们根据员工工资单小费或其他所得代扣代缴联邦社会保险税。同时雇主还对员工的非小费工资,包括工资和税收申报表(W-2 表)上的小费,缴纳雇主和员工双份联邦社会保险税。与普通工资一样,给员工发放服务费的雇主应符合代扣代缴和备案需要,服务费必须在 W-2 表第 1 格(工资、小费和其他补偿)、第 3 格(社会保障工资)和第 5 格(医疗保险工资和小费)进行填写。

---

[ 1 ] "IRS Reminds Employers About Tax Treatment of Tips and Service Charges", *CCH Federal Tax Weekly*, 2017 - 05 - 04.

### 5.7.1.6　美国国税局公布美军四大税收优惠

美国国税局给予美国军人特殊税收优惠待遇。美国国税局发布简报指出,随着纳税申报季临近,美国国税局希望军事人员及其家属知晓他们能够享受的特殊税收优惠。《美国国税局出版物 3:军人税收指南》包含了帮助军人及家属享受税收优惠的有用信息和建议。[1]

现役军人的免税待遇很多。其中,第一,作战工资部分或全部免税,支援战区的军人也适用这一免税规定。第二,在离家 100 英里以上的地方执行预备役任务的人员,其未报销的路费可以税前扣除,即便他们不选择逐项扣除规定。第三,对于中低收入军人,其劳务收入的免税金额可达 6 269 美元。对于领取免税作战工资的人使用特殊计算方法。选择将作战工资计入应纳税所得额的话,劳务收入免税金额(EITC)会相应增加,意味着少缴税或得到更多税收返还。第四,个人退休账户或 401(k)计划也能为退休储蓄、减少税收。向节俭储蓄计划之类计划缴费的军人可以申请退休储蓄缴款税收减免。

驻外美军可自动享受联邦所得税纳税申报延期待遇。在战乱地区服役的军人,通常在离开战区后 180 天内申报并缴税。大多数军事基地在纳税申报季提供免费的纳税准备和申报服务。有些军事基地在 4 月截止申报日期后,仍提供免费税收帮助。准备自己的申报单的军人可以使用美国国税局免费申报,以电子表格申报联邦所得税。通常夫妻双方都必须在联合纳税申报表上签字,但如果夫妻一方因特定军事义务而无法签字,其配偶可代签。其他情况则需要委托书。军方的法律办公室提供帮助。

对准备退役军人也有支持。离开军队求职的人可以在税前扣除求职费用,如交通费及准备简历和求职中介的费用。搬家费用也可以作为税前扣除项。

---

[ 1 ]　"Tax Preparedness Series: Special Tax Breaks for U. S. Armed Forces, IR - 2016 - 147", IRS, 2016 - 11 - 10.

## 5.7.2　利益集团诉求

### 5.7.2.1　《福布斯》杂志分析 2017 年十大税收政策难题

预测 2017 年的税收政策制定尤其危险。《福布斯》杂志发表了美国税收学家格莱克曼（Howard Gleckman）的文章指出，未来特朗普当局财政议程存在较大不确定性，但既然国会迎来了制定主要税法的好机会，那么以下 10 个问题值得关注。[1]

第一，实施减税或进行税制改革。特朗普与国会共和党领袖坚持在 2017 年改革美国税制。但诸如消除税收优惠以交换降低税率，或转换到企业现金流转税体制改革，是极具争议的。立法者是否敢于做出如此艰难的决定？还是仅仅通过大幅减税方案？

第二，把握税改时机。特朗普的助手与国会领袖曾大胆推测，在 4 月前通过两个重要税收法案，但是制定税收政策非常复杂耗时。此外，国会议员及其工作人员会纠结 2—3 个月时间，处理特朗普有争议的人员提名问题及废除《平价医疗法》。

第三，对富人开始减税。姆努钦坚持认为，高收入家庭不会得到"绝对"减税。但税收政策中心预计，特朗普最新的 2017 年计划将减少百万富翁们近 317 000 美元的税收。国会能通过完全不同的计划，还是说姆努钦的想法是错的？

第四，共和党还能容忍发行多少新债？这是 2017 年的关键问题。税收政策中心表示，特朗普准备在 10 年内增加 7 万亿美元债务。众院共和党则计划只增加 3 万亿美元。那么国会共和党人，尤其是参院的赤字鹰派能容忍的债务上限是多少？

第五，各种减税法案如何计分？国会共和党人将靠动态评分法衡量税收法案成本。但就算把经济影响也计算进去，特朗普及众院共和党人所提供的减税措施，也不能如支持者们预期的那样，推动更高经济增长。事实上，根据佩恩-沃

---

[ 1 ]　Howard Gleckman, "Ten tax policy issues to watch in 2017", *Forbes*, 2016 - 12 - 27.

顿预算模型,特朗普计划不断膨胀的债务到 2025 年将减缓经济增速。国会通过税收联合委员会,在衡量任何税收法案成本时,都假设了 4% 的年均增长率,尝试解决计分问题。这样的规划对于税收联合委员会既毫无价值,也无伤大雅,但这会使特朗普和国会都认为,减税并不会增加多少赤字。

第六,企业会如何看待特朗普经济学? 特朗普在大选期间反复强调,他要重建美国制造业。但他的税收计划似乎会加大赤字规模,升高利率,这反而会增加企业成本。同样美元走强也会降低美国出口产品的竞争力,提高关税也会引起供应链破裂。大幅减税是否足以抵消这些负面影响,还是特朗普经济学会减少企业投资和就业?

第七,国会如何具体处理税收优惠? 即使是实施大幅减税政策,对某些企业和个人的现有税收,也很可能会减免。但具体会针对谁,影响又有多大呢? 特朗普提出了个人扣除的上限,并承诺消除不明确税收减免。众院共和党人对税收优惠一直缄默不语。2017 年的大部分税收游说战都将关注这些问题。

第八,减税是否会得到民主党支持? 国会共和党人抨击奥巴马总统把他们排除在平价医疗法辩论之外。共和党人当前也有自己的问题,即它是否会通过与民主党接触,提出任何双边税收法案? 民主党是否愿意回应? 代价是什么?

第九,国会如何支付医疗保险补贴? 国会似乎很快就会废除平价医疗法附加税。但当立法者们去设计替代方案时,他们就需要以某种形式补贴低收入和中等收入家庭支付保险。废除了平价医疗法税,他们从哪儿拿钱支付这些成本高昂的新增税收补贴呢?

最后,提高关税问题。特朗普威胁会对中国和墨西哥加重关税,这会带来什么后果? 特朗普的助手在过去几周留下了自相矛盾的暗示。很多致力于自由贸易的国会共和党人都小心翼翼地回避这个问题,似乎希望这个问题能凭空消失。但这会实现吗?

特朗普真正想做什么很快就能知道。尽管随着 2016 年落幕,特朗普经济政策仍然充斥着模糊的细节和自相矛盾的建议。

### 5.7.2.2 经济政策研究所呼吁美国实行累进税制刺激就业

累进税政策应占据最高优先地位。美国游说组织经济政策研究所经济学家比文斯(Josh Bivens)和布莱尔撰文指出,如果经济重回增长,并保持在充分就业水平,那么累进税制就可以为联邦政府的社会保险和公共投资计划提供资金,阻止收入不平等状况加剧。收入不平等已经阻碍了上一代绝大多数美国人生活水平的提高。而且,即使立刻制定累进税措施,也只会对经济复苏产生极小阻力,如果累进税与短期公共投资相结合,还将刺激经济进一步达到充分就业。[1]

累进税是解决财政问题的唯一方法。反对财政赤字的鹰派人士坚持认为,现在决策者打算实现充分就业,就可能会出现长期赤字。而坚持充分就业的鹰派认为,在短期内过快消除赤字,可能大大拖延美国经济复苏。而只有采取累进税,才是解决问题的唯一方法。它们对预算赤字提供了长期融资保证,但只对经济产生短期的极小阻碍。而其他所有的减少赤字的措施如果在短期内实施,则都会造成明显经济损失。

累进税政策的可供选择很多。实行累进税制应对挑战、实现承诺,将增加经济中的公平。只有通过增加最高税率,才能弥补允许继承人免付资本利得税之类政策留下的财政亏空。

### 5.7.2.3 民主党势力不满特朗普取消遗产税

特朗普总统"惊人"的税收计划只有一页要点,总字数不到 250 个字。彭博社的福斯库尔(John Voskuhl)撰文指出,这份税收计划文件没有细节,也没有对企业和个人减税是否会增加联邦赤字的答案。[2] 他的税改要点合起来就是过去几年愿望的简要清单,包括降低企业税,取消替代性最低税与遗产税,降低个人所得税,废除针对高收入者的投资利得税等,其中每项政策都可能引起轩然大波。联邦预算委员会称,减税计划未来 10 年可能的代价是 3 万亿—7 万亿美元,

---

[1] Josh Bivens, Hunter Blair, "Financing recovery and fairness by going where the money is: Progressive revenue increases are key to meeting nation's fiscal challenges", www. epi. org, 2016 - 11 - 15.

[2] John Voskuhl, "Trump's Tax Plan Pitches Rate Cuts for All With Scant Detail", finance. yahoo. com, 2017 - 04 - 27.

有可能"损害经济增长,不会带来景气"。

税务专家对此感到沮丧。税收基金会联邦税收项目主任波默洛表示,税改方案的细节根本不够建立模型。城市研究所研究员莱恩·伯曼(Len Burman)说得更犀利,"当年里根的首份税改草案有三大册 500 多页,而特朗普的草案只有要点",缺乏任何细节。这份税改计划要求,将个人税率级距从现行 7 级减到 3 级,税率分别是 10%、25% 和 35%。但是这些税率的门槛没有说清楚。

国会共和党领袖冷淡地欢迎税改计划发布。电邮新闻稿指出,税改要点只是"关键的提示",预计修改税法要花几个月时间,税改计划立法是否为赤字中性,即用新的税收平衡减税损失,才是关键。虽然财政部长姆努钦说,特朗普的税改清单借由经济增长,不造成税收负担,但是立刻遭到民主党攻击,民主党称这只会让联邦财政赤字更高。来自众院筹款委员会的税收政策小组委员会的民主党议员劳埃德·多格特(Lloyd Doggett)认为,说减税数万亿美元可以自给自足,这话就像说墨西哥会为美墨边境几十亿美元高墙费用买单一样不可靠。在税改方案宣布前,参院民主党领袖查克·舒默(Chuck Schumer)就说,民主党反对给收入最高的人减税。

特朗普打算取消遗产税。还将通过降低个人税率,使标准扣除翻倍,帮助底层和中产阶级家庭减轻税负。遗产税目前只适用于拥有 549 万元遗产的单身人士,或 1 098 万元以上遗产的已婚夫妇。特朗普还将废除 3.8% 的净投资利得税,该税目前适用于年所得 20 万美元以上的个人。降低个人最高税率,设定合伙企业和其他穿透企业最高税率,也有利于高所得纳税人。舒默指出,如果税改是给巨富者大规模减税的计划,惠及像特朗普总统这样的人和企业,民主党人不会支持。

### 5.7.2.4 美国税所揭示特朗普税改造福最富阶层

特朗普税改对富人来说是一场狂欢。[1] 据专业媒体网站全球每日税务新闻报道,预算与优先政策中心研究表明,根据特朗普总统的税改建议,美国收入

---

[1] "US Wealthiest Taxpayers 'Best Off' Under Trump's Tax Reform Plan", *Global Daily Tax News*, 2017 - 05 - 24.

排名最靠前的 400 户家庭年均节税超过 1 500 万美元。这家无党派研究与政策研究所分别估计了两项税收提案的影响,即第一,将企业所得税税率降低为 15%,第二,废除对"非劳务所得"的 3.8% 的医保税。研究发现,企业、独资企业、合伙企业税税率降低为 15% 后,年均每户节税 900 万美元。然而,据该报告估计,年均 1 500 万美元可能还是低估了对美国全国前 400 户最富有的家庭的减税力度,因为其中只包含占特朗普税改计划总成本三分之一的两个条款,例如,如果废除遗产税,将使富裕家庭获利更多。

从特朗普税改计划中找不到帮助工薪家庭的政策。预算与优先政策中心指出,特朗普的税改计划对最高所得家庭明显大幅减税,而对总数达 1 700 多万户工薪家庭及其个人却没有任何税收优惠,这类家庭与个人都要缴纳大笔工薪税和其他税收,但所得还不够资格缴纳联邦所得税。根据他的税改计划,上述低收入家庭情况会更糟。因为决策者最终会通过削减数百万其他中低收入家庭所赖以生存的福利计划为富人减税买单。

### 5.7.2.5　布鲁金斯学会称特朗普减税效应苦乐不均

减税不是纳税人的"免费午餐",最终须通过增加其他税收或削减开支弥补,布鲁金斯学会发表了财政学家盖尔等三人的报告。该报告研究与特朗普当局 2017 年 4 月税改大纲相似的税改计划,按照有融资与无融资两种情况分析税改的分配效应。如果忽略融资要求,税改将是递减的;多数家庭情况变好,但最高收入家庭税后收入增幅最大。融资要求分两种情况,其一是每户成本相等,其二是每户家庭所得比例相等,包括融资要求将使计划总体更具递减性,并且使绝大多数家庭状况比第一种情况下不立即减税时更糟。如果融资根据家庭当期所得税负债按比例实施,结果更加复杂,但最高收入家庭税负得到最大削减。研究结果表明,融资方法对于理解税收方案最终分配效应非常重要。[1]

政客喜欢谈减税的部分原因是人人似乎都变富了。对减税的标准分布分析

---

[1] William Gale, Surachai Khitatrakun, Aaron Krupkin, "Cutting Taxes and Making Future Americans Pay for It: How Trump's Tax Cuts Could Hurt Many Households", www. brookings. edu, 2017 – 08 – 15.

也表明,所有人或大部分人会因减税生活更好。然而,这是误导,因为减税最终须得到资金支持。从长远来看,减税的后果须通过增加其他税收或减少支出或两者并用抵消。这在今天看来尤为重要,因为即使把税收维持在当前水平,现行政府支出也大大超过政府财政收入。所以,税制改革能引起行为变化,即增加劳动供给、增加储蓄和增加生产性投资,从而促进经济增长、增加税收,减税还会减少避税和逃税行为。然而,收益只能抵消大部分减税成本的一部分。

然而不可避免的减税效应不同。因此,即使减税直接帮助大多数人,未来增加抵消性税收或削减开支会伤害部分人。该报告首先考察特朗普当局在 2017 年 4 月提出的税收方案的分配效应,也称为标准分配效应,不考虑弥补减税的必要融资,之后研究包括弥补财政收入减少在内的分配效应,不考虑经济增长的影响,因为这种影响很小。根据税收政策中心的估计,与特朗普当局税改纲要一致的全面建议会降低多数家庭税负。税前收入最高的家庭大部分在税后收入增加,涨幅最大。但是,政府“代为支付”并不针对整个减税方案,融资需求会极大地改变分配影响结果。有很多办法为减税充分提供资金。第一,每个家庭提供相同资金:在这种情况下,每个纳税申报单位(通常与“家庭”对应)负担相同美元数额,包括削减转移支付与提高所得税相结合。这是最落后的。第二,与所得成比例融资,即每个家庭要用所得同样的百分比支付减税的额外负担。根据扩大的现金收入(ECI)措施融资,它要比第一先进。第三,所得税成比例融资:即每个家庭负担联邦所得税相同百分比增量,以弥补额外负担,这是三种选择中最好的。三个选项不在融资的可能选择范围内跨期累进。

上述三种情况对不同家庭的税负变化造成不等影响。根据前两种融资方案,绝大多数家庭税后收入较低,特别是低收入家庭和中等收入家庭。例如,在同等金额融资下,最贫困 20% 家庭平均将损失 2 250 美元,如果按收入比例融资则损失 320 美元。中间 20% 家庭平均分别损失 1 540 美元、910 美元。前 20%—40% 家庭分别净损失 690 美元、1 270 美元。真正赢家将是收入前 1% 家庭,特别是前 0.1% 的家庭。总的来说,在按户均融资情况下,84% 家庭净税负提高,如果按收入比例融资,82%家庭净税负增加。这比当初特朗普大选中的方案只造成19%的家庭有损失,两个比例都大了几倍。第三种情况下的结果更加复杂。如果融资与所得税成比例,大约36%的家庭净税负增加。除了最贫困的20%和前5%的收入群体,其他收入群体税后收入都下降。前1%尤其是前0.1%的家庭与以往一样税后收入增幅最大。全融资方案与充分融资方案及与特朗普当局纲要相似方案存在明显差异,可见融资对理解税收建议的最终分配效果非常重要。

特朗普总统2017年4月26日的税收计划可能的收入来源如下:(1)取消净投资所得税。(2)废除个人替代最低税。(3)个人所得税税率下调为10%、25%和35%。(4)标准扣除翻番。(5)穿透企业所得税税率下调为15%。(6)企业税税率降低到15%。(7)废除公司替代性最低税率。(8)为有子女和需支付医疗费用赡养者的纳税人提供税收减免。(9)对跨国公司收入采用辖地税制。(10)对海外收入汇回一次性征税。(11)废除遗产税。(12)取消个别营业税式支出。(13)取消所有分项扣除政策,除抵押利息扣除以及慈善捐款扣除。(14)废除高收入者"定向税收优惠"。税收政策中心的分析模型中还包括:第一,撤销户主的申报纳税身份。第二,废除个人豁免。第三,将大型穿透企业收益分配视为合乎资格的股息。第四,纳税人死亡后,对资本收益征税。

上述减税方案10年内将减少3.5万亿美元财政收入。税收政策中心估计,如果考虑宏观经济反馈效果,估计损失财政收入3.4万亿—3.9万亿美元。不包括附加利息成本。

特朗普当局税改纲要使71%以上的家庭税收负担减少,约19%的家庭税负增加。然而平均而言,每个收入阶层的家庭税后所得都会提高。从绝对值来看,最贫困20%家庭税收平均减少40美元,前0.1%家庭税收减少938 000美元。最贫困20%家庭税后所得增加0.3%,前0.1%家庭税后所得增加13.3%。高收入家庭将明显获得大得多的收益。只有约0.5%的减税会到达最贫困的20%家庭。最后五分之三家庭只能获得整个减税效果的约9%。而大约一半的减税收益将被分配给排在前1%的家庭,超过四分之一减税收益被前0.1%的家庭获得。

上述估计是根据收入阶层的平均效应。在每个收入阶层内部也都受不同收入来源、不同人口统计特征、其他可能税收方案影响。因此，在相同收入阶层中，一些群体税负可能会增加，一些群体可能会减少，还有些可能不会受到影响。

### 5.7.2.6  诺贝尔经济学奖得主斯蒂格利茨抨击特朗普对富人减税

特朗普总统指望以"激励"投资者和"解放"经济使美国再次强大。美国诺贝尔经济学奖获得者经济学家斯蒂格利茨（Joseph E. Stiglitz）认为，虽然美国右翼富豪不会同意不平等、发展缓慢、生产效率低、阿片类药物成瘾、差校、基础设施破旧这些攸关美国发展的重大问题排序，但解决方法都一样，即降低税收、放松管制。这种办法不会成功，因为它从来没有成功过。当罗纳德·里根总统 1980 年代试图这样做时，他声称税收收入将会增加。然而相反，经济增长放缓、税收收入下降、工人境况变差，大赢家却是企业与富豪，他们因税率大幅降低受益。[1]

特朗普进行税改面临两难处境。一方面税改必须保证收入中性，这在政治上是必要的。因为企业坐拥数万亿美元现金，而普通美国人在受苦，降低企业税不合理，降低金融部门的税负更不合理，因为正是他们造成了 2008 年经济危机，而且对经济损失没有付出代价。此外，按照参院程序，无法以简单多数进行税改，民主党几乎一定会进行，要求按照五分之三绝对多数投票，而且要求 10 年内预算保持中性。美国现行税制结构低效、不公平是多数经济学家的看法，因为有的企业税率太高，而且利益集团游说就能获得减让。企业涉外所得税是重要问题，由于公平意识、互惠意识，甚至国家忠诚在美国公司中并没有全面扎根，所以它们总是口口声声威胁要将总部迁到海外。

共和党人主张实行属地税制。这种税制只在经济活动发生的国家征税，但是在对美国公司海外利润与所得征收一次性税收后，实行辖地税制会产生税收损失。所以，众院议长保罗·瑞安提出提高净进口税以抵消税收损失，但是税收收入大幅增加的钱必须来自别人口袋。如果进口价格上升，消费中国廉价服装

---

[1]  Joseph E. Stiglitz, "Why Tax Cuts for the Rich Solve Nothing", www. project-syndicate. org, 2017 - 07 - 27.

的人境况就更糟,实际上补贴了美国富豪们,而沃尔玛也受到附带损害,所以沃尔玛不会允许这种情况发生。其他企业税改也会造成赢家和输家,如果失败者众多并组织起来,就有能力阻止改革。

特朗普不是位能深刻理解企业税制改革的总统。正因为他政治上不精明,在经济和政治方面就不可能令人信服地向国会提出有意义的改革方案。如果对企业税进行改革成为现实,那将是秘密掮客的生意。因此,此次更有可能的是象征性的全面减税,输家将是未来的几代人,贪婪的大亨们不断游说,其中最贪婪者包括通过赌博获取财富的卑鄙小人。

这些陈词滥调包裹着污秽的糖衣声称低税率会刺激增长。这样说根本没有理论依据,也没有经验基础,特别是在美国这样的国度,大部分投资(边际)来自债务,利息免税。边际收益与边际成本等比例减少,投资基本不变。事实上请认真思索,由于加速折旧和对风险分担的影响,降低税率可能会减少投资。小国则属于唯一例外,因为他们可以以邻为壑,窃取邻国公司。但全球经济增长在很大程度上并无变化,分配效应只会稍稍妨碍它,因为有人得益,就有人受伤。总之对有钱的企业减税不会解决任何问题。

### 5.7.2.7　盖洛普与皮尤税收民调显示美国富人纳税太少

税收观念随着联邦税收日设立已在美国人心中扎根,并在民意调查中得到表达。《每日信号》发表了有关的报道,芬德(Elizabeth Fender)说,盖洛普2017 年 4 月研究发现,自 2003 年以来,美国经历了长期税收收入下降,美国人更倾向于认为,他们自身承担的税负公平合理。皮尤研究中心近期也公布了税收研究成果,但关注的内容更加广泛。他们的结论是,与 20 年前相比较,当代美国人更倾向于认为,整个税收制度不公平,主要原因在于企业和富人所承担的税负太轻了。[1]

受调查者对美国税负的满意度较高但认为不公平。然而,在皮尤的报告中,

---

[ 1 ]　Elizabeth Fender, "New Data Show That Ignorance of US Tax Policy Fuels Leftward Sentiments", *The Daily Signal*, 2017 - 04 - 18.

当受访者被问及自身所承担的税负时，他们表达的满意度水平与盖洛普报告类似。54%的受访者告诉皮尤中心，他们的税负"适中"，61%的受访者告诉盖洛普，他们的税负"公平合理"。将这两项研究结合起来，美国人对税负比较满意，但往往认为联邦整体税制不公平。皮尤发现，刺激美国人做出如此回答的两大因素，是"某些企业并没有承担他们理应承担的公平税负"（62%的受访者对此深感"困扰"），以及"某些富人并没有承担他们理应承担的公平税负"（60%的受访者如此认为）。有43%的受访者认为，他们很少被复杂的税制所困扰。差不多比例（46%）的受访者表示，他们并没有过多或根本没有被自身的税负影响。这些见解都很有趣，但如果把它们与公共政策联系起来时，问题就出现了。

"公平"是个涉及很多问题的主观术语。在美国人心目中，怎样的税收负担对富人和企业是公平的？是应当税率更高还是漏洞更少？抑或是审计和税收执法更严格？是什么塑造了美国人对公平的印象？是政治言论？是对贪婪的指控？还是对真正支撑美国税收制度的人客观并知情的了解？

传统基金会民意中心报告表明，答案绝非后者。美国人对于"哪些人要纳税"这一问题理解的不准确，可能导致他们的不公平感。当联邦税率和州税率加在一起时，企业所得税平均税率达39%。这可是目前全世界最高的企业所得税。在近期对登记选民对企业所得税认知的研究表明，平均而言，美国人以为企业所得税是30%，比实际情况低了9个百分点。更普遍的回答是35%，有16%的响应者这样回答。但大部分人都认为税率更低：30%、25%，甚至还有人认为是20%、15%，乃至10%。2014年12月报告发现，个人所得税现实和预期之间存在差异。2014年，收入居前10%的人年所得在12万美元以上，或者这部分人占全部所得额的41%，但所缴纳的个人所得税占全部税款的68%。美国人对谁赚了多少钱的认识倒是很准确：平均下来，他们认为，收入居前10%的人，赚了全部收入的41%，而实际比例是45%。但是对收入居前10%的人缴纳多少税款猜测与事实相去甚远。他们认为，收入居前10%的人缴纳了38%的税款，这比实际数字低了30个百分点。收入居前10%的人实际缴了68%的税款。结果表明，美国人并不认为纳税程度是递进的。事实上,他们认为,纳税的递进方向错了,中产阶级纳税太多,而收入居前 10% 的人纳税太少。

普通美国人对税收政策的态度会发生改变。但毫无疑问,这就需要给他们提供正确的税收信息。当他们得知所得与纳税额的真实比例后,认为收入居前 10% 的人并没有足额缴税的人比例下降了 31%。认为自己纳税合乎情理者比例提高了 20%,甚至更多人认为,自己缴的税太多了(比例提高了 11%)。同样,对于 39% 的联邦和州企业所得税,有 50% 的人认为太高。当他们比较了 12 个发达国家的企业所得税后,有 67% 的人认为,美国的税率过高,这一结果进一步表明,美国人对税收制度"公平"与否存在主观性和流动性。盖洛普和皮尤的研究毫不怀疑,美国人对当前税收制度公平性很关注。

如果上述关注是基于错误假设与信息,就不应再继续围绕人们的想法去制定公共政策,而是应提供现行制度的准确信息,以便人们知情并作出明智判断。

## 5.8　税改议程与争论

### 5.8.1　国会税改议程

#### 5.8.1.1　参院听证四大游说集团税改建议

参院财政委员会 2017 年 9 月 19 日举办了工商税改革听证会。这次听证会的主要议题,是大规模赤字融资式的减税带来的影响。一些共和党人希望,通过 2018 财政年度的预算决议促成减税。[1]

此次听证会在行政当局与国会共和党"六巨头"发布税改纲要前举行。参院财政委员会奥林·哈奇主席表示,将定期审议税改方案,以使之适用于起草和报告任何税改法案,并且希望税改进程得到两党合作,因为民主党与共和党的思想与利益很多地方相互重叠,工商税改革存在许多空间。美国的法定税率和实际

---

[1]　"Finance Committee Holds Business Tax Reform Hearing", *EY Tax Alerts*, 2017 - 10 - 16.

税率相对于其他国家来说都很高，美国税率在发达国家中高居第二，而且对公司和股东两个层面的所得均征税。参院财政委员会资深委员罗恩·怀登认为，共和党的税改法案存在滥用针对纳税中间体降低税率的潜在可能性。核心问题是很可能存在与纳税中间体有关的 2 万亿美元漏洞，纳税中间体应当帮助小企业，但是，任何允许逃税者滥用纳税中间地位，避免公平纳税并回避社会保障税的情况都更糟糕。

来自华盛顿等地的四家游说集团代言人出席听证并发言。其中税收基金会总裁霍奇认为，工商税改革的四大优先事项应当包括全额费用化、企业税税率降至 20%、国际税制转变为属地制，所有改革应当永久化。另一个游说集团，城市研究所与布鲁金斯税收政策中心研究员马伦（Donald B. Marron）表示，近期经济增长对税改的推动可能不大。美国注册会计师协会刘易斯（Troy K. Lewis）建议，"合理补偿"这个传统定义应当入法，以解决在较低穿透率条件下，业主企业利润与补偿的区别。房地产圆桌会议总裁兼首席执行官德博尔（Jeffrey D. DeBoer）表示，不应废除或限制商业利益扣除，而且费用化政策不应适用于建筑物。

多数委员都对造成联邦财政赤字的税改抱怀疑态度。参议员汤姆·卡珀（Tom Carper）在质疑通过赤字融资实现减税的影响时表示，如果赤字融资的减税额度在 10 年内又增加 1 万亿—2 万亿美元，国会预算办公室预测未来 10 年预算窗口内，将累积 10 万亿美元赤字，公众持有的债务将增加到国内生产总值的 90% 左右。预算委员会委员帕特·图米（Pat Toomey）参议员，不断推动 2018 财政年度减免 2 万亿美元税收，他认为，经济增长将产生抵消收入，激励越大，增长越大。参议员本·卡丁说，国会能做的最糟糕事情之一，是通过税改增加赤字，并影响退休账户。他质疑财政收入不足如何能够降低利率，还讨论了累进消费税。参议员马克·沃纳认为面对 20 万亿美元的债务，继续实行赤字融资式减税，后果难料。马伦表示，通过不定期的减税并扩大赤字，意味着资金必须有来源，否则将挤出私人投资或吸引海外投资，都将极大地拖累经济发展。资深议员罗恩·怀登也对赤字表示担忧。他说,回溯债务融资式减税,特别是暂时性减税措施,是会导致美国经济遭遇长期麻烦的处方。

有关利息扣除与成本化政策也被纷纷关注。参院财政委员会主席奥林·哈奇询问,限制商业利息支出扣除是否能使债务与股本税待遇趋同。刘易斯指出,股权融资对许多中小企业不适用,因此他们依赖债务融资,应继续享受利息支出扣除政策。参议员约翰·图恩则询问,缩短商业建筑和出租住房回收期有什么后果,德博尔反对不动产全额费用化,但他强烈支持缩短回收期,并保持政策的可持续性,此举将刺激产业建设,但是建筑物已经过剩,所以没多大好处。

### 5.8.1.2　众院议长发誓 2017 年内完成税改

众院共和党议长保罗·瑞安发誓要在 2017 年完成税制改革。[1] 他说,特朗普总统和国会共和党人不允许彻底改革美国税法的机会溜走,国会和特朗普当局正在"全速前进",为个人、企业和小企业提供税改基础。瑞安和其他共和党人面临企业和选民不断增加的压力,要求税改取得进展,这是共和党 2016 年大选的首要承诺,此项承诺决定了瑞安的政党是否能在 2018 年的中期选举中继续控制众参两院。

人们猜测国会共和党在推进税改立法时,是否能一致废除医保法并坚持财政支出政策。瑞安对强大的华盛顿游说集团"美国制造商协会"发表演讲,说"我们即将也需要在 2017 年完成这项工作。我们不能让这千载难逢的时机溜走。转型性的税制改革可以实现,我们正在向前迈进、全速前进"。美国主要股指在特朗普大选获胜到第一季度末创历史新高,看好他通过减税和改善基础设施,促进美国经济增长。

税改将闭门决定。瑞安试图与参院共和党领袖麦康奈尔、财政部长姆努钦、白宫经济顾问科恩以及国会两个税收委员会共和党主席达成协议,在 9 月份公布税改立法,他并没有深入阐述税改细节,只描述重大立法,包括不再对美国公

---

[1] David Morgan, "House speaker vows to complete tax reform in 2017", www.foxbusiness.com, 2017 - 06 - 20.

司在海外获利征税的辖地税制。瑞安强调了永久改革的重要性，反对只降税率，防止美国公司将收入、资产和工作岗位转移海外。

### 5.8.1.3　众院议长瑞安承诺 2017 年进行税改立法

"我们将一劳永逸地修订美国税法。"[1]众院议长瑞安在 2017 年华盛顿全美制造业峰会上表示，"每一代人都有机会做出创造性的变革，即使在身后也能产生真正的持久影响"。多年来美国税法越来越复杂，根本没必要这样。世界在变，而美国税法却不变，有关法规、法条已经膨胀到了 7 万页之多，如今很少有人能真正理解它。对此，有个古老传说说，美国税法的长度堪比《圣经》，但里面没一条福音。众院筹款委员会主席凯文·布拉迪为税制改革做出很大努力，包括取消遗产税以及可替代最低税，以"确保盈利企业，至少部分缴纳联邦所得税"。

众院共和党税改蓝图要摆脱最低替代税。传统基金会政策分析师亚当·米歇尔认为，个人及企业最低替代税属于"复杂的平行税收制度之一，这项政策旨在保证税收缴纳，但却反而增加了本已沉重不堪的联邦税制的复杂性"。所以，瑞安议长指出，美国不接受导致就业机会永久性流失海外的税制，他呼吁美国致力于重返最强国地位。

税制改革还应包括税收减免政策。必须清除对特殊利益以及过度减免税，把改革重点放在最有意义的事上来，即使居者有其屋，重视慈善捐款政策、退休储蓄政策。税制改革要减轻税收负担，要将现有的 7 级税率减少为 3 级，将标准扣除率提高 1 倍，将申报事项简化到一张明信片大小的表格填好就完成纳税申报，还要尽可能降低企业所得税率。要通过清除特殊利益漏洞降低税率。减税还包括取消特殊利益"剥离"，向企业提供更低税率，改革必须持久，也就是说，任何减税措施都必须是永久性的改革。

副总统彭斯强调了特朗普总统改革税制的想法。彭斯在峰会上指出，在特朗普当局执政的头 100 天里，根据《国会审查法》签署了 14 个法案，削减烦琐的

---

[1]　Rachel del Guidice, "Ryan Shares Vision for Tax Reform, Pledges Action in 2017", *The Daily Signal*, 2017 - 06 - 20.

规章制度,每年为企业节约 180 亿美元的合规费用。《国会审查法》与《小企业监管执法公平法》都是共和党国会在 1996 年通过的。彭斯对美国制造商表达了感激之情,说他们是美国经济的引擎,承诺特朗普将持续不懈地支持美国工人。

瑞安履行税改的决心鼓动力很大。亚当·米歇尔表示,瑞安提纲挈领地阐述了改革的必要意义,指出只有变革税法,才能帮助人民,令人鼓舞,瑞安议长致力于 2017 年年底前完成税改。

### 5.8.1.4　众院筹款委员会谋求一次性完成税改

国会众院筹款委员会共和党议员结束了为期两天的政策会议。此次政策会议主要讨论提高美国企业竞争力及调整中产阶级减税政策。会议主席、得克萨斯州众议员布拉迪说,此次会议目的是提出众参两院及特朗普当局都能支持的单一税改方案,促进美国经济持续发展。[1]

国会众院与白宫达成部分共识。布拉迪在一份声明中说,"我们的各种想法和解决方案取得了进展,并会在即将与白宫及参院讨论会上提出"。与会成员也与美国全国经济委员会主任科恩共同讨论了特朗普总统税改重点,并就相关提议取得进一步共识。布拉迪还证实了筹款委员会发言人之前关于税改听证会即将举行的说法。布拉迪预测,听证会将在 5 月举行。筹款委员会发言人表示,根据筹款委员会章程,任何听证会需提前一周告知。

共和、民主两党的合作受到期待。参院财政委员会主席、犹他州参议员哈奇力劝共和、民主两党议员,在税改上进行合作,以共同展现两党的努力。"我已经多次谈到,税改不应是某个党派的分内事儿","我国当前的税收制度对共和、民主两党选民来说,都带来了较大负担",哈奇说。他还补充道,先不谈特朗普总统的税收方案细节,他带头进行税改,就是在向所有税改提倡者表达欢迎之心,不论他们属于哪个党派。

部分民主党议员仍持保留意见。一些民主党人仍继续批评共和党的税改蓝

---

[ 1 ]　"Tax-Writing Chairmen Seek Unified Tax Reform Plan", *Federal Tax Day*, 2017-05-03.

图及特朗普总统 4 月 26 日税改大纲。一些民主党议员主要担忧特朗普税改大纲并未提到附带权益。"特朗普的税收方案只偏向于富人阶级"，前筹款委员会资深委员莱文（Sander Levin）在推特中说，"他保证将摆脱附带权益漏洞，但在大纲中却并未提到"。莱文多次提到解决附带权益漏洞的附带权益公平议案，并声明说，"特朗普总统需要解释清楚，不论税改结果如何，他将坚持对附带权益政策的承诺"。莱文表示，据税收联合委员会估测，一旦解决了附带权益政策漏洞，联邦政府将增加 156 亿美元财政收入。

## 5.8.2　自由派观点

### 5.8.2.1　民主党忧税改影响基建融资与社会福利

众院筹款委员会 2017 年 5 月 18 日举办税改的影响听证。AT&T 高级执行副总裁兼首席财务官斯蒂芬斯（John J. Stephens）、阿特拉斯高管莫特尔（Zachary J. Mottl）、艾默生电气董事长兼首席执行官法尔（David N. Farr）、全球标准普尔总裁兼首席执行官彼得森（Douglas L. Peterson）、威力特顾问公司主席拉特纳（Steven Rattner）到会作证。[1]

资本投资全额费用化将创造就业机会。商界领袖认为，由于企业净利息费用扣除政策没有得到支持，凯文·布拉迪主席坚持在税改蓝图中提出的全额费用化政策，特朗普当局与个别参议员支持保留利息扣除政策。

赤字融资式税改不会对中产阶级有帮助。对此筹款委员会的民主党人普遍表示担心，桑德·莱文反对扩大额外折旧政策，他还对赤字融资税改的影响表示关注。筹款资深议员理查德·尼尔表示，税改必须来自税收中性，他对基础设施投资，以及通过降税引导海外递延资本回归，以支付基础设施或其他生产性事业表示关切。

企业税改与国际税制都是企业所关心的。斯蒂芬斯主张资本投资全额费用

---

[1] "Ways & Means holds hearing on growth impact of tax reform", *EY Tax Alerts*, 2017 - 05 - 22.

化,降低企业税率,去除利息减免政策问题很大,却可以作为大计划的一部分,且不应当追溯企业过去的行为,同时还要给企业留下时间调整资本结构。法尔与彼得森都呼吁实行成本化政策,降低企业税率,国际税制转变为辖地体制。莫特尔支持边境调节税,因为美国几乎所有贸易伙伴都以增值税或其他形式进行边境税调整。拉特纳认为,税改需保持税收中性与公平,并更加进步,促进经济增长,提高美国的国际竞争地位。

民主党人议员主要关心税改对中产阶级的影响。包括筹款议员劳埃德·多格特、迈克·汤普森、约翰·拉森都表示税改应当提高中产阶级的福利,而且必须通过两党的共同支持实现,同时做到税改效应的中性。但税收政策小组委员会主席彼得·罗斯坎认为,完善的税制应当有持久性价值,降低企业投资风险。

民主党筹款委员极力为基础设施建设呼喊。罗恩·金德(Ron Kind)认为,特朗普总统应当将基础设施投资与税收改革相结合,基础设施建设应当利用返回本土海外资金。虽然金德反对降低资金回流税率,但如果能够把这笔资金用于基础设施建设,他就会支持。但是美国企业家都认为应当通过有关渠道为基础设施建设筹资。

### 5.8.2.2　布鲁金斯学会认为共和党税改必须吸收民主党参与

联邦税法过于庞大,也过于复杂,亟待改革。布鲁金斯学会经济学家韦塞尔撰文指出,[1]现在几乎所有改革重点都放在税法的商业性方面,即降低目前位列全球最高的联邦企业所得税方面,还有可能允许企业立刻对投资进行成本化处理,以替代折旧方法,而且还要削减合伙企业和其他企业的所得税。众院共和党制订了影响深远的计划,即对在美国销售的产品进行征税,不管是进口产品还是美国国内生产的产品,但对出口产品不征税。

众院共和党的税改蓝图通过的可能性很低。这还尚未提及任何一般的税收,尽管特朗普也承诺削减这部分税收,但很难想象他会签署对普通群众没有哪

---

[ 1 ]　David Wessel, "What's on the table when it comes to the GOP tax overhaul plan", www. brookings. edu, 2017－04－11.

怕象征性减税法案。美国全国经济委员会主任加里·科恩一直在谈论 2017 年 8 月份在国会通过税收法案，这是他的首要任务，但是 8 月份似乎有点不太可能。

税制改革将由国会牵头。特别是众院迄今已经遥遥领先，虽然参院进展缓慢，但白宫和财政部显然从医疗保险计划的崩溃中吸取了教训，因为医保改革失败了。目前白宫、加里·科恩的美国全国经济委员会、财政部正在研究税收计划，但除了评论和承诺之外，还看不到任何东西。

有关医疗改革的辩论揭示了共和党内部的分歧。共和党在税制改革这一问题上当然也不团结，这是问题之一。众院有边境调整税法案，参院不喜欢，甚至某些众院共和党人也不喜欢。有一群共和党人非常担心赤字问题，他们对任何不是为了抵消增税或削减开支的减税而担心。但另外一批共和党人认为，削减税收比赤字问题更重要。而且，减税在政治上比收税容易得多，加税会造就大批赢家与输家。

民主党一直对白宫接触民主党人发出敌对信号。部分原因是，只要不大幅改变富人和穷人的税收负担，或将税收负担转移到穷人和中产阶级身上，民主党人对税制改革还是感兴趣的，然而大部分共和党人似乎对企业减税更感兴趣，因为他们认为这会提升投资，改善经济增长，最终使工人阶层获利。所以，民主党人立刻加入税制改革的可能性很小。

### 5.8.2.3 布鲁金斯学会专家认为税改政策有三大不足

美国经济学家阿龙（Henry J. Aaron）指出，财政部长姆努钦对特朗普税收建议的表述含混不清表明，未来改革税制与"废除并替代""奥巴马医保法"将同样糟糕。[1]

第一，税改计划无法自筹资金。首先，因为大部分财政收入将来自美国的海外企业递延利润，根据现行法律，海外利润汇回美国要缴纳 35% 的企业所得税，

---

[1] Henry J. Aaron, "Trump's tax plan: Amateur hour at the Treasury Department", www. brookings. edu, 2017 - 05 - 01.

但如果海外企业不将利润汇回国内,将是另一种情形了。如果按财政部所说,将以 15% 或更低企业所得税税率对海外留利征税,很多企业乐意将利润汇回美国,特朗普当局再从削减税率的永久性亏损中,将"遣返收入"的一次性突增扣除。这个计划在最初几年看上去将产生余额,然而一旦这种遣返税收的"甘露"喝光了,财政赤字会再次膨胀,因为企业只能一次性将海外留利遣返回国,但这只是假象之一。

第二,税改计划为避税创造机会。特朗普总统吹嘘,他的税改政策能使工人的劳动生产率翻倍。而将令人担忧的长期预算赤字再次扩大的税收法案,本来已经够糟糕了,为避税找到更多新途径的税收法案,更雪上加霜,他的税改建议只能结出这种恶果。由于特朗普税改建议会急剧放大当前企业所得税 35% 税率与个人 39.6% 最高所得税率间的微小差别,避税机会大增。而根据特朗普的税收计划,企业所得税税率将调低至 15%,个人最高所得税率仍会保持在 35%。企业税与个税的差距将激励避税行为,因为很多中小企业、提供专业服务的个人(如医生和律师)、大企业(如房地产开发商),都能将自己重新包装成独资企业或合伙企业,或选择成立公司。如果以独资企业或合伙企业经营,他们的所得将按个人所得税缴纳。如果以一般企业形式经营,他们就能通过给自己开底薪,将大部分收益留在公司内,以后瞅机会再以红利套现,而税率只有 5% 或 15%。更有甚者,他们还能以所谓"S 类"企业的组织形式,使所有利润被视为当前所得,流入企业所有者私囊,如果按照特朗普的减税计划,这笔所得会以 15% 的更低企业所得税率征税。

第三,税改计划大大提高了企业重组的回报。具体来说,就是将现行个人所得税与企业所得税税率之差 4.6%(39.6%—35%)一举扩大到 20%,将导致目前以个体或合伙形式经营的个人,产生极大动力,重组企业,这样就能将所得税率从 35% 降低到 15%。对很多中小企业和将纳税申报表附表 C 作为个人所得税退税的个人,甚至还有"成立公司"向自己的老板提供劳务者来说,都要开心死了!

上述批评对待这份"税改计划"比计划本身还严肃。任何有责任心的税收分析师,只用一个周末,就能提出比特朗普当局花了 100 天心思才想出来、仅有 15 行的税改计划更具体、更好的建议方案。另外,还有些事儿虽微不足道,却已在预料之中,那就是到了 100 天后,共和、民主两党在历届行政当局任职的财政部非内阁官员,仍旧还是没得到任命书。

### 5.8.2.4　自由派批特朗普税改方案少了边境调节税、基建和赤字政策

共和党人渴望进行税改。美国知名政治评论网站"POLITICO"发表威廉(Colin Wilhelm)和朔尔(Elana Schor)的看法指出,他们并未对特朗普总统引人注目的税改计划给予热情,而是希望能听到更多细节,以及保证税改成功的战略部署,而民主党直接批评该计划为对富人买单,因此要通过税改计划只能靠共和党的微弱多数,行政当局在国会还有大量工作要做。[1]

共和党税改建议的最大问题也许是证明自身价值。独立分析师为国会与特朗普当局共同制定耗费大量资源的税改计划表示担忧,不断增加的赤字、严重的立法并发症也使税改政治上困难重重,瑞德众议员对赤字和 21 万亿美元的国债很担忧。财政部与白宫希望与国会合作,在 2017 年年底前通过税改,但白宫拒绝了保罗·瑞安议长税改计划中的关键内容之一,即进口税。事实上,征收进口税有助于弥补企业税率下调带来的财政缺口,特朗普曾提议,将把企业税率降低至 15%。

瑞安对白宫税改方案中缺少边境税内容表示遗憾。但财政部长姆努钦说,税改计划将通过推动经济增长来证明自身的价值。瑞安希望有边境调节税,而且国会共和党人一直与白宫密切沟通。参院多数党领袖米奇·麦康奈尔、众院筹款委员会主席凯文·布拉迪与参院财政委员会主席奥林·霍奇称,特朗普税改方案是关键的指导方针,但希望总统能提出一份像样的法案。众议员汤姆·科尔(Tom Cole)说税改不能增加赤字,参议员比尔·卡西迪(Bill Cassidy)表示,企业税率下调或许可行,但需要总统给予指导。有人认为,特朗普税改计划与其

---

[ 1 ]　Colin Wilhelm, Elana Schor, "Trump tax plan gets lukewarm welcome on Capitol Hill", POLITICO, 2017 - 04 - 26.

说是为税改指明道路,不如说是特朗普上任百天的标志文件。白宫抱怨媒体对特朗普的不公平待遇,民主党人嘲笑特朗普的税改计划,说它代价太高,是给最富裕阶层谋福利,而且总统个人从中获益。参院财政委员会民主党领袖罗恩·怀登说,税改计划缺乏原则,是给 1% 的富人减税,一方面总统焦头烂额,一方面美国负债累累,劳动人民获得些蝇头小利。另一位民主党资深众议员乔·克劳利也说,总统应在税改前公布纳税申报。尽管白宫暗示要寻求两党合作,但民主党、决策层、委员会层面都未得到邀请加入税改计划。

特朗普税改计划还缺少基础设施投资内容。这是吸引民主党人的重要由头之一,不过其中包含了育儿税抵免政策,对州、地方所得税的扣除标准也要下调,但这很难得到大多数东北部两党议员的支持,因为本地选民都从税前扣除政策中获得较大收益。资深民主党议员、众院财政立法委员会理查德·尼尔、参院少数党党鞭迪克·德宾(Dick Durbin)认为总统与共和党的沟通、边境税政策以及清晰的税改思想很重要。

担忧赤字的不仅是财政鹰派。共和党倾向于使用预算和解程序规避参院民主党阻挠。法案借助该程序,仅需简单多数即可通过,而非传统的 60 票。但根据参院规定,使用和解程序需保证未来 10 年内不增加赤字,而据无党派人士估计,即使 2—3 年内临时削减企业税率都将增加长期赤字,所以共和党人才要在计划中增加边境调节税、叫停企业税前扣除债息政策,两项政策合计在 10 年内增收数万亿美元,以抵消企业税率下调的财政影响。

### 5.8.2.5　美国有线电视新闻网(CNN)判断特朗普税改 8 月份前无法在国会通过

"历史上最大的减税"令白宫激动不已。[1] 但白宫现在已经完全致力于长期、艰巨而痛苦且可能失败的税制改革,而现实是税制改革难于登天。美国有线电视新闻网发表了齐利扎(Chris Cillizza)和马丁利(Phil Mattingly)的观点指出,

---

[1] Chris Cillizza, Phil Mattingly, "Chances the Trump tax proposal gets through Congress? 'Slim-to-none'", *CNN*, 2017-04-27.

这也是税改 31 年来从来都没有完成的原因。现在白宫站出来公开表示，这是他们的责任，由他们来进行推动。那么我们就拭目以待吧。

共和党人的税改如果想获得进展就需要付出努力。这个计划有共和党人暗中追踪，所达成的原则是，第一，减税咄咄逼人，第二，收入却很有限。例如，如果把企业所得税从 35% 降到 15%，把穿透企业（即小企业、私营企业和律师事务所、对冲基金等其他实体）的所得税降至 15%，那么就要付出约 4 万亿美元成本，共和党人很乐意尽可能多地依靠经济增长来弥补减税的损失。但其中存在两个问题。首先，他关上了彻底改革的大门。其次，打算通过"预算和解"程序推动税制改革。但减税之路难走，没有重要收入来源，何以和解？

共和党想要的是真正的、永久的、变革性的税制改革。对此众院议长瑞安和参院多数党领袖麦康奈尔都表示过意见。瑞安已提出计划，展开完全的财政收入中性的全面税改。直接减税却无法弥补税收漏洞，减少税收抵免靠经济增长，还应考虑如何弥补减税损失，白宫与共和党领袖的期待相反。

民主党及其选民认为有限地大幅减税可不代表民主党。而且白宫的方案还打算废除州和地方政府税收抵免政策，这对纽约、加利福尼亚和新泽西等州来说打击很大，那些可都是支持民主党的州。事实上，筹款委员会主席布拉迪正向民主党伸出援手，他认真听取了民主党人的意见，基础设施融资或其他问题有可能被放进法案，然而共和党人却计划通过"预算和解"解决难题，他们不打算要民主党人支持。

财政部期待在 8 月份通过全面税改法案。姆努钦正在拉拢国会领袖，目标就是 2017 年完成税改。他们 2017 年完成任务倒是很有可能的，但是能否全面、一次性完成税改很难说。很多人认为，最终可能只能完成削减企业所得税，然后削减个人所得税，但这不可能。值得注意的是瑞安和布拉迪非常反对这样做，主要是因为，只要将其作为选择之一，就很难承诺真正全面的改革。

国会和参院通过税改的可能性微乎其微。但微小的可能性来自对税制改革现实的认同，而不是其他，因为国会确实很想进行税改，布拉迪尤其迫切，但如此大幅度减税注定很难。税制改革的核心就是痛苦,利益集团的生死也取决于税收漏洞,他们将以洪水般的力量和激情涌向国会,以确保现状得以维持,即使他们要公开与他人为敌,这就够受的了。然而在此还有一个对冲,那就是白宫、众院共和党议长、参院多数党领袖、参院财政委员会主席,还有一位筹款委员会主席。税改有可能,但仅仅也是有可能而已,也许他们能抓住这次机遇。

### 5.8.2.6　自由派要求特朗普税改方案做到财政收入中性

众院共和党人仍坚持按计划实施永久性、自负盈亏式的税改。自由派报纸《华盛顿观察家报》(*Washington Examiner*)发表劳勒(Joseph Lawler)的报道指出,这个方案与特朗普税改案的要点不一致。最近在一次会议上,众院筹款委员会负责撰写税收法律的共和党议员,重申了那些与特朗普当局构想可能存在冲突,特别是那些具有永久性却不增加政府负债的原则。[1]

一些共和党人很乐观。税收小组委员会主席罗斯坎表示,"我们追求永久性税改,致力于确保从税改中获益,致力于最终赢得胜利,并能使别人信服"。罗斯坎强调自己支持税改,但必须保证不增加财政赤字,共和党表明税改已取得广泛共识,而且还在尝试"聚拢各个主题,保证每人都处于同一阶段"。

然而特朗普的税改方案与财政收入中性不沾边。美国尽责联邦预算委员会预测表明,在未来 10 年,联邦负债将增加 3 万亿—7 万亿美元。财政部长姆努钦表示,特朗普税改将通过减降税费促进经济增长,最终负担税改成本,不过在衡量税改方案得失时,不仅要考虑税收政策本身更优,还要考虑其他促进经济增长的因素。另外,特朗普当局提出,可以考虑实行一些符合国会批准流程的暂时降税措施。而众院共和党亦没有放弃边境调节税想法,虽然这与白宫的意志相悖,并已被剔出了白宫的税改纲要。众院税收委员会主席布拉迪说:"我们一直密切关注税改,希望促成白宫与参院对税改措施进行磋商"。

---

[1]　Joseph Lawler, "In response to Trump tax outline, House GOP sticks to plan", http://www.washingtonexaminer.com, 2017 - 04 - 30.

### 5.8.2.7　美国税所比较众院共和党税改蓝图与特朗普税改方案

美国全面税改似乎已提上华盛顿立法议程。新闻网站全球每日税务新闻发表了评论。继废除和替换"奥巴马医保法"方案反复尝试但最终失败后，总结现行税改方案恰逢其时。改革美国税法旨在跨越政治派别的不同诉求，但是两大政党在改革的具体细节和结果上仍存在严重分歧。简言之，在奥巴马执政时期，税改是不可能实现的，因为民主党人坚持税改应该对富人加税，并为削减赤字提高税收收入，而共和党人则坚持不应该对任何人多加税，税收应该保持中性。两党的税收政策自说自话，但2016年大选改变了政治格局，主张减税的特朗普总统得到了共和党占多数的国会支持。[1]

税改是新总统"百日维新"本应完成的计划之一。但这显然并未成为现实，现实是共和党多数派的人数，还没有大到足以克服共和党内部的程序性障碍与纠纷。僵局持续的时间比多数观察家在大选后预想的要长得多。人们期待税改立法的另外原因，是废除或替代，抑或仅仅是废除"奥巴马医保法"已成当务之急。

但是共和党人在税改计划上似乎远未团结一致。早在2017年7月，边境调节税就从该党全面税改原则声明中消失了，边境调节税旨在为美国公司向实行增值税体制的国家出口时，营造公平的竞争环境，得到众参两院和行政当局的支持。据称行政当局的首要目标，是为美国家庭提供更低、更简单、更公平的税收，为企业，特别是中小企业提供更低的税率。对于多年等待更低、更简单税制的企业纳税人来说，这一纸声明无疑代表着积极的姿态，尤其是它表明了税改正式程序即将开始。尽管，还有很多细节尚未敲定。

"更好的道路"税改框架接下来可能还会增加新内容。2016年6月国会共和党人发布的《税改蓝图》可能是目前最完整的税改纲要，包含的内容简要如下。第一，将企业税率从现行的35%将降至20%，取消公司可替代最低税政策。

---

[ 1 ]　"Analysis & Commentary: Making US A Better Tax System", *Global Daily Tax News*, 2017‑08‑11.

穿透实体(通过业主个人所得税申报表纳税)最高税率降到 25%。允许企业直接对资本投资全额费用化,利息支出不得扣除(但取得利息收入除外)。除了研发费用税收扣除政策外,废止大部分其他商业信贷和税收扣除政策。第二,实现所得税属地征税,美国本土跨国公司只缴纳美国所得税,对其外国子公司股息全额免税。以现金或现金等价物形式取得的海外递延收益按 8.75% 纳税后,汇回利润,以其他形式资产取得的海外收益按 3.5% 征税。第三,个人所得税最高边际税率从 39.6% 降为 33%,税级从 7 个减少到 3 个。最低税率降到为 12%,较现行 10% 的税率有所增加,但标准扣除额几乎翻番。第四,对非儿童抚养人制定新的小额不可退税税收抵免;同时保留扣除额提高的儿童税收抵免,且部分可退税;还有一项其他形式的所得税抵免。然而,几乎所有其他个人所得税扣除将被取消,包括州和地方税收扣除,最后是修改抵押贷款利息扣除与慈善捐赠扣除政策。第五,由于资本利得、股息和利息所得的 50% 可以扣除,投资收益最高税率实际将只有 16.5%。遗产税将被取消,但对退休储蓄、高等教育和健康保险的税收激励仍将保留。众院议长瑞安表示上述举措一旦实施,将继续保持税收中性。

白宫税改计划用一页纸就概括了总统的意图。2017 年 4 月宣布的特朗普总统的税改方案包括实行企业所得税 15% 的辖地税制;对利润征税后一次性汇回,税率待定;降低个人所得税;降低投资与继承所得、简化税法,还将"取消特殊利益团体的税收优惠"。选择性最低税制、奥巴马净投资所得税、遗产税都将被废除,现行的 7 个税级将降为 3 个,税率将降到 10%、25% 和 35%。此外,标准扣除额翻番,所得低于 24 000 美元的夫妻将免除所得税。行政当局的计划还包括"有子女家庭税收抵免和抚养费支出",它们还承诺,"保护房屋所有权和慈善捐赠扣除"。

问题是税改最终方案到底怎样? 这些举措何时能够获准实施呢? 这些问题此时此刻没有答案。事实上,鉴于共和党在参院的微弱优势,在这个问题上"能否"比"何时"更合适。但是税改的势头已经形成,而且很明显可以看出其前进的方向。

### 5.8.2.8 自由派呼吁特朗普税改纲要与国会达成妥协

民主共和两党议员在权衡对税改本身与特朗普税改纲要的立场。税收杂志《联邦税收日报》(*Federal Tax Day*)报道说,[1]特朗普总统于 2017 年 4 月 26 日发布那份备受期待的行政当局税收改革提案后,众院少数党领袖佩洛西(Nancy Pelosi)翌日即召开新闻发布会,她称特朗普税改方案所勾勒出的,是一个"亿万富翁的愿望清单"。她说:"美国负担不起又一个共和党税收计划。那是一个踏在中产阶级背上、对最富有人群进行价值数十亿美元减税优惠的计划。"尽管佩洛西批评了特朗普的提议,然而她却表示,民主党人准备团结一致,对税法进行简化。"两党合作进行税改存有空间"。参议员卡丁也发推特,批评特朗普总统的税改提议。他说:"这不是什么计划,这只是几个要点。这也说明,总统是如何把有钱的企业摆在中产阶级家庭之前的。"而卡丁还谈到,两党合作进行税改非常必要。他说:"现在已经有了以两党联合方式进行税改的严肃提议,税改应当对中等收入家庭更公平,并提高收入,减少赤字。"

许多共和党人也为特朗普税改纲要的努力和原则鼓掌。即使这批共和党人不赞同提案本身及其具体规定,众院议长瑞安、众院筹款委员会主席布拉迪、参院多数党领袖麦康奈尔、参院财政委员会主席霍奇还共同发布声明称,特朗普税改纲要中蕴含的原则,将成为国会议员和特朗普当局共同进行税改的"关键路标"。参议员格拉斯利(Charles E. Grassley)也在税改大纲具体内容并不明朗时,就大加称赞说,特朗普"开启了税改讨论"。格拉斯利说:"税改是一项重大事业,开启了总统与国会以及美国人民的大讨论。特朗普总统通过提纲来展开对话值得信任。特朗普正确地将经济增长和创造就业划定为税改的重中之重。随着行政当局与国会共同就政策和立法草案达成协议,有关税改的大讨论无疑将得到继续。"

---

[1] Jessica Jeane, "Lawmakers React To Trump's Tax Reform Outline", *Federal Tax Day*, 2017-04-28.

### 5.8.2.9　自由派要求共和党税改要运用好预算协调程序

共和党决策者"六人组"已设计出税收立法总方针。[1] "六人组"包括众院议长瑞安、众院筹款委员会主席布拉迪、参院多数党领袖麦康奈尔、参院财政委员会主席霍奇、财政部长姆努钦以及全国经济委员会主席科恩,"六人组"赞同降低税率、扩大扣除范围、对境外收入征税等一系列措施。如此看来,税改似乎势在必行。特朗普总统曾说,在医改之后,税改将非常容易,并承诺进行有史以来最大规模的减税。保罗·瑞安认为,共和党国会和行政当局为税改带来的机会"百年一遇"。然而,重大税改也面临重重阻碍。税改对共和党不同派别、不同选区,意义不一样,并且参院程序法也设置了种种限制。布鲁金斯学会财政专家盖尔指出,共和党税改可能的结果是,推出一揽子没有本质改变的减税方案,而不是全面综合税改。

共和党税改面临一些问题与挑战。首先,税改应当两党合作,使用传统立法渠道,不应当基于单方立场,使用预算协调程序。税改"六人组"表示,他们希望使用传统立法程序,在参院获得 60 票支持,避免"阻挠议事"程序。然而,共和党只有 52 票,很难获得民主党支持。所以,推动税改很有可能要靠预算协调程序,即 51 票就可以通过立法(或 50 票加副总统的关键一票)。制定协调程序之处是为了使赤字削减议案更容易,但是后来国会也偶尔使用协调程序来提高赤字限额。

然而,使用协调程序却并不简单。首先,共和党首先需要通过预算决议,这几乎需要所有共和党人就支出规模达成一致,而这并不易。在 2017 年 1 月份,已通过了一项没有改变任何现有支出方案的"空壳预算",从而为使用协调程序废除并替代"奥巴马医保法"方案铺平了道路。保守派尤其是众院保守派自由连线成员赞同这项提议,他们希望尽快废除并替代"奥巴马医保法",但未果。与此同时,强硬保守派反对众院的预算案,并希望大幅削减强制支出,但是这样

---

[１]　William G. Gale,"Can Republicans thread the needle on tax policy?", www. brookings. edu, 2017 - 07 - 28.

做有政治风险,且遭到党派中人反对。即便共和党领袖能够通过预算决议,启动协调程序,也必须决定是采用税收中性税改还是进行减税。税收中性税改很难通过,因为需要对部分群体、行业增税,以弥补对其他群体、行业的减税。没有政党希望对增税单独负责,并且历史上也几乎没有人这么做过。

但是,减税也面临着一系列障碍。伯德规则不允许尚在协调中的议案在10年窗口期外增加联邦预算赤字。除非削减支出,否则长期减税绝没有可能。伯德规则也有可能阻碍诸多临时性减税。据最近税收联合委员会预测,即便是降低一个为期3年的企业所得税税率也会触发伯德规则,因为当临时降低税率时,公司会将更多海外资产转移回国内,这将减少未来的利润汇回,减少财政收入。

减税的第二个限制在于足够赞成票。参院表决规则要求,在第一个5年或10年增加赤字的协调程序需获得60票以上赞成。所以,即便使用协调程序,想要避开60票赞成要求,也难以实现。

### 5.8.3 保守派和其他观点

#### 5.8.3.1 保守派促国会"大胆"税改三原则

美国必须简化税制并改革美国国税局。美国传统基金会指出,众院保守派连线希望税收改革应极其大胆、极其彻底,甚至不惜使美国国税局雇员重新寻找工作岗位。众院自由连线主席梅多思众议员说:"改革必须更大胆,美国国税局离我们这里只有几条街。如果我们把税法缩到一张明信片就能写全的话,这样就不再需要他们了。"[1]

国会不能选择无所作为。梅多思说,华盛顿解决事情有两种方法,要么慢慢来,要么永不解决。因此,必须确定税改是缓慢地进行呢,还是永不解决。美国上次大规模的税改是里根总统在1986年签署的《税收改革法》。

---

[1] Rachel del Guidice, "Conservative Leader Says Congress Must Make Good on 'Bold' Tax Reform", *The Daily Signal*, 2017 - 08 - 02.

当前的综合税改要考虑三个优先原则。第一,要大胆,百分之十几的税率就够了,而不是百分之二十几。第二,海外所得必须汇回美国,并且确保汇回资金投资于创造美国的就业机会。第三,对国会施加压力,确保国会议员兑现承诺。所谓大胆进行改革,指的并不是循序渐进地降低税率,梅多思认为税率应当是类似 15%、17% 或 18%。目前联邦企业所得税率是 35%,而且根据企业年收入高低还有不同。税收基金会 2016 年报告指出,美国的企业所得税边际税率高居世界第三。

税制改革的重点是保证国会议员兑现承诺。梅多思指出,必须对国会施加压力,确保议员兑现承诺。有的人整天出去竞选,承诺是一回事,竞选成功来到这里,却制定了另类法律。伪善时代已经过去。梅多思表示,国会应该制定最后期限,如果在 9 月还没有可以审议的法案,那就无法在 10 月底之前获得表决,也不会在感恩节前呈送给总统。如果感恩节总统还见不到成果,2017 年就完了。

美国人应监督国会负起责任。梅多思说:"如果国会议员说'多给我点时间,再多点时间',你应回答说,'你们为什么不多工作一会儿,尽快完成呢?'。因为我们有一位愿意等待并期待签署行政令的总统,这点极为重要。"

### 5.8.3.2 保守势力要求税改应降低税率增加就业

美国税制改革将于年内启动。《每日信号》指出,财政部长姆努钦表示,这是一项达标或不达标测试,他们会顺利通过税制改革,这是一个创造就业机会、增加工资的更简化、更公平的税收制度。而税法上一次修订是 1986 年里根总统《税制改革法》,所以美国税法早就该改了,国会可在 5 个月内实现修法。美国将简化个人所得税,有高达 95% 的美国人用一张大明信片式的表单就能完成纳税申报,这对纳税人和国税局更加简便。而企业所得税法也会改革,他们要使企业所得税重获竞争力,并带回数万亿美元的离岸资金,投资美国就业、工厂和资本。[1]

---

[1] Rachel del Guidice,"Treasury Secretary Says Tax Reform Will Happen Within the Year",*The Daily Signal*, 2017 - 07 - 31.

联邦税改目标非常明确。特朗普的立法助手马克·肖特(Marc Short)也表示，希望拥有一部更加公平、更加简便的税法，确保为中产阶级家庭减免税收，确保企业所得税更公平，保证就业机会留在国内，而不是流失海外。在税改进程中，民主党和共和党的想法各占一席之地，所以这应当得到两党支持。但未知的变数在于少数党领袖，问题在于南希·佩洛西和查克·舒默会怎么做，因为他们正试图封闭讨论，抵制特朗普当局的努力。很多民主党人意识到制造业基地工作流失，中产阶级受到伤害，所以他们有信心得到中产阶级的支持，在劳动节后加快进度，在众院推进议程，参院的财政委员会约在同一时间进行最后审议、听证，议程可能于 10 月底在众院通过，11 月在参院通过。

通过协调程序通过税改法案只需简单多数票。如果能使用这一工具，那就诚心所愿了。而如果能获得两党支持，那也是另一条路线，并不一定锁定某个方向，特朗普已经准备好应付任何特殊利益的打击，他是最伟大的谈判家，了解商业。他认为自己正踏上帮助美国人营销之路，这才是创造经济增长的原因。姆努钦则说从未考虑过失败，早就准备好了，这是特朗普总统当选要做的事之一，并将贯彻到底。

### 5.8.3.3　传统基金会认为税改要回应小企业、联邦债务和福利改革三大诉求

保守势力传统基金会反对边境调节税。保守势力美国遗产行动(Heritage Action for America)指出，众院自由连线希望通过在税改方案中纳入福利改革政策，完成"大"联邦税制改革，其中可能无法包括进口税或称边境调节税。有 4 名成员的自由连线小组共和党议员梅多斯表示，对边境调节税尚未达成共识。越早承认现实，建立共识，税改将越好。众院筹款委员会主席布拉迪曾提出将边境调节税作为更广泛税收一部分的建议。边境调节税提出对进口商品征收进口税，但对出口商品免税，这一点被税收支持者视为留住美国工作岗位的手段。[1]

---

[1] Fred Lucas, "House Conservatives Ready to 'Go Big' on Tax Reform That Includes Welfare Reform", *Heritage Action for America*, 2017 - 06 - 12.

减税应有利于美国小企业。梅多斯表示,无论自由连线出现什么内部分歧,对于边境调节税的表态算不得什么大事件,肯定有人说好,有人说不好。"自由连线"支持布拉迪大部分计划,国会应该提出共同原则,形成主要方案。沃伦·戴维森众议员说,不需要通过调整边界改革税制,需要大动作。戴维森表示可以支付进口税,但这把销售复杂化了。戴维森支持边境调节税,但难以推动。吉姆·乔丹众议员(Jim Jordan)坚决反对边境调整税,他最具代表性。税改的两个原则是,第一,使美国家庭更有钱。第二,税制设计有利于经济增长。而不利于上述原则的是对美国经济开征全新税收,就是边境调节税。布拉迪认为,进行税改,将使美国重新恢复全球最好做生意的地方美誉。

税改应解决债务问题。戴夫·布拉特众议员指出,供给政策改革将推动经济增长,这是美国摆脱财政漏洞的唯一办法。联邦债务超过 20 万亿美元,私人债务是 100 万亿美元,医保与社保将在 2034 年全面破产。用不了 15—20 年,联邦政府全部财政收入都只能用于填补强制支出。也就是说军事、教育、交通政策无钱可用。

税改应包括福利改革。吉姆·乔丹提出了福利改革法案,只要国会同意福利改革,自由连线小组就愿意通过增加有关预算。他注重通过改革创造就业机会,而福利改革不能只是好政策,必须得有劳动力创造生产率,实现美国经济持续增长。沃伦·戴维森提出设立一个委员会合并所有的福利计划,这个委员会类似国防部军事基地调整委员会,民主党人应支持,因为有 92 个联邦福利计划重复设立。他认为医保计划、教育计划都应当导向就业,该委员会由 4 名共和党人、4 名民主党人组成,把 92 项福利计划进行合并削减,即使达不到 12 个,但也许可以达到 40—50 个。

### 5.8.3.4　传统基金会呼吁国会两党"和解"推动税改

传统基金会认为,如果美国国会要真心兑现对美国民众的承诺,那么,通过推动有利于经济增长的税改计划的道路绝非只一条,其中的一条快速通道,是借助于国会的"和解程序"。这是由传统基金会博奇亚与米歇尔撰写的研究报告

《有利增长且有财政担当之税改计划的通过之路》的核心观点。[1]

美国税法亟待改革是不争的事实。但在 2017 年剩下的时间里,国会亟待推进的事项又何止税改呢。很多人都在担忧,那么多的"重中之重"计划,税制改革可能会遭到忽视。但美国传统基金会最近发布的一项研究报告认为: 假如国会真心想要兑现对美国民众的承诺,推动有利于经济增长的税改计划通过,道路不只有一条。

美国现行税收体制需要改革。它既不利于经济发展,又有损广大美国民众的利益。国会应当继续沿着"众院共和党蓝图"指明的方向,放弃边境调节税,并以税改蓝图作为改革美国税制的良好基石。该蓝图旨在鼓励投资、就业和创业,它还将促进经济增长,而不是给经济带来伤害。当然,那些对美国家庭和企业减税、有利于经济增长的税改计划要获得通过,必然在政治以及程序上遭遇障碍。在参院得到 60 张赞成票(下限)通过这种独立议案的可能性微乎其微。大多数政治观察家认为,只有和解程序才是最可能帮助税改计划得以通过的渠道。

和解程序是参院通过改革议案的快速通道。和解程序限制议案辩论,它还规定,任何议案,只需获得参院简单多数(51 席)支持,即算通过,而不是法定的60 票。传统基金会完成的研究报告《有利增长且有财政担当之税改计划的通过之路》指出,如果和解程序运用得当,就可以增强改革的持久性,增加议案通过的可能性。但是,虽然和解程序为通过税改计划提供了一条快捷通道,参议员们却必须同步考虑削减赤字或维持赤字中性方案,以避免和解议案遭到阻止。如若税改导致赤字增加,参院的另外两条原则就会产生节制效果,即"即收即支"原则(PAYGO)和伯德规则。

两项原则都要求税改不得增加赤字。"即收即支"原则提出,为了保持赤字中性,任何可能降低财政收入的立法案,必须同时包含削减支出或增加收入的财政计划,或开源节流并举的计划。当然,参院在其预算决议案中也可选择放弃这

---

[1] Adam Michel, Chase Flowers, "A Pathway for Pro-Growth, Fiscally Responsible Tax Reform", *The Daily Signal*, 2017-07-10.

一原则。伯德规则却是专门针对和解程序的特定制度,它要求在财政窗口期外,任何和解议案均不得增加赤字。要参院放弃这一原则绝非易事,因为它需要参院至少 60 票支持。上述关于和解程序的原则都需财政赤字中性,而不是财政收入中性。传统基金会在其"平衡蓝图"中提出,施行削减 6 万亿强制财政支出的方案,类似财政支出政策改革有助于税改保持赤字中性,不必追求财政收入中性。税改计划一旦辅之强制性财政支出改革,跨年逐步实施,国会就有了扫除实施和解议案的程序障碍。改革者也就无须采取影响生产力的方式,谋求增加财政收入了,诸如边境调节税之类。

国会还可通过预算决议将传统的 10 年预算窗口期延长至 20 年或更长。当然,窗口期以外的年度仍然适用伯德规则。一旦延长了窗口期,就有时间逐步实施更多财政支出改革,实现更大节税效应。假如国会不打算谋求削减具体年度财政支出,也可启动自动减支机制限制政府支出增长,从而满足和解程序相关政策限制。为了满足强制减支机制关于削减财政支出的相关要求,国会可成立专门委员会负责复审财政支出。财政支出显然可能推高赤字与债务,所以国会除了降低企业和个人税负,还要削减财政支出,实施支出控制。

国会实施和解程序最需明白其基本原则。原则就是,通过针对性改革或自动强制减支机制,或两者并举,削减直接财政开支,推行税收改革,保持赤字中性。

### 5.8.3.5　保守派要求共和党税改需保证赤字中性

共和党正在寻找其他增加财政收入的办法。《每日信号》发表了观点,增加税收收入就能抵销减税计划造成的税收收入大幅减少,现在特朗普当局已正式暂停讨论边境调节税,但边境调节税得到众院议长瑞安及众院筹款委员会主席布拉迪大力支持,他们认为,边境调节税有助于打击税基侵蚀、营造公平竞争环境。但批评人士却发出了担心的声音,因为对进口商品征税、对出口商品免税,将导致大量商品价格上涨,最终给消费者带来经济负担。[1]

---

[1] Juliegrace Brufke, "Republicans Promise to Make Your Taxes 'Simpler, Fairer, and Lower'", *The Daily Signal*, 2017 - 07 - 27.

众院共和党人顺从了特朗普当局的决定。众院筹款委员会新闻稿写道："这项计划旨在尽可能降低税率,允许增加资本支出,优先考虑持久性,并致力于鼓励美国公司将工作和利润从海外带回美国。""同时,现在我们有足够的信心,无需向新式国内消费型税制过渡。目前已经发现了可行办法,在保证美国与外国公司、工人公平竞争的同时,保护美国就业机会及税基"。"尽管对边境调节政策促增长效益进行过讨论,但这还与很多未知因素有关,所以为了推进税改,我们决定先将它放在一边"。

共和党议员希望启动调解程序。这是国会内允许相关预算措施在参院以简单多数原则通过的立法手段。但边境调节税的失败证明,这有问题,因为在国会规定的10年过渡期内不得增加赤字。据税收基金会数据,边境调节条款在10年内的税收收入高达1.2万亿美元,抵消了减免企业税、个人税的财政损失。然而瑞安与凯文·布拉迪都表示,为了在2017年通过永久税改计划,有必要暂时先搁置这一想法。布拉迪也正在与参院财政委员会和行政当局官员合作,确保找到尽可能降低税率的办法,处理美国公司和利润流向海外问题。

### 5.8.3.6　地方媒体看特朗普税改推进难度大

"三步走"能保证特朗普总统成功完成税改计划。美国报纸《每日野兽》(*The Daily Beast*)发表刘易斯(Matt Lewis)的看法指出,第一,简单明快,第二,快速行动,第三,向普通百姓说明必要性。民主党已经在叫嚷,特朗普执政首月"无所事事"。传统基金会杰出访问研究员穆尔(Stephen Moore)认为,特朗普要打一场立法胜仗,减税是其中之一。[1]

简单明快。标志性的1986年里根税制重整不值得特朗普效仿,他应该借鉴1981年的里根时期肯普-罗斯(Kemp-Roth)减税政策,那次减税3年,就获得了"个税平均税率降至25%,企业税和石油企业税大幅减少"的成果。当前减税应同时降低个人所得税和企业所得税、降低国外利润汇回美国的税率。应该慎重

---

[1]　Matt Lewis, "How Trump Should Sell His Tax Cuts", *The Daily Beast*, 2017－02－27.

考虑,避免利息免除和边境调整税等争议性问题。瑞安议长支持边境调节税,但参院共和党人则纷纷担心,本州进口商、零售商和消费者难以承担边境税的经济后果,保守的"增长俱乐部"强烈反对边境调节税。保罗·瑞安的计划,优点在于它契合特朗普"美国优先"的理念,但聚焦减税政策可能更简单些,也更容易实现。

快速行动。最近穆尔与美国全国广播公司财经频道(CNBC)资深撰稿人库德洛(Larry Kudlow)在《华尔街日报》发表了专栏文章,他们认为,特朗普总统应在开始执政后的 100 天里,敦促国会通过一项包含减税的就业法案。美国税制改革(ATR)组织主席诺奎斯特(Grover Norquist)指出,"特朗普应该告诉我们税改生效的日期,我们需要知道无论减税何时通过,都可以投资、获利、销售、获得资本利得,知道我们能享受减税的好处。否则我们就得等通过法案,白白耽误几个月时间,而拖累增长"。财政部承诺,2017 年 8 月份进行全面税改。但是,即便兑现了按时的承诺,他预计去监管和减税的综合效应,"直到明年开始不会真正影响经济,出现行为变化要花几年时间,才能看到增长"。美国全国纳税人联盟主席塞普(Pete Sepp)称:"在今年秋季前,将法案递交总统签署的雄伟计划,可行性很高,在政治上,碰巧也必须这么做。"

做好解释工作。人们普遍认为,改革力度最大的是削减企业税率。根据税收基金会的研究,美国企业税率在发达国家中最高,在全世界高居第三。特朗普总统如何才能说服美国工薪阶层,将企业税率降至 20% 是个好主意呢?穆尔认为,应该向大众展示一个图表,与其他国家做对比,从视觉上告诉他们,美国的企业税近乎 40%(算上州和地方税)。多数美国人认为,工作来自公司,想要就业好,得让公司先好。但人们真的理解"工作来自公司"这句话吗?因此,降低企业税的同时,也要降低个税税率。若只给企业税减负,人们会觉得,税改偏向公司。

对公司征税会影响工资和就业。这也是特朗普总统必须让公众信服的,他擅长在媒体头条中兜售简单、狂热的话语,而且,他有数据支撑论点。特朗普总统的首席经济学家哈塞特（Kevin A. Hassett）以及美国企业研究所的马瑟（Aparna Mathur）指出，降低企业税税率有助于提高工资，"企业税与制造业工资有直接联系"。

特朗普总统很难一下转变成政策专家。他已经塑造了普通人的形象，需要按照自己的演讲风格和世界观来解释上述联系，他需要做的是习惯这种言辞，包括一般共和党政客在内，解释涨潮就说所有船都浮起来了。特朗普擅长的是谈公平和"美国优先"。

### 5.8.3.7 美企业界不看好众院共和党税改蓝图

税改蓝图可能是美国 1986 年以来首个重大税改框架。美国企业网站商业内幕（Business Insider）发表了摩根（David Morgan）的文章，[1]指出由于遭到白宫、国会和参院其他部门反对，税改蓝图可能失去其地位。国会助理、游说人士和分析人士指出，美国政府的关注点发生了改变，这可能使税改议案延后到 2017 年年底或 2018 年才能通过，挫败在 8 月前共和党为特朗普总统赢得立法胜利进行的努力。2017 年 4 月份，废除"奥巴马医保法"、推行新法案的努力遭遇失败，给了特朗普当局沉重一击。

税改蓝图源于众院议长保罗·瑞安在 2016 年大选中推出的"更好的道路"议程。白宫管理与预算办公室主任米克·马尔瓦尼表示："众院可以采取行动，并做任何想做的事情。我们要制定自己的政策。特朗普总统将带上税收计划前往国会，努力使之通过。"与此同时，参院共和党人士预期，将对前众院筹款委员会主席戴夫·坎普在 2015 年制订的税收计划进行审查，作为税收立法的出发点。众院自由党团连线成员，那些帮助否决瑞安议长医疗法案的保守派议员也建议，在联邦财政赤字扩大的情况下，可以接受新的加税政策。匿名人士表示："税收蓝图是共和党人的理想，现在被写成了改革方案。目前他们正在处理国会同总统的现实分歧。国会在此问题上出现了分歧，而特朗普总统希望赢得这一

---

[1] David Morgan，"U. S. tax reform debate moves away from Ryan blueprint"，http://www.businessinsider.com，2017-05-27。

关键事件,并且能顺利签署文件。"

　　瑞安想与白宫、参院领袖达成妥协协议。众院发言人阿什莉·斯特朗(Ashlee Strong)表示:"我们的目的一直是整合共和党人的计划,并继续对话。"商业说客和税务专家警告说,如果没有税改蓝图,对税制改革将是致命的。众院筹款委员会委员表示,到 6 月份时,税改蓝图的可行性可能才更清楚,还将举行公众听证会,并希望在国会在 8 月休会前通过全体投票。财政部长史蒂文·姆努钦与众院议员组成的两党联立组织会面时讨论的话题,包括政府税收计划的基建支出,但不包括税改蓝图。

　　税改蓝图是在 2016 年 6 月推出的。它将彻底改变联邦税收政策,削减15 个百分点的企业税率,允许公司立即核销资本投资,并结束从美国跨国公司获取的利润征税。但是,税改蓝图未来可能蒙上阴影,有两项条款遭到反对,其中建议融资 2.4 万亿美元抵消税收损失,包括边境调节税、进口关税提高 20%,消除企业扣除利息政策。

　　税改蓝图将为美国带来财政收入。瑞安的支持者表示,这会帮助国会避免扩大赤字、支付因税收下滑造成的损失。

## 5.9　税改与州税

### 5.9.1　纽约州与纽约市改革企业税影响非专属受管投资公司(RIC)企业较大

　　纽约州与纽约市改革企业所得税法可能影响非专属受管投资公司。据美国知名会计师事务所媒体"*EY Alert*"报道指出,受影响较大的是 2016 年及以后年度的纳税义务和申报要求,最重要的是,近期纽约州规定非专属受管投资公司必须顶格缴纳最低税 500 美元,目前纽约市尚未改革此项政策。纽约州、纽约市还采用了 8% 的选择性分摊法,这将影响非专属受管投资公司用来自纽约的所得计算最低税。总之,改革解决了纽约州非专属受管投资公司的最低税问题,但不包括纽约市。[1]

在纽约州与纽约市缴纳企业所得税的非专属受管投资公司税基包括两点。即第一，营业收入，第二，固定最低税率，以较高的那个为准。在计算营业收入时，非专属受管投资公司可以申请抵免股息支出，与联邦企业所得税法一致。由于大部分非专属受管投资公司营业收入为 0（或接近于 0），纽约非专属受管投资公司通常只按固定最低税率纳税。自 2015 年 1 月 1 日起的纳税年度，非专属受管投资公司应根据直接追踪法，确认其资产中来自纽约的收入。比如，证券收入一般来自买方所在地，而不动产担保贷款利息收入来自不动产所在地。非专属受管投资公司可能按照某类资产收入均来自纽约进行申报。

新的非专属受管投资公司最低税上限政策。自 2015 年 1 月 1 日起的纳税年度，纽约州与纽约市固定最低税范围改革为：所得在 10 万美元以内的纳税人缴税 25 美元，超过 10 亿美元的纳税人缴税 20 万美元。自 2016 年 1 月 1 日起纳税年度，最低税税收起点仍为 25 美元。然而，修订后的最低税的上限已经下降到 500 美元，适用于来自纽约、所得在 50 万美元以上的非专属受管投资公司企业。纽约市暂未修订最低税上限，仍适用于 2015 纳税年度政策。

非专属受管投资公司企业 8% 的新分摊法。非专属受管投资公司企业采用直接追踪法确定非专属受管投资公司企业来自纽约的收入份额非常困难。法规修改简化了源自纽约的收入计算方法。虽然选择固定比率简化了计算，但使用这种方法可能对一些纳税人造成不利影响。比如，美国政府债务的利息收入按照直接追踪法，就不属于来自纽约的收入。而若是采用固定比例法，这类收入的 8% 就可被当作来自纽约的收入，其增加后，非专属受管投资公司最低纳税义务也就增加了。不动产抵押贷款则不符合 8% 的比例分摊条件，却需要直接追踪其贷款收入。要区分哪些是非专属受管投资公司有担保贷款、哪些是无担保贷款非常困难，所以非专属受管投资公司就要采取保守的做法，将 100% 的贷款收入

---

[ 1 ] "New York State and City corporate tax reform may affect 2016 tax liability and filing requirements for regulated investment companies", *EY Alert*, 2017‑05‑02.

和收益分配给纽约。如果放弃 8% 的分摊法,那么来自股票的收入和收益就不需要分配给纽约。如果采用 8% 的分摊法,来源于纽约的收入只包括 8% 的净收益和不属于投资资本的股票股利。"投资资本"一般指持有超过 1 年的股票。需要注意的是,如果 8% 的分摊法并非唯一选择,基金就不能采用直接追踪法确定资产类别,选择将 8% 的分摊法用于其他资产。

对非专属受管投资公司企业的影响。企业税改革后,纽约的非专属受管投资公司固定承担最低税纳税义务的企业负担较轻,至少在州一级是这样的。非专属受管投资公司企业若使用直接追踪法或 8% 的分摊法,可假设 100% 的收入都来自纽约,由于降低了固定最低税,非专属受管投资公司向纽约州缴纳的税款最多为 500 美元。但在纽约市,如果将所有收入都视为来自纽约的收入,可能会明显降低最低税纳税义务,对此非专属受管投资公司企业需要认真考虑。此次改革还影响到非专属受管投资公司企业的税务处理。纽约州财政厅表示,2016 年的纳税申报表处理系统还未修改,纽约市的情况也不清楚。财政厅在 2015 财年发布指引说,非专属受管投资公司企业采用 8% 的分摊法计算纽约的收入有合理性,纽约市却不太会发布类似指引。

### 5.9.2 马萨诸塞州将征"百万富翁税"

马萨诸塞州立法机构计划召开了"百万富翁税"立法会议。[1] 美国税收游说组织税收基金会指出,这项"公平修正案"将对收入超过 100 万美元的富豪征收 4% 的附加税,附加税与 5.1% 的州所得税相加后,使高收入居民的总体税负达到 9.1%。马萨诸塞州税务局估计,开征附加税每年将增加近 20 亿美元的额外税收,这笔额外收入将用于补充交通运输和教育经费,征收对象是 19 600 名纳税人,他们占所有申报纳税人的 0.5%。在这些纳税人当中,最富裕的 900 人将负担 53% 的新增税收。这项附加税对已婚人士带有惩罚性,申报状态不变情况下,

[1] Kari Jahnsen, "Millionaire's Tax Would Revive 'Taxachusetts'", www.taxfoundation.org, 2016 - 06 - 13.

100 万美元的门槛不变,据州税务局估计有 86% 受附加税影响的人口属于已婚者。如果立法会批准修正案,马萨诸塞州选民将在 2018 年对修正案进行投票,一旦修正案获得通过,立法机关就不再有权调整,直到 2023 年,这是马萨诸塞州宪法的要求,此举意味着州宪法可能给政策制定带来风险。

由于涉及未来税收收入的使用问题,提案的法律地位还不明确。马萨诸塞州宪法禁止通过发起公民投票筹集资金。而公平修正案规定,新增税收所得将用于交通和教育,因此其合宪性具有争议。除了法律问题,修正案对经济也有重大影响。值得注意的是,法案没有给出关于穿透企业所得的具体规定。此类企业所得由所有者或股东在纳税申报时,按照所得额申报,而非以独立法人形式申报。据美国国税局最新数据显示,2013 年马萨诸塞州有近 1 万名纳税人申报来自合伙企业或独资企业超过 100 万美元的收入。这类纳税人覆盖了 5.9% 的穿透企业,但涉及的所得占总净穿透所得的 63%。

马萨诸塞州 9.1% 的税率将使穿透企业税高居美国全国第五。高税率削弱了马萨诸塞州对小企业和初创企业的吸引力,而小企业和初创企业才是马萨诸塞州的核心经济优势所在。小企业占该州雇主总数的 97.8%,并雇用了全州近一半的劳动力。尽管小企业不一定是穿透企业,但加税对这些企业的潜在影响令人担忧。伊利诺伊州在 2016 年曾考虑过类似税收,穿透企业税高达 11.25%。据伊利诺伊州税务局分析,若适用该税率,那么在头 4 年内该州就将失去20 000 个工作岗位和 19 亿美元生产总值损失。此外预计 4.3 万人将因为税负增加迁出伊利诺伊州。尽管"公平修正案"对富人影响更有针对性,但仍会对该州经济产生影响,陡峭的综合税率可能导致高收入者迁移到别州去。如果马萨诸塞州修正案获得批准,对于最富有的居民们来说,邻州的最高税率相比会更低。罗德岛州的最高税率为 5.99%,康涅狄格州为 6.99%,新罕布什尔州为8.97%,这几个州距波士顿都在两个小时车程以内,而马萨诸塞州大多数的高收入者住在波士顿。

所得税对各州财富转移的影响已有不少研究。虽然加税并没有把百万富翁赶走,但这些研究背景可能与马萨诸塞州完全不同,而且各州税率增幅也完全比不上马萨诸塞州的 4% 附加税,要知道 4% 已达到原来 5.1% 税率的 78%。总的来说,我们认为,提高税率不会立即导致波士顿富人大量搬走,这是因为搬家费用通常很昂贵,而且搬家困难很多。然而,从中长期来看,所得税过高将成为沉重负担,富人很有可能搬到所得税较低地区。

富人纷纷逃离马萨诸塞州将造成严重后果。马萨诸塞州 2013 年收入靠前的 0.5% 的人口的应纳税收占总应税收入的 19%。虽然该州短期内可能增加税收,但失去高收入者将大大损害税收稳定性。以新泽西州为例,高净收人士的离开对税收稳定产生了严重影响。所以,当州立法机关商议所谓"公平修正案"时,决策者应明智地注意到,支持如此庞大而集中加税,可能会对马萨诸塞州产生经济后果。

### 5.9.3　康涅狄格州税源枯竭

康涅狄格州居民在 26 年后又一次为本州财政窘境叫苦不迭。[1] 据《纽约太阳报》(*The New York Sun*) 报道,这一次主要是由于所得税收入锐减引起的。在 26 年前,所有税政策的拥护者们高喊,所得税最能稳定财政收入,且远比其他税种可靠,但现在,该州其他税收收入却远比所得税收入形势好得多。当年有一个关于所得税的理论之争,人们曾认为,所得税与支付能力关联更多,能从财富增加中获得更多财政收入。但因为结构性所得税取代了州股息与资本利得税,而股息与资本利得税很大程度上已由富人支付过了。因此,所得税其实成了主要针对中产阶级征收的税收,稳定性、可靠性只不过是政府和福利阶层的一贯谎言,他们只想收更多的税。

康涅狄格州民主党州长最近开始反对再次增税。但过去 6 年来,他批准了 2 项超过所得税的增税政策,这些政策只服务于特殊利益集团,而非公众。首

---

[1]　Chris Powell, "Connecticut Laughs Ruefully As Its Tax Haul Collapses 25 Years After Income Levy", *The New York Sun*, 2017 - 05 - 03.

先,政府雇员的集体谈判和工会合同的约束力仲裁没有效率,州政府的大部分支出未用于民主进程,却成了碰不得的"固定成本",牺牲最无辜、最需要养老及福利的人。其次,教育政策没有造就技术过硬且由公民意识的劳动力,造成了巨额需求。再次,社会福利政策没有减少贫困,反而催生反社会行为,使贫困永久化,更多孩子失去父母,甚至走上犯罪的道路。不承认现状并改变政策,康涅狄格州不会得到救赎的。

### 5.9.4　民主党抵制废除州税收优惠政策

特朗普总统靠税收改革赢得两党支持的希望可能破灭。[1] 美国新泽西地方媒体《大西洋城新闻报》(*Press of Atlantic City*)发文指出,因为保守派人士和众院共和党领袖希望取消一项价值 1 万亿美元的减税计划,这项计划受益者大多是民主党占主导州的富人。自 1913 年开征联邦所得税以来,纳税人即能将州和地方所得税从应税所得中扣除。扣除代表坏政策,这是美国税收改革主席诺奎斯特这位反税斗士的看法。

扣除是对高收入者税收的特殊优惠。保守派想废除,而民主党人要维护,这是传统。无党派的税收政策中心经济学家威廉斯(Roberton Williams)指出,共和党人不喜欢州和地方政府补贴,他们认为此举是将资金从低税州转移到高税州,而民主党人则喜欢各州拥有更多资金。特朗普在该问题上不持立场。威廉斯说总统作为纽约富豪过去肯定从税收优惠中获益了。税收政策中心称,放弃扣除将会使联邦税收收入在 10 年内增加 1.3 万亿美元,增加的部分 90% 由那些薪水在 10 万美元以上的纳税人支付。同样无党派的联邦预算尽责委员会称,减免税收的最大受益者是加利福尼亚州、纽约州、新泽西州等税收较高的蓝州,占美国全国三分之一以上的利益。来自保守派压力集团成长俱乐部的罗斯(Andy Roth)说来自哪里并不重要,关键是糟糕的政策。减免州与地方税收只是为了让

---

[ 1 ]　"GOP targets trillion-dollar tax breaks for Democratic states", www. pressofatlanticcity. com, 2017 - 04 - 19.

政府征更多的税、花更多的钱。传统基金会在给国会的报告中要求废除减免政策,用增加的收入来降低联邦边际税率。众院税改蓝图中的边境调节税消灭了扣除政策。

然而,围绕扣除政策的党内政治很棘手。众院 28 名共和党人代表纽约州、加利福尼亚州与新泽西州,如果少了民主党人的支持,要通过一项法案,共和党最多只允许失去 20 名左右同党。纽约州共和党人柯林斯(Chris Collins)说,该州的共和党员在为留住扣除政策而斗争,因为对新泽西州、纽约州、加利福尼亚州的州与地方税收优惠,幅度很大。民主党确定会反对。参院民主党领袖、纽约参议员舒默认为,任何去除或减少州与地方税收扣除的建议都将导致中产阶级税负大幅增加,因此强烈反对这项提议。而且特朗普拒绝公布自己的纳税申报单破了 40 年来的规矩,并可能使税收改革法案更复杂,他有义务和盘托出。纽约州州长、民主党人科莫(Andrew Cuomo)向特朗普转达了看法,认为终结州与地方税收减免,对纽约及其他州是毁灭性的。

### 5.9.5　《减税与就业法案》对各州就业和收入的影响

美国人试图了解众院《减税与就业法案》草案税收政策变化对家庭的影响。[1] 美国游说组织税收基金会的克定(Nicole Kaeding)在 2017 年 11 月 15 日,通过新的计算修正了此前发表的相关资料,重新公布最新《减税与就业法案》实施将对各州就业与收入的影响。这部以促进经济增长为目标的税收计划,通过消除多数逐项扣除简化税法,同时还降低边际税率。本报告利用税收基金会研发的税收与增长(TAG)宏观税收模型发现,这部税改法案将显著降低边际税率与资本成本,长期推动美国的国内生产总值增长 3.9%、工资增长 3.1%。事实上,根据税收与增长模型的估计,这项税改法案将创造约 89 万个新的全职岗位,同时,长期增加税后所得 4.4%。美国家庭收入的增加是靠所得税减免及经

---

[1]　Nicole Kaeding, "The House Tax Cuts and Jobs Act: The Impacts on Jobs and Incomes by State", www. taxfoundation. org, 2017 - 11 - 15.

济增长带来的,更是生产力和工资大幅增长的结果。上述估计考虑了众院《减税与就业法案》的方方面面,包括个人与企业税法改革。参见表5-9。

表5-9 众院《减税与就业法案》对各州就业与税后收入的影响(10年内)

| | 增加全职岗位(个) | 中等收入家庭税后收入增长(美元) |
|---|---|---|
| 美国全国 | 890 000 | $2 243 |
| 亚拉巴马州 | 12 161 | $1 794 |
| 阿拉斯加州 | 2 046 | $2 877 |
| 亚利桑那州 | 16 644 | $2 170 |
| 阿肯色州 | 7 556 | $1 744 |
| 加利福尼亚州 | 101 422 | $2 532 |
| 科罗拉多州 | 15 993 | $2 682 |
| 康涅狄格州 | 10 335 | $2 885 |
| 特拉华州 | 2 787 | $2 206 |
| 哥伦比亚特区 | 4 815 | $2 697 |
| 佛罗里达州 | 51 601 | $1 945 |
| 佐治亚州 | 26 947 | $2 034 |
| 夏威夷州 | 3 986 | $2 741 |
| 爱达荷州 | 4 285 | $2 149 |
| 伊利诺伊州 | 37 010 | $2 333 |
| 印第安纳州 | 18 975 | $2 132 |
| 艾奥瓦州 | 9 666 | $2 246 |
| 堪萨斯州 | 8 678 | $2 159 |
| 肯塔基州 | 11 782 | $1 724 |
| 路易斯安那州 | 12 134 | $1 603 |
| 缅因州 | 3 800 | $1 933 |
| 马里兰州 | 16 667 | $2 803 |
| 马萨诸塞州 | 21 922 | $2 746 |
| 密歇根州 | 26 625 | $2 169 |
| 明尼苏达州 | 17 823 | $2 668 |
| 密西西比州 | 7 045 | $1 562 |

续　表

| | 增加全职岗位（个） | 中等收入家庭税后收入增长（美元） |
|---|---|---|
| 密苏里州 | 17 495 | $2 091 |
| 蒙大拿州 | 2 879 | $2 169 |
| 内布拉斯加州 | 6 248 | $2 256 |
| 内华达州 | 8 001 | $2 106 |
| 新罕布什尔州 | 4 114 | $2 898 |
| 新泽西州 | 25 086 | $2 602 |
| 新墨西哥州 | 5 113 | $1 841 |
| 纽约州 | 57 834 | $2 335 |
| 北卡罗来纳州 | 26 713 | $2 043 |
| 北达科他州 | 2 676 | $2 287 |
| 俄亥俄州 | 33 736 | $2 051 |
| 俄克拉何马州 | 10 167 | $1 936 |
| 俄勒冈州 | 11 281 | $2 247 |
| 宾夕法尼亚州 | 36 215 | $2 317 |
| 罗得岛州 | 3 016 | $2 338 |
| 南卡罗来纳州 | 12 642 | $2 065 |
| 南达科他州 | 2 663 | $2 183 |
| 田纳西州 | 18 255 | $1 951 |
| 得克萨斯州 | 74 037 | $2 210 |
| 犹他州 | 8 786 | $2 564 |
| 佛蒙特州 | 1 927 | $2 312 |
| 弗吉尼亚州 | 24 114 | $2 525 |
| 华盛顿州 | 19 968 | $2 672 |
| 西弗吉尼亚州 | 4 603 | $1 685 |
| 威斯康星州 | 17 999 | $2 273 |
| 怀俄明州 | 1 728 | $2 198 |

资料来源：税收基金会，税收和增长模型，2017 年 11 月版。

注：此处结果使用人口普查数字说明各州中等家庭收入增长情况。与之前用综合美国国内税收数据说明不同收入水平纳税人收入增长情况相比，估计数据略有差异。

### 5.9.6 传统基金会游说取消州与地方税减免

废除州与地方对联邦所得税减免是发展经济的关键。这是宾夕法尼亚州众议员塞思·格罗夫(Seth Grove)说的。他认为,税制改革的基本原则不是为了增加政府开支,而是为激励和发展经济。宾夕法尼亚州目前仍未摆脱经济衰退,必须继续发展,通过税率调整、扩大税基的税制改革,完全能达到目标。传统基金会税收政策分析师吉迪斯(Rachel del Guidice)也认为,取消州与地方税收减免将使联邦政府增加大约 1.3 万亿美元财政收入。[1]

众议员彼得·金(Peter King)等却反对取消全国性与地方性的税收减税政策。他们认为,这不公平,因为高税收的国会选区如纽约州议员声称纳税人要靠减税才行,但如果国会取消税收减免政策,就是抛弃了他们,那么他们就要支付更高联邦所得税,将对纽约州和新泽西州造成毁灭性影响。

废除州与地方税减免关系到纳税公平。传统基金会认为,该基金会某首席经济学家乔纳森·威廉姆斯(Jonathan Williams)说,高达 53% 的州与地方税减免只适用于美国全国的 7 个州,这对高税收、高支出州来说,确实是福利。州与地方税收减免最棘手的问题,是政策是否给州政府与地方政府带来了不正当的激励,造成他们的支出和税收更多。传统基金会预算权利研究员格莱斯勒(Rachel Greszler)也说,百万富翁从减免政策中受益最多。加利福尼亚州和纽约州需缴纳州税和地方税 50 万美元的百万富翁州,根据联邦税收法竟能得到 20 万美元的减免。这不属于联邦政府支持、资助和维持的,必须摆脱这些东西。

之所以税收减免政策非常必要,是因为宾夕法尼亚州的净所得税率和普通税率太高。而塞思·格罗夫议员又说,该州企业所得税净税率为 9.99%,这可能是全美最高的,如果再加上 35% 的联邦企业税,真不知世界上还有哪个国家有这么高的净企业所得税。因此希望税改带来积极变化,联邦政府真正该把钱归还给人民,美国人民期待很久了。

---

[1] Rachel del Guidice, "Why This State Lawmaker Wants the State and Local Tax Deduction Repealed", *The Daily Signal*, 2017 - 11 - 06.

# 5.10　小结

美国联邦税制改革存在内在矛盾。当前美国国家治理面临的头号难题是财政资金的筹措,筹措充足的行政费用是解决所有财政问题的根本,然而税收作为美国联邦财政收入的两大支柱之一,并不足以同时满足既解决增加财政收入,又促进经济增长的双重要求,所以以减税促短期经济增长,希望换来中长期财政收入增加,推动美国财政经济进入良性循环,需要有强大的产业基础。然而美国早已进入后工业化社会,服务业增加值占比高,制造业基础不断下降,在税收结构上表现为,企业所得税占比很难达到全部税收的一成,大部分税收来自社保与工薪税等暂扣收入,加上美国税制本身的缺陷,跨国企业对外投资避税盛行,都要求联邦财政增加赋税,以满足国家治理的财政支出要求。因此从 2016 年美国大选开始,有关税制改革的各种争论此起彼伏,例如,对于边境调节税,在众院议长保罗·瑞安提出之后,很快便得到了布鲁金斯学会、企业研究所等智库支持,要求美国在新的税制中增加有关条款,提高美国本土产量,解决就业;而以彼得森研究所和墨卡图斯中心为一方,则强烈质疑边境调节税提议,认为,在全球化时代,边境调节税的思路是过时的,同时如果美国实施边境调节税,将招致其他国家的报复,反过来不利于美国经济发展,还会导致税改成果的缩水。正是边境调节税建议遭到多数人的反对,最后才导致有关建议在国会未获通过。再以企业税税改为例,大选期间以及特朗普当选总统后,美国企业提出了降低税率、实行资本投资成本化政策,这项政策从本质上说,是所有企业都欢迎的政策,尤其是一些制造业企业,由于设备、厂房投资巨大,加上各种监管政策烦琐,都不利于投资增加;相比之下,一些新兴经济体,制定了各种税收优惠政策,加上市场监管较为宽松,吸引了美国投资,更导致美国制造业向海外的迁移步伐。美国降低企业所得税税率、实行资本投资成本化政策后,客观上推动了企业的投资增长。

美国国际税制转型不但将付出高额短期成本,还会造成未来财政压力越来越大。长期以来,美国的国际投资政策秉持所谓"税收中性"原则,支持跨国资本流动,然而冷战结束伴随着现代信息技术的发展,兴起了蓬勃的全球化潮流,美国资本更是大举进军世界各地尤其是新兴国家。根据 1986 年税制改革法,美国实行全球征税制,但是对于跨国企业的海外盈利(E&P)实行无限期的递延与税收抵免政策,因此,数万亿美元海外盈利欠税达 1 万亿美元以上,早在 2016 年大选开始前,大型跨国企业如苹果、微软、甲骨文等就游说国会实行一次性遣返税,低税收成本将海外盈利遣返回国,这项建议最终得到国会的通过,成为美国税制自此走向辖地税制(DRD)的配套政策之一,跨国企业的海外留利以原法定税率二成至四成的政策,以极低的成本实现了合法回归,但是很显然,联邦财政所蒙受的损失是巨大的。而由于此次降低了企业税税率,税改的综合成本将长期加大,这将继续加剧财政收支失衡。

# 第 6 章　结　论

2017 年是美国联邦财政改革充分酝酿的一年。特朗普在 2016 年大选成功，秉持所谓"美国优先"的理念，开始财税改革。

　　2017 年美国经济增长延续了奥巴马总统时期的较好增长势头。然而，这实际上并非特朗普的好运带来的，实质上只是延续了奥巴马时期的缓慢复苏。2017 年美国国内生产总值实际增长 2.5%，其中连续两个季度增长高于 3.0%，而 2015 年增长 2.0%、2016 年增长 1.8%。失业率降至 4.1%，下降 0.6 个百分点，达到了 2000 年 12 月新低，新增就业岗位达 220 万个，其中制造业和采矿业分别新增就业岗位 18.9 万个和 5.3 万个，而在 2016 年两个行业分别损失 9 000 和 9.8 万个就业岗位。劳动生产率增长 1.1%，而 2016 年下降了 0.1%。2010 至 2016 年间，美国实际产出的平均年增长率为 2.1%，而劳动生产率平均增长率不到 1%。私营雇员的每小时平均收入上涨 2.7%，而前 7 年平均增长 2.1%。

　　2017 年联邦财税改革据认为将带来美国经济增长 3%、甚至 4%，带动万亿美元以上资金回流。其中最重要的成果是通过了 2017 年《减税与就业法案》，这项立法的酝酿经过了较长时间，立法文本主要包括四大内容，即个人所得税改革、企业所得税改革、国际税制转型以及其他的改革，如废除选择性最低税收、免税组织相关政策改革等。税制改革的主要特点是降低税率、扩大税基、简化征收、实现转型。值得关注的主要是三点，第一点，联邦税转型伴随着其他方面的改革,如资本投资的成本化政策、废除选择性最低税政策、海外利润的低税率遭返政策,这些政策的实质也是降低纳税水平。据白宫 2018 年《美国总统经济报告》,美国公司税法和全球税收制度限制了投资和劳动生产率的增长,也阻碍了美国国内资本的形成,从而抑制了资本深化和生产率增长,企业税收成本由劳动力来承担,抑制产出和实际工资的增长。白宫估算,通过降低资本成本和减少税务倒置政策激励,《减税与就业法案》有可能将美国的国内生产总值长期提高2%至4%,并使家庭年均收入提高 4 000 美元。

特朗普当局执政以后在基础设施建设方面大造建设投资声势。长期以来,美国公共基础设施老旧,亟待投资修建。白宫认为,应当通过更有效地利用现有资产,调整基础设施的长期使用能力,使之与当地需求相匹配,改善公共基础设施资本供求匹配问题,减弱地域流动性的缺乏和结构性失业的共同作用。但是,这一改革计划终将是不顺利的,因为长期以来联邦财政支出项目主要是强制开支和相机支出两大部分,前者是社会保障支出,后者是军事开支,即使是临时支出也早已沦为战争经费支出,基建项目已经很难再会找到支持者,所以特朗普期待通过投资基建推动美国经济增长的思路,如果不是缺乏资金遭到拖延或失败,就是无限期等下去,而联邦政府期待美国各地投资建设基础设施的愿望,也很难实现,

特朗普拿"奥巴马医保法"做文章效果不佳。白宫 2018 年《美国总统经济报告》指出,《平价医疗法》通过医疗补助、市场手段、保险覆盖范围条款,将美国医疗保险扩大到美国全国人口的 6% 以上,但是,美国人的平均寿命在 2015 年、2016 年出现了 50 多年来第一次下降,表明诸如药物滥用(尤其是鸦片类药物)和肥胖等因素可能对健康产生更大的影响,单独依靠保险赔偿效果不好。相反增加保险的选择和竞争,可能是改善美国人,特别是低收入家庭健康状况的正确途径,也是扭转劳动生产率和劳动力参与率下降趋势的正确途径。特朗普在上任之前就声称,他上任第一天就要废除"奥巴马医保法",然而他的愿望同样落空了,其本质是,"奥巴马医保法"仍旧得到更多的利益集团支持。

税制改革难以解决美国财税治理的核心问题,即联邦财政的失衡。联邦财政赤字仍在上升,截至 2017 年 9 月 30 日,2017 财年联邦政府预算赤字总计达 6 660 亿美元,同比增加 800 亿美元,财政赤字的国内生产总值占比为 3.5%,比 2016 年、2015 年都更高。2017 年 1 月 20 日当特朗普宣誓就职时,联邦债务总额为 19.9 万亿美元,7 月 30 日联邦债务维持在 19.8 万亿美元。2017 年 12 月 9 日,联邦债务上限提高到了 20.439 万亿美元。[1] 可以预计,美国联邦债务水平还将大幅增加,财政状况的恶化,终将拖累特朗普"重新使美国伟大"的愿望成真。

---

[ 1 ]  Pete Kasperowicz, "Meet the new debt ceiling: $20. 493 trillion", https://www. washingtonexaminer. com/meet-the-new-debt-ceiling-20493-trillion, 2017 - 12 - 11.